U0716934

金陵全書

甲編·方志類·通志

康熙江南通志（七）

（清）于成龍　王新命　等修
（清）張九徵　陳焯　等纂

南京出版傳媒集團
南京出版社

圖書在版編目（CIP）數據

康熙江南通志 /（清）于成龍等修；（清）張九徵等纂. -- 南京：南京出版社，2017.7
（金陵全書）
ISBN 978-7-5533-2005-2

Ⅰ. ①康… Ⅱ. ①于… ②張… Ⅲ. ①江南（歷史地名）– 地方志 – 清代 Ⅳ. ①K928.649

中國版本圖書館CIP數據核字（2017）第272969號

書　　名　【金陵全書】（甲編・方志類・通志）
　　　　　康熙江南通志
編 著 者　（清）于成龍　王新命等　修　（清）張九徵　陳焯等　纂
出版發行　南京出版傳媒集團
　　　　　南 京 出 版 社
　　　　　社址：南京市太平門街53號　郵編：210016
　　　　　網址：http://www.njcbs.cn　電子信箱：njcbs1988@163.com
　　　　　天猫1店：https://njcbcmjtts.tmall.com/　天猫2店：https://nanjingchubanshets.tmall.com/
　　　　　聯系電話：025-83283893、83283864（營銷）　025-83112257（編務）

出 版 人　朱同芳
出 品 人　盧海鳴
責任編輯　崔龍龍　楊傳兵　王松景　凌　霄
裝幀設計　楊曉崗
責任印制　楊福彬

製　　版　南京新華豐製版有限公司
印　　刷　南京凱德印刷有限公司
開　　本　889毫米×1194毫米　1/16
印　　張　407.5
版　　次　2017年7月第1版
印　　次　2017年7月第1次印刷
書　　號　ISBN 978-7-5533-2005-2
定　　價　10400.00元（全八册）

天猫1店

天猫2店

江南通志卷之第五十六

隱逸

上有堯舜下有箕潁出處殊途各行其志芝耕谷汲名可聞而身不得見其高風豈易幾乎自小山賦出淮南招隱館開白下江鄉林壑固幽人棲遯之所耽也然亦有致嘲猿鶴虛號九華者名同實異豈令玷我烟霞哉昔班固表人物以巢許加卞務一等君子疑之然致嚴於高蹈者流其意可尚也志隱逸

江寧府

晉周顒字彥倫隱鍾山下清貧寡欲王儉嘗問曰山中何所食顒曰赤米白鹽綠葵紫蓼

南北朝劉瓛字子圭篤志好學博通訓典宋大明四年舉秀才除奉朝請不就兄弟三人共處蓬室怡然自樂梁武帝幼嘗受業天監元年詔立碑謚貞簡先生蕭眎素蘭陵人榮利不關於口喜怒不形於色天然簡素士人以此敬之久居建康有終焉之志築室攝山徵中書侍郎不就後人謚爲貞文先生阮孝緒字士宗兒時恒以穿池壘山爲樂十五冠父彥之戒曰三加爾尊人倫之始宜思自勗以庇余躬答曰願迹松子於瀛海追許由於窮谷庶保促生以免塵俗自是屏居一室家人罕見其面大中丞任昉望而嘆曰其室雖邇其人則遠鄱陽王妃孝緒姊也王嘗命駕造訪鑿垣而遯

唐余延壽開元中處士以詩名韋牟上元人號遺名子隱居鍾山飄然有物外之趣顏眞卿書其室曰三教會宗堂陳融六合人幼有至性與人言蓄不出諸口游止皆有常處不

樂仕進閉門讀書卒謚貞晦先生

元

丁復字仲容拓落不偶以詩名晚歲盤桓於冶城灌園自樂

朱南强句容人多學善屬文隱居不仕以德化鄉里

明

居仁句容人洪武初以儒碩徵與太祖奕大喜賜以內醞辭職不就歸隱於家人稱瞻菉先生

王顯江寧人號溪漁子雄才尚俠後忽悔所爲買書數千卷閉門誦讀知世變決意避世方正學稱爲奇士

龍瑄字克温才名籍甚與丘濬陳憲章爲布衣交自號半閒居士顧璘作半閒居士傳

史忠性任俠不羈薄權貴有不合輒引去遇所善則流連忘懷自號癡癡翁作臥癡樓於冶城之麓沈石田嘗贊其象曰旁若無人高歌濶步玩世滑稽風顛月癡灑筆淋漓水走山飛

金琮字元玉自號赤松山農遐矚清視人莫能窺書法精工文待詔喜之得片紙必裝潢成帙題曰積玉

謝承舉上元人字子象八歲賦詩有紫塞風寒雁叫霜之句人以神童目之

長棄舉子業自放於顧源字清甫豪儁不羣書畫
山水間翛然塵表不泥古法點染天成中
年究心禪理與高僧結社一夕盛時泰字仲交上
忽端坐而逝舉室聞蓮花香元人天才
斂捷下筆千言骯髒不同生產卜築大城山下策
杖跨驢欣然獨往家人不能跡也其曠達如此
周暉字吉甫上元人棄諸生詠詩讀書不事生產
焦竑稱其胸饒蘊蓄著有白雲卷金陵瑣言
李克愛字虛雲天性沉篤卜居長干里與孫石字介
李義人張與與公論學稱南郊三老
臣上元人宿學有聲以歲貢不仕抱道靜居足跡
不踰戶外人擬之百尺孤松論者謂眞與高隱云
周維藩字覺庵上元人高不仕之風讀書達務博
通今古著史鑑闡微易學宗旨等書晚精
內典年七十三作偈云甚笑來塵世竟無些子事
喜得六根清解脫惟前去書畢而逝子銘有文名
皇清邢昉字孟貞高淳人年十九爲諸生試輒高等
偶有衡文者署其卷曰太狂昉遂謝去肆
力詩歌安貧習隱而卒縣令顧夢游字與治江寧
李斯佺爲捐俸贖田贍其孫人少負異才

讀書一目十行然好詩古文俯首帖括非其志也家有寒松齋爲乃祖憲副璟遺構夢游撫松長吟懶於人事著有酒隱集生平篤友誼行事具有古風

謝璣字在之上元人爲諸生有文名崇禎間歲饑區畫賑粥育嬰諸事活人無算都憲張瑋以璣有濟世才薦于朝堅辭不就隱居龍溪二十年卒

芮城字巖夫溧陽人少負異才博通經史明末絕意進取棄諸生高蹈不出故人有顯者訪之避不見貽書候問亦不發曰吾山澤之癯一與貴人接便喪所守時人目爲眞隱

蘇州府

（春秋）**披裘公**吳人延陵季子出游見路有遺金呼薪者拾之薪者投鐮瞋目拂手而言曰何子居之高而視之下也吾五月披裘而負薪豈拾金者哉請問姓字薪者曰子皮相之士也何足以語此竟去不答

（漢）**周遯**字元道號角里先生高帝時與東園公綺里季夏黃公稱爲四皓今太湖洞庭山有

甪里村是也

陸著字文伯桓靈間州府交辟不就卒戒其子弟曰吾少未嘗宦遊世四十餘年汝等必矜名義勿苟仕濁世

晉

顧歡字景怡吳人家貧力學母亡廬墓遂隱不仕齊高祖輔政召爲揚州主簿及踐祚乃至自稱山谷臣上表獻治綱一卷遂辭歸

梁

陶弘景字通明丹陽人年十歲得葛洪神仙傳有養生之志謂人曰仰靑雲覩白日不覺爲遠矣讀書萬卷天地陰陽物理無不通曉齊高帝引爲侍讀上表辭歸築館句曲號華陽隱居武帝即位屢詔不出有大事輒來諮之人號山中宰相卒謚貞白先生

唐

陶峴晉徵士潛之裔也開元中家崑山生知八音撰樂章八篇學爛經濟而疎脫自放不謀仕進性好游浪逢佳山水必窮其勝

殷僤字易從博學善文弱冠游太學名籍公卿間天寶末知天下將亂乃東歸侍母採訪使李希言辟爲從事奏保崑山尉不就

陸龜蒙字魯

望居吳淞江之甫里自號江湖散人天隨子甫里先生累召不出與皮日休羅隱吳融結詩社有松陵集或言好事之家日欲擊鮮候召君獨閉門却掃空腹貯古人書何自苦如此蒙笑曰豈不知屠沽兒有酒肉耶

徐修矩 吳縣人持身介潔有書萬卷皮日休嘗就借書讀之時有涇縣尉任晦得顧辟彊園深林曲沼嘉木掩映皮日休陸龜蒙嘗作二游詩以遺之謂修矩與晦也

宋

陳郢 錢氏歸朝諸兄皆仕郢獨隱居里中其舅丁謂欲薦以官不就與弟之奇稱兩高士

姚安世 家飲馬橋扁所居曰寧極齋自號丹元子安世嘗作步天歌蘇子瞻一見奇之稱其有謫仙風味

閭丘孝終 字公顯嘗知黃州作棲霞樓未幾掛冠歸蘇子瞻謫黃時與孝終友善嘗云蘇有二丘不到虎丘即謁閭丘

李無悔 字行中居吳淞江高尚不仕以詩酒自娛晚年治園亭名曰醉眠

范良遂 字次卿卜居崑山車塘放浪山水自號墨莊居士兄之柔雖貴視之泊如也

楊懿孺 字彝甫長洲人崇寧二年特奏名後授南昌簿居一歲忽

載妻子歸吳中不入州縣不事請謁與方惟深同時號吳中二老

淞江漁翁不知何許人嘗櫂舟遊長橋往來波上意氣自得醉則扣舷而歌閩人潘裕自京師回道吳江遇而異之揖而言曰吾視先生殆非漁釣之流願聞緒言翁曰吾厭囂囂聽遯跡於茲三十年矣復何所事裕曰先生澡身浴德如此今聖明在上盍出而仕乎翁笑曰君子之道或出或處吾雖不能追圜綺之蹤竊慕老子曲全之義視軒冕如糞土耳裕曰嘗聞養志者忘形養心者忘道致道者忘名心形俱忘其先生之謂乎敢問所處翁曰吾姓名且不欲人知況居室耶所言畢鼓枻而去

章康字季思安貧樂道隱居城西足跡未嘗越州境嘗問學於朱文公默有所契年七十卒

張慶之字子善棄諸生絕意仕進好山水之遊號海峯野逸

元

俞琰字玉吾家西洞庭後徙南園宋亡隱居不仕自言遇異人授讀易法闡發圖說非苟作者若丹砂化煉皆所不屑年七十愈强自知死期而逝

黃公望字子久號大癡道人本常

熟陸氏繼永嘉黃氏黃公年九十始得之曰黃公望子久矣故以名焉性聰敏博洽辟爲掾非所好也一日著道士服白事恠詰之即引去

金可文字素公嘗曰幸有一廬一區可避風雨田一丘可給饘粥學聖賢道可以自樂不願仕也集賢院署牒賜號貞逸

沈性字自得宋上舍生江南內附乃搆山房著道士服不接時貴以終其身著述甚富

王鵬字九萬博洽經史隱洞庭東山至正間屢徵不起著有續山集

馬國珍西洞庭山人嘗應召不受職賜號靜逸居士

唐元字本初吳人讀書淹雅嘗乘舟號一葦航載圖書古玩浮游江湖因稱爲葦航子

明

徐洪字彥洪常熟人家巨富明初忽諭幹人潘珪曰興廢有常理吾家業盛矣必有代謝今將舍此而去爾宜有吾業盡以家產授珪獨挈妻子築室天門外布衣蔬食自號桃源小隱

易恒字久成崑山人洪武中應薦至京以老辭歸家貧不給恒處之泰然自號泗園叟有陶情集

謝常字彥銘吳江人洪武末舉秀才召見試丹鳳朝陽賦稱旨上將官之辭疾不拜歸隱

震澤之王賓字仲光長洲人志不願仕因自壞其面終身獨居無妻子髽髻布袍游行東溪市中以賣藥自給郡守姚善枉謁衡門賓窺戶間見輿僕森列呼曰勿驚吾母踰墻逸出姚守他日郤儀從獨候門下始拔焉據坐受拜以道誨之若師弟子也姚少師既貴歸亦來訪弗肯見之方盥掩面走吳中隱君子以賓爲冠 錢芹字繼忠自守甚高郡守姚善百計請見不可居與俞貞木善鄰乃因貞木以請芹曰我民也太守以民待我我無所置身請期於學宮以賓禮見守北面請益芹出袖中一編授之而去啓視之皆戰守方畧也無何靖難兵起 韓奕字公望博學攻詩常浪跡山水間遇山僧野客累月忘返所契王賓素爲太守姚善所重善欲因賓致奕奕終不往一日與賓詣之奕走楞伽山善隨至又泛小舟入太湖善嘆曰韓先生所謂名可得聞身不可得而見也 龔大章昆山老儒也躬秉特操竄伏田間肆力羣書著述不輟周文襄嘗累候其家諮質治道因兩薦爲松江太倉教授皆堅避不就仰食耕作晚歲獨與一老婢居敝廬中種豆植蔬詠歌自適歿

年八十餘門人私謚曰安節先生

邢量字用理長洲人不娶并童僕無之日惟炊一黍敗床破被蕭然如野僧經史無不兼通詩尤秀逸郡守或請其詩量曰古有采詩無獻詩吾豈以爲羔雉哉因削其草

邢參字麗文量之族孫也嘉遯城市貧無恒業以著述自娛嘗遇大雪友人往視之則屋三角已墊攜書坐一角不滲處相見誦所得佳句絕無慘凜色

杜瓊字用嘉吳縣人博通經史詞翰與人品俱重一時郡守況鍾欲見之固匿不赴晚歲持方竹杖出遊朋舊間逍遙自娛號鹿冠老人筆耕求食老而彌堅雖古人無以加也

顧愚字原魯潛心理學素敦孝義父病癱垂死吮之復蘇四十年不出門戶人以高隱目之

沈愚號崆峒山人以詩名與劉溥等稱十才子或勸之仕不答嘗作雪夜詩云尨爐溫酒夜燈前紙帳梅花伴鶴眠不似玉堂金馬客五更風雪去朝天

施鳳字鶴陽潛心理學督學戴珊敦請赴試以病辭學士錢溥以經明行修薦亦不就隱居教授以終身

朱存理字性甫居葑門有隱操嘗教授與主人夜酌適月上

得句云萬事不如杯在手一年幾見月當頭喜極狂呼旦日主人遍請善詩者賞之

沈澄字孟淵長洲人洪武中以人材應薦至京尋引疾周文襄撫吳嘗就澄訪時政多所施行所居曰西莊日治具與賓友爲樂人擬之顧仲瑛

沈恒吉號同齋孟淵子也與兄貞吉號南齋世居相城築有竹居專意讀書兄弟自相唱酬下至童僕皆諳文墨每賦一詩營一障必累月閱歲乃出不可以金錢購取子周字啓南即所稱白石翁者也

周叅字寅之別號梅花主人博洽羣書甘貧養晦時與高人逸士討論古今崑令方象固聘至邑力辭不赴親書鹿門以表其居

趙榮字孟昌與祝允明友善贈詩有曰他年若說隱君子君是南塘第一人

彭年字孔嘉長洲人父昉以進士令新會不能其官罷歸謂曰飲酒而已即讀書貴復作而父何益年遂不受舉子業日取六經子史讀之爲文工腴視學御史檄之應試年爲一之南京登鍾山望大江而返

錢穀字叔寶吳人少孤好讀書無所得書遊文徵明之門日取架上編袠讀之且遍復以其餘能習繪事必通

神解超入逸品於是聲日起而穀愈不爲家家益貧其嗜讀書日益甚手錄古文金石書數千卷纂有續吳都文粹等書又裒集吳中先賢像錄其誌傳聯掇之并摹勒宋元名人手蹟婆娑把玩以自愉快弟性勁直不能容人竟以是貧且老子允治字功甫繼其風

陸治字叔平吳人善繪事饒風雅築室支硎山下手藝名花幾數百種佳客過從即迎至花所苟非其人以一石支門剝啄如弗聞

蔣乾字子健破屋半間隱居虹橋一介不苟也八十年如一日也桃源江進之爲宰表其廬爲東海宾鴻

顧祖辰字子武祖蘭居吳之臨頓里結椽三楹署曰春潛隱其中二十餘年父德育字克成承之自號曰少潛好讀書手所錄書幾千百卷祖辰復仍其武老屋三間破榻竹几淨無纖塵蒲團茗椀相對居恒未嘗妄過一人雖密友不肯一飯也優游閒靖者七十四年而卒

岳岱字東伯闢草堂於陽山白龍塢花木翳然修竹萬挺岱結隱其中自稱秦餘山人中年出游恒岱諸嶽歷覽天台雁蕩武夷匡廬而返遂不復出

顧元慶字大有家近滸墅兄

弟皆纖嗇治生元慶獨以圖書自娛多所纂述藏書萬卷署曰陽山顧氏文房年七十餘猶吟誦不倦

居節 字士貞吳人書畫得文待詔指授太監孫隆聞其名召見不肯往拘繫破家僦居半塘落落寡諧每過晨不舉火吟嘯自若有詩名牧豕集

郭第 字次父長洲人隱於焦山有向平五嶽之願自號五游圖其石曰玉臺執蓋郎既而五嶽游其二訪異人於勞山而返遂不復出

吳鼎芳 字凝父居吳之西洞庭山蕭閒簡遠迥出塵埃之外俗流望之人人自遠也晚年薙髮爲高僧以終

沈野 字從先吳人爲人孤癖寡合僦廡吳市傍教授里中下簾賣藥雖甚饑寒人不可得而飲食之也

朱鷺 字白民吳人家貧教授生徒以養父母牀頭恒貯數十文日買笑錢父死乃棄青衿芒鞋竹杖所至畫竹自給每談及靖難時事輒泣下網羅遺事作建文書法

顧元泰 字觀巖崑山人隱居授徒惟以道義相勗無脯贄亦不屑意焉平日剖析義利一介不苟有非分及之者掉臂恐浼短褐蔬食終其身憲副戴冔陽曰牖室不欺明廷不愧斯二語可以

贈之年八十二而卒

歸昌世字文休有光孫也風神散朗有稽阮風小楷墨竹皆入神品屏居獨善不求聞達于莊字元公繼其武性骯髒無偎獨行之士

唐時升字叔達嘉定人少有異才年未三十謝去舉子業讀書汲古鋤舍後兩畦地剪韭種菘自娛晚年時閉門止酒咏莊列之微言以養生盡年邑令謝三賓刻其集

皇清**程周祜**字孟雄吳縣人媚武畧有志用世明末見海內多事時不可爲棄官退隱於陽抱山之麓得廢丘一區植茶種竹與老農老圃相雜處當事累招致之云止堪荷鋤不能執戟屏居三十年而卒

金俊明字孝章吳縣人爲人蕭閒澹泊弱冠爲諸生有聲棄去習隱泯迹於詩人詞客間工書善畫墨梅家無擔石時硯田自給四方交游多訪之間一報謁從不肯仰面於人所著有闡幽錄春草閒房詩

孫永祚字子長常熟人幼聰穎貫穿經史從劉宗周講學宗周以樂顏子之樂志伊尹之志二語相贈歸家杜門弟子日益進屢膺薦辟不就著書以終

楊

補字無補長洲人少貧工詩畫隱居鄧尉山蔡方故人有貴顯者招之不應以操行高潔稱

燽字涵之大中丞謚忠襄長子痛父殉闖賊之難絶意人事得顧氏青山故址築室三楹屏居味道雖屢空不肯干人故舊周之亦不受

當道招之亦不在卒之日貧無以殮

欽揖字遠猶吳縣人好讀書洞達六經然不肯治舉子業放志自適寄居僧舍終身不娶其遠絶人情如此

陸世儀字道協太倉人生而穎悟尤究心諸儒語錄及經濟諸書督學張能鱗巡撫馬祐皆具禮聘之不就講學於錫山說易於毘陵設教於雲陽贄脯而至者幾百人卒年六十一

松江府

〔晉〕張翰字季鷹吳人翰有清才善屬文性縱任不拘時人號爲江東步兵會稽賀循赴命入洛過吳翰初不相識問知其入洛翰便同載而去齊王冏辟爲大司馬東曹椽翰謂同郡顧榮曰天下紛紛禍亂未已吾本山林間人無望於時子善以明防前以智慮後因見秋風起乃思吳中菰菜

蓴羹鱸魚膾曰人生貴適志何能羈宦數千里以要名爵乎遂命駕歸

宋

季行中 字無悔高尚不仕隱居青龍江上治園圃築亭寄傲蘇軾顏之曰醉眠歌以贈之從而和者秦少游等十五人

王奎 旦之後避靖康難自金陵涉華亭自號蟾谷眞士嘗著蟾谷祛疑貫靈篇行世嘉定寶慶間再徵不起

元

衛富益 華亭人宋亡設壇祭文陸死事諸公詞極悲慘隱居教授創白社書院至大間有司薦之不就門人私諡正節先生

曹知白 號雲西居華亭長谷里至元間從左丞鑿吳淞江太府薦爲崑山教諭不從辭去嘗游京師王侯巨公交章屢辟知白悉辭謝曰吾聞冀北多奇士豈齷齪求官者耶即日南歸隱居讀易終日不出戶庭

陸厚 居城東自號東園散人博洽經史尤精孫吳書兵亂往來天目靈巖茗雲間將某聞其名覓之不可得兵息返故廬放浪三泖中或竟夕忘返勸之仕不應有詩集號古漁唱

楊謙 別號竹西讀書不仕嘗築小樓登眺題曰雲山

不礙樓楊維禎貝瓊俱爲歌詠**孫稷**字長慶言行謹飭嘗舉爲文學官不仕築室於橫雲山之支隴名其居曰小山招隱讀書賣藥以終老**楊德懋**華亭人善書法明左氏春秋尤究心太極圖通書躬耕不仕明初有司薦之德懋曰唐堯聽巢父之洗漢光遂子陵之高富貴非吾願也悠游湖上卒

明

錢全袞字慶餘通涉書史爲吳張氏據吳隱居盤龍岡不爲其用所著有韻府羣玉掇遺續松江府誌**黃鑑**字明夫華亭人博學而貧三十不娶進士李萱聞其賢以女妻之粧奩甚侈悉不受但織袵以佐薪水晚年結茆於山曰八峯小隱**李世邁**字懷古少慕高隱棄經生業授徒自給預作生壙題其中曰多壽多辱無營無憂不滿甲子我將歸休**陳繼儒**字仲醇華亭人幼穎異徐文貞階器之長與同郡董其昌齊名年二十九取儒衣冠焚棄之築室東佘山杜門著述有終焉之志工詩又善書徵請者無虛日四方名士履滿戶外被其接者如登龍門臺諫

請如聘吳與弼故事屢詔徵用皆以疾辭庶幾邵雍之流亞云

皇清王光承字玠右華亭人內行修潔博學工文詞後謝去制舉家言偕弟烈力耕養父足跡不入城市者三十餘年卒於友人丙舍

沈浩然華亭人爲郡諸生有雋才不矜仕進閉戶讀書尤工八法人爭購之卑居疏食雖饔飧不繼處之晏如卒年五十餘人稱雪峯處士

常州府

漢陸瑁字仲芳毗陵人明京氏易尚書尤精風角星算辟主簿謝病去隱會稽山

唐李戡字定臣宜興人幼孤好學掇薪自爨夜無燃膏默念所記赴試之日恥吏唱名乃隱陽羨里

魏璞字不琢毗陵人才高而志放杜門三十年與皮日休陸龜蒙善每秋風時菰脆鱸肥璞乘短舸載酒一瓢偕皮陸浮沉煙水世人高之

宋王克嶷宜興人隱居不仕王安石贈詩有云先生醉臥松花裏春去人間總不知孔

元虞至聖五十二代孫建炎時五世祖若䍐與子端志俱高抗不仕淳祐間避居沙上號馬洲書院以授生徒爲業

元蔣捷字勝欲宜興人舉德祐進士元初晦跡不仕大德中憲使臧夢陞屢薦其才不就稱竹山先生

許恕字如心江陰人家北郭因號北郭先生部使者薦授澄江書院山長不就慕韓伯休爲人因通其術著北郭集

李時可元末居馬駝沙楊廉夫造之以赤玉盤盛脯白玉斗盛漿水晶饌爲食淸歌妙舞皆絕代佳人明高祖下江南助軍餉萬石後以巨筏浮海去不知所終

明焦先生不知其名家江陰之虞門里高祖故人也洪武初詔下有司徵求甚急恐爲有司累乃持鷄酒馳甬道入見太祖班坐對飲如徵時賜以金玉甬三帶先生取其甬者陰於戶後掛之而去人比之嚴光

華睎顏字以愚無錫人元末不仕洪武初辟爲本府訓導不就以老病辭隱居

李大椿字茂卿無錫人博學善文隱居梁東湖鴻溪洪武初召爲御史附使者辭

上太平十二策

杏林叟不知其名或云姓董吳神醫奉之後也隱居暨陽山嘗遇異人授以鍼術能立起人危疾謝以貲不受但令人種杏一株株久而成林叟杖其下逍遥而歌曰杏之華其下吾家杏之實其美吾食安能舍是予而從人於役蓋托醫而隱者也高啓爲作杏林傳

張機字子樞託漁自隱所行多陰德事作留耕堂以示世高啓有澄江嬾漁記

潘緒字繼芳無錫人隱君秦景暘會於惠山結十老會時緒方壯景暘招之衆皆稱善後三十年澹成楊長史續社則緒且老矣推爲祭酒邵文莊曰吾觀列傳孝友隱佚方技緒必居一乎

吳宗堯字魯於淡於仕進慕披裘翁故處爲蒹葭莊居之年五十自爲棺號大歇龕鐫名其上古稀有餘乃卒

鎮江府

（漢）焦光字孝若一曰焦先隱居京口之譙山結草爲廬後野火燒其廬遂露寢大雪袒卧人以爲死視之如故名其隱處曰焦山蔡邕爲之贊

晉劉鎮之字仲德居京口從子毅方貴顯嘗謂之曰汝必破我家毅甚憚之每還京口不敢儀從入其門以左光祿大夫徵之不就卒於家

宋戴顒譙郡銍人父逵兄勃並隱遯有高名居黃鵠山山北有竹林精舍林澗甚美衡陽王義季亟從之顒野服不改常度文帝每欲見之謂侍郎張敷曰吾東巡之日當宴戴公山下闕

康之字伯愉世居京口特進顏延之等十人入山候之見其散髮藉松葉枕石而卧了不相聆延之等咨嗟而退

齊臧榮緒幼孤貧自灌園以給純篤好學括東西晉爲一書紀錄志傳百一十卷隱居京口有終焉之志與關康之號京口二隱

諸葛璩字幼玫幼事關康之臧榮緒著晉書有發摘之功建武初徐州行事江祀薦爲議曹從事璩辭不就

梁馬樞字要理六歲能誦孝經論語長益博洽尤善周易老子邵陵王綸爲南徐州刺史引

爲學士曰吾聞貴爵祿者以巢由爲桎梏愛山林者以伊呂爲管庫求名實則芻芥柱下之言玩清虛則糠粃席上之說稽之篤論亦各從其好也乃隱於茅山

宋 **邵餗** 丹陽人潤州守范仲淹王琪以餗守道丘園素有節行屢薦之不就賜號冲素處士

陳輔 丹陽人少貧儁才不事科舉自號南郭子與王安石交善安石用事絶不相通孤介寡合古之獨行者也

蘇炤 字元晦丹徒人隱居藏修自號東山樵隱趙璠老以遺逸薦於朝時相以隱逸之人宜遂其高書滄浪二字遺之

李迴 字叔友丹徒人高尚不仕士林宗之董弅白太守虞奕曰治下有隱君子盍訪之虞曰願之久矣乃攜具偕董詣迴迴野服見之明日以詩謝不至其門

周方叔 字矩道高郵人隱居潤之五州山讀書自娛或終日不食鄰僧乞米送之一日農卿龔集常州孫吳會同造其廬無以爲具乃以藜羹食客二公欣然盡歡而去

孟逢大 丹徒人弟逢原並以道德名世講業者百餘人王龍澤陸秀夫皆其弟子人稱大小孟先生皆不仕

陳膺字登父居京口剛嚴寡合入元隱居教授自號鄰林子

〔元〕弋文居城南二十年有司屢辟不就

〔明〕丁熙拱字伯輝丹徒人樸茂有古風太祖駐蹕北固山召見多擢用者熙拱獨以疾辭

王堅金壇人屛居一室潛心理學中丞周孔教薦之於朝堅辭不起易簀之日出諸當道餽遺百餘金諭其子曰此非汝等宜有其以繕祖塋清操類此

孔承寵隱居金山二十年弟爲甘露寺僧將死存千金令承寵攜之去承寵笑曰若兄苟取何寂寂久居此也不顧

淮安府

〔元〕潘思誠素儒者不樂爲元用乃隱於醫至正間薦授淮安路醫學教授委蛇退匿然四方賢傑高其風者翕然與之遊得市藥錢持入奉母以其餘擊鮮沽酒會賓客談古今道德豁如也殁後學者追稱曰克逸先生

皇清王翼武鹽城縣諸生博學敦倫才名特著甲申三月聞闖賊之變武即託病佯狂屏居荒村不出門戶妻死不再娶年四十五卒吳珊山陽縣諸生年甫二十即棄儒冠奉親村居菽水盡孝淹博羣書當事屢延不至著有詩文甚富

揚州府

秦邵平廣陵人嘗封東陵侯秦末種瓜長安城東瓜有五色世稱東陵瓜

唐竇常字中行居廣陵之白沙大曆間登進士結廬種樹不求苟進以講學著書爲事兄弟五人皆以詩名有聯輝南薰等集

宋徐湘典化人有隱德不樂仕進王伯起字典公泰州人父綸爲太常博士伯起當以恩得官讓其弟父令舉進士曰士不自重而與千百人旅進坐軒廡下規合有司殊可恥也冒恥而得富貴寧貧賤而肆志焉於是閉門深處踰三十年仁宗英宗皆賜粟帛不强以仕

元

劉清字淡卿號磻溪見高文義公贊

明

高明興化人文義公之曾祖懷德抱道晦迹不仕以仁厚長者稱於鄉

高椿明之子元季避地姑蘇僞吳張士誠以幣聘之椿不就惟閉戶讀書訓子而已士誠敗汚僞命者悉爲俘囚而椿卓然獨存

高焯椿之子字元昭志趣清遠累辭徵辟不就

高稷字世良興化人賦性清介不樂仕進兄穀秩台鼎足不屑入公門布衣蔬食晏如也錢溥題其宅曰明時巢許

朱瓘字楚琦寶應人博學尤長於尚書周禮性嗜琴蓄有雙鶴人稱琴鶴先生景泰中詔舉賢良都御史王竑薦之竟遜去孫應辰軼俗之才睥睨一世亦謝業高隱

吳禮字中節寶應人事母以孝稱應貢入太學母老不忍去人以何蕃擬之母卒不復仕隱居蓼花莊有蓼莊吟

吳敏道字曰南寶應人有異才父病刲股和藥母疾每夜向北斗求以身代當道洎郡邑大夫咸敬重之歸隱湖上詩酒自娛鄉人皆稱舫齋先生當道扁其堂曰大隱

黃展字慕渠泰州人終身

隱居不入城市常云人惟循理安命耕田課子外少有他營便非君子素位之學

安慶府

晉杜夷 潛人字行齊恬泊眞素博覽羣書惠帝三並不就懷帝詔舉賢良刺史王敦逼夷赴洛夷遯於壽陽鎭東將軍周馥引爲參軍夷辭以疾元帝爲丞相時欲以夷爲儒林祭酒又欲以爲國子祭酒又以疾辭皇太子三至夷第執經問業夷雖逼時命亦未嘗朝謁太寧元年卒諡曰眞子臨終遺命角巾素衣以殮所著幽求子二十篇

何準 潛人字幼則高尚寡欲州府交辟不就兄充勸其仕準曰第五之名何減驃騎徵散騎郎不至年四十七卒追贈金紫光祿大夫封晉興縣侯子惔以父素行高潔不受

齊何求 字子有潛人恬退無欲泰始中妻亡還吳除中書郎不拜宋明帝除永嘉太守不肯葬臺乞於野外拜受一夜忽乘小舟逃去隱吳之武丘山齊永明四年拜大中大夫不就卒初求父

鑠有風疾無罪殺求母坐法死求見弟因無宦情與弟點字子晳胤字子季稱何氏三高云

〔陳〕何裔點之弟高祖勸先引爲軍謀祭酒不赴勅給白衣尚書祿固辭復給山陰庫錢月五萬亦固辭不受

〔宋〕王日休懷寧人誨誘後學最爲諄切撰易解春秋解春秋名義養賢錄楷模書行世尤精白業稱龍舒居士

龍仁夫字觀復望江人博學好古潛心理道與劉詵劉岳申齊名後薦爲提舉不就世稱廬陵三高云

〔元〕黃信一太湖人仁宗殿試第一不樂仕進遂退居丘壑間終老焉

〔明〕吳崇洙字惟孔懷寧人居恒扃戸而讀不問戸外樂與寒交高僧道侶晤對最不喜見要人有詣門求見者堅匿不出年踰耄猶手一編壽八十四

阮濬字季子懷寧人宕逸不覊芥視榮利築室龍山讀書放酒冬夏惟披一衲因自號一衲居士

吳偆字仕富相城人少即

託隱浪跡雲深晩年樹槐於庭自號綠窗主人爲詩曰懶向花黄占事業三公留與後人封四傳而孫果列卿**方授**字子留桐城人生長世家有鴻毛軒冕之意晩年入四明山中結茆而棲採橡栗而食著詩百篇**金蓁**字尚美潛山人祖業素封盡捐以賑饑嘗典衣餙易米三十斛鄰里告急輙散之僅存三斛晏如也構別墅幽棲以終曾孫道會高風勁節里有彥方之目殆不愧祖德云**錢可久**字思畏桐城人詩才俊逸字畫遒潤自言與西湖結物外交駕舟千里訪之扣舷高歌旁若無人泛楚江下金陵嘯詠留連一時推爲風雅之冠**方見**字惟素給諫向之子也才名冠一時年十七賦黄鶴樓詩限鵠立牛背四韻應聲而成屢試不第喟然嘆曰丈夫不能鵬飛九天則鳳翔千仞耳隱於湖山之間與桐城詩人徐宣相唱和並有古人風

徽州府

（唐）張友正歙人結廬城陽山下貞元末魏弘簡來爲宣歙副使極重其才請爲披雲亭記

友正立威之酬以金帛不顧去

宋

潘洋發 字肖岩歙人淳祐中爲太學士上書論史嵩之起復之非不報退隱潛虬山累徵不就嘗葺龍溪紫陽諸文撰文海天琛

曹汝弼 字夢得休寧人高蹈不仕與林逋魏野齊名號松蘿山人

程先 字傳之休寧人痛父死節於金誓守墓不仕嘗問道於朱子朱子深嘉之

邵悅 字貞父休寧人明理學務實踐隱蘿山精舍玩易象集方書施藥活人兩膺辟舉皆不就

汪大發 字敷之休寧人日錄九經要義表章周程張朱之學淳祐間魏鶴山築室白鶴山下大發負笈從之盡得其傳歸建平山書院教授於鄉學者稱爲騰波先生

汪漢 字翰美休寧人居山中時邑遭寇難親知奔附賊至漢諭以善道賊感服而去咸賴以免

程鼎 字復亨婺源人從朱韋齋學於閩家貧甚奉母徙居窮山卒朱文公表其墓

李繒 字參仲婺源人絕意科舉築室鍾山以老朱文公嘗與程珣過繒講論終日盛稱其文卒表其墓

江愷 字伯威婺源人

潛心大道躭於著述時婺貢楮絲民甚病之愷以書白部使者貢得蠲程旬軒嘗稱之曰欲知隱不爲徒隱須看當時一部書

徐驤字伯驥婺源人嘗學於胡雲峯受邵子皇極經世諸書遂盡其義著義易圖皇極經世發微

李偉字敬叔祁門人師同郡胡方平咸淳中任郡學賓師入元不仕嘗作經史訓注二圖

劉光字元輝歙人開門授徒五十餘年行省差充寧國路學正不赴

汪萊甫字芳卿歙人好讀易自號草窗先生太史虞集薦之詔有司辟舉堅辭不赴

羅榮祖字仁甫歙人與處士蕭𣂏等同被徵鄭左參力爲勸駕榮祖書招隱詩謝之

趙彌忠字資敬休寧人力學窮理廉使薦以官不就

許宗堯字子仁績溪人博通經史累徵不就隱大鄣山有碩人風

明

胡安字伯康歙人郡守陳彥回以懷才抱德舉辟不就

羅誠輔字誠一歙人明太祖駐師玉屏山以耆老召見所對稱旨欲官之不受

王善慶歙人力學善書居環溪結

室僅容膝屢召不出**鮑寧**字廷謚歙人正統間御史郡守交薦之力辭不出著有天源發微辯

舒遜績溪人工詩洪武中辟舉不就**吴買**字漢臣休寧人通五經尤精易洪武初屢徵不就

金顯德字世榮休寧人博極羣書不求聞達由粟賑饑郡邑聞於朝欲官之力辭不就門人私謚爲節孝先生

余紹祉字子疇婺源人師事黃龍光盡得其學謝絕世緣埋名蕭寺有司賢其行禮召再三終不赴

湯守敬字彥肅婺源人慕陶彭澤之風顏其室曰陶軒明初詔舉名儒力辭不就

唐世靖字介甫歙人一日讀書見先正云四股八比之外原有學問公卿大夫之外原有人物遂罷諸生爲山人吟詩染翰逌然適也著三丘山人什一草

方問孝字胥成歙人別號癯丈人亢直不肯下人隱居不仕著蒼耳齋詩三十卷

程嘉燧字孟陽歙人性高曠好山水不樂仕進書得唐晉之神畫出倪黃以上有松圓法帖十餘種

寧國府

晉瞿硎先生莫知姓氏太和末隱寧國縣文脊山山有瞿硎石因以爲稱大將軍桓溫往造焉將辟之見先生披鹿裘坐石室神色無忤溫及僚佐皆莫測乃令伏滔爲銘贊終隱山中

唐元逸士宣城人居北郭杜牧許渾並有詩贈之後累召不起皮日休貽書署云足下行奇操峻退臥陵陽錫命屢頒高風轉固

宋程炎子涇人隱琴高臺襟負淸曠不廢嘯歌著有煙水集

元梅致和字彥遠宣城人從母兄汪文節受春秋著類編十二卷隱於城南部使者王士熙吳鐸雅重之屢辟不起卒宋濂誌其墓

明林景初太平人賦性恬退洪武初求遺賢知縣梁德遠勸之仕以疾辭隱香城山號獨

隱居

士

池州府

宋宗彧之字叔粲青陽人元嘉時詔大使陸子貞觀風採俗敦請至三皆以疾辭曰知我者惟故人何祥瑞耳後祥瑞亦終隱焉

唐李昭象字化文懿宗朝以文謁時相路巖深器重之後避黃巢亂入九華築室碧雲峯下與張喬顧雲輩爲方外友

宋夏乾錫貴池人池守樊知古薦之朝太祖制冠服召之錫竟不起自號清溪布衣　陳翥銅陵人篤志好學家人非其時不見號閉戶先生

明洪仲遵建德人號丹崖博聞强記治易及春秋著丹崖集屢承辟命皆以疾辭尋以文行薦領本縣訓導以老辭獨與江容等游號五老　劉城字伯宗貴池人志大才高而折節溫恭常如不及崇禎丙子池太道史可法應詔保舉江西布政張秉文又以甚任民牧薦皆力辭後可法以閣部出師專書幣來徵安撫黃耳鼎以人才薦皆不就岩棲谷飲以終其身著書數十萬言

江杏字君培建德人父大躍深明理學巡按御史林可成器重之杏嗣家學兼通天文兵法崇禎間撫軍程世昌聘之參畫幕下代草疏陳勦寇機宜不報知時不可爲辭歸隱天山洞

桂徹石埭人性狷介淸苦自持築室河城署曰默庵嘯咏其間永矢不出

太平府

唐

王居巖仕唐爲驍騎衛長史廣明之亂棄官居青山楊行密據淮南欲尊顯之迫居巖出不就至臨以兵居巖散遣其妻子以一身歸行密授湖州別駕一月行密大會賓客失居巖所在急使人掩其廬則虛矣

王翀霄繁昌人雅志林壑不樂干進築室馬仁山講學晝夜不輟江左之士多從之

宋

魚潛字德昭當塗人值元代宋隱居養鵝鴨以自給著詩甚富見輟耕錄

元

蔣子誠慈湖人文宗西幸江陵憩慈湖民舍族人多夤緣取爵位子誠不爲動盤旋溪

谷若將免焉

明

戴綬字民信當塗人蚤歲試不偶遂棄舉子業肆力古文當道薦爲和州學正以疾辭葺采石書院授徒以終

王繼字道承蕪湖人殫力明經居邑南孤山不出著擊壤集

陶于樂字和鳴蕪湖人別號霞冠道人隱於東皋不求聞達日誦黃庭道德諸經籜冠節杖蕭灑出塵望之若仙

廬州府

唐

巢父以樹爲巢棲息其上故曰巢父與許由並祀於萬家山

許由隱於巢縣之臥牛山以手掬水飲之或遺之一瓢瓢乾則掛於樹風吹歷歷有聲由以爲煩遂棄去後隱箕山太史遷云余登箕山蓋有許由冢云

樊仲父堯欲禪天下於巢父巢父曰君之牧天下猶予之牧犢寧用天下爲因洗耳於澗濱仲父牽牛飲水既而驅還於上流飲之曰毋令飲濁流污吾牛口也

元朱可興舒城人好學博覽尤善尙書慕古高士風節不干仕進隱居教授以文行著

明宛果字彥昭廬江人讀書通世務尤樂施予高蹈山林不樂仕進而行誼爲衆所推

胡鐸號靜人舒城人性孝友父母喪廬墓三年跬步不出開講堂立輔仁會四方之士不遠千里負笈歸之學使者聞於朝屢徵不就有司立有耑祠

楊首春字元之舒城人澡躬浴德不讓古人匿影空山名聞海内有司往辟之已掛瓢先往矣

楊大濂字潔父無爲人潛心理學該博經史督學耿天臺欲錄恩選不就復破格以布衣薦之濂退居百萬湖瀟然自樂

鍾濟號海源無爲人隱於江山方嚴守義不妄徇人足不履城郭築圃臨江面山吟咏自適

張宗能六安人別號隱微博通經史以孝友聞隱居清溪稱高蹈士

方自勉合肥人爲人端方嚴厲然諾不苟里人比之王彥方隱居湖濱教授生徒足跡不入市門

鳳陽府

戰國沈郢　沈丘人生有高行秦徵爲相不就作沈亭於潁濱遊釣終身

漢袁宏　司徒安之子漢末諸袁顯居宏避居汝陰修身飭行以謀學爲業累徵不起

三國王㬈　魏明帝青龍間詔公卿舉才德兼備者一人司馬懿以㬈應詔不就㬈爲人謹厚詳戒子侄書中

隋趙徵君　先其名讀書巃山隱居不出鄉人於其遺址建巃山書院祀之

宋蕭洵　荆山隱士與姚顯宗戴經李飛徐夢鼎李尭仁壽等皆以儒行自晦不慕仕進

李誥　婺人幼負大志博極羣書熙寧朝大臣屢徵不起

元王宗岳　字艮佐臨淮人厭俗學肆力性道勸之仕輒不應人稱養高先生

明盛世鳴　鳳陽人倜儻有大志嗜古文奇字帖括非所好也以卜自晦郡守物色之復退隱焉號太古居士

陳琰　字廷玉臨淮人性恬淡動循禮度隱居濠濱有司屢薦皆不就

姚

医字舜用定遠人性穎敏過目成誦家貧授徒草芥榮利大學士謝遷嘗與其父有舊使人召之医愕然推案詈之人服其高**周禎**霍人恬淡無求放跡山水琴樽自攜率意而往嘗曰人生貴適志耳苟凝滯于物圭組山林隨在皆桎梏也**田九賦**霍人利名無染瞿然笑傲每自矢曰碩人之寬碩人之邁澗阿真不負人哉**李公度**字思貞泗人弱冠中鄉科勸之仕不應部使者薦國子博士亦不就家居四十年卒**馮世學**盱眙人隱居雙村店築室栽花開池植竹日嘯咏於其間**張廷訓**字振蒙甘貞守道抗志衡門行不苟合言無夸飾幾不知天壤間功名富貴爲何物

徐州

〔明〕**秦英**字子美豐人明達經術洪武間屢薦賢良方正辭疾不赴**劉勛**隱居城東邑令造請不就人稱爲東田先生**徐明**足不履城市逍遙間遠屢空晏如壽一百七歲**劉應**

元食力無外慕負郭有隙地種柿樹
千章築土室以居縣令召之不出

滁州

宋雍存號南郭先生晛號獨山翁文史自娛喜詩
賦紹聖中曾公肇爲滁守與爲文字交人
高其
行

元范思敬全椒人有志操能文章隱於
石子崗之梁庄號栖谷子

明陸剛字允常號習靜道人傅弼字朝佐號南山
讀書敦道高世士也子耕讀自適
邵溶字元靜號味泉與吳恥齋但愛山吳湘字江
黃懋山輩結詩社有味泉遺稿筠肆
力詩苑葺巢吳艮貴字汝芳家徒壁立處之晏
許爲尚友編如邑令扁之曰淮南眞隱張
芬號菊塢博涉書史隱於西郭嘗送友金印字文
人過白汪橋驚曰三十年不過此矣信多
隱德先人腴產悉以讓兄只留東園一邵希伯字
區曰吾子孫守此足矣因號東園居士成

我淡於名利隱居山林惟以書史自怡子乾陽天性長厚犯者不較悠游綠野以終里稱兩世隱君子云

吳國器字玉質家貧嗜學力佐兄弟讀書皆成進士偕妻滕隱獨山没祀鄉賢

李廷瑞字寶樹至性坦易行巳端方築室隱居足跡不入公府

和州

(宋)何宗英紹聖間以布衣上書數萬言皆切中時弊後竟避世不出士論高之

(明)杜浩字守彝居孝於山力學躬耕安貧篤行其裔孫如蘭崇禎中明經善詩隱居不仕有浩之遺風

張應元字仁甫與焦竑黃汝亨二人遊微言名理深入其室棄舉子自號漁隱

廣德州

(宋)張介紹聖時人隱居城北郡守慕其名屢訪以政欲疏其行學於朝介固辭不就

趙平叔咸平時人隱居城西琴山側松竹泉石之勝吟咏自適起一樓於翠微之間曰萬山樓

共稱爲晉德君子

元盧志賢至元時人隱居林下淸修之節當時重之

江南通志卷之第五十七

流寓

古倜儻瑰奇之人屬意曠遠視裨瀛五嶽如在門庭躡履褰裳縱所欲往非可以咫尺拘也禮云大夫不去宗廟士不去墳墓豈所論於豪俊乎大江南北題咏山川篇什所傳類多羇客而笠澤荊溪穎水灊谷唐宋以來鉅公勝流僑居其間終老不去地因人重其廋幾歟彼急聲利者僕僕候門勞勞轍跡曷足稱焉志流寓

江寧府

漢　史崇字伯勤其先杜陵人建武中累官青冀二州刺史治尚寬簡不威而化以功封溧陽縣侯天下旣平詔公侯皆就封因家焉卒謚壯侯子顥孫茅世其爵歷晉唐世有封爵焉今爲巨族

三國吳　張昭字子布其先彭城人漢末避亂渡江居秦淮孫策命爲長史策亡弟權立昭輔之旣吳主稱尊號拜輔吳上將軍封婁侯食邑萬戸昭以老病謝吳王忌之不得已與朝會

諸葛瑾字子瑜其先瑯琊人漢末避亂江東孫權用爲司馬權遣瑾使漢通好與其弟亮俱公會無私面漢昭烈東伐吳吳主求和或言瑾别遣親人與相聞權曰子瑜之不負孤猶孤之不負子瑜也後封宛陵侯

晉　王導字茂弘瑯琊臨沂人少有風鑒識量清遠陳留高士張君奇之曰此兒將相器也時元帝爲瑯琊王與導親善導亦傾心推奉帝徙鎮建康導進計曰大業草創急在得人顧榮賀循此土之望宜引之以結人心二人應命而至由是吳會歸心桓彞初過江見導極談世事曰見管夷吾

無復憂矣及帝登位進驃騎大將軍儀同三司王敦之反也導率羣從子弟詣臺待罪帝以導忠節有素特命還朝服尋進位太保受遺詔輔幼主蘇峻之亂以導德望不敢加害咸和五年薨謚文獻

謝鯤 陽夏人爲王敦長史知敦有不臣之志不可以道匡弼從容諷議不屑政事優游寄寓以終

謝安 字安石少有重名初寓會稽累辟不起揚州刺史庾冰必欲致之不得已趨名棲遲東山放情丘壑每游賞必以聲伎相隨簡文帝時爲相曰安石既與人同樂必不得不與人同憂妻劉亦謂之曰丈夫不如此也安掩鼻曰正恐不免耳桓溫請爲司馬尋上疏薦安宜受顧命盡忠匡翼仕至司徒雖受朝寄然東山之志終始不渝

范甯 字武子南陽人爲學多所通覽時浮虛相扇儒雅日替著論甚言王弼何晏之罪解褐爲縣興學校教養生徒澶志修禮士論宗之遷臨淮太守徵拜中書侍郎時更營新廟博求辟雍明堂之制甯奏上之

吳隱之 字處默濮陽人以儒雅標名介立有淸操年十餘丁父憂號泣過情事母孝祥練之夕羣鴈俱集人謂孝感所致隆安中

爲廣州刺史假節領平越中郎將淸操愈厲盧循寇南海隱之率屬將士固守還居建康茆屋僅容妻子尋拜度支尚書太常後遷中領軍所得祿裁畱身糧餘悉分親族後請老上許之

南北朝

雷次宗字仲倫豫章人少慕棲隱宋元嘉中徵至建康開館雞籠山教授生徒除給事中不受還廬山又徵詣建康築室鍾山下謂之招隱館

馬樞扶風人梁邵陵王鎮南徐州引爲學士侯景之亂隱於茅山陳文帝徵爲度支尚書辭不受樞少屬離亂凡所居處盜賊不入依托者數百家

明僧紹字休烈平原人魏克淮南乃渡江至建康齊高帝徵爲記室將軍不至住攝山白雲庵高帝謂其兄慶符曰卿兄高尚其事亦堯之外臣朕夢想幽人固巳勤矣所謂徑路絕風雲通乃特賜竹根如意笋籜冠卒於山遂以宅爲寺

五代

韓熙載字叔言先北海人早負才名南唐受禪召爲秘書郎權知制誥命典雅尤長碑碣人不遠數千里輦金幣求文宿直宮中賜對多所弘益謚文靖僑居金陵葬梅岡謝安墓側

宋

胡銓字邦衡廬陵人有節撡南渡初累上封事力諫和議雖爲權臣所忌而操守愈烈官至兵部侍郎端明殿學士卜居建康

劉岑字季高吳興人遷居溧陽博學愛士有古君子風登進士第以徽猷閣待制致仕

崔敦禮字仲由靜海人與弟敦詩同登紹興中進士愛溧陽山水買田築居敦禮仕至諸王官大小學教授敦詩仕至中書舍人加侍講直學士院

王朝端字季羔澶淵人過江愛溧陽風土因家焉少以博洽聞年未弱冠鄉舉第一及入大學又爲第一再中博學宏詞科歷太學錄秘書省正字終知永州

王安石字介甫臨川人相神宗罷歸每日跨驢游鍾山或不知而返自號半山居士後舍宅爲寺居白下門卒葬鍾山

鄭俠字介夫福清人治平初隨父翬赴江寧監稅讀書清涼寺今祠即昔日讀書處也

趙淮以從父葵賜第溧陽德祐中元兵大舉賈似道兵潰沿江守將或逃或降乃就家起淮爲大府寺丞招集義兵造艦於長蕩湖倚呂山置寨以扼東山之兵未幾元兵分道來攻淮戰敗被執死之二妾殉焉

元楊剛中字志行松陽人徙家建康幼穎異力學家貧與兄敏中竭力以養內行淳篤行臺至建康者必禮其廬辟至江寧縣學擢福建僉閩海廉訪司照磨兩主文衡所簡拔皆知名士偰列篪本畏吾人居溧陽父哈喇不花死王事列篪中至順庚午進士爲潮陽尹值紅巾之亂闔門盡節

明陳鋼字堅遠鄞人以醫院家南京成化乙酉鄉貢任黔陽知縣九年轉長沙通判黔人樹碑紀政歲令子弟一人至長沙問安判長沙三年興復嶽麓書院見李文正東陽記周瑄字德孚陽曲人鄉貢授刑部主事至尚書以洗寃澤物爲已任常戒諸司事非會勘者不得出五日以是無淹滯之囚致仕後故鄉無田產樂金陵風土遂家焉卒謚莊懿子經亦仕至尚書童軒字子昂鄱陽人以欽天監家應天景泰辛未進士授南京吏科給事中陳弭盜安民數事多見採納蜀寇起命軒往撫軒遍歷賊巢宣布恩威賊悉遣散官至南禮部尚書致仕家無餘貲杜環字叔

循廬陵人父一元宦金陵遂家焉環好學重然諾
周人之急常主事允恭其父執也死於九江母張
氏老無所依投知交不納詣金陵訪一元已死環
驚訝卒妻子拜爲家貧黽勉敬事如母母性褊急
戒家人順之勿慢如是者十年母幼子伯章失所
在念之成疾環招伯章至復托故捨去母疾增劇
環事之彌謹又三年母卒環爲治葬且
時祀焉環後爲晉府錄事太常寺丞

賀確字存誠隴
西人徙金陵少事博士業一不利卽棄去遂大肆
其力於六經子史以至天文地理醫卜之書文有
古風於富貴淡如也年九十三卒

唐時字宜之烏程人仕楚府長史棄官歸築室烏龍潭上
高吟遠眺往來山水間作蓮花世界書

陳壽字本之遼東寧遠人仕至南刑部尚書賦性廉
介入仕四十餘年俸廩之外秋毫無取致仕後流
寓金陵不能聊生身歿無以爲殮京兆尹寇天叙
大司空李公充嗣爲之題請得賜葬祭

何遵字孟循吳江人以欽天監籍家南京登正德甲
戌進士授工部主事時武宗南巡偕林大輅蔣山
卿上疏極諫下詔獄尋予廷杖遂不起嘉靖初追

贈光祿卿曾孫光顯以諸生上書請誅權奸立枷死士論比陳東歐陽徹云

皇清

黃居中號海鶴先世閩人官南國子監丞遂家焉轉貴州黃平知州歸老清溪購書萬卷年八十三卒子虞稷應博學鴻儒選

黃國琦字石公新昌人少負奇游金陵文翔鳳見而異之爲援例入監崇禎丁丑成進士仕至兵科給事奉母南歸家金陵雖爲寓公於地方利弊知無不言故當道咸禮重之子六鴻治縣有能聲今爲行人

周文煒字赤之本金谿人生於大梁生平孤行已意屹立不移然曰吾固坦然者也因自號坦然乃負笈入南雍就選得暨陽簿謝官歸築室秦淮日壯爲五湖遊人老作秦淮釣叟於願足矣子亮工號櫟園庚辰進士敭歷中外二十年能文章尤愛士故人士咸嚮往之

王弘祚號玉銘雲南人官至大司馬致仕歸道過金陵慕棲霞天闕山水之勝遂家焉杜門著書不通賓客惟與二三良友暨子姪講程朱之學年八十壽終賜葬於茅山之陽子瑜刑部郎中

王孫章字煥存貴州人仕南戶部郎中遂居金陵家政

整肅不事聲華子承烈貴州庚子解元承祥庚戌進士現任銓部承祜已未進士由庶常改補科道

黃文煥字坤五福清人由山陽令入翰林歸居金陵經畧洪承疇欲薦用之以老疾辭著作極富有杜詩掣碧及史記莊子註行世

張自烈字爾公袁州人僑居白門著書論文自樹壇坫不隨人步趨著有四書五經辨及古今文辨行世

方文字爾止少爲名諸生左光斗奇其才以女妻之流寓石城閉戶著述有嵞山詩集三十卷及六書經學多所發明讀書取友戶外屨常滿無子友人葬之於江寧小山之麓宣城施閏章題曰桐城詩老之墓

蘇州府

商泰伯太王長子讓國於季歷偕弟仲雍逃之勾吳

周澹臺滅明字子羽武城人孔子弟子南游至江從弟子三百人今吳國東南有澹臺湖即其遺跡也

范蠡字少伯事越王勾踐平吳致霸功成遂汎舟遊五湖不返今吳地多遺蹟

漢東園公 姓唐字宣明陳留人嘗居園中因號東園公同時綺里公季與夏黃公崔廣角里先生周述稱爲四皓

梅福 字子真壽春人成帝時屢上書言事皆不納元始中王莽專政福一朝棄妻子去其後有人見福於蘇州變姓名爲吳市門卒

梁鴻 字伯鸞扶風人少孤家貧尚氣節出關過京師作五噫歌肅宗聞而非之鴻易姓名挈妻子適吳依臯伯通廡下爲人賃舂妻每具食必舉案齊眉伯通察而異之乃舍之於家及卒伯通爲葬於要離塚傍曰要離烈士伯鸞清高可令相近葬畢送妻子歸扶風

桓譚 字文林沛郡人仕郡功曹後舉孝廉有道方正茂才三公竝辟皆不就初平中避地會稽

蔡邕 字伯喈陳留人仕漢左中郎將避怨於吳有燒桐以爨者邕聞火裂聲知良木也爲琴音聲甚佳因號焦尾

晉王珉 字季琰少有才藝與兄珣齊名歷著作散騎郎黃門侍郎侍中代珣爲吳國內史珉買宅居崑山後珣捨虎丘別業爲寺珉亦捨崑山宅爲寶馬寺太元中卒追贈太常

戴顒 字仲

若父逵兄勃竝隱遁有高名世居剡下顒徙居吳吳上人共爲築室號吳中高士琴樽造訪無虛日

〔唐〕張祜字承吉南陽人寓居蘇州有詩名令狐楚鎮天平表祜詩三百篇以獻李紳節度淮南杜牧守池俱與祜爲詩酒友祜自稱釣鼇客

〔宋〕賀鑄字方回衞州人孝惠皇后族孫退居吳城昇平橋有橫塘別墅家藏書萬餘卷手讎校無一字誤家貧貸子錢自給有丐者輒折券與之蘇舜欽字子美梓州人易簡之孫寓吳得吳越錢氏池館置水石作南園益務讀書歷官大理評事後坐事廢歸吳作滄浪亭以自適尹焞字彥明洛陽人寓平江虎丘西庵焞師事程頤應舉發策議誅元祐黨人不對而出授徒洛中靖康初辟召不至賜號和靖處士紹興五年以崇政殿說書召凡二十辭八年冬始入見除秘書郎累遷至徽猷閣待制鄭準字器先開封人寓崑山歷知袁州輕財好義買田贍族有范文正之風方惟深字子通泉州人寓居於吳王安石極賞其詩以爲元白皮陸有未及處迨安石

柄政惟深畧無迎合意杜門陋巷孝友耿介[illegible]

魏了翁字華父邛州人累官樞密賜第於吳御書鶴山書院賜之卒謚文靖

元絳字厚之本姓危臨川人唐末奔吳越祖德昭仕至丞相錢鏐惡其姓易之爲元絳五歲能詩長舉進士歷官太子少保寓吳與程師孟等爲九老會卒謚章簡

高定子字瞻叔淳佑初爲學士嘗草五制未更燭而成理宗大喜累官光祿大夫

〔元〕

鄭東字季明平陽人[illegible]弟采字季亮性狷介就東寓讀四庫書東天分絕人肆力於古所作文多不留藁存百篇采三十篇顏曰聯璧集宋濂敘之

陳徵字明善廬山人居吳中嘗從吳澄游其學務明理不慕榮進讀書鼓琴泊然終身一時前輩若虞集揭傒斯咸推重之

〔明〕

吳福字好德鄞縣人愛吳中山水遂占籍焉由進士擢禮科給事中奉使琉球使回與修永樂大典出爲江西僉事歷陞福建布政致仕卒葬烏龍山

宋珏字比玉莆田人家世仕宦不屑從鄉里衣冠浮湛徵逐年三十負笈游金陵走吳越徧交其賢士大夫神情軒舉不立崖岸而

胸中涇渭井如也善八分画出入二米仲圭子久不名一家滯淫旅人默默不自得客死吳門

皇清姜垓字如須萊陽人中崇禎庚辰進士授行人時兄埰以抗疏得罪下詔獄垓上章請代兄罪士論稱埰之戇而多垓之義垓父瀉里被難故里家室流離垓間關入吳幽憂數年而死子孫遂家焉

松江府

宋梅堯臣字聖俞宛陵人以叔詢知蘇州往來青龍鎮著有青龍雜志　蔡沆字仲默建陽人慶元間游學雲間因號九峯　章楶字質夫浦城人宋相德象從子始仕大理評事監華亭鹽樂其風土因家青龍之谿宅里官至樞密院　吳潛字毅夫宣城人侍其父居下沙鹽場讀書後魁多士爲宋開慶名相

元林景曦字德陽平陽人仕宋歷官從政郎歸隱往來吳越居雲間甚久　柯九思

字敬仲仙居人以蔭補華亭尉擢授奎章閣鑒書博士罷顧甚隆以言罷因居松江時往來玉峯吳閭善画竹石得文同筆法嘗自謂寫幹用篆法枝用草法葉用八分或用魯公撇筆法木石用金釵股屋漏痕遺意

楊維禎 字廉夫會稽人泰定丁卯進士元末攜家寓華亭築室百花潭上號小蓬臺

楊乘 字文載濱州人官江浙行省員外郎至正壬辰杭州陷依青龍章元澤以居丙申張士誠起欲招致之乘笑曰吾豈事二姓者哉命子具禮享先祠畢起行後圃顧西日晴好慨然曰晚節如是足矣夜分自縊遺書諭子以得全臣節爲快

陶宗儀 字九成其先由閩徙永壽再徙黃巖少舉進士一不中即棄去務古學無所不窺抵松教授弟子遇人以誠寡言笑藝圃一區果蔬薯蕷可給賓祭餘悉種菊遇勝日引觴獨酌歌所自爲詩家城北泗水之南結廬閉戶著有輟耕錄

明

余學夔 台州人方孝孺被收時海寧典史魏澤匿其幼子德宗學夔微聞之變形作狂

乞食於市一日迎澤於城隅作狂歌動澤澤欲會之兩日後復遇在市仍作狂歌澤乃密致書將孝孺文稿併德宗畫托之學夔逃赴松江青村治緇綱易米自給潛入城訪進士俞允允故孝孺門人也家居不仕三叩乃得見呈澤手啓大驚遂匿德宗於家德宗後冒姓余而學夔子孫世居白沙里

常州府

晉郭璞 字景純聞喜人博學好古精陰陽曆數避地東南寓澄江王導雅重之引爲叅軍

杜康 字仲寧江陰邑城東南隅有池池中央有阜相傳爲杜康墓巷曰杜康巷橋曰杜康橋

南北朝到洽 字茂源彭城人清警有才學隱陽羡天監初任昉守義興嘗訪洽有無雙之目邀洽同遊過杳林見山水清勝卜築寓焉

唐杜牧 字牧之咸寧人殖產陽羡因卜居焉今荆溪北有荒坵即牧之水榭

陸希聲 相昭宗避亂隱陽羡之湖洑名其山曰頤山著頤山錄

皮日休 襄陽人咸通八年進士崔

璞守蘇日休爲軍士判官與陸龜蒙友善龜蒙隱芙蓉湖日休旦夕與遊嘗買釣船一具修二丈濶三尺施篷以蔽風風雨往來湖中與龜蒙連舸載酒清風素節人望之有蒹葭白露之思雅善魏處士璞璞後盡以釣船諸具貽璞著五貺詩

陸羽字鴻漸竟陵人寓梁溪品天下水味中泠第一惠山第二惠泉自此得名

【宋】**蘇軾**嘉祐二年與蔣之奇同第宴瓊林日坐相接遂約卜居陽羨後謫黃州移臨汝上章乞居陽羨嘗托邵民瞻以緡錢五百買宅一區將移居偶與邵步月村落聞老嫗哭甚哀問故曰吾居第相傳百年一旦轉售是以悲耳抑其居即邵所置者亟取券對嫗焚之竟返常州卒於顧塘橋孫氏之館

楊時字中立將樂人聞河南程顥與弟頤講孔孟絕學時以師禮見顥於潁昌其歸也顥目送之曰吾道南矣政和初知蕭山縣秩滿奉祠遂徙居毘陵講道城東書堂四方之士雲集

喻樗字子才祥符人自桐廬徙無錫從楊龜山游因得其學登建炎進士

洪适字景伯父

皓母沈氏毘陵人也皓使北被留适與弟遵邁等依舅氏讀書适遵同中博學宏詞科後三年邁亦中選适累官至宰相卒謚文惠遵樞密謚文安邁內翰謚文敏父子兄弟爲一代忠孝禮樂文章宗主

周必大 字子充江西人卜居宜興紹興二年進士爲翰林學士制命溫雅周盡事情爲一時詞臣之冠

李綱 字伯紀邵武人仕徽欽高三朝稱賢相以身繫社稷安危建炎初爲汪黃所沮去位居錫山自稱梁谿漫叟有梁谿集

汪藻 字彥章鄱陽人寓於宜興莊氏愛溪山之勝因卜居焉自崇寧初策高第校三館秘書入翰林掌內制立朝三十年以文學推重一時

呂祖泰 字泰然河南人寓居宜興嘉泰元年進士論韓侂胄兢逮不懼京尹受侂胄指誘之曰誰教汝有此爲草者汝弟言之吾自寬汝祖泰笑曰何問之愚也吾自分必死而受教於人且與人議乎京尹曰汝病風喪心耶荅曰以我觀之今之附韓氏而得美官者乃病風喪心也聞者悚然杖决流欽州四年侂胄死得旨放回

元陳仁祖汴人父安國晉陵縣尹隨侍講學因家焉至正初進士第一累官翰林學士叅知政事時務多所匡正順帝北轅祖仁死之

明周怡字順之寧國人少負奇氣從鄒東廓遊後又師事王龍谿戊戌成進士授司理以治狀徵拜給諫抗論嚴嵩專權植黨言甚剴切逮繫詔獄釋歸居陽羨山中穆宗登極召用復言事被謫尋歷陞太常少卿

鎮江府

晉祖逖字士雅范陽人居京口慷慨有節尚與劉琨共臥聞雞鳴蹴琨曰此非惡聲也因共起舞元帝時拜奮威將軍豫州刺史徐邈東莞人永嘉之亂渡江家京口謝安薦補中書舍人在西省譔正五經音訓學者宗之弟廣字野民學尤精粹累官祠部郎劉惔字真長相人與母任氏居京口家貧織芒屩以爲養王導深器之累薦遷丹陽尹爲政清整門無雜賓

南北朝

劉穆之字道和莒人寓居京口宋武帝克京城署府主簿從平建業諸大處分倉卒立定累遷至丹陽尹

檀道濟高平人居京口以都督鎮壽陽素有威名爲朝廷疑畏彭城王義康矯詔徵入殺之後魏軍臨江文帝嘆曰檀道濟若在豈使至此

徐陵郯人居京口歷官御史中丞器局深遠爲一代之宗

江革字休暎考城人居京口性孝友舉南徐州秀才歷御史中丞彈擊無所避隨豫章王鎮彭城爲魏所執不屈放還除會稽郡丞有清操遷都官尚書

唐

李紳字公垂世宦南方客潤州以進士爲翰林學士與李德裕元稹同時稱三俊李逢吉惡之遷滁壽二州刺史虎不爲暴爲河南尹政尚剛嚴惡少遠遁遷宣武節度使蝗不入境官至中書侍郎同平章事右僕射上柱國封趙國公謚文肅

宋

米芾字元章太原人其父嘗家襄陽未幾徙丹徒刻意文詞尤工書畫嘗爲書畫學博士擢禮部員外郎知淮陽軍爲政行法不畏強禦善察民寃愛潤州山水結海嶽庵稱海嶽外史子友

仁官於吳女亦歸於吳故宋史稱爲吳人

石延年字曼卿幽州人寓居丹陽以詩文自豪官太子中允范純仁見其三喪未舉悉以麥舟與之嘗進備邊策不報已而西方用兵帝甚思其言

張慤字誠伯河間人徙家金壇紹聖末登第累遷龍圖閣學士建炎改元爲戶部尚書除同知樞密院事善理財論錢穀利害猶指諸掌建言三河之民怨敵深入骨髓莫不思報國仇請依唐澤潞步兵雄邊弟子遺意募民聯以什伍寓兵於農使合力抗敵謂之巡社爲法精詳詔集爲書行之遷尚書左丞中書侍郎謚忠穆

（明）**楊一清**字應寧安寧人後占籍丹徒歷任三邊總制多戰守績與太監張永謀得間除劉瑾之奸後再入內閣勳名爛然正德南巡親幸其第卒妻子進酒食歡飲竟日賦詩賜之

淮安府

（周）**荀卿**趙人適楚春申君以爲蘭陵令春申君死荀卿廢因家焉著書數萬言而卒葬蘭陵

漢

張良字子房禹州人以家財求客爲韓報仇得力士爲鐵椎狙擊始皇於博浪沙中始皇怒大索天下乃逃匿下邳遇圯上老人授書佐沛公定天下封畱侯

于定國字曼倩郯人居東海郎今贛榆縣官廷尉民以不寃歿葬焉

江革字次翁臨淄人負母逃難轉客下邳踝跣行傭以供母

包咸字子良曲阿人少受業長安爲赤眉所得拘執十餘日晨夜誦經自若賊異而遣之因往東海立精舍講授光武即位乃歸里

南北朝

封延伯字仲連渤海人寓居東海三世同居後仕爲梁郡太守爲政清靜有高士風致以疾免還東海士子宗之

宋

陳瓘字瑩中劍州人徽宗時爲諫官劾蔡京謫居合浦著尊堯錄京黨以爲言多詆誣遂加竄逐瓘先爲楚州通判後遂家焉

馬存字子才鄱陽人寓居楚州慕節孝先生道德從之游卒業於其門

元羅會魯橋人登進士授儲司院山長教授孔顔孟三氏子孫元末避兵宿遷因家焉

明黃諫蘭州人寓山陽正統間以尚寶卿兼侍講出使南安詰迂路定禮儀辯坐席辭餽贐諭請正朔凡爲書十一通國王不敢違化初左遷廣州通判卒於官葬山陽縣

揚州府

宋富弼字彦國隨父官泰州寓景德禪院讀書與胡翼之周春卿相友善時范文正爲西溪鹽官一見弼器之曰王佐才也陳次升字當時仙游人僑居儀眞舉進士爲御史論章惇蔡卞植黨爲姦譎監泉州酒稅徽宗立召爲侍御史極論蔡京曾布之惡詔竄逐之尋入元祐黨籍循州編管蔡京罷復官終於眞州私第任伯雨字德翁眉山人居諫省半載上十八疏皆係天下治亂安危大臣畏其多言徙知虢州崇寧中以黨事削籍編管通州查道字湛然徽州人祖父皆仕南唐宋平金陵道侍其母渡江歸如皐奉養周族屬急窮交贖故人之質女而嫁士族仕

宋知荊州

元郝經字伯常陵川人家藏書萬卷博覽無不通世祖即位充國信使使宋定和議時賈似道方以却敵爲功恐經至謀泄館經眞州驛棘垣鑰戶多方動之經不屈居九年丞相伯顏伐宋問執行人之罪宋懼始禮送經歸

張⿱須豆以薦授建康路教授引疾歸眞州至正中眞州守臣以⿱須豆及郝經吳澄皆嘗留眞作三賢祠祀之

吳澄字幼清崇仁人寓眞州嘗舉進士不第肆力聖賢之學較定九經以斯文自任所著五經纂言盡破傳註穿鑿卓然成一家言卒謚文正

明羅汝芳字惟德江右人客居海陵窮理樂道教人以體驗方寸四方學者宗之陪祀王艮祠

鄒元標字南皐豫章人立朝以直諫著名僑寓儀眞之五壩立講壇於信國公祠闡說先儒治心養性之學

高宗本字茂卿雄縣人仕至河南副使以老致政歸寓江都遂占籍爲揚人自號江淮逸叟性穎好學尤習郡邑掌故所著維揚新志簡覈足稱信筆

鄒應龍字雲

卿蘭州人其父賈揚州遂家焉爲御史劾相嚴嵩及其子世蕃欺罔不法事十餘條世蕃盱衡大言曰何物御史不愛死而及余家事俄命嵩致仕世蕃郎訊讁戍上嘉應龍忠擢通政司參議仕至都御史雲南巡撫

何城 字叔防榆林人父炫賈揚因家江都嘉靖壬午中陝西鄉試壬辰成進士由庶吉士改刑部主事讁安州同知安居衡之流歲苦澇田禾不登城白當道築堤防之是後數有年因號曰何公堤歷知武昌府楚世子英燿弒其王輿所幸甘玉海謀爲叛城飛書白巡按御史先擒玉海杖殺之散其護衛世子竟抵法戮其黨二十餘人楚人稱快陞冀南道爲輩語所中投劾歸江都會倭寇作亂議築外城時多迂之未幾倭犯揚州城外蕩然煨燼城中安堵皆城力也

朱世賢 字用賓世居山東臨青州累官至少卿剛直不事權貴萬曆初以病乞休依其中表夏氏家於廣州捐千金以築新城值郡水患復出千金以備賑贍營別墅扁曰小桃源孫珏以画名

費經虞 字仲若新繁人弱冠肆力經史崇禎己卯舉四川鄉試授昆明令乞休歸蜀遇亂流寓於

揚以不得養親爲恨每忌晨哭泣終日至七十猶然卒於江都門人私謚曰孝貞先生

皇清**梁以樟**字公狄清苑人崇禎己卯舉鄉試第一庚辰成進士與兄以枏避地於南寓居寶應絕意仕進文史自娛著書以老時人高其義

趙開心字洞門長沙人寄籍江都立朝負嶽嶽重望三爲御史大夫敢言直諫屢黜不顧生平廉介不取一錢仕至工部尚書卒於官子而汴伉爽負才官內閣中書

張恂字稺恭涇陽人先世以業鹺家江都崇禎癸未成進士恂天才儁邁肆力於詩古文詞兼工畫苑潑墨渲染備臻妙境

王猷定字于一南昌人以古文詞自鳴流寓維揚士大夫咸推之

魏禧字凝叔寧都人性孤介賣文自給其文上追唐宋大家人士重其文行爭延致之寓真州以疾終友人歸其喪妻某氏聞訃不食死

安慶府

漢**橋元**字公祖雎陽人歷位中外謙儉下士蔡邕災異對云光祿大夫橋元聰達直方宜引

爲謀主數見訪問光和中爲太尉以久病策罷漢末避地於灊卒

三國　魯肅　字子敬臨淮人寓居桐城周瑜知其賢躬造貸糧以覘其器肅家有二囷囷各二千斛慨然指一囷與之今邑治西有指廩坊

晉　王祥　字休徵臨沂人漢末避亂扶母攜弟隱居大雷在雷三十餘年屢辟固辭後拜司空轉太尉加侍中見司馬昭舉朝皆拜祥獨長揖太子幸學命祥爲三老北面乞言年八十五卒謚曰元

唐　畢誠　字存之偃師人嘗寓郡中讀書主簿山仕爲翰林學士號禁中頗牧後拜相

五代　徐鉉　字鼎臣廣陵人少與韓熙載齊名江東謂之韓徐巡撫楚州坐專殺不報流舒州

宋　舒雅　宣城人好學善屬文知舒州以州之灊山觀有神仙勝跡秩滿即請掌觀事優游山

水吟咏自樂遂家於舒

王罕 成都人徙家於舒以蔭知宜興縣累知潭明州皆有政績以光祿卿卒卽王祺之父珪之季父也

馮京 字當世江夏人少讀書於皖之萬松山鄉舉廷試皆第一京時猶未娶張堯佐負宮掖勢以上命妻之辭不就富文忠公弼以女妻焉爲翰林學士時王安石專政京爲同年生數與爭事尋致仕

徐俯 字師川汾州人少負奇氣僑居於舒累官至端明殿學士參知政事與趙鼎議取襄陽不合乃去位

楊萬里 字廷秀吉水人中進士爲零陵丞時張浚謫永勉以正心誠意之學榜其堂曰誠齋後名爲國子博士張栻以言被黜萬里抗疏留之帝親擢萬里爲東宮侍讀尋除秘閣修撰提舉萬壽宮遂不復出愛潛山水游寓於潛

金

王廷筠 蓋州熊嶽人泰定進士詞翰文采照耀一時晚愛司空山居其下自號司空行寓寄者

元

薩天錫 泰定進士爲燕南道廉訪司照磨登司空山太白臺嘆曰此老眞山水精也遂

結廬其下
避世終焉

明鄧宗經會稽人成化間爲潛學官纂
修郡志晚年高尚遂家潛

李新之字湯
銘順天人中景泰丙午鄉試任饒州訓導左遷桐
城竹子湖河泊所訪李公麟遺跡嘆曰山情水色
正爲我輩遂
隱居龍眠

徽州府

漢管輅字公明平原人精易學言輒奇中
管學道祁門山中有管公壇廟

晉孔瑜字敬康山陰人以軍功封瑜不亭侯惠帝
末避地新安山中改姓孫氏布衣茹舍耕
讀自怡後忽舍去人即其
地立祠祀之因名孔林

唐張志和字子同金華人以翰林待詔歸隱號烟
波釣徒浮家泛宅往來苕霅間後倦游
寓居祁門縣十都以終老
子孫遂世居其地名張村

范傳正鄧州人初刺歙
州政成民安後

晉光祿卿未赴卜居休寧名**洪經綸**淮陽人官宣
其里曰博村誌孟博後也歙觀察使時
方多事經綸鎮以寬大罷官
後與子同居婺源卒葬焉

宋呂廣問字仁甫開封人丞相文穆公之裔爲婺
源簿靖康南渡寓新安擢禮部侍郎密
奏建儲之議孝宗即位首疏十二事以病
知徽州歲餘名人極論時事朝論韙之**孔端木**
字子與舊名端朝先聖裔道輔之曾孫也徽宗幸
學訪先聖後以行藝俱優特賜上舍出身建炎南
渡注黟令**馬廷鸞**字翔仲鄱陽人贅婺源張氏
因卜築焉遂居焉官至觀文殿大學士

寧國府

晉劉遺民嘗居水西有
遺民釣臺

唐李偁天寶中爲涇令政清化
達卒葬於涇而家焉**韓愈**年十三自河
陽依其嫂鄭
氏就食宣城按朱子韓文考異文公有別業在宣
城呂黎集又有示姪爽云避地江南蓋指宣城也

今敬亭山有昌黎别業祠祀之

白居易 元和中寓宣城與侯權秀才俱爲宣城守所貢明年擢進士兄殁葬城西五里今稱白府君墓居易祭烏江十五兄文有云宣城之西道旁荒草

〔宋〕**王邦憲** 建炎中南渡客宛陵與鄉人相遇集句云楊子江頭楊柳春衣冠南渡多崩奔柳條弄色不忍見東西南北更堪論誰謂他鄉各異縣豈知流落復相見青春作伴好還鄉爲問淮南米貴賤見周紫芝之竹坡詩畫

鄧道先 南陽人乾道間官至尚書慕南陵山水卜宅而居葬夫人章氏於石龍山見石龍庵記

〔明〕**石金** 字南仲黃梅人任御史嘉靖中諫止醮祠謫戍宣州衞後遇赦還有陵陽謫寓集

陳履祥 字光庭祁門人得盱江之傳萬曆間倡教宛陵及門人百餘人嘗聚講於同仁會館晚愛湖北雲山號九龍山人所著有九經翼碩果大乘等集以明經薦卒於道門人藏衣冠於雲山爲建祠今遺跡可訪

陳文燭 字玉叔沔人罷官後慕敬亭栢梘之勝扁舟策杖僑寓二載

張愼言 字藐山陽城人累官尚書以抗直廉潔著聞浮家宣城性薄塵囂策杖入敬亭布袍蔬食意致泊如詩文奏疏見稱於時 姜埰 字如農萊陽人崇禎時仕給諫以抗疏劾輔臣予廷杖謫戍宣州遺命葬此以誌死不違君子孫遂家焉

池州府

唐 羅隱 字昭諫餘姚人黃巢亂隱偕弟虬鄴隱於秋浦時號三羅郡守杜濤作別墅居之遂籍本州咸通中屢辟三子皆不肯就

宋 孔武仲 字常父新喻人坐元祐黨安置本州 沈遼 字叡達錢塘人初受知王安石及更新法遼與論事不合去久之攝華亭縣使者以宿憾奪官流永州赦歸徙池州得秋浦林泉之勝喜曰使我自擇亦不過爾耳遂築室齊山名曰雲巢所著有雲巢集 陳邦光 政和間爲太子詹事蔡京獻太子以大食國琉璃酒器羅列公庭太子怒曰天子大臣不聞以道義相訓乃持

玩好之具蕩吾志耶命左右碎之京謂邪光實激太子諷言者擊逐之遂安置池州

朱夢說 宣和間以布衣上書論宦寺權太重詔編管池州

蕭振 字德起平陽人政和七年登進士第知臺州紹興二十二年落職謫池州除敷文閣待制知成都秦檜風御史劾之後謫池州居住

滕宗諒 河南人官司諫以言得罪監鄱陽郡榷請改池州就九華山以葬父築室九華雲外峯下讀書其中尋守蘇州卒葬於縣東石嶺鋪

趙明誠 字德夫諸城人寄家池陽妻李號易安居士

太平府

唐李白 依當塗令李陽冰結宅青山卒葬於此

宋潘閬 字逍遙江都人行吟自適嘗賣藥洛陽騎驢看山好事者繪爲圖至道初名見授國子助教坐盧多遜黨謫太平結廬瀕溪觴咏不絶

石待問 字則善眉山人七歲賦石上松

日何當爲杜石同立太平基人知爲公輔器登進士歷官太常丞知階州未幾致仕卜居蕪湖李之儀字端叔滄州人坐爲范純仁述遺表編管太平州稱姑溪居士卒葬藏雲山杜俁字碩甫成都人侍父宦金陵遂家於蕪自號野翁以詩名世王淇豫章人紹興初避地蕪湖性敏悟好讀書以詩見賞於時與賓朋觴詠不倦著擊壤集年八十卒陳規字元則安丘人任法曹調邑令靖康元年勤王有功被名因疾請辭居當塗卒葬青山北楊宏中福州人寧宗時丞相趙汝愚貶永州宏中時爲太學生與杜仲麟等五人伏闕上書編管太平府時號六君子張祁字晉彥溧陽人負氣任俠與胡寅善秦檜忌之誣以黨下大理檜死得免以子孝祥顯不干仕進居蕪湖嘯咏自適陸同字彥和溧陽人知望江高宗書其名於御屛屢遷西京轉運判官請辭居蕪湖

廬州府

漢施延沛國人避地廬江種瓜爲業明於五經星官風角家貧母老周流傭賃順帝知其賢徵拜太尉年七十有六卒

南北朝鮑照字明遠工詩合肥縣梁鄉水甲一洲相傳鮑照讀書處今名明遠臺

宋楊繪字元素漢州綿竹人幼穎敏讀書一目輒成誦至老不忘皇祐間擢進士第二仕至天章閣待制常寓無爲州山中號無爲子

劉錡字子儀大名人眞宗朝守廬州愛廬山水因築室城中構閣藏所賜詔誥仁宗飛白眞宗聖文秘奉之閣八字以賜之

元蔡章洛陽人任閩省員外郎至正丁未越海北歸俄有大魚隨舟而行舟人懼章焚香告天曰某生平惟知忠君孝親未嘗以私害人所載惟先人遺像書籍而已別有贓物任天責溺祝畢舟摧爲三二俱就溺惟章攜家漂流七日至台州登岸至舒城遂家焉

明齊克讓商河人仕元爲中書省右丞相明太祖定天下命徙濡須養老子孫遂家焉

鳳陽府

周管仲　**鮑叔牙** 仲與叔牙嘗寓州北行賈分金鮑推多取少仲曰鮑子知我貧也今店名管 嘗寓於濠有墓

公鄉曰招賢 **莊周** 在開元寺後

漢樊噲 沛人徽時嘗寓天長屠狗今相傳有樊公店

唐段珂 汧陽人秀實孫僖宗時居潁州黃巢亂刺史欲以城降珂募少年拒戰衆裹糧請從賊潰拜州司馬

宋歐陽發　**歐陽棐**　**歐陽辨** 皆修之子也皇祐元年修移知潁州愛其風土將卜居焉乃建書院於兩湖之南致政後作六一堂卒於潁長子發字伯和師事胡瑗得古樂之傳歷遷殿中丞仲子棐字叔弼廣覽强記能文嘗代父修草遺表神宗重之歷官員外郎坐元祐黨廢少子辨字季默子瞻在潁詩云風流猶有三歐存蓋指伯和仲弼季默也兄弟俱家於潁

劉攽字貢父臨江人官員外郎充集賢校理喪父時以歐陽文忠公居潁往依焉

郭延澤徐州人員外郎致仕居濠城南好學博古藏書萬卷景德中遣使詣其家取三館所闕書進呈者三千卷

〔明〕唐肅山陰人元授嘉興路學正明初以例徙濠州應薦名修禮樂書擢國史編修官以疾失朝謫佃於濠之瞿相山卒著有丹崖集

徐州

〔漢〕李燮字德公太尉固幼子梁冀害固並收其二子固女文姬知父將及難以燮托門生王成曰李氏存亾在此矣成以燮入徐州界變姓名爲酒家傭成賣卜於市陰相往來燮從受學酒家異之妻以女燮遂得專精經學十餘年還鄉里姊弟相見悲感旁人燮拜議郎遷河南尹

閔仲叔太原人世稱節士建武中應司徒侯霸之辟既至霸言不及政事遂投劾而去復以博士徵不

至客居安邑家貧不能得肉日買豬肝一片屠者或不肯與安邑令因敕吏常給焉仲叔聞之歎曰閔仲叔豈以口腹累安邑耶遂去客沛以壽終

申屠蟠 外黃人初范滂等臧否人物非訐朝政自公卿以下皆折節事之太學士爭慕其風蟠獨歎曰戰國之世處士橫議卒有坑焚之禍今之謂矣迺絕跡於梁碭之間因樹為屋自同傭人不羅黨錮之禍

范丹 外黃人桓帝時為萊蕪長不赴朝廷欲以為御史大夫遂遁去布衣草履賣卜梁碭間

丁蘭 河內人少喪母乃刻木為像事之居豐縣東十二里後人即其所居之地名其鎮曰丁蘭鎮里曰丁蘭里

（宋）**孔恩** 宣聖五十代孫南渡徙居蕭

滁州

原志流寓缺

和州

（宋）**呂希哲** 字原明東萊人仕為崇政殿說書少師事明道伊川橫渠諸子後坐黨籍謫居

和州有詩云除却借書沽酒外更無一事擾公私卒於和

游酢字定夫建陽人累官監察御史出知和州罷職家歷陽卒於含山

元危素字太樸金谿人仕於元累官至參知政事明太祖命爲侍講學士俄謫出居和州

明陳宗岩福建人洪武初謫居和州後膺薦官至布政使

班用吉寧津人洪武初歷官至刑部尚書寄居和州子孫遂家焉

高德新武强人任御史洪武初安置和州

元翰字聚州雲南人任吏科給事中天啟間以忤璫削奪寄籍和州

廣德州

宋盛瑞字晉祥宋宣和進士紹興中卜居其地

趙時晦寓居廣德州死元兵之難

江南通志卷之第五十八

仙釋

蒙莊之希風老氏厥有南華達摩之丕振宗傳初來震旦葢江南道釋之祖也其始亦不過寄託虛無别明性地求所謂長生久視感通利益者無之厥後異説浸淫莫可端詰於是左慈標仙術於灊峯寶誌傳幻跡於靈谷爲之徒者紹述滋誕去初意愈遠矣唐宋諸儒力排二氏訖未少衰意弗若反經以勝之消長之間自分灦汋當亦理所必然

平志仙釋

江寧府

〔漢〕茅盈　咸陽人得道隱句曲人稱茅君山盈弟衷爲五官大夫西河太守固爲執金吾各棄官渡江求兄於東山後咸得仙道

〔三國吳〕康僧會　本西域康居國人赤烏四年至建康時中國未有像教會誅茅設像人怪之詔至問狀會曰如來化巳千年然靈骨舍利神應無方昔阿育王奉之爲八萬四千塔此其遺化也權以爲誇會乃默祈三七日聞空中鏗然有聲起視五色顯發進於朝會又言舍利威神一切世間物無能壞者權使力士搥之砧碎而光明自若乃即秦淮西南建建初寺居之江左之有僧刹自會始

〔晉〕許邁　句容人少恬靜不慕仕進學升遐之道南海太守鮑靚隱跡潛遁人究之知邁乃往候探其至要常服氣一氣千餘息永和二年移入臨安西山登巖茹芝渺爾自得後莫測所終

李

盤白 溧陽人西晉初築室高遂山西歷煉丹丹成以九井藏之得玉苗芝一本類白蓮花養一虎飼以藥苗清水不血食謂之仁虎峰頂作一亭名會仙白鬚皤然而紺髮盤頂因以盤白爲號或名盤栢云

吉友 梵名帛尸黎密西域師子國王子以國讓弟爲沙門晉元帝永昌中至東土常行頭陀行卒於梅岡詔於冢邊立寺因號高座高座道人不作漢語或問此意簡文曰以省應對之煩

支遁 本姓關氏陳留人幼有神理聰明秀徹晉哀帝時召遁講法禁中一時名流咸所推許嘗註逍遙篇羣儒舊學皆嘆服

竺法汰 入都止瓦官寺晉簡文帝深器重之講放光般若經開筵大會帝臨幸王侯公卿莫不畢集汰形解過人流名四遠

南北朝

杯渡 常乘大杯渡水因爲號在建康時惟荷一蘆圖子無餘物或擲於地數十人舉之不能得常欲之瓜步累足杯中食頃達北岸神異不可備述

求那跋摩 中印度人宋元嘉中居金陵祇園寺文帝嘗問曰朕常願持齋不殺生命對曰道在心不在事法由已不由人

且帝王所修與凡庶不同四海爲家萬民爲子出一嘉言則士庶咸悦布一善政則神人以和刑不天命役不勞力則風雨時若百穀滋繁以此持齋齋亦大矣以此不殺利亦多矣安在輟半月之餐全一禽之命然後爲弘濟耶帝撫几稱善

寶誌禪師

初金陵東陽民朱氏之婦上巳日聞兒啼鷹巢中舉以爲子七歲依鍾山僧儉出家專修禪觀宋太始二年披髮徒跣著錦袍阜錫杖杖頭挂剪尺拂子及鏡或一兩疋帛與人言始難曉後皆驗時或賦詩言如讖記江東士庶皆共事之齊武帝謂其惑衆收禁建康獄詰旦遊行如故而獄中仍一誌乃迎入宮敬事之梁武帝尤敬禮嘗詔張僧繇寫誌像僧繇下筆輒不自定誌以指勢面門分披出十二面觀音妙相殊麗或慈或威僧繇竟不能寫誌垂語曰終日拈香擇火不知身是道場天監十三年入滅葬鍾山之獨龍岡明洪武中建孝陵遷塔於靈谷寺或云雞鳴寺塔下像乃師遺蛻也

初祖達摩

南天竺國香至王第三子以梁普通七年至南海武帝遣使賫詔迎至金陵帝問曰朕即位以來造時寫經度僧不

可勝紀有何功德答曰並無功德帝問何故答曰此乃人天小果有漏之因如影隨形雖有非實帝問曰如何是眞功德答曰淨智妙圓體自空寂如是功德不以世求帝乃問聖諦第一義答曰廓然無聖帝曰對朕者誰答曰不識帝不領悟祖知機不契是月十九日折蘆渡江届嵩山少林寺面壁九年後授法於弟子慧可遂端逝後魏使宋雲自西域回遇祖於葱嶺手携隻履翩翩獨往雲問何往曰西天去雲歸具奏啟龕唯隻履存焉

天台智者 名智顗華容陳氏子謁慧思禪師悟法華三昧陳宣帝大建七年抵建康瓦官寺詔居光宅寺後憩廬山隋晉王廣請設僧會於金城授菩薩戒還寂於荆州石城是爲台宗

桓闓 不知何許人事陶弘景爲執役之士積十餘年不懈一旦有白鶴集弘景中庭時弘景自謂已上昇之期臨軒以接忽有青衣童子曰太上命求桓君耳闓遂乘鶴冲舉

唐王遠知 一作王知遠瑯琊人事陶弘景受其道法高祖龍潛常容陳符命武德中秦王

與房元齡等徵服謁遠知遠知曰此中有聖人因謂秦王曰方作太平天子願自愛也即位後欲加重爵固辭居茅山太平觀卒年百二十六歲

金眞人 溧陽人幼愚戇不檢父母遣之執洒掃清泰觀夜夢三茅眞君授以靈符密呪既覺忘之復夢如初凡三夕乃能記憶宋理宗時治錢塘江湖有驗史彌遠引見帝賜以官服粟帛皆不受問所欲曰願免三茅峰稅糧耳許之賜號遣還累示靈異一夕不知所之其徒晨視則偃卧於三淸殿几上云

法融 延陵韋氏子年十九閱大部般若省悟入牛頭山幽棲寺石室修道虎鹿馴伏百鳥獻花貞觀中四祖信禪師遙觀氣象知此山有奇人乃躬自尋訪見融融於祖言下大悟得入頓宗自此法席大盛唐永徽中坐逝塔於雞籠山爲牛頭第一世祖

慧忠 得法於威師爲牛頭宗第六世平生一衲不易器用惟一鐺嘗有供僧穀二廩盜竊之虎爲守縣令張遜入山謁問有何徒曰三五人遜曰可見乎忠擊牀者三三虎哮而出移居莊嚴寺學衆雲從得法者三十四人各住一方轉化多衆

文益 餘杭魯氏子得法於

羅漢琛南唐主重其道迎住報恩禪院益緣被金陵叢林尊奉隨根悟入不可勝紀後逝塔於江寧縣丹陽謚大法眼

宋金陵俞道婆

婆賣油糍爲業一日聞貧子唱蓮花落云不因柳毅傳書信何緣得到洞庭湖忽然契悟拋油糍於市其夫云你顛也婆打一掌云非公境界乃往見瑯琊起印可之

明周顛仙

建昌人患顛疾嘗浪遊南昌撫州歲時三十餘有異詞每謁新官必曰告太平明太祖平南昌歸建業顛亦隨至曰告太平日語如是太祖厭之一日命覆以巨釜圍以束薪火盡啟視儼然如故如如是者三俱無恙乃放歸廬山後太祖病熱甚有異僧賫藥獻闕下詢之乃顛仙所使也服之即愈詳見御製周顛仙傳

張鐵冠

名中字景和臨川人少應進士舉不第遇異人授以皇極數談禍福多驗元末兵亂歸隱幕府山間至城市與人言避兵之方從者多獲全壬寅陳友諒圖南昌高帝帥師下之鄧愈薦中召至上問曰予定南昌兵不血刃市不易肆生民自此蘇息

否中對曰天下自此大定言事多奇中中爲人狷介寡言笑不事華飾常戴鐵冠人號張鐵冠云

冷謙字敬啟諳音律能畫嘗爲仙奕圖人共傳之明初以黄冠入見高帝授恊律郎因事忤旨將誅召至便殿索小罌先納一足已而漸没呼謙輒應視之乃空罌耳因令碎之左右執碎罌以呼片片皆應自是不復見後有過之武當者

張三丰不知何許人丰姿魁偉美髯如戟入武當修行寒暑惟衣一衲或處窮寂或遊市井浩浩自如有問者終不答一語或與論三教經書則吐辭滚滚皆本道德忠孝每事輒先知之所啖斗升俱盡或辟穀數月自若也登山如飛隆冬卧雪鼾鼾如常明太祖聞名遣使求之不得永樂初累致書敦請乃入見嘗奏對忤旨欲殺之忽不見上遂病有使者遇之途附進襆衣草數莖煎湯服之立愈由此遂絶此載江寧舊志與陝西志所紀不同姑存之

焦姑名奉真家中和橋南有仙術能祈陰晴永樂時召入宫中數年建元真觀於橋北有弟爲神樂觀道士一日語之曰吾死期已近弟曰當修醮禳之醮畢姑謂醮無益奏玉帝表上有汗

浮道士驚異果以汙污未及易又戒弟曰吾死以蘆蓆捲送江浦縣定山上吾願足矣道士如其言忽雷雨驟作遂失尸所在封妙惠仙姑

尹鬆頭 名從龍華州人嘗有宋理宗時度牒弘正問來金陵寓邸中輒閉關卧多者逾月少亦五六日而後起能出陽神分身赴請多異跡嘗鍵戸寢久有終南黄道人來留青鞋去後數日尹起問弟子曰有黄師來何言弟子獻所贈尹曰是知我將遠行也無何當事懼其詭異遣卒押歸華州過鐵鶴觀騎一鶴飛去

道成 雲州人弘洞宗於靈巖洪武中命住天界文皇嗣位奉使日本後赴北京朝賀留住慶壽宣廟時遣中使護還天界西庵七年臘八辭衆說偈已趺坐而逝

宗泐 台州臨海周氏子元末隱徑山洪武元年師應詔首至主天界凡對皆稱旨老退示疾喚侍者曰箇等侍者茫然無知師曰若遂寂瘞塔於天界

碧峰 乾州永壽人少棄家入禪林時如海眞公樹法蜀晉雲山亟往見之聞法要遂出遊憇峨嵋山中不復粒食日採栢啖之脅不沾席者三年自是入定或累日不起嘗趺坐大樹下溪水橫溢人疑

其死七日水退趺坐如故明高帝詔至京師止天界寺時召入問佛法及鬼神情狀奏稱旨後忽嚮衣鉢作佛事七日示微疾上親御翰墨賜詩問之亡何沐浴更衣危坐而逝

永慈字海舟蜀余氏子剃染徧參諸方首謁太初和尚開示父母未生前有得還靈谷依雪峰和尚結制後至牛首領衆三載先是慈參東明和尚勘驗水乳明欲付以衣鉢慈不受其後明將示寂命其弟子曰吾有衣法二物待十年後送至金陵東山海舟和尚受納屆期弟子持衣至山慈陞座祝香而受嗣法門人智瑄字賁峰皆塔於東山禪院之後

圓魁溧陽人住金陵俗名袁應魁棄妻子兄弟田產出遊至鴈蕩靈巖谷落髮爲僧更名圓魁然不甚禮誦講解嘗掩室靜坐冬夏衣一衲萬曆丙戌參溉戴洵遊靈巖谷因乞造靈巖寺寺成曰有寺無經佛法何明又乞祭酒公書走南京化緣造經壬辰正月坐化去七日鬚髮漸生都人贈禮者甚衆火之烟皆西向

德清全椒蔡氏子年十二背親入報恩寺與雪浪恩公同事無極法師北參徧融笑岩二老偕妙峯登公棲北臺之龍門老屋

數間在萬山水雪中日尋溪橋危坐其上忽然忘身衆籟闃寂身心湛然如大圓鏡後住錫曹溪宗風大暢

洪恩 字雪浪金陵黃氏子年十二出家長于寺以無師智得大辯才講說諸經盡掃訓詁單提本文拈示言外之旨南北法席之盛近代未有晚居吳之望亭示疾端坐而逝歸葬金陵之雪浪山

大巘 龍舒沙氏子出家後叅無明老人於寶方方印可之住博山能仁寺宗風震天下崇禎已已於天界寺高提祖印廣度羣品法席稱盛

古心 溧水人幼從素庵於金陵棲霞寺得法悟後往五臺山有金甲神夜報僧衆謂有法師至早迎之山下至中途果得師禮供上座時三懷師重修報恩塔頂不能上夢神云待波離尊者至次蚤師至三拜而頂即上人奇之

本咸 蜀人重興金陵東山翼善寺緇素皈心嗣法元慧得海舟寶峯行實傳臨濟正宗開人天眼目

蘇州府

上古赤鬚子 鄮人秦穆公主魚吏言鄮界災異多驗後往吳中不知所之抱朴子云以

其鬚髮皆赤故名穹窿赤松子即此

漢

蔡經 家住胥門今蔡仙鄉有丹竈 **魏伯陽** 吳人好學不仕入山煉丹丹成上昇作參同契五行相類等書 **王瑋元** 號林屋山人常受丹法於李崇復授以隱解法乃去入霍山又受遁化泥丸紫府術以度世在華陽洞中為左理中監

三國吳

葛元 字孝先從左慈受九丹液化經遍歷名山煉丹丹成仙去號葛仙翁

晉

竺先生 遊長安從什公受業來止虎丘聚石為徒講涅槃經石皆點首 **支遁** 居支研山南峯院好鶴又好養名馬今有石室放鶴澗馬跡石皆遺跡

南北朝宋

陸修靜 字元德郡人慕神仙棲廬山白雲寺與陶潛慧遠握手過虎溪大笑而別宋文帝召之元嶶中偃月而化年七十二沒三日諸徒見霓旌還山謚簡寂先生

梁

蜆子和尚 京兆人天監中在洞庭冬夏一衲沿江採掇螺蜆以充腹暮宿白馬廟靜

禪師往勘之夜深和尚歸靜捉其衣曰如何是西來意答曰神前酒臺盤靜日不虛與我同根生

〔隋〕**智琰** 字明璨朱姓與道安禪師齊名煬帝召之爲之一起辭疾歸卒葬虎丘

智聚 住虎丘東寺至德間召入太極殿講金光明經歸開皇間璽書勞問卒寒山南

〔唐〕**周隱遙** 字息元西洞庭道士自云角里孫學太陰煉形死戒弟子護其屍六年後更生髮鬢而黑鬚直而粗十六年又死如前更七年復生如此三度凡四十餘年且八十如少壯貞觀中召至問道對曰所習皆匹夫事功不及物非萬乘所宜問也放歸

申屠有涯 性不羈携一甕瓶可受八九升一日自楚遊吳脫衣附舟舟中之人已十數有涯沽酒斗餘飲竟大吐衆怒逐有涯曰風雪如許棄我何之諸賢不相容何可共載挈瓶登岸倚水吟曰仲尼非不賢爲世所不容蚩蚩同舟子不識人中龍吟訖跳身入瓶中皆駭異舉瓶碎之無所覩他日有見其携瓶杖踞坐虎丘

懷述 武宗沙汰大中間破山寺僧虎中猻云復僧衣始終一致

彥偁 人箭偁爲拔之多

奇跡

文暢吳人與韓愈善有送暢詩序

皎然工詩嘗苦思作古體十篇謂韋應物不見賞後以舊製獻韋諷咏不釋韋云人各有所得非卒能致

貫休婺人善詩畫嘗畫十五羅漢鈌一有告之曰師之相即是遂臨水圖以足之

道欽朱姓出家景德寺祝髮於元義禪師戒之曰汝乘流而行遇徑而止後駐錫徑山代宗召之賜號國一禪師後歸本山

五代南唐

明覺顯號雪竇居莫釐山翠微寺演法有龍出井羅漢隱樹而聽時集千僧有天衣懷願汲水供衆示寂白蓮湧出

宋

申元道泰陵人師事徐神翁得修煉術將出遊師示曰逢虞則止無雪則開渡江見虞山即築菴居之揷竹成林因名竹林菴山中患無汲一日大雪菴前覆簀不積浚之得泉因名雪井

遇賢東禪寺僧能前知言人禍福無不驗郡有虎賢騎以出城害遂息一日渡江風作舟將覆賢解袈裟為帆風浪頓息

古無極居葑堂扁一室曰小小蓬萊塗四壁如雪經年不生一塵

暑中開戶眠蚊蠅不敢入嘗出攜瓢笛魚鼓懸之梳書一束釀酒一甕於牀頭人索飲弗許未嘗出募而錢不乏問之笑而不言一夕撤去器物不知所往跡之葑婁盤閶四門人皆見負籠荷杖而去

知和庵主 崑山張氏子出家謁泐潭得法居無長物惟二虎侍左右宣和七年趺坐而逝

元

清珙 號石屋常熟人溫姓參學及和尚得法居霞霧山三十載有山居吟語錄行世

明

薛朝陽 號洞生眞人居澱山湖上薩眞人常降筆有謫向人間九十三之句洪武二十年寓報恩時年九十三沐浴整衣端坐題詩擲筆而逝

席應眞 常熟人學老氏善易精經籙丹法奉母甚孝人問之曰豈有不孝神仙旁通兵家言僧道衍師之盡得其傳後佐永樂靖難

胡道安 吳江人性狂戇人呼胡風子爲元妙觀道士遇至人授以青城太乙雷書斬勘魑魔妙吉洪武末吳中旱延禱雨安登壇醉酒怒罵陰雲四合雷雨大作

藥葫蘆 不知姓名賣藥吳市人有求則就葫蘆中傾出飮之病無弗愈破傾不出則曰無緣不可救矣永樂後莫知所之

腹道人萬曆時人腹中有一隙可洞見腑肺

隆菩薩尹山寺僧洪武中四方沙彌給牒京師者三千人悉籍爲軍時方旱禱雨隆乞焚身以代至雨華臺望闕再拜取瓣香書風調雨順四字語中貴奏之已爇時有進香火中者猶舒臂接既焚雨即大澍

時蔚號萬峯樂清金氏子年十一誦法華至諸法從本來常自寂滅相有省得法于千巖洪武辛酉詔起之蔚預知召衆說偈而逝使至示寂已七日矣

文琇崑山李姓有續傳燈錄

眞可號達觀又號紫栢尊者吳江沈氏子薙髮虎丘寺有語錄行世

通潤字一雨西洞庭鄭姓八歲聚沙爲塔而拜祝髮後與雪山巢松同參雪浪在焦山破衲敝屨十年後疏楞伽楞嚴二經自稱二楞主人年六十示寂

讀徹字蒼雪滇南人年十九參雪浪最後參一雨與汰如同爲上首隱白門廿四松山

法藏號三峯又號漢月姓蘇無錫人嗣法天童初住鄧尉破山既北禪開元上堂四十餘會度僧百餘受戒萬衆大闡元要法門得法者多靈隱禮靈巖儲剖石壁最著

通門字役雲年十六出家嗣法

天童後住破山寺能詩文善書

通雲字石奇嘉定人徐姓十三出家嗣天童歷住靈鷲景星雪寶法席大振

松江府

〔唐〕**王可交**華亭人業耕釣三月三日掉舟入江忽見彩舫漾中流中有道士七人呼可交姓名令上舫視之曰骨相合仙生於凡賤眉間已灸破矣令侍者傾酒食之當換其骨再三瀉而酒不出道士曰命也與之二粟青赤光如棗長二寸許食已命一黃衣送上岸覓所乘舟不見乃在天台瀑布寺前問寺僧今何時答言九月九日矣自是絕穀往四明山

船子和尚名德誠蜀人初參澧州藥山惟儼得法離藥山乘一小舟往來松江朱涇夾山善會初參石樓說法京口鶴林寺宗智過之知其所得尚淺令至華亭參船子既見大契宗旨辭行回顧再四誠豎橈曰汝將謂別有邪乃覆船而逝

宋

德聰 姓仰氏，張潭人，七歲出家杭州慈光院，受具戒於梵天寺。太平興國中廬佘山之東峯，二虎爲衛，名大青、小青。有禪者造之，見掛佛經於梁間，問嘗讀否。曰如人看家書，既知之矣，何再讀爲。天禧元年趺坐而化，至十三日貌如生。

慧辯 字訥翁，賜號海月，華亭傳氏子，生有異，父母令入普照出家，得法於天竺明智。嘗領寺事，時蘇軾作倅，與辯爲方外之遊。熙寧六年將示寂，遺戒待軾至閤龕。四日軾始至，見其趺坐如生，頂尚溫，作三絕哭之。蘇轍爲之撿銘，軾後爲作眞讚。

鰕子和尚 名智嚴，居靜安寺。因赴齋，船行見捕鰕者，儼從買一斗啖之，謂漁者曰：齋回還汝錢。至齋家，舟人言其故，齋家不請上座，令席地一飲，無襯錢。及還，漁者索錢，儼徐云：還汝鰕。復索水飯，隨吐活鰕盈斗，人始異之。將示寂，歛蒲葦爲萬餘繩，懸諸廊廡，曰：吾將大作緣事。繼卽坐脫。人競施以錢，懸繩皆滿，遂以建佛閣，今靜安寺猶稱鰕子道塲。

可觀 字宜翁，別號竹菴，華亭戚氏子，祝髮邑之寶雲寺，年十一進具戒，得法於車溪卿法師，曰：語言文字皆糠粃耳。紹興間主當湖德藏一室蕭然嘗曰松風山月此我無盡衣鉢乾道七年適值重九指座云胸中一寸灰已冷頭上千莖雪未消老步只宜平地去不知何事又登高後歸當湖竹菴淳熙九年無疾而逝壽九十一茶毘火盡舌根不壞烟所到處舍利無算搶於德藏

淨眞字如菴華亭人姓沈童亂披以法華歷耳成誦出家受具博究諸乘首參雲夢澤次參無極度盡得宗旨因嗣法席已遷華亭超果至順辛未擧爲上天竺座主大開法會賜金紋衣賜號佛心弘辯癸酉冬留偈而終茶毘得舍利五色舌根頂骨不壞

朱蒲包上海界浜沈氏僕十八爲寶出募兵過異人授藥一丸服之覺腹中熱氣分湧遂不覺寒暑饑渴身衣破衲冒以蒲包飲酒醉輒笑呼當街卧人呼蒲包仙行必挾四竿行夜宿植竹於途不施苫蓋露卧其中大雨無沾濕霜雪裂膚鼻息鼾如也市人釀酒敗朱挾竹攪甕輒變爲甘夏月裸坐赤日中不浴而淨冬月河冰合以竹敲冰冰輒解裸坐水底振衣而起生平不爲人談禍福或無意吐一語必奇中後無疾而化

張癡六華亭人行六以不修繩簡人呼

為蝬六云長弗娶日行遊市中夜則宿於蔣涇橋神廟廟或扃卽偃卧橋上雖大雨不濡霜晨雪久氣蒸蒸起也其人黄面碧眼齒平如礪常蓬首不盥櫛乀飲之酒不辭終日不粒食弗問或與之錢及衣出門輙以施貧者與人言皆任意多不可解然卒有奇驗

常州府

梁王八百 隱横山修煉歲久白日飛昇後立登仙觀今冲虛觀是巳丹井尚存

唐毛萇 不知何許人遊張洞自洞底東至太湖中洞庭山得石穴而出今山上有毛公洞萇言在洞中東行聞頂上有風波聲及舟人語乃知地脉潛通

圓通尊者 名湛然姓戚荆溪人初住越州曇一法會曉歸台山傳天台教天寶大曆間優詔不起一日說法隱几而化以骨替附智者大師兆

宋歸真 大中間棄官學道隱横山茹芝絶粒三十年昕夕諷誦蛇兎馴伏趍守需目其室曰廣寒

五代韓禪師名蘊得法於疏山匡仁之室嘗有僧問如何是禪師曰石裏蓮花火裏泉又問如何是道曰楞伽峯頂一莖草曰禪道相去幾何曰泥人落水木人撈師於晉天福中無疾而逝

宗本無錫人師事道昇禪師住淨慈民張氏有女死化爲蛇復化爲黑蟬本爲說法二報即得解脫其顯化異數多類此

明幻有傳住宜興龍池說法利生得密雲天隱嗣法爲臨濟正傳宗風大振

密雲悟宜興蔣姓幼不知書負薪爲業三十歲棄家投龍池薙染服勞六載過銅官山頂豁然大悟後主寧波天童法席最盛嗣法弟子十二人木陳忞順治問應 召入禁中說法 賜號弘覺禪師

天隱宜興閔姓年二十四薙染與密雲同師幻有閱楞嚴觸法本來後住武康報恩嗣法四人玉林箬庵最著

皇清通琇號玉林江陰人楊姓年十九偶打翻溺器即出家嗣法天隱順治戊戌應 召入

禁中說法賜號弘覺禪師

鎮江府

漢傅先生 未詳其名字隱丹徒之焦山相傳爲漢有傅先生云

晉沈建 丹陽人世爲長吏好道不仕學却老法能理病嘗遠行寄奴侍驢羊於主人各與藥一粒語主人曰不須飲食也去後主人飲食之皆不受三年還又各與藥飲食如故逮後三百餘年不知所在

唐羅睺 丹陽人生無雙目而能鑒物太和中鑄鐘咸通中建塔雖屢經兵火不燬人多異之

裴頭陀 生而胎素頟異不羣唐河東裴相國之子休作文送其出家行頭陀行來潤之金山北巖有蟒頭陀入洞禪觀蟒遂去得金數鎰助修建寺成竟莫知所之

魏隆 字道眞京口之仁靜觀修正法道行高卒葬馬跡山踰數月人有遇之者啟其棺一鶴飛入雲中獨冠劍存焉咸以

爲尸解而去

殷七七擅異術周寶鎮浙西時鶴林寺有杜鵑花寶謂七七曰鶴林之花天下奇絕嘗聞能開頃刻花可副重九宴會乎七七曰諾及九日果爛熳如春寶遊賞累日花忽不見

元暠丹陽人姓陶氏劉禹錫嘗送以序併爲詩贈之

惟良丹徒人劉禹錫送惟良上人詩序有曰唐繼天德如黃帝有外臣一行亦聖之徒刊曆考元書成化去繼是丹徒惟良生而能之乎端盧綸俱有送惟良南歸詩見潤州類集

宋

張紹英丹陽人自爲道士不入城府仁宗思接方外之論英辭以疾明年再召後二年使車又至俱稱疾不起遣中貴人任珪賫詔於山賜號明眞先生仍勅所居庵爲天聖觀年七十五一日清旦沐浴更衣升壇拜四方上下扃戶而坐弟子異之啟戶已蛻化矣

湯志道丹陽人讀書負奇氣髽髻跣足坐大茅頂三十年淳祐五年秋大旱召赴闕禱雨賜號靈寶先生寶祐六年說偈有云笑入寥天一乃一笑辭世

翟志顛字同叔丹陽人年十三入華陽洞之西便

門遇道士坐石上指石壁題名謂曰汝姓名在宗師之列因顧石壁失其人後果傳印劍號觀妙先生爲四十二代宗師

智覺 本丹陽人少誦法華初爲縣衙校多折官錢買放生命罪當死引赴市曹臨斬顏色不變乃貸命爲剃髮受具持頭陀行初設法於雪竇山再移靈隱永明衆至二千人時稱慈氏下生號永明壽禪師集諸經論爲書一百卷名曰宗鏡錄日行事百八件狀貌豐碩眉目秀拔氣和如春眞乘悲願而至者

曇頴 嗣谷靈聰住金山號達觀嘉祐四年除夕命侍者持書別刀景純學士曰明旦當行不暇相見景純復書將及岸頴欣然命撾鼓升座敘出世本末長謝衆僧各勤修勿怠曰吾化當以賢監寺次補下座讀景純書畢衆僧擁步上方丈頴跏趺揮令各遠立良久乃化五年元日也

了元 姓林饒之浮梁人號佛印住金山時蘇學士軾謫還嘗贈軾衲裙軾酬以玉帶李伯時爲元寫照元曰必爲我作笑狀元符元年正月四日聽客語有會心軒渠一笑而化

克勤 嗣五祖演號佛果初與演語演皆不應因忿然去演曰待爾熱病時方思我克

勤至金山有寒疾困極追繹演言復歸五祖喜曰言下有省呈偈演曰佛祖大事非小根劣器所能造詣徧謂山中耆舊曰我侍者參得禪也建炎初住金山適駕幸維揚入對賜號圜悟大師時堂上僧一千八人皆大徹因名大徹堂云

元優曇 丹陽蔣氏子出家廬山東林寺後住丹陽妙果寺至大初詔罷蓮宗曇著蓮宗寶鑑十卷上書仁宗乞復其教允之仍命爲教主賜號虎溪尊者至順初化塔其舍利於從善村賜名覺華勅揭傒斯爲之銘

明常欽 字惟心金壇王氏子生不肉食頴異過人爲僧住儀真天寧寺洪武初帝親選住持甘露欽至說法聽者千餘人一日忽斂篋中經衲諸物悉遺其徒而書偈曰諸幻因緣本不有怪怪奇奇心與口只今舉似向人看放下依然空兩手書畢擲筆而逝

慧昌 字東明丹陽人王氏子永樂間入錢塘古道山住持爲開山第一祖正統間說偈化去

淮安府

漢王遠 郎方平東海人舉孝廉歷官中散大夫後棄官入山修道旣成漢桓帝連徵不出俾郡國逼載至京閉口不語乃題四百餘字於宅門皆方來事削去復見後還鄉居太守陳耽家四十餘年一日忽語曰吾期運當去爲具棺衾歛之忽失其尸衣冠不動若蟬蛻去

晉鮑靚 東海人學兼內外明天文河洛書爲南海太守嘗夜訪葛洪於惠州冲虛觀語達旦乃去人訝其往來之頻密伺之但見雙燕飛至網之得雙履嘗取白石煮食以自濟見仙人陰君授道訣年百餘歲

狠范者 失其名始監海州倉歲饑私貸糧以活多人事覺將刑於市忽見神人披髮仗劍衞護之所司異焉釋其罪先在獄時有一老母旦夕饋食尋詣之至城東門見而謝母日我黎山老母也緣汝有陰德在仙籍故來祐汝往當修行言訖不見遂入山苦志精修與豺狼同處人見神之後不知所終

宋孫賣魚　不知其名嘗賣魚楚州市極暑中遇一道士語曰汝魚餒矣能飲我可使魚活遂飲以斗酒因與談論自是言人禍福輒應宣和中召至京師賜號塵隱處士復還楚靖康初嘗於亳州太清宮號跳大哭人莫之喻有記其時日者乃汴京陷之日也後不知所在

莎衣道人　朐山人姓何道人避亂渡江舉進士不中紹興末來平江身衣白襴久之衣益敝緝以莎嘗臨池見影豁然大悟人無貴賤問休咎罔不奇中會有瘵者乞醫命持一草去旬日而愈求而不得者或遂不起遠近異之孝宗遣召不至賜號通神先生賜衣數襲皆不受

張志朴　自號嚴浮子泗水人性明悟學元黃飛煉之術聞東海山水之地遂入溪雲山清霄洞晝惟一食身則一簑衣人呼爲簑衣師嚴冬會客指南園郁李日來日可共看花及朝視之花已爛熳寶祐甲寅卒葬之時人皆見其在漣水化齋蓋尸解云

婁道者　漣水人字守堅修佛行人以道者稱之生有異相掌中一目中指七節嘗爲承天寺僧天性頴悟不事誦習外習愚呆佯狂人莫能識有夫智慧能

逆知吉凶宋眞宗嘗召入禁中仁宗初生晝夜哭不止師至摩其頂曰莫叫莫叫何似當初莫笑啼遂止郡有白龍潭於澳河師恐久而蕩溺居民以錫挑之日逢柴而止龍去東南四十里至柴溝潭而居焉

聖僧 往來乞食於城人有疾病來視咒之即愈事多前知故人異之呼爲大聖時安撫使丁守城僧一日左持斧右持釘行擊於市大呼曰釘壞我斧無人解者踰數日丁果叛去若此類者非一示寂葬城西今呼爲七里墩

進公 不知何代人築庵居朐山之麓夜則行於市敝衣垢面人多異之抵暮則隨五犬陟山巔而返囊置果餅沿路飼之因歲旱僧曰我能致雨人戲請之果獲大雨而犬不復見矣山巔有潭當時謂犬即潭之五龍也

揚州府

（漢）朱璝 廣陵人遇睢山道士阮丘曰卿除腹中三尸可授眞人之業與藥七令日服九九又授黃庭經乃同丘入浮陽山後八十年復見白髮盡黑至武帝末猶存

樂子長 泰州人道

成上昇令樂眞橋乃其遺跡

〔南北朝宋〕王冶 泰州人隱天目修靈寶法煉丹符神歷宋齊梁百餘年白日飛昇羣仙導引步虛清樂之音遠聞

〔唐〕李珏 廣陵人以販米爲業每斗求利二文資父母有糴者輒授以升斗自量丞相李珏節制淮南夢入洞府見石壁金書姓名有李珏字心竊喜傍有二仙童云此非君乃江都部民耳卒年百有餘歲

劉白雲 江都人好濟人遇道士樂子長出書兩卷與之能役致風雨變化萬物乘馬走水上如履平地乾符中猶在長安市賣藥尚有識者

宋顏筆仙 高郵人建炎初鬻筆遇仙凡得其筆者剖視管中必有詩紀其破毀歲月及人姓名禍福皆驗年九十二積葦自焚人見其乘火雲飛昇去

徐神翁 名守信泰州人白日上昇有丹井遺蹟在徐州蕭縣宋寧宗封虛靜冲和先生

戒禪師 時住揚州石塔與蘇軾有

問答機緣

〔明〕文銘 正德間祝髮泰州東寺每入定能言未來事年六十六預告涅槃日至期吐三昧火焚化

行修 泰州人陳姓壯年出家蓬頭跣足操苦行見人與物輒拜一日入寺謂住僧日我其日當寂至期坐龕中擊魚念佛須臾輕烟一縷出自鼻端兩耳火出爇至兩腕魚始下忽有大聲擊龕頂墮百步遺一物如蓮花堅而不碎

安慶府

〔周〕匡續 字子孝嘗乘雲入關師事老子嘗於潛山棲隱至今遺跡猶存

〔秦〕華子期 九江人隱潛山師事甪里先生受仙隱靈寶方返老還少日行五百里能舉千斤一歲十易皮如蟬蛻後昇仙去

〔漢〕樂長子 齊人棲隱潛山號潛山眞君有遺跡

梅福 字子眞太湖人漢成帝時爲南

昌尉平帝元始中知莽必篡漢棄妻子遊不知所之後有見福于會稽者變姓名爲吳門市卒後修道仙去

梁 白鶴道人 梁武帝時方士愛舒州潛山奇絕時誌公亦欲之武帝命二人各以物識其地得者居之道人以鶴止處爲記誌以卓錫處爲記已而鶴先去忽聞空中錫飛聲遂卓於山麓而鶴止他處遂各以所神築室焉

隋 二祖 載光慧可大師武牢人姓姬氏父寂覬嗣禱之而生異光照室因名曰光自幼流覽佛籍超然有悟乃抵洛陽香山依寶靜禪師出家一日見神人謂曰將欲受果何滯此耶大道匪遙汝其南矣遂改名神光辭師南詣少室立雪斷臂求法於達磨受衣鉢爲二祖其後付法於璨爲三祖嘗往鄴都說法來司空山建刹其上至今有傳衣石及葫蘆石秘記靈跡存焉

三祖 璨大師初得法於神光遂隱舒州皖公山積十餘載時人無有知者至隋開皇間有沙彌道信年十四謁

日願和尚慈悲乞與解脫法門師曰誰縛汝曰無人縛師曰既無人縛何更求解脫信於言下大悟遂受戒後亦傳衣鉢爲四祖大業間設壇爲四衆廣宣心要於法會大樹下合掌立終至唐元宗謚鑑智禪師

唐呂嵒 字純陽號洞賓曾至桐城呂亭驛畔遇一孝婦取水事姑嵒指示曰此間自有甘泉不須遠去遂拔劍劃之泉爲湧出至今方池數武雖大旱不竭名洞賓泉又嘗游浮山題雪浪巖詩云褰裳懶步尋眞宿好景一時觀不足月在碧空風在松何必洞天三十六

何仙姑 初桐城投子山大同禪師每洩溺有鹿來飲久之鹿產肉毬裂開乃一女師育之至十二歲牧童戲以山花插其鬢師乃令下山囑曰遇柴則止遇何則歸至柴巷口何道人家因遂棲之以何爲姓愼守師戒修持覺悟師使趙州召之女方浙即持笊籬往先至見師坐左州後至坐右三人一時化解今投子山柴巷口有仙姑卉山間有趙州橋

閭丘方遠 宿松人初居匡廬學修眞出世唐昭

宗慶召不起賜號妙有太師景福中居餘姚天湫洞錢鏐奏請賜紫號元洞先生天福中尸解後有見之天都山者

本淨 絳州人居司空山無相寺天寶三年明皇遣中使入山採長春藤因造丈室問佛義師日若欲求佛即心是佛若欲會道無心是道又問如何即心是佛師日佛因心悟心以佛彰若悟無心佛亦不有又問如何無心是道師日道本無心無心名道若了無心無心即道召至京赴內道場闡揚佛理詞辨傾注四衆稱善

幽大師 出入跨虎坐化眞身在值雪山

大同 懷寧劉氏子幼歲依保唐滿出家聞華嚴發明注海復謁翠微頓悟遂隱投子山結茅而居住山三十餘載請益者常滿室中和間巢寇起有狂徒持刃問師日住此何爲師乃隨宜說法渠魁拜伏乾化四年示寂賜謚慈濟大師

宋遠錄公 圓鑑禪師少投三交嵩和尚出家後住浮山華嚴寺歐陽文忠公造其室與客圍棋師旁觀之文忠遽收局請因棋說法師即撾鼓陞座衝口而成文文忠嘉歎謂僚友日初疑禪語

爲盧誕今日見此老機緣非悟明心地安能有此妙旨哉師叙佛祖奥義作九帶集年七十餘歸寂

義青

懷寧李氏子七歲出家習百法論長入洛聽華嚴義若貫珠至浮山三年遠錄公時出洞下宗旨示之悉皆妙契乃付以太陽頂相履裰囑日代續宗風無久滯此令參圓通秀師至彼無所參問惟嗜睡而已秀曳杖入堂見師正睡乃擊床呵日我這裡無閑飯與上座吃了打眠師日和尚教作何務秀日何不參禪去師日美食不中飽人吃秀日怎奈大有人不肯師日待肯堪作甚麼秀日上座曾見何人來師日浮山秀日怪得恁麼頑賴遂握手相笑歸方丈由是道聲籍甚初住白雲次遷投子臨寂書偈日兩處住持無可助道珍重諸人不須尋討闍維得舍利五色同靈骨答於寺北山峯菴

全舉

得法汾陽遍歷諸方後示衆云釋迦不出世達摩不西來佛法遍天下談宗口不開又傳燈錄載舒州法華院今在宿松治東五十里

守端

衡陽葛氏子幼事翰墨依茶陵郁披剃參揚岐言下大悟尋遊懷寧結茅唐山之西守令慕道請師主潛山太平寺及宿松法華寺

法席嘗作蜂子透窻偈云爲愛尋光紙上鑽不能透處幾多年忽然撞著來時路始覺從前被眼瞞

法眼初徧叅名宿惟典化問四方八面來時如何答云打中間底師久疑不釋請益圓照本本云此是臨濟下因緣須是問他家兒孫始得師便往浮山問法遠遠曰子似三家村裏賣柴漢向十字街頭歇却擔子問中書堂今日議何事乃命依白雲端師往見端即問南泉摩尼珠話端叱之師大悟獻投機偈曰山前一片閒田地叉手叮嚀問祖翁幾度賣來還自買爲憐松竹引清風端時印可師主司空山四面山海會寺潛山太平寺諸法席有語錄行世

佛鑑舒州汪氏子久事演禪師演令主翰墨爲第一座會太平法席久虛靈源禪師薦師於舒守孫鼎臣遂命補處演付衣師自是法道大播政和初詔住東都智海五年乞歸居蔣山樞密鄧子常奏賜法號

清遠初謁演禪師演赴海會寺請命師典謁寒夜孤坐撥爐見火一豆許輾然自喜曰深深撥有些子平生事只如此起閱傳燈語錄至破竈墮因緣大悟自是隱居四面山大中庵次開法龍門道望尤振後遷

和之褒禪樞密鄧洵武奏賜師號紫衣宣和初歸蔣山之東堂二年冬至前一日趺坐謂衆曰諸方老病臨終必留偈辭世世可辭耶且將安往乃合掌怡然而化門徒函骨歸龍門塔於靈光臺側

明朱橘號華陽埜江人母嚴氏夢吞一星如斗已有娠十五月母甞憂焉遇道人特物如橘謂其母曰食此子生矣母受之問名氏道人出扇示之上有麴君子三字言訖不見移時而誕因名橘聰慧精易數兩領鄉薦喜閱道釋諸書後因臨池顧影驚悟乃薄名利慕修煉忽道遇一人手握一橘歌曰橘橘橘橘無人識惟有姓朱人方知是端的橘有所感隨至郊外拜問曰眞人非麴君子乎道人默弗答橘涕泣請乃授以九鼎火符之訣五雷三篆之文令往皖山築室修煉橘拜謝道人乘雷舟冉冉去橘修於皖公山後有登山者見一小兒如玉洗手菴前水上行如流星隨入菴窺之惟橘儼然端坐後至惠之博羅忽謂人曰吾將去矣翌日坐化於旅館中殯埋者甚衆乃復甦越數日入城又謂曰吾當立化化後用泥塑之聚觀者千餘人忽博羅醉吏呼曰前日假坐化今日假立化讙

之惟見堆泥塰地其尸已解矣後有弟子鄭孺子云

明雪 桐城楊氏子年二十薙髮九華山叅雲門湛然澄聞鐘聲豁然大悟乃入皖山住靜三載徧謁博山諸尊宿復歸雲門習靜蜿螻山澄以衣鉢付之

無心 潛嶽永水庵僧年七十好笑如兒童狀居有頭逢人募薪一束積至百擔一日辭山下人曰無心以某日去人怪之及期師入柴穴中居民畢集頂禮無心木魚聲不絕然後取火手自茶毘火光撲面將木魚向外擲下口稱去了須臾而化其骨不僵至今塔在小岑肖像如生

徽州府

漢方儲 字聖公歙人講蓋氏易精圖讖善天文爲洛陽令永元中因郊祭問之勸帝毋往是日晴詔責其欺儲曰今咎時且至願乘輿亟還使者去儲曰人臣蒙不忠名遂自殺北駕還雨雹大作函簿疾馳帝驚召儲已死追官太常尚書令封黟侯詔護其喪歸人傳其仙去廟祀之

晉羅文佑 南昌人父娟與許遜學道晉泰康中佑奉母湛之歙採藥黄山結廬長春里居

焉丹成乘白狼去里人祠之稱呈坎天尊

唐許宣平歙人隱城陽山絕粒不食顏如四十許人行及奔馬嘗有詩曰負薪朝出賣沽酒日西歸借問家何處穿雲入翠微每起人艱危救疾苦訪之多不見惟壁有詩云隱居三十載築室南山巔靜夜玩明月閒朝飲碧泉樵人歌壠上谷鳥戲嵒前樂矣不知老都忘甲子年人題之洛陽傳舍李白見之曰此仙人詩也乃遊新安訪之不獲題詩其庵宣平歸見之是冬野火燒庵不復知所在

定莊歙人牛頭自法融禪師傳三世傷出十二人莊其一也

茂源歙人得法於吉州性空禪師機緣載傳燈錄

慧明字元照歙人幼愚陋長乃神異莫知師法止邑西北數十年人莫知者忽民間疾疫醫十不起一明交臂之際即獲瘥旱禱甘霖立至能使眇者視跛者履轉儉為豐回殃作福稱為聖僧菩薩

珠溪謙歙人得法於雲居道膺機緣載傳燈錄後終於兕率山

闍大德歙人與唐寺僧性孤高杜荀鶴贈以詩

清素祁門人揚州輔

史陶雅祈雨汪王廟夢汪王曰師爲水晶宮菩薩五龍行雨不由天降陶請之師曰吾已遣雨揚州三晝夜矣果然

五代

聶師道字宗微歙人少事道士於方外服松脂法乃與同志登績溪百丈山採芝之峯頂明月聞天樂起東南紫雲中同行曰此君得道之證也登南嶽訪蔡眞人見一丈夫曰我謝修道也與彭蔡偕隱已三百餘年子宿有分故得相見因取素書一卷曰習此可得道歲餘還山號問政先生一日謂弟子曰我爲仙官所召言訖而逝比歛有聲視之如蟬蛻後人見之衡陽云從孫紹元世勤修煉後有四鶴集屋光自空下望以爲火而紹元化去

靈道者婺源人祭五祖演禪師誦金剛經有悟爲潭州第一座政和間沐浴小祭作偈升座而逝

何令通休寧人賜號紫霞南唐國師精堪輿以言牛頭山不利謫休寧攺名慕眞一坐四十年大悟宋天禧正席趺坐火從心出自燒而化

胡得勝婺源人生而神異嘗曰某處覆舟某處失火皆驗及卒禦災捍患有

禱必應其劍猶存祠之

李玉琳婺源人遇眞人授以玉皇經教眞文秋雷雨大作壞民居玉琳鐵誥所鎮居民獨安子福道孫眞爇皆肖世其術人稱李氏三師

（宋）鄭仙姑歙人居烏聊山東嶽廟前數十年不出門或有見之里外者蘇轍令績溪訪之問其年八十矣猶處女也歸志其問答之語門有甘泉令名仙姑井

道茂歙人紀氏子盛夏宿草中施蚊者二十年始住休普滿院遊化歸更號覺菴未嘗爲人白椎或問之答曰是第一義可輕以假人耶

宗白頭歙人名嗣宗姓陳受業水西福勝寺試經得度參徑山睿浚器重之從洞下覺禪師於泗州覺去遂代之爲覺拈一瓣以酬法乳諸方乃知洞下一宗復有人矣

東松祁人岳武穆提兵過祁僧先以芋爲土坂砌壁岳師至以餉軍僧進麪置醬其下岳索醬曰攪動有醬岳心識之及遇禍悔不用僧言秦檜聞僧與岳言令李吉殺松松覺畫佛一軸於橋上遁去吉追至橋見佛像一忽化爲千錯陽而返人題其橋曰千佛橋

元胡月潭婺源人事月蟾得天心五雷之秘飛步璿璣之書治雷禱雨立見感通先知死日及期而逝又縣有胡月澗驅雷禱雨亦如之而殲邪治疫不用符咒忽夢登九天與徒言訖而逝

明惟安號普門陝鄜人年十歲爲人牧羊豁然有省遂薙髮受戒參方至普陀元旦挑柴忽被風吹前後際斷因走五臺禮空印和尚深有發明行腳至黃山道聲洋溢宮庭胥仰因以所造四面佛像藏經賜敕賜金建慈光寺於黃山後北遊至乘願禪林示寂骨歸黃山

朝宗忍天重密雲悟法嗣住歙石耳山師與都人酬唱機緣甚多載在語錄居士吳聖欽皈依師法名行毅號大心得師鉗鎚深契心要疾革前一日自撰塔銘說偈而逝

邋遢仙休寧人溽暑衣裘暴日中沍寒時裸體跣足而蹈冰雪不事浣濯近之無纖穢氣人稱邋遢仙後年百餘歲坐化於齊雲山之洞天福地

慧融黟人隱石門洞如石人或七日不食人夜經山中冒月而行訝朔晦何以得月尋之從洞中出叩其工夫乃月觀云

寧國府

周琴高 居涇北二十里山巖脩煉得道控鯉上昇因名山曰琴高臺溪曰琴溪上有煉丹洞

隱雨巖每歲上巳溪中出小魚傳爲藥渣所化

晉陵陽子明 銍鄉人釣於旋溪得白魚腹中有書教以服食法遂入黄山採五石脂服三年龍來迎去止陵陽山百餘年弟子安死葬石山下有黄鶴來棲塚樹呼子安云唐人詩曰白龍巳謝陵陽去黄鶴還來喚子安

唐仲濬 靈源寺僧有文名李白贈詩 **清越** 敬亭僧工文交當世士所著新興寺石堦記詞致峭詭卒難句讀張喬有贈詩 **希運** 初住高安黄蘗山曹溪六祖嫡孫大中三年裴休知宣州迎居開元寺受法創廣教寺於敬亭南麓有與裴贈荅詩 **麻衣禪師** 中和二年煉藥翠微峯下嘗衣麻衣有得其麻縷者輒能療病

宋宗杲 少爲惠雲寺苾蒭尋入景德寺謁湛堂準準亾持行實乞銘於張商英一見奇之字以妙喜宣和間叅圓悟聞薰風自南來殿閣生微涼語豁然悟主徑山法席緇流雲聚稱臨濟重興後住明州阿育王寺孝宗聞其名召對稱旨賜號大慧禪師御書妙喜庵三字賜之寂謚普覺著正法眼藏三卷其徒集前後法語爲大慧禪師語錄

可勳 有禪行作庵城山寺側曰卧雲太平興國召對問曰卧雲深處不朝天因何至此勳曰天曉不干鐘鼓事月明豈爲夜行人因賜還山

元賀士廸 宣城人元妙觀道士善祈禱禦災成宗召入京賜號眞人并寶劍玉鼎玉環玉圭各一楮幣萬緡給車服鞍馬從幸兩都乘傳還山卒

張松谷 隱芙蓉峯下辟穀嘗採藥療人病歲旱禱輒雨大德庚子索紙筆書偈云鐵牛鞭向四禪天金身已寄蓮花座書畢坐逝

汪天驥 涇人元妙觀道士能詩其偶成云青山招客隱黃葉送秋歸冲妙觀云春深自種雲間玉雨後來看洞裏花暮春云爲愛雲根綠錦苔柴門花落晝慵開竹牕讀罷南華卷蝶夢蘧蘧枕上來

皆警句

明法通 字從石兩開堂於廣教註逍遙游精詩警句如斷霞迷遠郭殘月冷空山樹影千年月江聲九派潮爲人所誦

如圭 景德寺僧歷叅通大小乘止靜黃蘗茆菴閱石屋語錄示寂著苦海浮囊在家尸羅等書

大慧 寧信寺僧掩關七年使寺衆以鍼刺體液出皆乳未幾往峨嵋至黃池勝果寺謂其徒曰予從此逝矣趺坐說偈而逝口中火出自焚獨頂骨不壞

池州府

晉葛洪 字稚川丹陽人好神仙以勾漏多丹砂求爲令後棄官徧遊名山池各邑皆有遺跡青陽之九華丹井銅陵之花堰種杏處建德之仙壇東流之鹿跡石今尚在也

唐普願 姓王新鄭人初六祖授法南嶽讓讓授馬祖而願與西堂百尺則馬祖門下三大士也貞元十一年願憩錫貴池之南泉不下山三十餘年宗風大振太和初宣州廉訪使陸亘執弟子

禮亘問瓶中養鵝鵝漸長大不得毀瓶不得損鵝怎麽生得出願呼大夫亘應諾願曰出也大和八年忽告衆曰星翳燈幻久矣勿謂吾有去來也言訖示寂塔於南泉

寶雲 亦馬祖法嗣也與普願同來池居貴池之魯祖山尋常見僧來便面壁

金地藏 新羅國僧姓金名喬覺唐至德間浮海來居九華常於嵒間以白土雜飯食之人以爲異年九十九忽與徒衆別但聞山鳴石隕俄示寂於函中越三稔開函面如生舁之動骨如撼金鎖瑲於九華山中時時發光如火因名其嶺曰神光

宋

丘濬 禎易悟損益二卦以此能通數知未來興廢嘗語家人曰吾壽終九九後在池州一日起盥沐索筆爲春草詩詩畢端坐而逝及歛衣空衆謂尸解

張先生 政和間人少遇異人既得道結廬齊山常默坐人問之直視不答在山三十年既老顏如童後尸解

義懷 天聖時人本永嘉陳氏子世業漁母夢星隕而孕兒時坐船尾父得魚令貫之懷私投江中長徧法雪竇七座

道塲化行海内晚年以疾居池之杉山說偈推枕而寂

性眞東流人常棄家學禪遂成禪癲老而通慧言事多驗常居百厓驅野豕居杏溪弭虎患居香山口治妖祟居斗坑祈雨皆應住廬山洪堂菴年八十矣一日屬其徒作龕積薪爲室自焚去今山民祠之每禱雨輒應

太平府

（漢）**丁令威**遼東人涇縣令來遊姑孰樂靈虛山泉石幽秀煉丹於此丹成翔虛去古詩云有鳥有鳥丁令威去家千年今始歸

（南北朝宋）**螺浮尊者**與杯渡同至姑孰令二童子山下汲水移時不至往跡之擲瓦相戲積之爲城後號童城及皁錫山中泉自湧出今能泉山福源寺中井是也汲以竹則清以綆則濁有郭師尹記

方公禪師西竺人與羅浮同至靑山創南峯院日抱甕下汲供飲忽有虎跑擲泉湧其味甘冽今名虎跑泉

宋

曇和尚 失其名紹興間居城北永寧庵與鄉里夏叟善一日謂夏日吾明旦當去有詩相付夏默喻後至則坐化矣留偈曰有生有死尋常事無去無來誰不然我今去也何時節風在松梢月在天夏捧誦嘆恨亦坐亡

石先生 不知何許人紹興間寓光孝寺被髮垢面佯狂不羈晝就食僧廚夜卧竈底人以石風呼之信口作詞初不可曉後悉驗

趙自然 本名王九荻港鎮人幼疾甚父抱詣青華觀許爲道士夜夢一人姓殷教以辟穀法出栢枝啖之及覺神氣清爽遠絕火食歲餘復夢前人授篆書數十字寫以示人或曰此天篆也乃道家符籙耳嘗作原道歌言修煉之要太宗召對賜道士服改名自然

廬州府

周

王喬 即子喬乃周靈王太子嘗於終南山學仙後避於巢愛金庭紫薇之勝遂煉丹洞中拔劍刺地湧泉甘潔一日仙去

三國魏左慈字元放廬江人居天柱山得石室丹經明六甲能使鬼神坐致行廚變化萬端曹操召見閉一室斷穀食期年出之顏色如故操欲殺之卒不可得

唐慧滿貞觀間結菴於合肥大蜀山嘗誦法華經東海龍王少子聞梵音來聽法適時苦旱僧令降雨答曰盜布天澤當殛死師曰汝舍此身以救民我誦此經以度汝言畢不見須臾膏澤滂沱越三日龍死於山陽師收葬之民爲立祠後遇水旱祈之必驗

崔自然巢縣人少學道得服松脂法後隱城南洞中辟穀修煉冬雪寒常於溪中澡浴每入山虎豹見之皆馴伏一日謂其徒曰我爲仙官所召語訖而逝後有人自豫章來者見之於道今石牀藥臼見存

宋明本錢塘人號中峯大師皇慶壬子自天目山遊至六安齊頭山居水晶菴所著有中峯語錄及青山白雲吟并山居十詠爲世所稱道

元妙果自號無住翁饒之樂平人嘗發願云吾平生不作佛當入無間地獄遊四明天童浮

梁鳳遊山已而歸息於巢有郁氏割山地建蘭若以棲師師豫建一塔是夜有光如疋練自天際散於五峯之頂彌三夕乃止巢之居民凡數十里聚觀駭異之語具虞少菴語錄序及宋景濂塔銘中

【明】金印 英山人世宗病癰印書符治之愈授博士賜名中剛賜坊曰盡職供事復以端陽賀表酷暑布雪等事遷司經局後江西瘟疫大作命印往治救濟一省陞太常寺卿賜一品服色

鳳陽府

【漢】周義山 汝陰人丞相勃之後也年十六常以平旦日出時東向嗽咽服氣百數父問之對曰義山中心好此日光長景之暉是以服之有黃泰者寓陳留著敗衣賣芒履義山延之靜室泰曰我中嶽仙人蘇子元也遂授以長生之道後義山稱爲紫陽眞人竟白日飛昇

【隋】張路斯 其先南陽人家於潁上爲宣城令夫人石氏生九子路斯與九子俱化爲龍詳見山川內盧州府龍穴山

唐

藍采和

唐末時逸士遊濠州衣襴衫綠袴黑木腰帶一足靴一足跣夏服絮冬卧雪出氣如蒸自號藍采和嘗歌踏踏歌曳長繩拖錢以行錢散不收後飛昇遺下靴帶襴衫於濠州

劉大師

不詳何地人莫知名因以大師呼之騎白馬過油店見久盲者以藥點之立愈往來倏忽一日再至墜馬坐林下鼾睡如怒濤卽之不見後人為寺於睡所今猶稱其橋為迎仙云

僧伽

本西域人唐龍朔中南遊江淮執楊枝瓶水混稱衆中或問師師何姓荅曰何姓又問師何國人荅曰何國人後於泗州欲建寺山陽令請捨所居師曰此舊佛寺也掘地得古碑乃齊香積寺并金像一軀師曰普照王佛覩石刻果然景龍二年中宗遣使召見賜號國師書獨處一室頂有一穴恒以絮塞之夜則去絮香從頂中出烟氣芬馥及曉香還入穴中又以絮塞之師嘗濯足人取水飲之痼疾皆愈時京師旱中宗曰願師慈悲解朕憂師乃酒瓶水俄甘雨大降中宗喜親書寺額為普光王寺賜之景龍四年三月師坐化于長安大中祥符六年加號普照明覺大師崇寧中賜寺號大聖

〔宋〕陳摶字圖南，真源縣人。唐進士，隱武當山，移居華山，寢百餘日不起。周世宗召拜官，不受。宋太宗時來朝，宰相宋琪問修養之道，得謝不知，且云白日昇天何益于世？今君臣同德，興化致治，勤行修煉無出于此。賜號希夷先生，放還華山。再召，辭不至。志

言京，姓許，落髮東京景德寺，相貌奇古，語笑無度，然事多前知。仁宗嗣未立，默遣內侍訊之，言書十三郎字後英宗以濮王第十三子入繼，衆始悟。有具齋薦膾者，并食之，臨流而吐，化爲小鮮，群泳而去。言將死，作頌，仁宗命以真身塑像，置于寺中。

徐州

〔周〕琴高居香城泗水中，以善鼓琴爲康王舍人，行彭涓之術，浮遊碭間二百餘年，後入碭中娶龍子，乘赤鯉出入。

〔晉〕彭宗彭城人，嘗從師採藥，忽墮深谷，蹈群蛇，曾無懼色，師乃授丹經五千文，宗寶而修之

洞暢幽漠能三晝夜爲一息或一年不動人以爲死及起顔色愈鮮山中蛇虎見之潛伏不敢妄動

王元甫學道於赤城霍山服青精石飯得呑日精丹景之法內見五臟穆帝永和元年五月望白日昇舉爲中嶽眞人

〔宋〕曹國舅紹聖四年蟬蛻于玉虛觀縣東南五十里今更名騰雲寺

〔元〕洞眞子涿州人姓丘年壯學道至元庚寅北遊京師謁眞人祁公賜號寶巖大師既退東遊鄒嶧山拜丹陽眞人爲師道侶號爲洞眞子乃西遊碭山遇趙志堅建聚仙宮爲本宮提點延祐乙卯人見其西去弟子志堅闢戶視之羽化矣

滁州

〔唐〕全椒道士居神仙石洞中不知姓名嘗煑白石子以爲餐唐郡守韋應物寄以詩

法琛大曆中嘗與刺史李幼卿于瑯琊山建寶應寺覺禪師西洛人授業藥山阨得法

于汾州或云師圓通大士後身也嘗住瑯琊開化寺有五百梵僧寓席不休夏同日而來同日而去

宋崇定禪師 嘗住瑯琊得佛舍利六百枚鑿山聚石建塔瑯琊凡四十九所今皆不存事見宋熙寧三年賈易作舍利塔記

聯德 住靜關山禪院戒律嚴苦至老彌篤嘗刺舌血寫法華諸經百餘卷

達葦 篤實樸謹嘗遊豐山之陽見一泉泓然遂闢山茆居之嘗念佛拈豆爲記約其數有十石云

王中勤 來安人淳熙中嘗遇異人授之法每歲旱暵及病疫癘祈禳卽應如桴鼓聲重一時

和州

上古彭祖 隱白石山壽八百歲

唐白玉蟾 原姓葛名長庚東海人尋眞訪道踪跡無所不至遇異人陳蓬頭授以費長房術人皆稱其爲仙遊歷陽之白石洞愛其清泉翠甃遂居焉舊有重遊白石洞詩可考

惠褒

慕含山縣北山麓秀麗結廬其下寒暑不出戶時人弗能測卒葬山址故山名褒禪宋時祈禱有驗賜號法護大師

商棲霞　歷陽人大曆中居彭祖白石洞中能吐故納新絕粒三十餘年

宋

虎丘隆　和州歷陽人得法于圜悟勤叢林目爲瞌睡虎今臨濟之宗偏天下皆出其嗣

元

懶牛和尚　和州人至元間隱天門旣說偈已卽沿麓至磯頭舉步大江如履平地徐至中流跏趺而坐回旋水面久之方沒越十三日坐沙洲上衫履無少脫儼然如生羣鳥環鳴乃輿歸茶毘焉

無用寬　含山運漕周氏子元世祖召見手執松枝叩以佛法不對世祖曰僧乃無用之人由此稱無用禪師師歸和法席甚盛聽者嘗萬計每夜所居必有神燈見左右三建大剎于梁山馬鞍山太湖皆曰普明

明

丘了顛　和州人生而喪母以思母而顛字了顛行腳齊魯閩粵數年歸顛益甚語無倫次多中人隱坐臥金陵城北鼓樓與鐘樓胡瘋子語每達旦愈人疾多異蹟天中節時辭衆入江趺

坐水面高吟至中流波濤簇湧縹緲猶見其端坐云後月餘人有遇之丹陽者

錢國禎 知符咒術凡語祈禳者無不應尤精于曆數課命之學年八十餘日行百里後無病而卒

駱月谿 明學士宋濂有盧龍清隱記畧云和陽尊師駱月谿隱居其中自號曰盧龍清隱

廣德州

漢 徐僊 不知何許人居丹井山煉丹丹成仙去至今猶存其井

宋 契嵩 多智慧能徹禪家宗旨崇寧中賜名曰明教嵩禪師并賜寺額曰明教禪寺明太祖題橫山詩有曰上有禪師悟透關正謂此也

元 王當陽 初遇異人能幻化之術後遊武當山歸于郡南平項山建昇平道院修煉其中撰精語後端坐而化

明 孔師居 白鶴觀道士生而靈異嘗遇異人授以祕籙能呼吸風雲驅役鬼神禁蛟召鶴

斬魅禳星無不奇驗
年八十尸解而去

江南通志卷之第五十八終

江南通志卷之第五十九

方伎

南華庖丁斲輪之喻謂官正神行得心應手諒哉伎不徒以形役也精誠極而智巧生通乎道矣江左在昔常稱都會固百工奏藝之塲也彼審曲面勢飭五材以辨民器如考工所云固無足道若夫卜筮星象及習岐黄者流非洞乎天人之奥性命之原烏能臻夫至極哉詳觀諸史其可傳者必其不詭於道者也志方伎

江寧府

漢沈建　丹陽人世爲長吏建獨好道學導引服氣之術遂能治病輕重應手而愈嘗遠行寄僕婢并牧羊於人各與藥一丸皆不復食建還更與藥乃食如故

南北朝徐文伯　字德秀丹陽人太守熙曾孫熙好黃老隱秦望山有道士授以扁鵲鏡經曰若子孫當以道術救世因精心學之名震海內子秋夫工其術秋夫生道度叔嚮皆精其業道度生文伯有學術倜儻不羣孝武路太后病衆醫不識文伯診之曰此石搏小腸耳乃爲水劑消石湯病即愈除鄱陽王常侍明帝宮人患腰病牽心每發輒氣絕衆醫以爲肉癥文伯曰此髮癥也以油投之吐得物如髮引長三尺頭已成蛇能動挂門上瀝盡一髮也遂瘥

南唐吳廷紹　爲太醫令烈祖食飴喉中噎國醫莫能治廷紹以楮實湯進而愈馮延巳苦腦中痛廷紹密詰廚人知平日嗜山雞鷓鴣投以甘豆湯亦愈羣醫叩之曰噎因甘起故以楮實湯治之山雞鷓鴣皆食烏頭半夏故以甘豆湯解其毒耳聞者大服

宋

朱杰 生而異相有隱德治人目如神針南下而翳旋撤

王生 金陵人聾而善聽聲丁晉公謂守金陵王生潛聽其馬蹄聲曰參政月中必召拜相果如其言後真宗晏駕謂充山陵使王生來京師俾聽馬蹄聲曰有西行之兆諸子責曰爾知相公充山陵使有是說耳生出語人曰蹄聲西去而無回聲恐有他命後果罷相分司西京繼貶崖州

劉虛白 金陵人善相陳執中為撫州通判使者將劾之虛白曰無患使者果被名半道而去王益知韶州幾大拜還金陵名虛白問狀虛白曰當得一都官止耳益大不懌以他事繫之已而益果終都官郎中

元

陳梅湖 善皇極數受知于世祖凡遇推卜多以易數諷諫朝臣咸敬之官至江西宣慰副使或問何不為諸子計曰吾數非其所當傳且命貧賤令其麤知農事足矣

明

貝琳 字宗器其先浙人洪武初以軍籍居金陵幼業儒精天官學被薦入欽天監正統景泰間從征占候有功成化戊子因災異上言君能修德格天則災變為祥因條陳彌變圖治六事言

多可采居家孝友有嘉瓜並蒂之異

周文銓字汝衡家金陵取內經本草難經等書務窮精奧診病立方多與衆殊常語其先輩顧璘曰醫者聖人之學也非盛德莫能操其慮非明哲莫能通其說知物者巧知證者工知生者聖知化者神其持論精微如此

孟繼孔字春沂亞聖裔幼頴慧習舉子業遊澹園焦竑門習醫生平存活嬰穉未可數計

丁毅字德剛江浦人路逢殯者棺下流血毅熟視之曰此生人血也止舁者欲啟之喪家不之信毅隨至墓所强使啟棺乃孕婦也診之以鍼刺其胸産一兒婦亦旋甦蓋兒手執母心氣蹄身僵耳鍼貫兒掌兒驚痛開拳始娩通邑稱神著有醫方集宜玉函集蘭閣秘方

陳翔梧名一綸上元人精醫術視疾多奇中性樂施予貧者濟以藥餌不計值人多德之壽至九十卒子天玉能世其業

皇清

胡正言字曰從休寧籍家金陵少博學嘗師法李氏登精研六書秦漢篆隷世罕其儔至老學彌篤處一小樓不出户者三十載齋前種竹十竿故號曰十竹主人年九十四以無疾終著

有印數篆**鄭之彥**字蘭巖江寧人少爲諸生多病草諸書遇異人授以刀圭遂精於醫名振江左年八十卒長子筠有文名少子籃精父業而以篆隸冠一時

蘇州府

（春秋）姚光 有火術吳王身臨試之積荻數千束使光坐上又以荻裹之因風猛而燔荻盡光端坐灰中振衣起授書一卷吳王親之不能解

（三國）趙達 吳人少習九宮之術能應機射覆問對如神嘗使人取小豆數斗播於席上悉知其數一日過故知爲之具食且曰倉卒乏酒又無嘉肴達取盤中隻箸縱横卜之乃言卿東壁有美酒一斛鹿肉三斤何以辭無酒肴主人笑曰以卿善射聊相試耳**曹弗興**以畫名冠絕一時孫權命畫屏誤墨成蠅權疑其眞以手彈之又嘗於溪中見赤龍寫以獻至（宋）文帝時大旱取弗興龍畫置水傍遂獲甘霖

晉張弘字敬禮善篆隸飛白書常戴烏巾時號張烏巾歐陽詢謂飛白入妙品小篆入能品

宋陸探微善畫得六法之妙愛寫古聖賢像明帝時嘗在侍從張彥遠論其體勢逸舉風力頓挫一點一拂動筆不凡

齊張僧繇丹青絕代嘗畫江陵天王寺栢堂作盧舍那像及孔孟十哲　帝怪問釋寺何爲畫孔聖僧繇曰後當賴此及廢浮屠獨此殿有聖像得不毁又於金陵安樂寺畫四龍不點一睛云點之即飛去人固請點之須臾雷電交作二龍破壁乘雲去未點者存

唐周廣貞觀間人得異人秘授觀人顏色即知疾病不待胗視時有黃門自交廣使回拜舞殿下廣曰此人腹中有蛟龍一出即不能活上問黃門有疾否曰臣在大庾嶺渴飲路傍水今腹中堅如石廣以雄黃丸下之吐一小龍　孫過庭字虔禮官至率府錄事參軍工書嘗著書譜妙盡其趣　楊惠之與吳道子同師學畫見道子藝成惠之恥焉更爲塑工遂稱天下第一手

〔宋〕趙伯驌字希遠千里弟嘗畫姑蘇天慶觀樣進呈孝宗仕至觀察使卒葬支硎山周必大為神道碑

朱象先字景初吳縣人善畫馳名元符間蘇軾嘗題其畫云景初能文而不求舉善畫而不求售嘗自言曰文以達吾心畫以適吾意而已故其所作得之自然

李珣吳人善律曆紹聖二年曾肇在滁州命珣為漏壺以順晝夜一郡則之

滕伯祥慶元間人樂善好義遇孤貧不能婚嫁與喪葬者多為代舉鄉里稱為滕佛子嘗有異人授以小兒疳方今子孫世行其術

王省幹省幹軼其名居吳縣虹橋中年得瘋疾每歲遇純陽祖師誕日作麵以施路人三十年不倦一歲有一丐者啖麵畢覆碗桌上合家人不能啟省幹至即舉之中得治大麻瘋方試之立效子孫寶之

〔元〕朱珪字伯盛善書法凡三代金石刻靡不極意規彷久之有悟於石鼓絳碑之法嘗讀書十年不下樓楊鐵崖為撰方寸鐵誌

明范暹字啓東崑山人有孝行善書畫花鳥永樂中
入畫院供奉三十餘年老於京師博識雅
談館閣名公雅重馬軾字敬瞻嘉定人精於繪事
之稱爲筆齋先生名重京師正統間以天文
生從征廣東謀畫占驗仕爲漏刻博士子愈字
抑之天順甲申進士能詩善書尤長於南詞沈
宗學字啓宗隱於筆墨能作徑尺大字其書法兼
歐虞顏柳之長尤精醫著有本草發揮諸書
夏禮年七歲能書斗大字沈周作沈應元常熟人
長歌贈之人稱爲小書史字子春
五六歲能作擘窠大書仇英字實甫太倉人工臨
嘉靖庚子科領鄉薦摹繪寫人物以及飛
潛動植靡不逼肖有女號杜陵內沈與齡號竹亭
史畫人物精麗豔逸饒有父風吴江人
工醫能決人生死世
稱沈仙著醫便行世
皇清沈顥字朗倩吴縣人性豪放工書畫所著有枕
瓢焚硯浣花閒話樵阿雜俎河洛六岦諸
書邵彌字僧彌別號瓜疇長洲人畫山水極古秀
不凡人爭購賞所著有頤堂集吴偉業畫

中九友歌云風流已矣吾瓜疇一生迂癖爲人尤
童僕竊罵妻孥愁瘦如黃鵠閒如鷗相驅墨染何
曾休**張宏**字君度吳郡人善山水得元人筆法**王簡**字維文蘇州人習舉子業不售治黃
老家言精吳道子寫生術下筆鬚眉逼肖康熙初
年
召入供奉恩賚甚渥**邵達**蘇州人北虞之後人也喜讀司馬遷書手不釋卷精於傷寒手到病
立起有鄰人以乏食病瀕死達於藥囊中裹金餉之遂霍然人號爲仁山先生**顧元昉**吳邑
人高逸不羈精於唐漢篆隸所鐫圖章最蒼秀得未曾有**侯周臣**字崑璧蘇州人少習儒心
念醫能濟人遂習岐黃術凡危疾遇之立起得所
酬即以賑貧乏之人皆義之子受璧孫心璧能世其
業**馬兆聖**字無競常熟人初以詩名兆聖善病遇異人授方藥得不死遂通醫活人無筭
以子夢桂應桂貴受封**陳岷**字山民長洲人能書善畫蘭尤精琴理同時有陳禹道嚴天池
較正松懸館琴譜行世後**張涵高**名靖橫渠後裔韓棟字隆吉獨得其傳治痘童子病一

望郎知其生死同時黄五芝伍承橋者與之齊名神異聞於海內

松江府

晉陸玩　字士瑤善詞翰尤長行書宋宣和譜稱其筆力瘦硬有鍾繇法

宋李甲　字景元華亭人善作翎毛有意外之趣米芾畫史常稱之蘇軾題其畫謂郭忠恕後一人

元曾遇　字心傳華亭人官安吉主簿後至元末被選入京書泥金字藏經　**王默**　字子章少任俠多藝弱冠更折節讀書書法趙孟頫徵至京書金字釋典擬官翰林力辭歸求書者塡戶雅好林泉遇勝處輒樂忘返尤喜爲人排難解紛張天雨稱其豪宕不羈有姜白石之風　**章弼**　字拱辰華亭人篤志經史識度淸遠未十歲能作榜署大字眞行草篆皆師趙孟頫　**沈光明**　華亭人以治目聞先世常受術於龍樹師內外障七十二種悉能治之光明克世其學　**陸怡**

華亭人善醫沭人段氏客比鄰一夕溘死怡取馬櫪去底置大釜上昇死者內之蒸以葱藥及旦皮腐而氣復大德閒召至京師欲官之力辭歸賜號悅道處士**徐復**字可豫號神翁華亭人精靈樞素問諸書其治病嘗審南北察強弱而緩急投之故百不失一會稽楊維楨有歌紀其事**沈瑞**華亭人得畫法於黃公望常為楊維楨作君山吹笛圖木石幽潤山水清遠人物器具點綴絕工**曹煥章**華亭人善寫生往往逼真見者相視而笑常寫席帽山人像陶九成騎牛及濯足圖

明

金鉉字文鼎華亭人工章草畫倣王叔明子鈍字汝礪官中書舍人亦工書**相禮**字子先華亭人滑稽多智畧能詩善畫談論縱橫不窮尤精於奕當世無敵明洪武中召至京師厚賜遣還劉文成基常為文贈之**兪寰**字允寧上海人樸愿沉靜喜讀書工詞賦醫藥卜筮斷琴刻篆無所不通然不求人知終歲不一入城府**姚蒙**華亭人字以正善醫尤精太素脈定人休

咎若符契巡撫鄒來學常使視脈蒙既叙病源因曰公根器别有一竅出汚水來學大驚曰此隱疾何由知蒙曰以脈得之左關滑而緩肝第四葉有漏洞下相通來學改容謝

章瑾字公瑾號採芝之華亭人宋莊敏公之後能詩善草書尤長於畫爲人雅淡有高致日登山臨水所至成趣遇知己觴詠竟日畫或頃刻可就或數日不著一筆圖成皆不愧古人

楊青金山衛人幼名阿孫永樂初以瓦工役京師內府屏墻著堊有蝸牛跡色若異彩文帝顧視間問之阿孫以實對文帝嘉之問其名曰幼名未改乎方今楊柳青矣可名青一日殿成以金銀賜賞悉委於地令自取衆競拾之青獨後以是重之後營宮闕使爲都工青善心計凡制度崇狹材用多寡悉稱旨

何全字廷用華亭人自宋元來世以醫名全生而穎慧入郡庠有聲正統領鄉薦益精岐黃術每以匕箸起沉痾無責報意

浦澤字時濟上海人少與張電俱受陸文裕溪書法能窮古人之妙喜任俠常遨遊吳越燕趙間挽歸僦廛僻地置百家法帖偃仰其中生平嗜酒醉則高卧或一二日不起人呼

爲凝

小喬迫上海人家世業醫迫能精其術歲疫夢神人指以水中草云以是資爾活一方人旦物色得之以治病無不立起子士琰字仲餘少好讀書似其父常出遊遇富家子死一日矣士琰以一匕投之立活其家奉百金爲壽笑却之

張德讓字士美華亭人受書法於陸文裕深能規摹北海饒有風骨常乘籃輿過親友家竟日流連乞書者恆滿德讓飲醉乃濡毫使兩童子執絹紙揮灑立盡亦善繪事所著詩篇咸散逸不傳

方叔毅字百里上海人善畫人物神氣生動常遊錢塘募擔夫荷行李竊逃去乃寫其形狀於城門見者皆曰此某坊陳二也因捕得其人還其橐

皇清**李中梓**字士材華亭人少博學習岐黄術凡奇證遇之無不立愈所著有士材三書頤生微論醫統若干卷

沈時譽字明生華亭人善醫慕吳趨名勝卜築桃花塢唐寅之故居蒔花種竹日與同里賢豪嘯歌其中無疾卒

常州府

唐 丁謙 宜興人工畫竹兼善寫蔬菓名畫見聞志
云寇忠愍家有寫蔥一軸上有題丁謙二
字非凡
格也

宋 僧居寧 毘陵人工畫草蟲名稱特甚名畫見聞
志云嘗畫水墨草蟲長四五寸者居寧
醉筆筆力勁俊可謂稀絕梅聖俞贈詩云草根有
纖意醉墨得已熟好事者每得一扇視爲珍物

曹仁希 字企之毘陵人善畫水爲驚濤怒浪以至
輕波細溜一筆之間自分深淺古今罕有
及
者

吳炳 毘陵人畫折枝花鳥巧奪造化
紹興間爲畫院待詔賞賚特厚

許迪 毘陵
人工
草蟲師居寧作黃
花紫萊妙臻神品

於清言 晉陵人工畫荷花獨步
一郡寧宗朝以荷花障
進喜動天顏特旨授承節
郎浙西安撫司計議官

元 於務道 清言孫家學相傳圖寫尤
精嘗以荷花圖進名愈重

明徐孟會武進人善詩以醫世其家治疾多驗永樂間召至京賜襲衣以歸弟孟恂砭法尤妙時

宜興人善畫山水人物傳彩精緻稱二仙

蔣子成其水墨大士像尤爲世所珍重

施教字心菊無錫人幼業儒以醫名世多隱德享耆壽以子策貴受封

惲本初號香山武進人少爲諸生有名官中書晚年樂志山水工畫題跋猶佳

皇清龔士燕字武仕武進人少穎異能文潛心律曆精推算康熙八年奏封武英殿授曆科博士

過百齡無錫布衣以奕擅名天下爲葉向高所賞卒於順治年間

李元紹精於奕過禾中某氏時召乩仙遂與元紹對奕不及百子乩遽止曰吾已勝半著矣後元紹取其局布之殫精竭思卒莫能勝其譜爲遇仙圖

鎮江府

宋孫守榮一名高榮世居富春因自號富春子後居京口病瞽遇異人授術以音律推五

數播五行萬物終始盛衰一於音決之周坦未第時坐市肆厲聲訴僕守榮揖曰狀元何怒也周不答後果廷試第一嘗寓廣陵造者如市或持金玉請辨其色摩娑之美惡立判其神奇類此

元 莊麟 字文昭江東人元末移居京口書畫詩文與郭天錫齊名

明 徐景暘 攻書史善吟古今詩通繪事一時賢公卿皆與之遊有薦於朝者以母老不仕宋學士濂作畫原以贈焉

錢原濬 字彥深號愈菴集書數千卷錄其精要有得則標題於上旁通醫術著集善方三十六卷

杜堇 丹徒人字懼男以畫名所著有古狂惺居青霞亭諸集通經史及諸子集雖稗官小說罔不涉獵舉進士不第輒棄去爲詩文奇古通六書畫山水人物草木禽獸神采流動世頗重之

錢寶 字文善原濬曾孫號復齋詩多藻思工小楷行書精於醫術拯危濟困著有醫案運氣說復齋集

蔣曉 字東明丹陽人世業醫偶有黃冠賣卜於市者自稱味元子曉從之遊得其保幼一編治疾皆奇驗有王生者子方週歲忽不乳食肌肉盡削醫疑爲疳

曉日此相思症也衆皆嗤笑之曉命取兒平時玩弄之物悉陳於前有小木魚兒一見喜笑疾遂已

蔣守成字繼之丹陽人畫法吳仲圭趙千里游文徵明父子間烟雲竹石尤得其妙楊文襄一淸雅重之

何熿字仁源丹徒人以醫名遇人病雖貧且賤務盡心診視不屑屑計利財何氏累世多藏官隱鎭江市藥熿其裔也

何應璧字繼充性穎悟學醫書數千卷叩之無不穿貫貧者病濟之藥更助以貲是時鎭江醫甚盛何氏爲最

皇淸

祁嗣籙字肖虛鎭江崇福觀道士精鍼砭四方羽士來京口主於觀嗣籙莫不尊禮之用是多獲秘方治癰疽諸異毒立効決死生百罔失一嗣籙重濟人命不利其財人多德之

淮安府

宋

衛樸楚州人病瞽精於曆凡古曆算數令人就耳一讀卽能暗誦熙寧中撰奉元曆雖未盡善然已密於他曆矣

徐秋夫工醫善鍼灸鹽城人爲射陽令夜聞鬼聲呻吟甚苦吮問

之曰身是斛律斯雖死患腰痛聞君善醫求拯拔徐曰汝鬼也術何從施曰以草東形呼我名治之如其言下二鍼埋之夜聞鬼來謝云疾已愈時謂其術能通神

皇清周鼎字公調淮安籍江寧人善繪事冠絕江淮人爭購之性孤介嗜酒醉筆圖山水蕉石更入神奇二子皆爲淮之俊士

衞周佐字輔臣淮安籍高郵人精醫術應手而愈不責報施嘗救貧人施濟丸散淮人全活者無數

揚州府

宋桑景舒高郵人善聽百物蟲鳥之音以占災福又精音律嘗製虞美人曲對其花奏之花動搖不止

杜嬰字大醇儀真人好讀書精醫診治無不神驗爲人曠達可親王安石嘗云與杜君語久而不厭

陸仲仁高郵人精繪事嘗畫三高圖獻鼂以道張表臣題詩於後云已有雲氣翳鳳麟六百餘歲無斯民想像璧月何當親虎頭摩詰俱沉淪誰其畫者陸仲仁

元王仲明江都人善醫平章廉希憲疾世祖召仲明明治之未即行人强之曰君能起廉相國是惠及天下也仲明遄往投以一匕立愈世祖欲官之辭不就

明陳君佐江都人善方脈洪武初爲御醫永樂間棄官著黄冠市藥武當山中以易卜人吉凶多

張榮字伯仁如臯人以醫名刀圭所投無奇中不方劾求療者無虛晷時時施藥不責報嘉靖間官軍討倭大疫榮爲劑治之無不悉起人稱爲神醫

皇清唐志契揚州人以諸生精繪事興寄所託便齋糧遊名山水經月坐臥其下故畫筆瀟散清遠有元人風味弟志尹精花鳥得呂紀王偕之傳時稱二唐志契子曰致亦博士弟子員能世其家

羅慕菴徽籍順治初年移家泰州醫不取利其學其持論先調理而後湯藥災疫流行施藥救人全活無數所著有醫宗粹言四十卷行世

安慶府

晉韓友 字景先，舒人也。爲書生，受易於會稽伍振，善占卜，能圖宅相冢。龍舒長鄧林婦積病垂危，友爲筮之，使畫作野猪著臥處屏風上，一宿立愈。劉世則女魅積年，命巫禱之不瘥，友筮之，令作布囊，俟女發時張囊着牕牖間，友閉戶作氣，斯須之間見囊大脹如吹，因決敗之，女仍大發。友乃更作皮囊二枚，張之如前，囊復脹滿，因急縛囊口，懸着樹二時許，漸消，開視有狐毛二斤，女遂瘥。

明何公晁 潛山人。少好雲遊，遇異人授符籙二卷，曰：熟此可呼風雨，役鬼神。習之得其妙。會歲旱，郡守呼令祈雨，晁對差役笑曰：吾非汝可呼者，但汝往來烈日良苦，吾於汝手書符，當有片雲覆頭，可固握之馳至府堂，勿開手。役至，郡守怒曰：術士胡爲不來？役告以故，郡守令其開掌，則雷電交作，莫不驚懼失色。郡守躬往迎之，登壇越二日，告守曰：上帝封雨部，吾當取揚子江水暫解酷熱，雨澤可及五十里耳。不踰時果大雨如注，雜魚蝦齊下焉。

史仲弘 桐城人。少習形家言，遇異人以青烏秘訣授之，遂臻其妙。嘗卜投子山陡嶺一穴，法當大貴，於除夜行衢巷暗聽之，有機杼聲讀書嬰啼聲者卽援之惟方叟德益家兼此三聲仲弘曰是勤儉向詩書而能昌後者可羿也明旦卽造其家語之叟方食貧聞此甚喜勉購而空之其親葬後發科第蟬聯不絕卽月山也

張達泉懷寧人幼落魄不羈遇異人授以脈訣遂殫精於醫顏銓部渾爲兒時中痘已死達泉視之曰未死也急掘地作坑置兒其中取新水數桶用紙蘸之重貼身上少頃有細烟起兒手微動達泉喜曰生矣復以水沃之氣蓬蓬上蒸大啼數聲取起再進以藥不數日愈

周公穆桐城人性愿樸無他能幼見其父與人圍碁劣不能勝心怏怏乃畫紙爲局張於臥榻之上仰而視之如此彌月忽請於父曰幸呼前奕者來兒當勝之父以爲謾也姑試之連勝三局其人歛手退曰是兒他日當爲國手吾非其敵也年三十遂以絕技名於江上

皇清

陳延字遐伯潛人少多巧思凡百工技藝之善者一見悉摹倣酷肖尤精篆刻然折右手一切書畫皆用左腕善譚論終日娓娓不倦遷鳩慈與蕭雲從齊名稱畫苑二妙著孤竹詩集行世

侯珦桐邑諸生博洽善文嘗衍蘇氏織錦廻文三言四言六七言周旋出入斜直方圓共得詩八百首白樂天曾讀至五百首今殆過之

徽州府

〔宋〕吳源字德信休寧人神醫選翰林醫官　程惟象婺源人善占算英宗在潛邸豫言其兆既登極賜以御書　江嘉婺源縣人以醫名家一劑輒愈蒔疫有人夢一神曰吾避江君病者愈矣果然

〔元〕范天錫字壽朋休寧人善醫診脉決人死生爲郡醫最　徐存誠祁門人善醫著藥救人

〔明〕劉然字季然歙人善書小楷行書一時名手皆出其派　楊明時字不棄歙人工詩辭書畫名噪都下　吳羽字左千歙人善寫佛像山水花鳥氣韻生動　弘仁字漸江歙

人善小楷行書住黃山收雲壑之奇一歸之書

張璜字子充歙人稱良醫有傷寒昏憒璜曰此嗜臥證三日必蘇蘇則欲飲飲以此藥必睡睡覺當得汗而愈果然又有患嗽人以爲勞璜飲以藥忽大吐視涎中得魚骨宿疾頓愈

洪日中字涵斗歙人羽士能禱雨驅邪卻病天師授以伏魔闡教弘化真人弟子程明真繼其術

汪副護休寧人精醫學好施以賣藥金建亭通衢

金錫字君寵休寧人善占候精堪輿推測

汪肇休寧人工翎毛號海雲

丁雲鵬字南羽休寧人善畫佛像

游朝宗婺源人地理獨精永樂卜建天壽山朝宗尤見褒賞

余有道婺源人善丹青懸鷹於堂鷄雀見之而驚

汪機祁門人善醫著醫案本草會編素問抄脉訣

胡田祁門人善鍼灸爲太醫院御醫

陳嘉謨祁門人善醫著本草蒙荃盛行於世

皇清許寧字裕卿少攻舉業工詩善畫竹石以善病習醫往來歙休間凡大僚巨室數千里走

書幣相迎輒有奇效著脩氣符醫紀黃遊諸集行於世能以手代鍼用推拏法世罕其傳

徐起字仙客歙人精六書工篆隷摹印

游旭工詩畫兼秦漢篆隷

寧國府

唐

夏榮有相術蕭嵩陸象先求其風鑑時蕭尚未仕陸已任洛陽尉榮謂象先曰陸郎十年內位極人臣然不及蕭一門貴而且壽人未之信天寶中嵩兼中書令年八十餘子華歷中書侍郎同平章事乃服其氷鑒云

紀叟善釀酒名老春能禮賢士常飲李白以酒了無慽色比卒白哭以詩云紀叟黃泉裏還應釀老春夜臺無李白沽酒與何人

陳氏能作筆家傳右軍與其祖求筆帖子孫世精其法

包貴善畫虎名聞四遠世號老包其子鼎繼之各有圖軸傳於世李薦德隅齋畫品云包鼎所作乳虎圖絹素雖破精潤如新

宋

諸葛高世工製筆稱重薦紳間梅聖俞歐陽永叔試諸葛筆詩筆工諸葛高海內稱

第一黃魯直詩宣州變作蹲雞距諸葛名家捋鼠鬚一束喜從公處得千金求向市中無林和靖云項得宛陵葛生筆如麾百勝之師橫行紙墨所向如意

元 **徐文中** 字用和善鍼術爲吳掾鎮南王妃患風症魯御史以文中聞文中診脈按曲池而鍼潛入焉妃殊不覺也移晷手足並舉次日起坐王喜異勞之

明 **方希叔** 字元甫少讀書喜談方畧困諸生棄去善八分書精繪事草蟲尤其長用淡墨飛動如生得服氣養生之道嘗啖松栢葉年九十餘

查萬合 號了吾鍼術最精人稱半仙有陳貞乙者久以醫自負及遇萬合深悔所學執弟子禮惟謹或問萬合醫所活幾何應曰吾非能生人但不殺人耳

劉貴炳 號斗南遇異人授以醫術其臨症能自出新意遵古方而不膠崇禎癸酉大疫施藥賑饑人德之

周子幹 號慎齋知道術嘗經栢葉山見石塞路幹祝曰神庇民吾體神意去之一夕震雷石裂行旅坦然

李治 號赤山邑庠生工書法筆勢超勁透紙背

號赤山體蔡子仁號梅坡善寫眞嘗作三樓一閣圖得李昭道父子遺法

皇清僧牛山名在柯徐姓世學儒術棄爲僧浪跡山水善畫得雲林石田梅道人筆意氣韻天成名噪一時

池州府

元陸仲遠青陽人醫不嗜利有逸士風能察脈輪經脉審榮衛順逆軒履到門日數百而園池竹石觥籌鏗鏘然樂也年老思九子芙蓉不能去日著千金聖惠方子孫守之遂家於此

明張宗道原名亘漢天師張道陵之後也精青囊之術明初避陳友諒亂改名隱於青陽

汪九仞侍郎汪珊之子風鑑如神

僧曉雲以字行上雲寺僧也善治痘他醫以爲可藥者曉雲獨不可他醫以爲不可藥者曉雲獨可計月斷生死無一差不甚責人報

羅世頌青陽人性孝友親殁廬墓後棄儒爲醫常入山採藥遇異人授以秘術所濟爲多子尚復世其業

太平府

〔明〕彭正 字思直永樂間以良醫再使西洋子賓世其業天順壬午乘傳診療諸王獲重賞孫輔亦典供御藥

王容 字志弘天順間療邊關戰士多愈授王府良醫副

濮鏞 字景鳴世以眼科名著杏莊集授良醫副進修職郎子琰領順天鄉薦孫部庶常

唐協極 字純谷世業醫至協極術愈精求診切者日以百計貧不受藥值遇篤疾活以參附人不知也弟歸極遵極益著名

俞守淳 字養眞以良醫名一時手活數千輩風雅和厚人稱長者

謝承文 字郁宇幼敏悟洞醫理診脉决生死無爽有俠少欲試之見文至跨高而墮仆地佯死令家人扳輿求救文診畢謂曰急治終具無生脉矣羣以爲失言頃之其人果逝蓋墮地腸斷也有以幼子病質文者文文診之笑而不言謝父去私語子曰就塾寧苦至是而詐病耶以餌啖之諭勿再其應驗類此

陰有瀾 號九峯博覽羣籍尤精性理其治疾也根極五行生剋而神明出之遠近

求藥者日千計瀾悉洞應膏肓計日奏功暇卽延

請師儒講究理學年八十八歲往來臺使者皆望

風式廬以爲人望　**從任** 字子重少以諸生入太學

殁祀陽明書院　負奇氣兼嗜異書於天官

律曆戰陣醫藥太乙奇門遁甲六壬皆探得其要

常與太史焦竑同舟至潯陽暮有傍舟相尾知爲

盜也一舟皆懼任占之曰漏下三刻盜且去頃之

果如其占在黃州諸生薦試期占者十七人任獨

占方民昭耿于健得雋是科果登賢書焦

竑歎曰子重之技嵩眞隗照不能稱絕矣

皇清 **濮澄** 字仲謙有巧思以鏤刻名世一切犀玉髹

竹皿器經其手卽古雅可愛公卿慕致之

一簪一盂視爲傳寶贋者皆致　**芮養仁** 字六吉醫

富而仲謙詩酒坌笑泊如也　有別解爲

人悃愊廣聞見士大夫多與之遊著醫　**俞文** 字武

經原始五方宜範等書十餘卷行於世　先南

僑俞氏于幼穎敏豪蕩不馴浪跡五嶽遂髡髮號

界道人所爲行草書直入晉室書畫變化於倪黃董

米之間而筆墨生動逈非時手所及韻士

搆之輒瞬息數紙若傖父懸槖視之漠然

廬州府

〔明〕**李恒** 字伯常合肥人洪武初以醫術著名選入太醫院擢爲周府良醫嘗奉令旨集袖珍方等書永樂間致仕王親賦詩以餞命長史瞿佑序其事

李玉 字成章六安衛千戶善騎射尤精醫鍼灸應手而愈舒有病頭痛不可忍者雖震雷亦不聞玉診視曰此蟲啖腦也合殺蟲諸劑爲末吹鼻中二三日蟲悉從眼目口鼻中出病遂愈有跛人持雙拐至者玉針之立去其拐有病痿不能步者玉曰疾在表而深非小小藥劑所能去乃熬藥二桶置缸中俾稍溫令病者單衣坐其中續續澆之半晌忽大汗立愈一少婦有娠而嘔血數升幾死玉診其脈曰此子瘤也立方治之而愈人號曰神鍼李

吳崇信 字道忠無爲人嘗遊長沙傳毛眞人雷法能驅役鬼神祈禱甚驗

仰廷宣 字君常無爲人性豪放隱於繪事好爲大幅潑墨淋漓陳徵君繼儒與人書曰君常在天下畫工皆其兒孫也

許國泰 字亨之巢縣人精堪輿兼饒謀畧四川土官楊應龍反泰

從六安總兵王芬征之爲參謀屢有奇捷後歸里研精詩學到處題咏晚遊楚不知所終子邑庠生名思亭誌承思之義也

郭民安字華臺巢縣人訓導郭藩之子爲邑庠生精醫學就醫者塡門輕財好施遇病者如痼瘝在已崇禎八年寇陷城安時同邑令及諸生巡城協守被賊執皆不屈賊次第殺之將及安忽一賊奔救曰八十老翁殺之何爲得不殺後億之乃是上年窮途病夫施藥愈之者也

趙修祿字虛白巢縣人工畫馬筆意幾入神人以爲子昂後身後發願畫大士千幅遂絕筆畫馬今皆不可多得

徐體乾字六合巢縣人精於天文易占用左邵筮法與焦延壽筮皆相符契其天文源於劉誠意著有成書并註易解焦澹園竑爲之序

涂乾吾六安人隱居龍門村植茶數畝所居茆屋竹環之惟通一徑性獨嗜茶每恨製者傷其性俾色與香味失其本然因親爲調劑採摘烘焙但一經其手逈非常品茶成指爪皆香不脛而走於是徵求絡繹而心得不以授人人亦鮮有解之者涂死其茶遂絕

皇清許學文 合肥人少習儒長精醫尤善痘科多所全活著有痘科約言保赤正脉二書刻孫眞人寶訓以勸醫

鳳陽府

漢許曼 郡人其祖峻善占卜多有顯驗時人方之京房云曼少從峻學桓帝時隴西太守馮緄始拜郡開綬笥有兩赤蛇分南北走緄令曼筮之卦成曼曰三歲之後君當爲邊官東北行三千里後爲大將軍南征延禧元年爲遼東太守至五年復拜車騎將軍擊武陵蠻皆如其占

東漢華佗 字元化沛國譙人曉養性之術年百歲猶有壯容精於方藥廣陵吳普彭城樊阿皆從佗學語普曰人體欲勞動但不當使極爾動揺則穀氣皆消血氣流通病不得生譬如戶樞常轉則不朽吾有一術名五禽之戲曰虎鹿熊猿鳥以當引導體有不快起作一禽之戲舞動汗出身體便輕而欲食普行之年九十餘

〔晉〕魏炤　汝陰人善易臨終書版授其妻曰吾亡後當大荒雖窮亦莫賣宅也後當有詔使來頓此亭姓龔此人負吾金即以此版往責之勿違言也炤亡後其家大貧乏果有龔使者來止亭中妻遂齎版往責之使者執版惘然不知所以妻曰夫臨亡手書不敢妄使者沉吟良久而悟謂曰賢夫何善妻曰夫善於易使者乃筮之卦成撫掌歎曰妙哉魏生可謂體窮達而洞吉凶者也於是告炤妻曰吾不負若金賢夫自有金耳知吾善易故書版以示意有金五百觔埋在堂屋東頭去壁一丈入地九尺妻還掘之皆如卜焉

〔唐〕劉大師　憲宗時騎白馬行村落中不知其所從來人有病與藥輒愈一日從鄉人鄭氏乞地為室未許俄入林中趺足而逝人異之即其地為寺今棗香院是也

〔宋〕唐氏　女子能書者蘇子瞻有觀唐氏書詩曰唐氏能書十載聞誰知精絕向紅裙百金競買蒲葵扇不必更求王右軍

金王博 韓熒 皆醫道通神宿州衛有百戶李杲者方十五六歲時以弱疾幾不起延二公視之韓曰此兒病即愈壽且至八十餘王再視之亦曰壽八十四歲而終病不日當愈人皆笑其迂狂後竟病痊至八十四歲而終

明鄭信 洪武間樵採山中遇二老對奕信侍立久遂受其教明日復詣不復見由是藝高天下先自題其墓曰奕仙

白鷗 潁川衛人質直有古俠士風精數學能斷人生死時刻不爽會疫起行道死者相枕藉遂棄所學曰數知人能救人乎因潛心醫理賣田貯藥施不取償

徐州

漢樊阿 彭城人與廣陵吳普學醫於譙人華佗善鍼術凡醫咸言背及胸臟之間不可妄鍼鍼之不過四分而阿鍼嘗入一二寸至胸臟乃六七寸而病者皆瘳

明李冠 字公冕徐州人天性曠達博學能詩文善隸書以儒醫名於時嘗擬盧仝七碗茶爲

七碗酒及木綿歌

裴仕傑通儒書習陰陽之術永樂初徵天下儒碩纂修古今大典陰陽家預焉仕傑應召

孟思賢沛人號南溪善山水花卉翎毛更精於沙金人物萬曆間召見賜錦衣衛百戶命寫容稱旨賜宮花一枝加陞錦衣衛千戶

姜居安豐人常居沛之沙河鎮以醫名時有貴官擕家過沛抵沙河稚子病居安告之曰請勿驚但得沙一斗疾即愈官如其指布沙舟中令兒臥其上久之兒手足能動不數時而疾良已貴官問其故姜曰小兒純陽當春月而衣被皆潮濕過於熱故得凉氣而解

宗文魁醫外科多奇効喜施捨於婚喪多所助事母以孝取與不苟蓋樸素人也子孫世守其業

皇清

路可泰徐州人五歲即瞽爲術數之學長精於星辰度化推人運命貴賤榮枯纖悉不爽窮易理卜無不中輕財重友有所得輒施予不吝晚學修煉於果老洞中順治年卒

滁州

明楊珏白鶴觀道士志行清潔得異人傳以符水驅疫有人失金圈請珏問之曰此鼠竊也吾召使來已群鼠皆至惟竊圈者留不敢去杖而遣之其鼠銜圈而出人咸神之常遊溧陽句容間有巨姓建長生醮壇珏入甚藍縷主客皆厭之徐云我能召鶴請立竹鶴可如數主人故立竹百餘竿以試之呪方發果一竿一鶴翩躚上下翔舞吳庭院間諸羽流匍匐謝曰神師神師名動江南

半仙樂善喜施讀悟眞編參同契等書卽能行持導引冬夏一衲不巾不襪者四十餘年每街行羣兒隨之人呼爲半仙

皇清胡夢祖全椒人字又岐以醫學名世授禮部醫官施藥全活甚衆子以智蜚聲庠序

張允恭字賔堯庠生精易學常爲人道休咎輒奇中言必衷理有嚴君平風每携杖頭偕野侶入醉鄉或閉戶翻閱書史時製藥濟人享年七十有六

和州

〔明〕姚濬字哲人和州人前太醫院九鼎字新陽之子業儒能以醫學世其家所著有脉法正宗難經考誤風疾必讀及藥品徵要等書行世

江南通志卷之第六十

藝文

江東之有文學舊矣自言偃踰淮達洙泗居孔門四科之一嗣則季札贊樂於魯文翁倡經教於蜀其審音導俗固非風雲月露之所得與於斯文也漢魏以還趨嚮日異播諸詞苑者體格之高下可觀世道焉入我

皇朝賡歌拜颺匡星重朗

廟堂詩文金春玉應而縡筆氣象光射斗牛宜乎江東之漸被餘輝述作斐然日新月異也諸所采掇

一以大雅爲歸焉作藝文志

皇清御製

世祖章皇帝登極恩詔　順治元年

奉
天承運
皇帝詔曰我國家受
天眷祐肇造東土
烈祖遹圖鴻緒
皇考彌廓前猷遂舉舊邦誕膺
新命迨朕嗣服雖在冲齡緬念紹庭永綏厥位頃緣
賊氛洊熾極禍明朝是用托重親賢救民塗炭乃
方馳金鼓旋奏澄清既解倒懸非富天下而王公
列辟文武羣臣暨軍民耆老合詞勸進懇切再三
乃於今年十月初一日祇告
天地
宗廟
社稷即皇帝位仍建有天下之號曰大清定鼎燕京

紀元順治緬維峻命不易創業尤艱況當改革之
初更屬變遷之會爰乃酌令準古揆天時人事之
宜庶幾吏習民安彰
祖功
宗德之大所有合行
條例臚列如左

諭河南江南江北等處恩詔 順治二年

奉
天承運
皇帝詔曰光岳合而泰階平南北一而兵爭息越稽
往古靡不同符本朝立國有年幅員既廣醇樸爲
治無意併兼向來疆埸搆兵本欲言歸於好不期
寇兇極禍明運永終於是整旅入關代爲雪恥猶
以賊渠未殄不遑起居隨命二王誓師西討而南
中乘釁立君妄僭尊號罔聞國䘏亟行亂政重困
民兵負四海不義之名阻東南向化之路朕用是
夙夜祗懼思救煢黎故西賊既摧旋行南伐上託
祖宗之休烈內藉
口口口之成謨定國大將軍豫王扶義而東兵無頓

乃河南江北次第歸誠甫克維揚隨平江左金陵
士女昭我
天休既獲福藩南土畧定從此輕徭薄賦可漸進於
昇平將來制度考文冀與徐興於禮樂朕念駿命之
不易悼斯民之孔艱深切痌瘝宜矜詿誤特弘大
賚嘉與維新所有河南江北江南等處地方合行
恩例具
列於後

郊天配祖詔　順治五年

奉
天承運
皇帝詔曰大一統之業禮莫重於配
天通孝思之誠情莫切於尊
祖謹於順治五年十一月朔八日冬至恭祀
天於南郊奉
太祖承天廣運聖德神功肇紀立極仁孝武皇帝配
饗即於是日推本
孝思追尊
太祖以上四世

高祖澤王爲
肇祖原皇帝
高祖妣爲原皇后
曾祖慶王爲
興祖直皇帝
曾祖妣爲直皇后
祖昌王爲
景祖翼皇帝
祖妣爲翼皇后
考福王爲
顯祖宣皇帝
妣爲宣皇后典禮綦隆覃恩宜廣特大赦天下以慰
官民應行事
宜條列於後

躬親大政總理萬幾詔 順治八年

奉
天承運
皇帝詔曰朕得以沖齡卽位削平寇亂垂衣端拱統
一多方皆

□□□□之功也朕今躬親大政總理萬幾深思
天地
祖宗付託甚重海內臣庶望治方殷自惟凉德夙夜祇懼天下至大政務至繁非朕躬所能獨理分猷宣力內賴諸王貝勒大臣內三院六部都察院理藩院卿寺等衙門外賴諸藩王貝勒等及各大臣併督撫司道府州縣衛所等衙門提督鎮守將令等官一應滿漢內外文武大小官員皆有政事兵民之責務各殫忠盡職潔巳愛人任怨任勞不得推避天下利弊必以上聞朝廷恩意期於下究庶政舉民安早臻平治凡我民人宜仰體朕心務本興行樂業安生共享泰寧之慶合行恩赦事宜條列於後

祭明太祖文

順治八年歲次辛卯四月丁未朔越七日癸丑
皇帝謹遣內翰林弘文院侍讀學士白胤謙致祭於
明太祖曰自古帝王受
天明命繼道統而新治統聖賢代起先後一揆功德

載籍炳如日星朕誕膺
天眷繼續丕基景慕前徽圖近芳躅明禋大典亟宜
肇隆敬遣專官代將牲帛爰修禋薦之
誠用展儀型之志伏惟格歆尚其鑒饗

存問大學士呂宮敕

皇帝勑曰朕惟國家簡輔弼之臣資其勛勤宜加恩
禮卽或抱痾歸里睠念才能每懷寤寐亦豈忍漠
然置之太子太保原任內翰林弘文院大學士呂
宮爾學行雅醇性資通朗旣冠多士旋登禁林受
朕深知早參大政而能不阿不激小心匡贊一載
綸扉多所裨益不意二豎偶膺藥餌未效因准暫
還用便調攝今聞凋年餘彌深軫念特遣副理事
官王應聘御前近侍劉有恒賫勑存問賜羊酒卿
其慎起居親良餌副朕至意爲
國愛身佇需名用欽哉故諭

諭祭明故吏部員外郎許直文

皇帝勑曰生扶名敎表正百官沒繫綱常羽儀一代
惟

天心有正氣於江海鍾偉人爾故明吏部文選司員
外郎許直官有餘清士見奇節當國破君亡之日
主辱臣死之時而爾乃繫纓明心賦詩見志從
君無路正士每多苦言殺賊有心孤臣爲之雪涕
展也百官之長奮乎百世
之風祀典特隆貽茲英特

今上皇帝登極恩詔 順治十八年

奉
天承運
皇帝詔曰惟我國家受
天眷命
祖功
宗德肇造丕基我
皇考大行皇帝盛德至仁英資大度纘承曆數統一
寰區恩澤洽於多方政教臻於上理方期邦國永
底雍熙不幸奄棄臣民遽升
龍馭顧茲大寶屬以藐躬朕煢煢在疚本不忍聞而
諸王貝勒大臣文武官員人等僉謂神器既已攸
歸天位不宜久曠堅請再三朕是以俯徇輿志勉

抒哀衷於是月初九日祗告
天地
宗廟
社稷即皇帝位仰惟
上天眷祐之篤
祖宗付託之隆凉德冲齡膺茲重寄敬圖覲光揚烈
用紹無疆之休其以明年為康熙元年與天下更
始式衍舊恩聿弘新化所有合行事宜開列於後

祭明太祖文 康熙七年

康熙七年歲次戊申四月丁巳朔越念一日己丑
皇帝謹遣鴻臚寺正卿加一級周之桂致祭於明太
祖日自古歷代帝王繼
天立極功德並隆治統道統昭垂奕世朕受
天眷命紹纘丕基廑政方親前徽是景明禋大典亟
宜肇修敬遣耑官代將牲帛爰昭殷薦之忱聿備
欽崇之禮伏惟
格歆尚其鑒饗

祭明太祖文 康熙二十一年

康熙二十一年歲次壬戌三月甲辰朔越二十六日甲戌

皇帝謹遣大理寺寺丞仍支正四品俸徐誥武致祭於明太祖曰自古帝王受

天顯命繼道統而新治統聖賢代起先後一揆成功

盛德炳如日星朕誕膺顯祐臨制萬方掃滅兇殘

廓清區宇告功古后殷禮聿稱敬遣耑官代將牲帛爰修禋祀之誠用展景行之志仰企明靈尚其

鑒

饗

諭兵部尚書兼都察院右副都御史于成龍勑 茲特命爾總督江南江西等處地方軍務兼理糧餉操江駐劄江寧府居中調度宣布德意收拾人心嚴飭文武官吏修濬城池簡閱器械稽察奸宄查解逃人設險固防修理戰艦操練兵馬裕儲核餉信賞必罰弭盜安民一應戰守機宜悉聽便宜區處誠諭文武將吏共圖保障該省巡撫提督等官聽爾節制如有寇賊生發卽應指授方畧督率提督鎮將等官勠力剿滅毋使滋蔓仍申明紀律禁約官兵

使所過地方秋毫無犯賊若悔罪棄戈真心歸順者准與招撫安插依山據海負固不服者設法招撫務須區處得宜如招撫事體重大奏請定奪內地小盜嚴責各汛防官及州縣衛所印捕官員緝擒有隱匿賊情不報者即行糾參從重治罪如有鑽投文武各衙門充爲標員吏役聽通賊信及潛出行劫者其濫收官員不分守土駐防糾參重處大兵出征往來境上須行各該有司將糧草船隻預先備辦應時支給毋容州衛所橫徵科派苦累窮民該省官兵各有統轄爾須與統領官及巡撫提督等官計議而行有不法擾民者依法處治駐防滿洲兵丁如有擾害百姓妄行生事者爾會同該管官審問嚴行治罪軍背糧餉應時支給事竣察核漕糧船隻沿河撥兵護送毋致疎虞其兵馬實數向係道臣查點今停其查點聽爾督同提督選擇武官內廉幹者查點如有虛冒即行指參有與各省督撫相關者必會同酌議施行隣省如有兵事移會務須犄角舉應爾尤須正己率屬所統文武大小官員必常加申飭令其約束衙門官役俾一遵法紀罔敢作弊生事擾害軍民用兵之際

有稽遲糧運遷悞軍機或臨陣退縮殺良冒功及借軍剝民侵餉肥已者文官六品以下武官四品以下會同巡撫提督以軍法從事巡撫提督鎮道等官飛章条奏候旨處分所屬文武官員一秉虛公嚴行甄別有實心任事廉能著劾者即據實舉薦貪殘庸懦輕則降黜重則拿問具疏奏聞與利除害有裨地方事宜勑中開載未盡許便宜區畫爾膺茲重寄須持廉秉公攄忠殫力俾盜賊屏息地方寧謐斯稱委任如因循怠忽或處置乖方致悞重地責有所歸爾其慎之故諭

諭都察院右副都御史余國柱勑

茲命爾巡撫江寧等處地方總理糧儲提督軍務駐劄蘇州府專理該管地方及淮揚二府徐州一州舉劾文職賢否糧餉刑名一切民事爾宜宣布德意撫安人民約束衙門員役使之恪遵法紀毋致作弊生事擾害兵民操練兵馬修濬城池詢訪民瘼禁戢奸頑其掌印都司行掌印都司屯局都司僉書衛守備守禦所千總衛千總經管錢穀領運漕船仍照舊聽爾統轄所屬地方應徵應免錢糧皆照戶部題過新定經制遵行錢

諭仍細加體察如有司各官朦朧重收借端科泒
叅奏處治嚴飭所屬察觧逃人江南水利久壅宜
酌量疏濬隄防江海湖蕩之間素爲盜藪宜飭文
武有司多方緝捕如遇地方寇賊生發即會同總
督提督總兵官計議統率將領戮力勦滅務盡根
株尤以水師爲急務必預修戰艦挑選精鋭以備
不時調遣凡地方利弊有可蘇息民困振飭維新
者逐件條奏請旨施行地方備儲之計如常平社
倉等事責令有司力行修舉境內逃丁荒糧責成
道府轉行有司從實察核造册開報應蠲豁者奏
請蠲豁一面曉諭招徠勸課農種嚴禁濫徵使占
使民人樂業毋容有司將見在人户槩泒包賠以
致重累黎民所屬司道以下各官果有真心任事
廉能著效者即據實舉薦如粉飾欺僞貪酷殃民
庸懦溺職者不時叅奏副將以下武職聽爾節制
併該管防守地方勦禦賊寇提調兵馬舉劾武職
賢否一切軍務俱會同總督提督行如有武官騷
擾地方擾害良民縱兵搶掠及隱匿賊情不報等
事聽爾會同總督提督糾叅從重治罪有與總漕
相關者移咨會議爾仍聽總督節制勅中開載未

盡事宜聽爾詳酌施行年終將行過事蹟及兵餉錢糧造册送部察考爾受茲委任須持廉秉公殫心竭力以副委任如怠玩廢弛貪黷乖張貽誤地方責有所歸爾其慎之故諭

諭都察院右副都御史徐國相勅 茲命爾巡撫安徽寧池太廬鳳滁和廣等處地方提督軍務駐劄安慶府專理該管地方舉劾文職賢否糧餉刑名一切民事爾宜宣布德意撫安人民約束衙門員役使之恪遵法紀毋致作弊生事擾害兵民操練兵馬修濬城池詢訪民瘼禁戢奸頑其掌印都司行掌印都司屯局都司僉書衛守備守禦所千總衛千總經管錢穀領運漕船仍照舊聽爾統轄所屬地方應徵應免錢糧皆照戶部題過新定經制遵行曉諭仍細加體察如有司各官朦朧重收借端科派叅奏處治嚴飭所屬察解逃人如地方寇賊生發即會同總督提督總兵官計議統率將領戮力勦滅務盡根株凡地方利弊有可蘇息民困振飭維新者逐件條奏請旨施行地方備儲之計如常平社倉等事責令有司力行修舉境內逃丁荒糧責成道府轉行

有司從實察核造册開報應蠲幣者奏請蠲幣一面曉諭招徠勸課農種嚴禁濫徵侵占使民人樂業毋容有司將見存人戶槩派包賠以致重累黎民所屬司道以下各官果有眞心任事廉能著效者卽據實舉薦如粉飾欺僞貪酷殃民庸懦溺職者不時糾奏副將以下武職聽爾節制併該管防守地方勦禦賊寇提調兵馬舉劾武職賢否一切軍務俱會總督提督行如有武官騷擾地方攪害良民縱兵搶掠及隱匿賊情不報等事聽爾會同總督提督糾參從重治罪有與總漕相關者移咨會議爾仍聽總督節制勅中開載未盡事宜聽爾詳酌施行年終將行過事蹟及兵餉錢糧造册送部察考爾受兹委任須持廉秉公殫心竭力以副委任如怠玩廢弛貪黷乖張貽悞地方責有所歸爾其愼之故諭

諭祭誥贈翰林院學士兼禮部侍郎張秉彝文

康熙二十一年十一月十三日

皇帝遣江南安徽布政使司

諭祭誥贈日講官起居注翰林院學士兼禮部侍郎張秉彝之靈日朝廷弘錫類之恩典均存歿人臣著靖共之節榮被庭闈爾張秉彝乃日講官起居注翰林院學士兼禮部侍郎張英之父克培先德善啓後人爾子内廷供事講沃論思敬愼勤勞用稱厥職良由父教宜賁綸章諭祭特頒以光泉壤

爾靈不昧

其欽承之

歷代御製

漢高帝大風歌

大風起兮雲飛揚威加海内兮歸故鄉安得猛士兮守四方

武帝封皇子胥爲廣陵王制

嗚呼小子胥受兹赤社朕承祖考維稽古建爾國家封於南土世爲漢藩輔古人有言曰大江之南五湖之間其人輕心揚州保疆三代要服不及以政嗚呼悉爾心戰戰兢兢迺惠迺順毋桐好逸毋邇宵人惟法惟則書云臣不作威不作福靡有後羞於戲保國乂民可不敬與王其戒之

賫帝賑䘏九江廣陵寇害詔九江廣陵二郡數罹寇害殘傷最甚生者失其資業死者委屍原野昔之爲政一物不得其所若已爲之況我元元嬰此困毒方春屆節賑濟乏尼掩骼埋胔之時其調比郡見穀出賑窮弱收葬枯骸務加理䘏以稱朕意

〔魏〕文帝策孫權九錫文蓋聖王之法以德設爵以功制祿勞大者祿厚德威者禮豐故叔旦有夾輔之勳太公有鷹揚之功並啓土宇并受備物所以表章元功殊異賢哲也近漢高祖受命之初分裂膏腴以王八姓斯則前世之懿事後王之元龜也朕以不德承運革命君臨萬國秉統天機思齊先代坐而待旦惟君天資忠亮命世作佐深覩曆數達見廢興遠遣行人浮於潛漢望風影附抗疏稱藩兼納纖絺南方之貢普遣諸將來還本朝忠肅內發欵誠外昭信著金石義蓋山河朕甚嘉焉今封君爲吳王使使持節太常高平侯貞授君璽綬策書金虎符第一至第五左竹使符第一至第十以大將軍使持節督交州領荆州牧事錫君青土苴以白茅對揚朕命以尹

東夏其上故驃騎將軍南昌侯印綬符策今又加
君九錫其敬聽後命以君綏安東南綱紀江外萬
民安業無或攜貳是用錫君大輅戎輅各一元牡
二駟君務財勸農倉庫盈積是用錫君衮冕之服
赤舄副焉君化民以德禮教興行是用錫君軒縣
之樂君宣導休風懷柔百越是用錫君朱戸以居
君運其才謀官方任賢是用錫君納陛以登君忠
勇並奮清除姦慝是用錫君虎賁之士百人君振
威陵邁宣力荆南梟滅凶醜辠人斯得是用錫君
鈇鉞各一君文和於內武信於外是用錫君彤弓
一彤矢百玈弓十玈矢千君以忠肅爲基恭勤爲
德是用錫君秬鬯一卣圭瓚副焉欽哉敬敷訓典
以服朕命以勗相我
國家永終爾顯烈

報孫權書

君生於擾攘之際本有從横之志降身
奉國以享茲祚自君策名來貢獻盈路
討備之功國朝仰成埋而掘之古人之所恥朕之
與君大義已定豈樂勞師遠臨江漢廊廟之議王
者所不得專三公上君過失皆有本末朕以不明
雖有曾母投杼之疑猶冀言不信以爲國福故先

遣使者犒勞又遣尚書侍中踐修前言以定任子君遂設辭不欲使進議者怪之又前都尉浩周勸君遣子乃實朝臣交謀以此卜君君果有辭外引隗囂遣子不終內嚮竇融守忠而已世殊時異人各有心浩周之還口陳指麾益令議者發明眾嫌終始之本無所據依故遂俛仰從羣臣議今省上事款誠深至心用慨然悽愴動容即日下詔勑諸軍但深溝高壘不得妄進若君必效忠節以解疑議登身朝到夕名其還此言之誠有如大江

於讌作

清夜延貴客明燭發高光豐膳漫星陳有洒盈玉觴絃歌奏新曲遊響拂丹梁餘音赴迅節慷慨時激揚獻酬紛交錯雅舞何鏘鏘羅纓從風飛長劍自低昂穆穆眾君子和合同樂康

於元武陂作

兄弟共行遊驅車出西城野田廣開闢川渠互相經黍稷何鬱鬱流波激悲聲菱芡覆綠水芙蓉發丹榮柳垂重蔭綠向我池邊生乘渚望長洲羣鳥讙譁鳴萍藻泛濫浮澹澹隨風傾忘憂共容與暢此千秋情

至廣陵於馬上作 觀兵臨江水水流何湯湯戈矛成山林元甲耀日光猛將懷暴怒膽氣正縱橫誰云江水廣一葦可以航不戰屈敵衆戢兵稱賢良古公宅岐邑實始翦殷商孟獻營虎牢鄭人懼稽顙克國務耕殖先零自破亡興農淮泗間築室都徐方量宜運權略六軍咸悅康豈如東山詩悠悠多憂傷

清河作 方舟戲長水湛澹自浮沉清歌發中流悲響有餘音音聲入君懷悽愴傷人心心傷安所念但願恩情深願爲晨風鳥雙飛翔北林

清河見挽船士新婚與妻別作 與君結新婚宿昔當别離凉風動秋草蟋蟀鳴相隨冽冽寒蟬吟蟬吟抱枯枝枯枝時飛揚身體忽遷移不悲身遷移但惜歲月馳歲月無窮極會合安可知願爲雙黃鵠比翼戲清池

〔宋〕文帝曲阿後湖詩 宵登毘陵路旦過雲陽郛半湖瀆津濟菰浦迭明蕪和風

翼歸來夕氛晦山嵎鷩
瀾翻魚藻頳霞照桑榆

梁武帝與何胤書

想恒清豫縱情林壑致足懽也既內絕心戰外勞物役以道養和履候無爽若邪擅美東區山川相屬前世嘉賞是爲樂土僕推遷薄宦自東徂西晤言素對用成睽闊傾首東顧曷日無懷疇昔懽遇曳裾儒肆實欲臥遊千載畋漁百氏一行爲吏此事遂乖屬以世道威移仍離屯故投袂數千尅黜亹禍思得矚卷諮款寓情古昔夫豈不懷事與願謝君清襟素託棲寄不近中居人世殆同隱淪既俯拾青組又脫屣朱黻但理存用捨義貴隨時往識禍萌實爲先覺超然獨善有識欽嗟今者爲邦貧賤咸恥好仁由己幸無凝滯比別具白此未盡言今遣候承音息矯首還翰慰其引領

答陶弘景論書書

省別疏云故當宜微以著賞此既勝事雖風訓非嫌然非所習聊試略言夫運筆邪則無芒角執手寬則書緩弱點掣短則法臃腫點掣長則法離澌畫促則字橫

畫疎則字形慢拘則乏勢放又少則純骨無媚純肉無力少墨浮澁多墨笨鈍比並皆然任意所之自然之理也若抑揚得所趣舍無違隨筆廉斷觸勢峯鬱揚波折節中規合矩分間下注濃纖有方肥瘦相和骨力相稱婉婉曖曖視之不足稜稜凛凛常有生氣適眼合心便爲甲科衆家可識亦當復貫串耳六義可工亦當復由習耳一聞能持一見能記且古且今不無其人大抵爲論終歸是習程邈所以能變書體爲之舊也張芝所以能善書工學之積也既舊且積方不可以肆其談吾少來乃至不能嘗畫甲子無論於篇紙老而言之亦復何謂正足見嗤於當今貽笑於後代遂有獨冠之言覽之背熱隱慼眞於是乎累眞矣此直一藝之精非吾所謂勝事此道心之塵非吾所謂無欲也

手詔何點

昔因多暇得訪逸軌坐修竹臨清池忘今語古何其樂也暫別丘園十有四載人事艱阻亦何可言自應運在天每思相見密邇物色勞甚山阿嚴光排九重踐九等談天人叙故舊有所不臣何傷於高文先以皮弁謁子桓伯況以縠綃見文叔求之往策不無前例今賜卿鹿皮

巾等後數

望能入也

勑何偁吾猥當期運膺此樂推而顧巳蒙蔽昧於治道雖復劬勞日昃思致隆平而先王遺範尚蘊方策息舉之用存乎其人兼以世道澆薄爭詐繁起改俗遷風良有未易自非以儒雅弘朝高尚軌物則汨流所至莫知其限治人之與治身獨善之與兼濟得失去取爲用孰多吾雖不學頗好博古尚想高塵每懷擊節今世務紛亂憂責是當不得不屈道巖阿共成世美必望深達往懷不吝濡足今遣領軍司馬王果宣旨諭意遲面在近

采蓮曲 游戲五湖采蓮歸發花田葉芳襲衣爲君豔歌世所稀世所稀有如玉江南弄采蓮曲

采菱曲 江南稚女珠腕繩金翠搖首紅顏與枉櫂容與歌采菱歌采菱心未怡翳羅袖望所思

鍾山大愛敬寺作 駕言尋善友回輿尋勝緣面勢周大地縈帶極長川崚嶒疊嶂

遠迤邐磴道懸朝日照花林光風起香山飛鳥
發差池出雲去連綿落英分綺色隨露散珠圓

簡文帝江南曲 枝中水土春併歸長楊掃地桃花
飛清風吹人光照衣光照衣景將
夕擲黃金
留上客

泛舟橫大江 滄波白日暉遊子出王畿旁望重山
轉前觀遠帆稀廣水浮雲翠江風引
夜衣旅雁同洲宿寒鳧夾浦
飛行客誰多病當念早旋歸

元帝鍾山飛流寺碑 清梵夜聞風傳百常之觀寶
鈴朝響聲揚千秋之宮同符
上隴望長安之城闕有類偃師瞻洛陽之臺殿瞰
連甍而如綺雜卉木而成帷銘曰雲聚峯高風清
鐘微月如秋扇花疑春
雪極目千里平原迢遞

攝山棲霞寺碑 金池無底已通寶塹之側玉樹生
風傍臨綵船之上七重欄楯七寶
蓮花通風承露含香暎日銘曰苔依翠屋樹隱丹
楹澗浮山影山傳澗聲風來露歇日度霞輕三災

不毁得
一而貞

元圃牛渚磯碑竊以增城九重傃林八樹未有船
如鴈鶴時度宓妃橋似牽牛能分
織女丹鳳爲羣紫柱成列清風韻響卽代儛歌桂
影浮池仍爲月浦璧月朝暉金樓啓扉畫船向浦
錦纜牽磯花飛拂袖荷香
入衣山林朝市併覺忘歸

泛蕪湖桂潭連菊岸桃李暎成蹊石文如濯錦雲
飛似散珪橈度菱根反船來荇葉低颿隨
迎雨燕鼓
逐伺潮雞

陳武帝下州郡璽書夫四正華代商周所以應天
五勝相推羲軒所以當運梁
德不造喪亂集年東夏奔騰西都蕩覆蕭勃干紀
非惟趙倫侯景滔天踰於劉載貞陽反篡賊約連
兵江左累屬於鮮卑金陵久非於梁國自有氤氳
混沌之世龍圖鳳紀之前東漢興平之初西朝永
嘉之亂天下紛崩未有若於梁朝者也朕以虛薄
屬當興運自昔登庸首清諸越徐門浪泊靡不征

行浮海乘山所在截定月翹風塵騁馳師旅六延梁祀十朔強寇豈曰人謀皆由天啓梁是以天祿斯改期運永絕欽若唐虞推其鼎玉朕東西退讓拜手陳辭避舜子於箕山之陽求支伯於滄洲之野而公卿敦逼率土翹惶天命難稽遂享嘉祚今月乙亥升禮大壇言念遷桐但有慙德自梁氏將末頻月亢陽火運斯終秋霖奄降翌日成禮圓丘宿設埃雲晚霽星象夜張朝景重輪清三危之膏露晨光合璧帶五色之卿雲顧惟寡尊彌慚休祉昧旦丕顯方思致治卿等擁旄方岳相任股肱剖符名宇方寄恤隱玉曆惟新念有欣慶想深求民瘼務在廉平愛惠以撫孤貧威刑以禦疆猾若有萑苻之盜或犯戎商山谷之奸擅疆幽險皆從肆赦咸使知聞如或迷途俾在無貸今遣使人具宣往旨念思善政副此虛懷

宣帝大建四年將士安寄詔

姑熟饒曠荊河斯擬博望關畿天限嚴峻龍山南指牛渚北臨對熊繹之餘城邇全琮之故壘良疇美柘畦畎相望連宇高甍阡陌如繡自梁

未兵災凋殘畧盡比雖務優寛猶未克復咫尺封畿宜須殷阜且衆將部下多寄上下軍民雜俗極爲蠹耗自今有罷任之徒許分留部下其已在江外亦令迎還悉住南州津裏安置有無交貨不責市估萊荒墾闢亦停租税臺遣鎮監一人共刺史津主分明檢押給地賦田各立頓舍

後主同江總遊山詩 時宰磻溪心非關狎竹林鷲岳青江繞雞峯白日沉天逈浮雲細山空明月深摧殘枯影樹零落古藤陰霜月夜烏去風露寒猿吟自可盡出俗詎是顧抽簪

隋煬帝春江花月夜 暮江平不動春花滿正開流波將月去潮水帶星來夜露含花氣春潭漾月暉漢水逢遊女湘川值兩妃

夏日臨江 夏潭蔭修竹高岸坐長楓日落滄江靜雲散遠山空鷺飛林外白蓮開水上紅逍遥有餘興悵望情不終

唐德宗立廣陵郡王爲皇太子制 萬國之本屬在元良主器之重

歸於長子所以固社稷正邦統國之制也廣陵郡王純孝友莊敬慈仁忠恕博厚以容物寛明而愛人祇服訓詞文皆合雅講求典禮學必承師居有令聞動無違德朕獲纘丕序祇若大猷惟懷永圖用建儲貳以承宗廟以奉粢盛爰舉舊章乃禪茂典宜册爲皇太子改名綂仍令有司擇日備禮册命

〔宋〕太祖定常州勑

勑常州管內百姓人戶等汝等咸在偏方未沾皇化以熱耨寒耕之苦困急徵暴斂之風念爾生靈固與征伐令者已收郡邑剋期盡殄氛霾當使蒸黎永遂蘇息所宜逺安家業各著農桑被予臨照之恩共樂混同之化凡爾民庶體我誠懷故兹榜示

幸揚州詔

朕以叛臣負國兇黨嬰城勞將帥以征行救生靈之塗炭重念蒙犯霜露跋涉山川將親示於撫巡須暫離於京闕朕取今月內幸揚州凡所供須務令省約方期靜亂無至勞人餘依征澤潞詔書從事

寬卹揚州詔 王者伐罪弔民戡難旣清於氛祲班師振旅推恩宜及於幽明朕親御六軍已平孤壘念丁民之力役冐矢石以捐軀或軍民曾被於脅從或部曲尚懷於反側俾遂來蘇之望爰行在宥之恩揚州城下役夫內有死於矢石者人給絹三疋仍復其家三年長吏倍加安撫屍骸暴露者仍令使臣收瘞城內軍人及李重進元隨軍家口骨肉並無犯罪逃亡者聽於所在首身押來

赴闕

眞宗賜漢故隱士焦光明應公詔 朕臨御天下賴

宗廟之靈方內

乂安元元蒙福四海恬然頗稱隆平之世邇者染疾未瘳忽夢老人入殿自謂東南隱者焦光持丹奉獻夢覺卽愈詢之近臣曰光乃漢末高隱遨遊天塹洞隱樵山甘貧樂道昔以三詔不起廉節自持雖萬鍾而難移撫川流以自得觀泌水以陶情不但福祐於國抑且惠及於民封功報典理之所宜凡本山田地差役一槩優免有司春秋祭奠以爲永錫之報無負朕意副所頒焉

英宗罷揚州貢獻勅 詔諸州貢物有一郡而歲三四至耗蠹民力莫不由斯令罷之揚州歲貢新茶一銀合藏薑五十罐亦罷

哲宗賜知揚州蘇軾停征淮浙逋欠勅 淮浙逋欠最多累歲災荒人民流移相屬今淮南始得一麥淮西未保收成應淮南東西路諸般逋負不問新舊有無官本並得與權住催理一年已有寛限者即依元降指揮

高宗巡幸淮甸詔 詔據郡臣章疏請幸東南賊徒謀難以便憑據探報遠去中原專備一方可暫駐蹕淮甸廣四方有警皆易接應除河北河東已相繼發兵及京師已應副綱運并委措置防禦外可分留精兵科撥錢物於應天府泗州等處防守準備使與增重中原之勢應合行事務令三省樞密院同共措置施行今來巡幸即非建都捍禦稍定仍還京闕以待二聖之復駐蹕之地不為久計仰先次行下不得輒有興修更易以致勞費

罷揚州等處土貢勑應天下土貢如金銀匹帛以供宗廟祭享之費用以贍內外官兵之請給不可闕者令依格起發外其餘土貢若揚州照子之類一切罷貢

孝宗戒諭兩淮守令䘏農詔朕觀周宣之治還定安集而劬勞矜寡離散之民咸安其居中興之業人到於今稱之朕初承基緒兢兢業業討安天下深惟兩淮之間瘡痍未平民力大屈流移交集轉爲垦隸迺眷北顧用震悼於厥心間者太上皇帝數申飭守令懷輯疲瘵督趣農桑蠲賦省徭以佐百姓之急臨遣左右侍從之臣分行疆埸復調旁郡耕牛振業新附所以加惠元元者視周宣有光焉朕臨政願治仰遵慈訓夙夜不敢忘而邊糴翔貴生齒益落自占版籍者裁計二三僑居浮寄無所係心勸之勤而應之怠其咎安在豈下吏未能奉稱而盡地力之敎不先歟將豪奪暴抑歟東作爭而害農者蓄歟夫兩淮吾所重也異日沃野上腴爲天下最今乃儕於荒遠彫弊之區幾不爲郡長民者獨安取此繼自今其悉乃心銷沮游末力穡惇本以稱安集之

意有能帥先墾闢爲諸郡倡者部使者上其名以
差受寵若縱弛怠傲不如吾詔者亦糾劾以聞將
則有顯罰不可追朕
言維服尚聽毋忽

放揚州高郵等處錢糧勅 楚滁盱眙揚州高郵軍
房錢白錢展放二年日
前積欠稅賦幷常平諸色借貸及承買坊場河度
拖欠課利並除放私下欠負權行倚閣候及三年
依舊逐州合起廂禁軍
闕額錢更與放免二年

寧宗除朱熹煥章閣待制侍講詔 朕初承大統未
暇他圖首闢經
帷禮延學士眷儒宗之在外須名節以趣歸徑登
從班以重吾道具位朱熹發六經之蘊窮百氏之
源其在兩朝未爲不用至今四海猶謂多奇擢之
次對之班處以邇英之列若程頤之在元祐若尹
焞之於紹興副吾尊德樂義之誠究爾正心誠意
之說豈惟慰滿於士論直將尊益於朕躬非不知
政化方行師垣有賴試望之於馮翊不如真之本
朝名賈傳於長沙自當逮以前席慰茲渴想望爾

遹驅

可

理宗贈朱熹太師追封信國公制

天之未喪斯文以方册之具在書者所以載道歷古今而罕明惟我宋之化成有以二程之杰出雖博極羣經而窮理必提挈要指以示人故於論語大學之傳與夫子思孟軻之作常誨人而不倦俾學者之易知洽襲旣譌本眞漫失嗣興道統允屬儒先華文閣待制贈寶謨閣直學士謚文朱熹極高明而道中庸多聞見而守卓約凡六籍悉爲之論述於四書尤見其精詳紛然衆說之姝折以聖人之正朕自親學問灼見淵源嘗三復於遺編知有補於治道載惟一節歷事四朝早錫郡符晚登橐從始終之際待遇弗渝然而學士隆名博聞美謚備舉當時之茂典未充列聖之盛心是用析圭五等之尊定位三公之冠申加禮贈式究前猷噫身殁言存所恨丘原之難起源深澤遠實同義理之無窮尚此不忘歆兹嘉命

改追封朱熹徽國公制

饗明堂而霈澤具有彝章謂故國以移封式尊儒道

昔屢舉褒揚之典再疏追謚之恩眷我宗工若時
明訓且位朱某傳孔孟之學抱伊傳之才講道以
致知格物爲先歷萬世而無弊著書以抑邪與正
爲本闡百聖而無慚阜陵知之而有廉靜之褒寧
廟用之而賴論思之益非漢唐諸子所可擬議於
伊洛二老尤能發揮肆予訪落止之初深有不同
時之恨每閱四書之奥旨允爲庶政之良規雖已
加禮贈之榮然未盡憲章之善適逢禋歲載錫嘉
名爵之父母之邦位以公師之品豈專匯故式表
敎忠噫指昔社而封斯道遂明於今日即桐鄉而
祀厥光寵異於前開有赫其靈尚淑爾
後可依前贈太師改封徽國公謚如故

伊川四世孫源受廸功郎制 故左通直郎崇政殿說書贈朝請大夫直

龍圖閣謚正公程頤四世孫程源朕惟道德性命
之旨具載魯論孟氏之書關洛諸儒講明益備柰
何項歲各欲專門遂致邇來橫生邪說朕所以悉
賜先儒之謚併及張呂之儔曲阜來歸既尊崇於
孔氏元日發制復訪後於伊川觀之年高廩而奉
祀源方強仕遂命以官庶幾感發人心推明道統

俾務躬行之實無爲邪說之歸爾其懋哉朕意深矣可特授廸功郎

元世祖追謚朱松獻靖公制

考德而論時灼見風標之峻覿子而知父追聞詩禮之傳久閟幽堂丕昭公論故宋左丞議郎守尚書吏部員外郎兼史館校勘累贈通議大夫朱松仕不躁進德合中行遡鄒魯之淵源式開來學闡圖書之蘊奥妙契元機奏對剴切於權奸嗣續篤生於賢哲化民成俗著書滿家旣繼志述事之光前何節惠易名之孔後才高弗展嗟沉滯於下僚道大莫容竟昌明於永世神靈不昧休命其承可謚獻靖公

明太祖丁未吳元年二月免租賦詔

予嘗親歷田野見人民凋散土地荒蕪失業者多蓋因久困兵革生息未遂譬之觸熱者思得淸凉冒寒者思就溫燠爲人上者固當念之且如太平諸郡乃吾渡江開創之地供億先勞之民其有租賦宜與量免少甦民力

洪武二年免租賦詔

朕本布衣率衆渡江首定太平次居建業肇興丕基其鎭

江太平寧國廣德爲京師之翼輔郡創業之初興師旅定羣雄軍需錢糧供億浩繁止此數郡以足我用子孫百世何忘江左之民朕欲數郡之民次第甦息故先太平次應天鎮江俱已蠲免稅糧一年今洪武二年夏秋二稅應天太平鎮江再與蠲免其寧國廣德及滁和無爲等州亦與蠲免以甦吾民稱朕意焉

二十八年九月免五府糧詔　朕二十八歲渡江二十九歲入建業厲兵秣馬與羣雄並驅旌旗甲仗一應供給皆出我江東五郡之民以此平定天下禍亂海內寧謐今朕老矣思民力効勞無可撫字今年應天太平寧國鎮江廣德合納官秋糧盡行蠲免少蘇前日之勞

免應天太平鎮江寧國廣德五府秋糧詔　嘗聞國以民爲本民以食爲天此有國家者所以厚民生而重民命也朕秉羣雄鼎沸之時率衆渡江兵屯建業十有八年其間高城壘深濠塹軍需造作凡百供給皆爾近京五府之民率先効力濟我時艱民力頗

甚朕心不忘天下一統今五年矣雖嘗蠲免四歲稅糧然猶未足以報前勞是用申勅有司其應天太平鎮江寧國廣德五府洪武五年合納秋糧除頑慢刁狡不行蓋倉完備及多科害民糧長本戶秋糧不免外其所管人民秋糧盡行蠲免有司不許徵收於戲朕欲使爾民優游快樂於田里此朕之心也然以國家之大供給之繁有必需而必興者其勢似不容已爾其服勤畎畝以稱朕意故茲詔示想宜知悉

改正嶽鎮海瀆城隍神號詔

自有元失馭羣雄鼎沸土宇分裂聲教不同朕奮起田野以安民爲念馴將練兵平定中原大統以正永惟爲治之道必本於禮考諸祀典知五嶽五鎮四海四瀆之封起自唐世崇名美號歷代有加在朕思之則有不然夫嶽鎮海瀆皆高山廣水自天地開闢以至於今英靈之氣萃而爲神必皆受命於上帝幽微莫測豈國家封號之所可加瀆禮不經莫此爲甚至於忠臣烈士雖可加以封號亦惟當時爲宜夫禮所以明神人正名分不

可以僭差今命依古定制凡嶽鎮海瀆並去其前代所封名號止以山水本名稱其神府州縣城隍神號一體改正歷代忠臣烈士亦以當時初封以實號後世溢美之詞皆與革去其孔子善明先王之要道為天下師以濟後世非有功於一時一方者可比所有封爵宜仍其舊庶凡神人之祭名正言順於理為當用稱 朕以禮祀神之意所有定制應祀神號開列於後

一五嶽稱東嶽泰山之神南嶽衡山之神中嶽嵩山之神西嶽華山之神北嶽恒山之神

一五鎮稱東鎮沂山之神南鎮會稽山之神中鎮霍山之神西鎮吳山之神北鎮醫無閭山之神

一四海稱東海之神南海之神西海之神北海之神

一四瀆稱東瀆大淮之神南瀆大江之神西瀆大河之神北瀆大濟之神

一各處府州縣城隍稱某府城隍之神某州城隍之神某縣城隍之神

一天下神祠無功於民不應祀典者即係淫祠有司無得致祭嗚呼明則有禮樂幽則有鬼神其理既同其分當正故茲詔示咸使

聞知

勅陶安翰林學士誥

葢聞國家之立也必有一心之臣尊戴匡輔用能張其綱紀植其表儀正其位名善其詞命基圖以大自古皆然朕之初渡江也江南之士杖策謁於軍門者陶安實先即以帝王事功期於始見之際贊襄兵務多歷年所宣號令則軍民信議禮刑則體要成建陳之論以忠出納之命惟允雖艱難繁劇一不以動其中眞爲一心者焉至於牧民而民安治吏而吏服捍城禦寇大憝成擒列郡晏寧其勞則著肆朕君臨大寶念此翊運舊臣老當優之不欲久煩以政茲者開翰苑以崇文治立學士以冠儒英重道尊賢宜汝爲長尚其論思以盡已獻納以告君綜理人文明揚世教副予眷注以臻治平可翰林學士嘉議大夫知制誥兼修國史

勅陶安江西參知政事誥

於戲水之有源事乃有因朕之王業孰知其由乎惟朕有臣前翰林學士陶安幼而志於學長而明道未能施用因天下亂朕自西渡江東來安率父老迓朕駐姑孰首言曰方今海內鼎沸羣雄奮興不過子女玉帛耳非民之父母也將軍至此有

何道哉朕曰爾所言者何也安曰願將軍反他雄之所爲操王業之度招賢納士首取金陵駐蹕於此以匡天下安願以身許之朕遂諾後不數年間大江之南盡爲我定初安立案廣後守鄱陽鄱陽之民果勁而頑及安至賊乃叩城安與守將謀禦之項而縛賊乃悉撫之以風化山民遂無亂者於戲水之源事之因王業之由惟安之謂乎至建國紀年之初詔入京師授以翰林學士今兵入中原得山東朕欲少健者開省山東經理諸事以南昌郡西省參政汪廣洋者其人不貪而純粹可職山東惟安有道可署西省以代廣洋者詔卿速行道吾民以良於戲惟天生賢爲國民寶安秉道學之正以誠格天愼之戒之可奉政大夫江西等處行中書省參知政事

封中書左丞相李善長宣國公誥　君臣際遇方當開創之初輔弼尊崇在得勳庸之舊以掌邦治以亮天功朕股肱之資重此鈞衡之任弘揚大誥昭布明廷中書左丞相李善長柱石良材一國宿望襲於舉義之始即推佐命之誠軍幕奇謀鼓舞風雲於淮甸省

坦綜理收藏圖籍於京師出入載星精誠貫日正
樂刑政悉總其綱維錢穀甲兵必經於籌畫意氣
浮於將帥惠愛被於黔黎當予親征之秋居中控
鎮及予治國之際遇事敷陳華髮丹心其勤勞如
一日清風黃閣能表儀於百僚金鼎調元幹熙和
於世運青宮養德取法則於師模領此兼官加其
封國於戲漢廷命相蕭何在曹參之前唐室紀功
元齡居李靖之上益恢遠治以副至懷可授銀青
光祿大夫上柱國錄軍國重事中
書左丞相兼太子少師封宣國公

授朱升翰林侍講學士誥

朕聞洙泗集羣聖之大
成新安爲文公之闕里
先後相望斯文盛昌眷新安之有人與前賢而同
氏允爲博古通今之士耆年碩望之英是宜備顧
問於內庭參密命於翰苑惟茲華要用寵師儒朱
升趨蹌禮法之塲超卓傳註之表羣經獨得其趣
諸子莫逃其情網羅百家馳騁千古自其潛心積
累至於皓首蒼顏用功勤矣朕開基以來歲每徵
聘戔戔束帛爲矜式於國中青青子衿來英才於
館下議禮作樂郊廟所資修己及人國家所尚擢

登玉署侍講彤闈鳳池兼掌於絲綸麟史仍參於筆削天地交泰有賚翊之功雲漢昭回共致文明之治可授翰林侍講學士中順大夫知制誥同修國史

閱江樓記

朕聞昔聖君建造必詢於賢而後興億聖人之心幽哉朕嘗存之於心雖萬千之學猶不能仿今年欲役囚者建閱江樓於獅子山自謀將興朝無入諫者抵期而上天垂象責朕以不急即日惶懼乃罷其工試令諸職事妄爲閱江樓記以試其人及至以記來獻節奏雖有不同大意比比皆然終無超者朕特假爲臣言而自尊不覺述而滿章故序云洪武七年二月二十一日

皇帝坐東黃閣詢臣某曰京城西北龍灣獅子山扼險而扼拒勢朕欲作樓以壯之雄伏遐邇名曰閱江樓雖樓未造而先爲之記臣某謹拜手稽首而言曰臣聞古人之君天下作宮室以居之深高城隍以防之此王公設險之當爲非有益而不興土階三尺茅茨不剪誠可信也皇帝神謀妙算人固弗及乃有獅子山扼險拒勢之地將欲命工臣諸較之而後舉且金陵之形勢豈不爲華夏之魁何

以見之昔孫吳居此而有南土雖奸操忠亮卒不能擅取者一繇長江之天塹矣繇權德以沾民當是時宇內三分勁敵豈小小哉猶不能侵江左豈假閱江樓之拒勢乎今也皇上聲教遠被遐荒守在四方道布天下民情效順險已固矣又何假閱江樓之高拒險而拒勢者歟夫宮室之廣臺榭之興不急之務土木之工聖君之所不爲皇上撥亂返正新造之國爲民父母協和萬邦使愚夫愚婦無有謗者實臣之願也臣雖違命文不記樓安得不拜手稽首以歌陛下納忠欵而斂輿造息元元於市鄉乃爲歌曰天運循環百物禎頌眞人立命四海咸安臣歌聖德齒豁鬢斑億萬斯年君壽南山

春日鍾山

春吟鳥樹聽流泉澗下鳴泉鳴山谷迴迴處野人情吾吟吟未已孰與春相迎相迎桃李花鶯燕鳴丁丁楚楚盛蟠科寰宇樂民生

長江濵水詩賡吳伯宗韻

炎蒸和氣淳化水亦無渾出峽飛輕雪湍山澗

厚坤蟄蛟從此出浮露亦斯奔旋轉如深非轟流瀉巨盆連雲龍氣躍振木虎倚蹲浩蕩瀰千樹鴻濛印萬村影搖咸浪合光射集雲屯尾尾穿波鯉揚揚透霧鯢逶迤洪海口委曲大龍門汗漫無知已汪洋實的存沛然清宇宙廓爾豈晨昏汩汩凉隆暑入間潦水尊

和州鎮淮樓詩 年年殺氣未會收淮北淮南草木秋我上鎮淮樓一望瀟天明月大江流

登和州雞籠山 龍獵西山坐擁旗一山山也萬山单崔巍巨石如天柱撐著老天天自卬

成祖寶山碑記 嘉定瀕海之墟當海流之會外即滄溟浩渺無際凡海船往來最爲衝要然無大山高嶼以爲之表識遇晝晴風靜舟徐而入則安坐無虞其或晝夜烟雲晦冥長風巨浪帆檣迅疾倏忽千里舟師弗戒瞬息差失輙罹膠淺邅邅取顛躓朕恒慮之今年春乃命將士相蹝

之宜築土山焉以爲往來之望其址東西各廣百丈南北如之高三十餘丈上建烽堠晝則舉烟夜則明火海洋空濶遥見千里於是咸樂其便不旬日而成周圍樹以嘉木間以花竹蔚然奇觀先是未築之前居民恒見其地有山影及是築成適在其處如民之所見者衆日是蓋有神明以相之故其兆先見皆稱之曰寶山因民之言仍其名而不易遂刻石以志之詩曰滄溟巨浸渺無垠混合天地相吐吞洪濤架山巀嶪奔巨靈贔屭相嘘歕揮霍變化朝爲昏駭神褫魄目黯智蒼黄拊髀就爲援及起兹山當海門孤高靚秀猶崑崙千里示表鬱焞燉永令汎濟無憂煩寶山之名萬古存勒石悠久同
乾坤

視學碑記

朕聞帝王之興必首舉學校之政以崇道德弘教化正人心成天下之才致天下之治唐虞三代之盛率由於兹也我皇考聖神文武欽明啓運峻德成功渡江首建學校親視孔子曰引儒臣講論經義求古聖人之道身體力行及統有萬方郎詔府州縣皆立學天下士子雲集

京師復新作廟學於雞鳴山之陽親製教條頒布中外又命天下增廣生復其家府州縣皆用春秋祀孔子賜以樂舞德教廣被海外諸國并遣入學教化之隆視古爲盛朕纘承大統仰遵成憲乃永樂四年三月朔日躬詣廟庭謁先師孔子前期三日雨將祀之夕卿雲澄霽星緯昭明暨旦天宇穆清朗旭鮮麗釋菜於廟退御彝倫堂文武羣臣咸傳左右師儒在席諸生序列堂下命祭酒胡儼等以次講經成禮乃還夫學以明道也道之體廣大光明配乎天地日月而其實不離乎日用之間孔子明之上以承堯舜禹湯文武之治下以爲後世植綱常開太平於無窮而世之極其尊崇之禮者非於孔子有所增益特以著明其道之至大天下不可一日而無也爰因視學謹序述所以致隆之本勒碑

於廟

英宗賜大學士高穀致仕勅

卿以智識文學執經事朕恭慎小心積有歲年今朕復正大位圖任經筵舊臣以緝熙聖學以寅亮天工而卿以老疾懇乞休致然投老之請

雖未至於引年而懷舊之思實有切於朕意惟功成身退乃天之道故特賜允以遂卿情復遣勅諭意并賜白金楮幣金織襲衣仍給驛舟送卿還卿之歸也日與親戚故舊徜徉丘園展契濶之深懷道朝廷之盛事淸風高致足以厲廉而革貪盛德雅望足以敦化而善俗則卿亦永有終譽焉故勅

穆宗賜大學士李春芳致仕勅

卿以誠心篤行淵學宏才蚤擢廷魁致身侍從雅望久孚於士論芳聲丕振於詞林遂受簡先皇洊登綸閣夙夜秉在公之節謨猷殫人告之勤迨朕嗣服之初尤極倚毗之重眷惟耆德晉首台垣卿乃志切協恭誠存體國不動聲色量休休而有容矢竭股肱心翼翼而匪懈啓沃之忱彌篤忠實之念弗渝朕方賴平章共圖治理頃以親老微疾累疏乞閒慰諭雖頻情詞益懇特從所請用遂雅情茲賜卿馳傳遣官護行有司歲給輿隸八人月餽官廩六石以副朕優眷輔臣至意於戲由狀元爲執政馮京不愧乎科名以宰相而養親王溥見榮於當世古稱盛事今乃兼之卿其勉加餐食調護精神展至樂於家庭發英華於著述

俾國人皆有所矜式而天下繫以爲重輕豈

惟鄉𨻶無疆之聞而國家亦永有光哉故勅

江南通志卷之第六十終

江南通志卷之第六十一

藝文

賦

〔漢〕淮南王安招隱士賦 桂樹叢生兮山之幽偃蹇連蜷兮枝相繚山氣巃嵸兮石嵯峨谿谷嶄巖兮水增波猨狖羣嘯兮虎豹嗥攀援桂枝兮聊淹留王孫遊兮不歸春草生兮萋萋歲暮兮不自聊蟪蛄鳴兮啾啾坱兮軋山曲岪心淹留兮洞荒忽罔兮沕憭兮慄虎豹穴叢薄深林兮人上慄嶔岑碕礒兮硱磳磈硊樹輪相糾兮林木茷骫青莎雜樹兮薠草靃靡白鹿麏麚兮或騰或倚狀貌崯崯兮峨峨凄凄兮漇漇獼猴兮熊羆慕類兮以悲攀援桂枝兮聊淹留虎豹鬭兮熊羆咆噑禽獸駭兮亡其曹王孫兮歸來山中兮不可以久留

〔魏〕王粲浮淮賦 從王師以南征兮浮淮水而遐逝背渦浦之曲流兮望馬丘之高澨

泛洪櫓於中潮兮飛輕舟乎濱濟建衆檣以成林兮譬無山之樹藝於是迅流興潭濃濤波動長瀨鉦鼓若雷旌麾翳日飛雲天迴蒼鷹飄逸滂沛洶溶遞相競軼飛鶩被以高鶩馳駭浪而赴質加丹徒之巧極美猗人之閑疾白日未移前驅已届羣帥按部左右就隊舳艫千里名卒億計運茲威以赫怒清海隅之帶芥濟元勳於大舉垂休績乎遠裔

〔晉〕左思吳都賦　東吳王孫囅然而咍曰夫上圖景宿辨於天文者也下料物土析於地理者也古先帝世曾覽八紘之洪緒一六合而光宅翔集遐宇鳥策篆素玉牒石記烏聞梁岷有陟方之館行宮之基歟而吾子言蜀都之富禺同之有偉其區域美其林藪矜巴漢之阻則以爲襲險之右徇蹲鴟之沃則以爲世濟陽九齷齪而筭顧亦曲士之所歎也旁魄而論都抑非大人之壯觀也何則土壤不足以攝生山川不足以周衛公孫國之而破諸葛家之而滅茲乃喪亂之丘墟顛覆之軌轍安可以儷王公而著風烈也翫其磧礫而不窺玉淵者未知驪龍之所蟠也習其弊邑而

不覩上邦者未知英雄之所躔也子獨未聞大吳之巨麗乎且有吳之開國也造自泰伯宣於延陵蓋端委之所彰高節之所興建至德以創洪業世無得而顯稱由克讓以立風俗輕脫躧於千乘若率土而論都則非列國之所觕望也故其經略上當星紀拓土畫疆卓犖兼并包括于越跨躡蠻荊婺女寄其曜翼軫寓其精指衡嶽以鎮野目龍川而帶坰爾其山澤則嵬嶷嶢屼巊溟鬱岪潰渱泮汗滇㴐淼漫或涌川而開瀆或吞江而納漢磈磈巍巍滮滮灦灦歊磤乎數州之間灌注乎天下之半百川派別歸海而會控清引濁混濤并瀨濆薄沸騰寂寥長邁濞焉洶洶隱焉礚礚出乎大荒之中行乎南極之外經扶桑之中林包暘谷之滂沛潮波汩起迴復萬里歊霧漨浡雲蒸昏昧泓澄奫潫頹溶沆瀁莫測其深莫究其廣澶湉漠而無涯總有流而爲長瓌異之所叢育鱗甲之所集往於是乎長鯨吞航修鯢吐浪躍龍騰蛇鮫鯔琵琶王鮪鯸鮐鮣龜鱕鯌烏賊擁劍鼅鼊鯖鰐涵泳乎其中葺鱗鏤甲詭類舛錯泝洄順流噞喁沈浮鳥則鵾鷄鸀鳿鸘鵠鷺鴻鶢鶋避風候鴈造江鸂鶒鷛鸕

鷄鶄鶴鶖鶬鸛鷗鷁鸕氾濫乎其上湛淡羽儀隨波參差理翮整翰容與自翫彫琢蔓藻刷盪漪瀾魚鳥聱取萬物蠢生芒芒黖黖慌罔奄欻神化翕忽函幽育明窮性極形盈虛自然蚌蛤珠胎與月虧全巨鼇贔屓首冠靈山大鵬繽翻翼若垂天振盪汪流雷抃重淵殷動宇宙胡可勝原島嶼緜邈洲渚馮隆曠瞻迢遞迴眺冥蒙珍怪麗奇隙充徑路絶風雲通洪桃屈盤丹桂灌叢瓊枝抗莖而敷蘂珊瑚幽茂而玲瓏增岡重阻列真之宇玉堂對霤石室相距藹藹翠幄嫋嫋素女江妃於是往來海童於是宴語斯實神妙之響象嗟難得而觀縷爾乃地勢坱圠卉木跃蔓遭藪爲圃值林爲苑異荂蓲蘛夏曄冬蒨方志所辨中州所羨草則藿蒳豆蔻薑彙非一江蘺之屬海苔之類綸組紫絳食葛香茅石帆水松東風扶留布護臯澤蟬聯陵丘夤緣山嶽之岊冪歷江海之流扤白蔕御朱蕤鬱兮茷茂曄兮菲菲光色炫晃芬馥肸蠁職貢納其苞匭離騷詠其宿莽木則楓柙櫲章栟櫚枸榔緜杬杶櫨文欀楨橿平仲君遷松梓古度楠榴之木相思之樹宗生高岡族茂幽阜擢本千尋垂蔭萬

畝攢柯挐莖重葩掩葉輪囷蚪蟠堀堁鱗接榮色雜糅綢繆縟繡宵露霏霩旭日晻時與風颾颾颸瀏颼飅鳴條律暢飛音響亮蓋象琴筑并奏笙竽俱唱其上則猨父哀吟猨子長嘯狖鼯猓然騰趠飛超爭接縣垂競游遠枝驚透沸亂牢落翬散其下則有梟羊麡狼猰貐𤞞象烏菟之族犀兕之黨鉤爪鋸牙自成鋒穎精若燿星聲若雷霆名載於山經形鏤於夏鼎其竹則篔簹林箊桂箭射筒柚梧有篁篻箬有叢苞筍抽節往往縈結綠葉翠莖冒霜停雪橚矗森萃蓊茸蕭瑟檀欒蟬蜎玉潤碧鮮梢雲無以踰嶰谷弗能連鸑鷟食其實鵷雛擾其間其果則丹橘餘甘荔枝之林檳榔無柯椰葉無蔭龍眼橄欖探榴禦霜結根比景之陰列挺衡山之陽素華斐丹秀芳臨青壁係紫房鷓鴣南翥而中留孔雀綷羽以翱翔山雞歸飛而來棲翡翠列巢以重行其琛賂則琨瑤之阜銅鍇之垠火齊之寶駭雞之珍頳丹明璣金華銀樸紫貝流黃縹碧素玉隱賑崴磈雜插幽屛精曜潛穎硩陊山谷碕岸爲之不枯林木爲之潤黷隋侯於是鄙其夜光宋王於是陋其結綠其荒陬譎詭則有龍穴內

蒸雲雨所儲陵鯉若獸浮石若桴雙則比目片則
王餘窮陸飲木極沉水居泉室潛織而卷綃淵客
慷慨而泣珠開北戶以向日齊南宸於幽都其四
野則畛畷無數膏腴兼倍原隰殊品窊隆異等象
耕鳥耘此之自與橘秀菰穗於是乎在煑海爲鹽
採山鑄錢國稅再熟之稻鄉貢八蠶之緜徒觀其
郊隧之內奥都邑之綱紀霸王之所根柢開國之
所基趾郛郭周匝重城結隅通門二八水道陸衢
所以經始用累千祀也憲紫宮以營室廓廣庭之
漫漫寒暑隔閡於邃宇虹蜺回帶於雲館所以跨
跱焕炳萬里也造姑蘇之高臺臨四遠而特建帶
朝夕之濬池佩長洲之茂苑窺東山之府則瓌寶
溢目覵海陵之倉則紅粟流衍起寢廟於武昌作
離宮於建業闡闔閭之所營采夫差之遺法抗神
龍之華殿施榮楯而捷獵崇臨海之崔巍飾赤烏
之韡曄東西膠葛南北崢嶸房櫳對櫎連閣相經
閽闥譎詭異出奇名左稱彎碕右號臨硎彫樂鏤
楶青瑣丹楹圖以雲氣畫以仙靈雖玆宅之夸麗
曾未足以少寧思比屋於傾宮畢結瑤而構瓊高
闈有閌洞門方軌朱闕雙立馳道如砥樹以青槐

亘以綠水元蔭眈眈清流亹亹列寺七里俠棟陽路屯營櫛比廨署棊布橫塘查下邑屋隆夸長干延屬飛甍舛互其居則有高門鼎貴魁岸豪傑虞魏之昆顧陸之裔岐嶷繼體老成奕世躍馬疊跡朱輪累轍陳兵而歸蘭錡內設冠蓋雲蔭閭閻闐噎其鄰則有任俠之靡輕訬之客締交翩翩儐從奕奕出躡珠履動以千百里讌巷飲飛觴舉白翹關扛鼎拚射壺博鄱陽暴謔中酒而作於是樂只衎而歡飫無匱都輦殷而四奧來暨水浮陸行方舟結駟唱櫂轉轂昧旦永日開市朝而普納橫闠闤而流溢混品物而同廛并都鄙而為一士女佇眙商賈駢坒紵衣絺服雜沓從萃輕輿按轡以經隧樓船舉颿而過肆果布輻湊而常然致遠流離與珂珬雜賄紛紜器用萬端金鎰磊砢珠琲闌干桃笙象簟韜於筒中焦葛升越弱於羅絖澀嘉眾繆交貿相競諠譁喤呷芬葩蔭映揮袖風飄而紅塵晝昏流汗霡霂而中逵泥濘富中之甿貨殖之選乘時射利財豐巨萬競其區宇則并疆兼巷矜其宴居則朱服玉饌趫材悍壯此焉比廬捷若慶忌勇若專諸危冠而出竦劍而趨扈帶鮫函扶投

屬鏤藏鍦於人去戚自閭家有鶴膝戶有犀渠軍容畜用器械兼儲吳鉤越棘純鉤湛盧戎軍盈於石城戈船掩乎江湖露往霜來日月其除草木節解鳥獸腯膚觀鷹隼誡征夫坐組甲建祀姑命官帥而擁鐸將校獵乎具區烏滸狼𥈭夫南西屠儋耳黑齒之長金鄰象郡之渠驫駥飍矞靸霅驚捷先驅前塗俞騎騁路指南司方出車檻檻被練鏘鏘吳王乃巾玉輅軺驌驦旂魚須常重光攝烏號佩干將羽毛揚蕤雄戟耀芒貝胄象弭織文鳥章六軍袀服四騏龍驤峭格周施罿罻普張罼罕瑣結罠蹏連綱陸以九疑禦以沅湘輶軒蓼擾彀騎煒煌袒裼徒搏拔距投石之部猿臂骿脅狂趭獷猤鷹瞵鶚視趁譚翋猻若離若合者相與騰躍乎莽罠之野干鹵殳鋋暘彝勃盧之旅長殳短兵直髮馳騁儇佻坌並銜枚無聲悠悠旆旌者相與聊浪乎昧莫之坰鉦鼓疊山火烈熛林飛爓浮烟載霞載陰莅攢雷硠崩巒弛岑鳥不擇木獸不擇音虣甝虪䝘麋麖驀六駮追飛生彈鸞鵕射猱挺白雉落黑鴆零陵絕嶛嶕聿越巉險踸踔竹柏獮猭杞柟封狶䝒神螭掩剛鏃潤霜刃染於是弭節頓

矕齊鏕駐蹕徘徊倘佯寓目幽蔚覽將帥之拳勇與士卒之抑揚羽族以觜距爲刀鈹毛羣以齒角爲矛鋏皆體著而應卒所以挂扢而爲創痏衝踤而斷筋骨莫不衂銳挫鋒拉押摧藏雖有林石之嶙崿請攘臂而靡之雖有雄虺之九首將抗足而跐之顛覆巢居剖破窟宅仰攀鵕鷬俯蹴豺獏刦剞熊羆之室剽掠虎豹之落猩猩啼而就擒䴂䴂笑而被格屠巴蛇出象骼斬鵬翼掩廣澤輕禽狡獸周章彝猶狼跋乎紭中忘其所以睒睗失其所以去就魂褫氣懾而自踢跐者應絃而飮羽形僨景僵者累積而奄薈雜襲錯繆傾藪薄倒岬岫巖穴無豜豵翳薈無䴉鷚思假道於豐隆披重霄而高狩籠烏兔於日月窮飛走之棲宿嶰澗闃岡岵童罾罘滿效獲衆迴靶乎行睨觀漁乎三江泛舟航於彭蠡渾萬艘而旣同弘舸連舳巨檻接艫飛雲蓋海制非常模疊華樓而島峙時彷彿於方壺比鷁首之有裕邁餘皇於往初張組幃構流蘇開軒幌鏡水區篙工檝師選自閩禺習御長風狎翫靈胥責千里於寸陰聊先期而須臾櫂謳唱簫籟鳴洪流響渚禽鷩弋磻放稽鷦鸎虞機發留鵁鶄

鉤餌縱横網罟接緒術兼詹公巧傾任父筌絙鱛
鱺鰽魦罩兩魪罺鰝鰕乘鼈黿鼉同罛共羅沈虎
潛鹿馬櫳儲束徽鯨輩中於羣犗犧檜暴出而相
屬雖復臨河而釣鯉無異射鮒於井谷結輕舟而
競逐迎潮水而振緡想萍實之復形訪靈夔於鮫
人精衞銜石而遇繳文鰩夜飛而觸綸北山去其
翔翼西海失其遊鱗雕題之士鏤身之卒北飾虬
龍蛟螭與對簡其華質則亂費錦繢料其攄勇則
鶚悍狼戾相與昧潛險搜瓌奇摸蝳蜡捫背蠵剖
巨蚌於回淵濯明月於漣漪畢天下之至異訖無
索而不臻谿壑爲之一罄川瀆爲之中貧哂澹臺
之見謀聊襲海而徇珍載漢女於後舟追晉賈而
同塵汨乘流以砰宕翼颸風之飂飂直衝濤而上
瀨常沛沛沛以悠悠汔可休而凱歸揖天吳與陽侯
指包山而爲期集洞庭而淹留數軍實乎桂林之
苑饗戎旅乎落星之樓置酒若淮泗積肴若山丘
飛輕軒而酌綠醽方雙轡而賦珍羞釂烽起釂鼓
震七遺倦衆懷欣幸乎館娃之宮張女樂而娛羣
臣羅金石與絲竹若鈞天之下陳登東歌操南音
歌陽阿詠韎任荆豔楚舞吳愉越吟翕習容裔靡

靡愔愔若此者與夫唱和之隆響動鼓鐘之鏗鈜有殷坻頽於前曲度難勝皆與謠俗什協律呂相應其奏樂也則木石潤色其吐哀也則凄風暴興或超延露而駕辯或踰綠水而采菱軍馬弭髦而仰秣淵魚竦鱗而上升酣湑半八音并歡情留良辰征魯陽揮戈而高麾迴曜靈於太清將轉西日而再中齊既往之精誠昔者夏后氏朝羣臣於兹土則執玉帛者以萬國蓋亦先王之所高會而四方之所軌則春秋之際要盟之主闔閭信其威夫差窮其武內果伍員之謀外騁孫子之奇勝强楚於柏舉棲勁越於會稽闕溝乎商魯爭長於黃池徒以江湖嶮陂物産殷充繞雷未足言其固鄭伯未足語其豐士有陷堅之銳俗有節槪之風睚眦則挺劒喑嗚則彎弓擁之者龍騰據之者虎視麾城若振槁搴旗若顧指雖帶甲一朝而元功遠致雖累葉百疊而富强相繼樂湑衎其方域列仙集其土地桂父練形而易色赤須蟬蛻而附麗中夏比焉畢世而罕見丹青圖其象珍瑋貴其寶利也舜禹游焉没齒而忘歸精靈留其山阿翫其奇麗也剖判庶士商榷萬俗國有鬱鞅而顯敞邦有湫

阨而蹐跼伊茲都之函弘傾神州而韞櫝仰南斗以斟酌兼二儀之優渥由此而揆之西蜀之於東吳小大之相絕也亦猶棘林螢燿而與夫榑木龍燭也否泰之相背也亦猶帝之懸解而與桎梏疏屬也庸可共世而論巨細同年而議豐确乎暨其幽遐獨邃寥廓閑奧耳目之所不該足趾之所不蹈倜儻之極異譎詭之殊事藏理於終古而未寤於前覺也若吾子之所傳孟浪之遺言畧舉其梗概而未得其要妙也

郭璞江賦

咨五才之並用實水德之靈長惟岷山之導江初發源乎濫觴聿經始於洛沬攏萬川乎巴梁衝巫峽以迅激躋江津而起漲極泓量而海運狀滔天以淼茫總括漢泗兼包淮湘并吞沅澧汲引沮漳源二分於崌崍流九派乎潯陽鼓洪濤於赤岸淪餘波乎柴桑綱絡羣流商榷涓澮表神委於江都混流宗而東會注五湖以漫漭灌三江而漰沛滈汗六州之域經營炎景之外所以作限於邊腹壯天地之嶮介呼吸萬里吐納靈潮自然往復或夕或朝激逸勢以前驅乃鼓怒而作濤峩嵋為泉陽之揭玉壘作東別之標衡霍磊落以連鎮巫廬嵬崛而比

嶠協靈通氣濆薄相陶流風蒸雷騰虹揚霄出信陽而長邁淙大壑與沃焦若乃巴東之峽夏后疏鑿絕岸萬丈壁立赮駮虎牙嵥豎以屹崒荆門闕竦而盤礴圓淵九迴以懸騰溢流雷呴而電激駭浪瀑灑驚波飛薄迅澓增澆涌湍疊躍砯巖鼓作漰湱㶁灂潨澴澆潎潰濩泧漷潏湟淴決㶟潤瀾淪漩澴滎瀯溳灅濆瀑溭減濜涓龍鱗結絡碧沙瀢㶂而往來巨石硉矹以前卻潛演之所汩淈奔澑之所磢錯厓隒爲之泐嵃碕嶺爲之嵒崿幽澗積岨礐硌礐確若乃曾潭之府靈湖之淵澄澹汪洸瀇滉困泫泓汯泂澋涒鄰圖潾混瀚灝渙流映揚焆溟漭渺沔汗汗沺沺察之無象尋之無邊氣滃浡以霧杳時鬱律其如煙類胏渾之未凝象太極之構天長波浹渫峻湍崔嵬盤渦谷轉凌濤山頹陽侯砐硪以岸起洪瀾涴演而雲迴峾淪溛瀤乍浥乍堆豗如地裂豁若天開觸曲厓以縈繞駭崩浪而相礧鼓峆窟以漰浡乃溢湧而駕隈魚則江豚海狶叔鮪王鱣鯌鰊鯀鮋鯪鮥鯩鰱或鹿觡象鼻或虎狀龍顏鱗甲錐錯煥爛錦斑揚鬐掉尾噴浪飛唌排流呼哈隨波遊延共爆采以晃淵或

嚇鰓乎巖間介鯨乘濤以出入鯼魮順時而往還
爾其水物怪錯則有潛鵠魚牛虎蛟鉤虵蜦蟳鱟
蛸鰿鼇黿鼉玉珧海月土肉石華三蝬蜌江鸚螺
蜁蝸璅蛣腹蟹水母目蝦紫蚢如渠洪蚶專車瓊
蚌晞曜以瑩珠石蜐應節而揚葩蜛蝫森衰以垂
翹元蠣魂螺而碨啞或泛瀲於潮波或混淪乎泥
沙若乃龍鯉一角奇鶬九頭有鼈三足有龜六眸
頳蟞胏躍而吐璣文魮磬鳴以孕璆倏鱅拂翼而
製耀神蜧蝹蜦以沇遊騁馬騰波以噓蹀水兕雷
咆乎陽侯淵客築室於巖底鮫人構館於懸流雹
布餘糧星離沙鏡青綸競糾縟組爭映紫菜熒曄
以叢被綠苔鬖髿乎研上石帆蒙蘢以蓋嶼萍實
時出而漂泳其下則有金礦丹礫雲精燭銀瑚珊
璿瑰水碧潛琘鳴石列於陽渚浮磬肆乎陰濱或
頩彩輕漣或焆曜涯鄰林無不溽岸無不津其羽
族也則有晨鵠天雞鴐鶩鷗鴃陽烏爰翔於以元
月千類萬聲自相喧聒濯翮疏風鼓翅翻翩揮弄
灑珠拊拂瀑沫集若霞布散如雲鬱產毻積羽往
來勃碣橉杞稹薄於潯涘栛槤森嶺而羅峯桃枝
篔簹實繁有叢葭蒲雲蔓纓以蘭紅揚暠毦擢紫

葺蔭潭隩被長江縈蔚芳蘺隱藹木松涯灌芊菄
潛薈蔥蘢鯪鱃踦嶇於垠隒賓僻睒暱乎嶮空迅
蜼臨虛以騁巧孤爨登危而雍容夔拆翹踛於夕
陽鴛雛弄翮乎山東因岐成渚觸澗開渠潡罄生
浦區別作湖蹬之以縈瀠潔之以尾閭標之以翠
翳泛之以遊菰播匪蕤之芒種挺自然之嘉蔬鱗
被菱荷攢布水蓏翹莖灘蘂濯穎散裛隨風猗萎
與波潭㴷流光潛映景炎霞火其旁則有雲夢雷
池彭蠡青草具區珧滆朱滻丹漅極望數百沆瀁
畾溔爰有包山洞庭巴陵地道潛逵旁通幽岫窈
窕金精玉英瑱其裏瑤珠怪石綷其表驪蚪摎其
址梢雲冠其嘌海童之所巡遊琴高之所靈矯冰
夷倚浪以傲睨江妃含嚬而聯眇撫凌波而鳧躍
吸翠霞而夭矯若乃宇宙澄寂八風不翔舟子於
是搦棹涉人於是檥榜漂飛雲運艅艎舳艫相屬
萬里連檣泝洄沿流或漁或商赴交益投幽浪竭
南極窮東荒爾乃翕雰祲於清旭覘五兩之動靜
長風颺以增扇廣莫颺而氣整徐而不飈疾而不
猛鼓帆迅越趠漲截洞凌波縱椷電往杳溟霸如
晨霞孤征眇若雲翼絕嶺倏忽數百千里俄頃飛

康無以騁其蹤渠黃不能企其景於是蘆人漁子擯落江山衣則羽褐食惟蔬鱻蕩瀲爲滯夾潨羅筌箭灑逵鋒罾罾比船或揮輪於懸碕或中瀨而橫旋忽忽夕而宵歸詠採菱以叩舷傲自足於一嘔尋風波以窮年爾乃域之以盤巖豁之以洞壑疏之以沲汜鼓之以潮汐川流之所歸湊雲霧之所蒸液珍怪之所化產傀奇之所窟宅納隱淪之列眞挺異人乎精魄播靈潤於千里越岱宗之觸石及其譎變儵怳符祥非一動應無方感事而出經紀天地錯綜人術妙不可盡之於言事不可窮之於筆若乃岷精垂曜於東井陽侯遯形乎大波奇相得道而宅神乃協靈爽於湘娥駭黃龍之負舟識伯禹之仰嗟壯荊飛之擒蛟終成氣乎太阿悍要離之圖慶在中流而推戈悲靈均之任石歎漁父之櫂歌想周穆之濟師驅八駿於黿鼉感交甫之喪珮愍神使之嬰羅煥大塊之流形混萬盡於一科保不虧而永固稟元氣於靈和考川瀆之妙觀實莫著於江河

陸機懷土賦并序

余去家漸久懷土彌篤方思之殷何物不感曲街委巷罔不興詠水泉草木咸足悲焉故

述斯賦□背故都之沃衍適新邑之丘墟遵黃川以葺宇被蒼林而卜居悼孤生之已晏恨親沒之何速排虛房而永念想遺塵其如玉眇綿邈而莫覿徒佇立其焉屬感亡景於存沒惋隤年於拱木悲顧聆而有餘思俯仰而自足晋茲情於江介寄瘁貌於河曲玩通川以悠想撫征轡而躑躅伊命駕之徒勤慘歸途之艮難戀棲鳥於南枝弔離禽於別山念庭樹以悟懷憶路草以解顏甘堇荼於飴茝締蕭艾其如蘭神何寢而不夢形何與而不言

宋鮑昭蕪城賦

瀰迆平原南馳蒼梧漲海北走紫塞鴈門拖以漕渠軸以崑岡重江複關之隩四會五達之莊當昔全盛之時車挂轊人駕肩廛閈撲地歌吹沸天孳貨鹽田鏟利銅山才力雄富士馬精研故能侈秦法佚周令劃崇墉刳濬洫圖修世以休命是以板築雉堞之殷井幹烽櫓之勤格高五嶽袤廣三墳崪若斷岸矗似長雲製磁石以禦衝糊赬壤以飛文觀基扃之固護將萬祀而一君出入三代五百餘載竟瓜剖而豆分澤葵依井荒葛罥途壇羅虺蜮階鬭麏鼯木魅

山鬼野鼠城狐風嗥雨嘯昏見晨趨饑鷹厲吻寒鴟嚇雛伏虣藏虎乳血餐膚崩榛塞路崢嶸古馗白楊早落塞草前衰稜稜霜氣蔌蔌風威孤蓬自振驚沙坐飛灌莽杳而無際叢薄紛其相依通池旣已堙峻隅又已頹直視千里外唯見起黄埃凝思寂聽心傷已摧若夫藻扃黼帳歌堂舞閣之基璇淵碧樹弋林釣渚之館吳蔡齊秦之聲魚龍爵馬之玩皆薰歇燼滅光沉響絶東都妙姬南國麗人蕙心紈質玉貌絳脣莫不埋魂幽石委骨窮塵豈憶同輦之愉樂離宫之苦辛哉天道如何吞恨者多抽琴命操爲蕪城之歌歌曰邊風起兮城上寒井徑滅兮丘隴殘千齡兮萬代共盡兮何言

梁吳均吳城賦

古樹荒烟幾千百年云是吳王所築越王所遷東有鑄劒殘水西有舞鶴故墟縈具區之廣澤帶姑蘇之遠山僕本蓄怨千悲億恨況復荆棘蕭森叢蘿彌蔓亭梧百尺皆歷地而生枝階筠萬丈或至杪而無葉不見春荷夏槿唯聞秋蟬冬蟀木魅晨走山鬼夜驚不知九州四海乃復有此吳城

八公山賦

峻極之山蓄聖表仙南參差而望越北邐迤而懷燕

爾其盤桓基固含陽藏霧絕壁嶮巇層巖迴互桂皎月而常團雲望空而自布袖以華闐帶以潛淮文星亂石藻日流堦若夫祠基巨鎮而卓犖荊河箕風畢雨育嶺生嶷高岑直兮蔽景修坂出兮架天以迎雲而就日若從漢而迴山露泫葉而原淨花照磯而岫鮮促嶂萬尋平崖億絕上披紫而生烟傍帶花而來雪維英王兮好儒會八公兮小山駕飛龍兮翩翩高馳翔兮翀天

江淹

江上之山賦

潺湲澒溶兮楚水而吳江刻劃嶄崒兮雲山而碧峯挂青蘿兮萬仞豎丹石兮百重嵯峨兮嵒嶴如斲兮如削崑嶷兮尖出巖岍兮空鑿波潮兮吐納嶕峯兮積沓鰅鱅兮赤尾黿鼉兮隱匿見紅草之交生眺碧樹之四合草自然而千花樹無情而百色嗟世道之異茲牽憂恚而來逼推爐炭於片景抱絲緒於一息每意遠而生短恒輪平而路仄信懸天兮窈昧豈繫命於才力既壟龍之咸疑焉衆狀之所極俗逐事而變化心應物而迴旋既欻翕其未悟亦纏纏而已遷伊人壽兮幾何譬流星之殞天悵日暮兮吾有念臨江上之斷山雖不敏而無操願從蘭芬與玉堅亂曰

折芙蓉兮蔽日冀以盪夫憂心不共愛此氣質何獨嗟乎景沉

沈約郊居賦

惟至人之非已固物我而兼忘自中智以下洎咸得性以爲場獸因窟而獲騁鳥先巢而後翔陳巷窮而業泰嬰居湫而德昌僑棲仁於東里鳳晦迹於西堂伊吾人之褊志無經世之大方思依林而羽戢願託水而鱗藏固無情於輪奐非有欲於康莊披東郊之寥廓入蓬藋之荒茫既從竪而横構亦風除而雨攘昔西漢之標季余播遷之云始違利建於海昏創惟桑於江汜同河濟之重世踰班生之十紀或辭祿而反耕或彈冠而來仕逮有晉之隆安集艱虞於天步世交爭而波流民失時而狼顧延亂麻於井邑曝如莽於衢路大地曠而靡容旻天遠而誰訴伊皇祖之弱辰逢時艱之孔棘違危邦而窘驚訪安土而移卽肇胥宇於朱方掩閑庭而宴息值龍顔之鬱起乃憑風而矯翼指皇邑而南轅駕修衢以騁力遷華扉而來啟張高衡而徙植傍逸陌之修平面淮流之清直芳塵浸而悠遠世道忽其窊隆綿四代於兹日盈百祀於微躬嗟弊廬之難保若霣籜之從風或誅茅而剪棘或既西而

復東乍容身於白社亦寄孥於伯通迹平生之耿
介實有心於獨往思幽人而軫念想東皐而長想
本忘情於狥物徒羈紲於天壤應屢歎於牽絲復
興言於世綱事滔滔而未合志悁悁而無爽路將
殫而彌峭情薄暮而踰廣抱寸心其如蘭何斯願
之浩蕩詠歸歟而躑躅眷巖阿而抵掌逢昔人之
喪德何凶昏之孔熾乃戰牧所未陳實升隔所不
記彼黎元之喋喋將垂獸而爲餌瞻穹昊而無歸
雖非牢而被栽始羮絲而未覩終遁組而後値尋
貽愛乎上天固非民其莫甚受寘符於井翼實靈
命之所稟當降監之初辰値積惡之云稔寧方割
於下墊廓重氛於上墋躬靡暇於朝食常求衣於
夜枕既牢籠於嬀夏又馳驅乎軒項德無遠而不
被明無微而不燭鼓元澤於大荒播仁風於遐俗
闢終古而遐念信王猷其如玉値銜圖之盛世遇
興聖之嘉期謝中涓於初日叨光佐於此時闕投
石之猛志無飛矢之麗辭排陽烏而命邑方河山
而啓基翼儲光於三善長主職於百司兢鄙夫之
易失懼寵祿之難持伊前世之貴仕罕紆情於丘
窟營叢華於楚趙每驕奢以相越築甲館於銅駝

並高門於北闕闟重扃於華闈豈蓬蒿所能及敖傳嗣於墝壤何安身於窮地昧先喆而爲言固余心之所嗜不慕權於城市豈邀名於屠肆永希微以考室幸風霜之可庇爾乃傍窮壄抵荒郊編霜菼葺寒茅搆棲巢之所集築町疃之所交因犯檐而刊樹由妨基而剪巢決渟洿之汀濴塞井甃之淪坳藝芳枳於北渠樹修楊於南浦遷甕牖於蘭室同肩墻於華堵織宿楚以成門籍外扉而爲戶既取陰於庭樾又因籬於芳杜開閣室以遠臨闢高軒而旁覩漸沼沚於霤垂周塍陌於堂下其水草則蘋萍芡芰菁藻蒹菰石衣海髮黃荇綠蒲動紅荷於輕浪覆碧葉於澄湖飧嘉實而却老振羽服於清都其陸卉則紫鼈綠葹天著山韭鴈齒麋舌牛脣[illegible]首布濩南池之陽爛熳北樓之後或冪渚而芘地或縈窻而窺牖若乃園宅殊製田圃異區李衡則橘林千樹石崇則雜果萬株並豪情之所侈非儉志之所娱欲令紛披蓊鬱吐綠攢朱羅窻映戶接霤承隅開丹房以四照舒翠葉而九衢抽紅英於紫蔕銜素蘂於青柎其林鳥則飜泊頡頏遺音下上楚雀多名流嚶雜響或斑尾而綺翼

或綠衿而絳額好葉隱而枝藏年間關而來桂其水禽則大鴻小鴈天狗澤虞秋鷺夂鶬修鷁短鳧曳參差之弱藻戲瀺灂之輕軀翅拜流而起沫翼鼓浪而成珠其魚則赤鯉青魴纖鯈鉅鱯碧鱗朱尾修顱偃額小則戲潜成文大則噴流揚白不興羨於江海聊相忘於余宅其竹則東南獨秀九府擅奇不遷植於淇水豈分根於樂池秋蜩唫葉寒雀噪枝來風南軒之下負雪北堂之垂訪往塗之軫跡觀先識之情僞每詠空而索有皆指難而爲易不自已而求足竝丸物以與累亦昔士之所迷而今余之所避也原農皇之攸始討厥播之云初肇變腥以粒食乃人命之所儲尋井田之往記考阡陌於前書顏簞食而樂在鄭高廩而空虛頃四百而不足畝五十而有餘撫幽衷而踊念幸取給於庭廬緯東菑之故耜浸北畝之新渠無褰裳於曉蓐不抱惄於朝蔬排外物以齊遣獨爲累之在余安事千斯之積不羨汶陽之壚臨巽維而騁目即堆冢而流眄雖兹山之培塿乃文靖之所宴軀四牡之低昂響繁笳之清囀羅方員而綺錯窮海陸而兼薦奚一權之足偉委千金其如綫試撫臆

而爲言豈斯風之可扇將通人之遠旨非庸情之所見聊遷情而徙盼識方阜於歸津帶修汀於桂渚肇舉錨於疆秦路縈吳而欹越塗被海而通閩懷三島以長念伊故鄉之可珍實愆期於晚歲非失步於方春何東川之瀰瀰獨流涕於吾人謬參賢於昔代亟從游於兹所侍紆旌而齊轡陪龍舟而遵渚或列席而賦詩或班觴而宴語總帷一朝冥漠西陵忽其蔥楚望商飈而永歎每樂愷於斯觀始則鐘石鏘鉉終以魚龍瀾漫或升降有序或浮白無算貴則景魏蕭曹親則梁武周旦莫不共霜霧而歌滅與風雲而消散眺孫后之墓田尋雄霸之遺武實接漢之後王信開吳之英主持衡岳而作鎮苞江漢而爲宇徒徵言於石槨遂延災於金鏤忽蕪穢而不修同原陵之膴膴寧知螻蟻之與狐兎無論樵芻之與牧豎睇東巘以流目心悽愴而不怡蓄昔儲之舊苑實博望之餘基修林則表以桂樹列草則冠以芳芝風臺累翼月榭重楹千櫨嵯嶫百栱相持早轅林鶯蘭栖水嬉蹌三齡而事往忽二紀以歷兹歲彝浸以蕩滌非古今之異昔同余睇於艮域覿高館於兹嶺雖混成以無

迹實遺訓之可秉始餐霞而吐霧終淩虛而倒景駕雌蜺之連卷泛天江之悠永指咸池而一息望瑤臺而高騁匪爽言以自姱冀神方之可請惟鍾巖之隱鬱表皇都而作峻蓋聖秩之所宗含風雲而吐潤其為狀也則巍峩崇崒喬枝拂日嶤嶷岩崿隆石堆星岑崟峯嵲或坳或平盤堅枕臥詭狀殊形孤峩橫插洞穴斜經千丈萬仞三襲九成亘繞州邑款跨郊坰素爗晚帶白霧晨縈近循則一巖異色遠望則百嶺俱青觀二代之塋兆覩摧殘之餘燧成顛沛於虐豎徒歛衿於虛器穆恭己於巖廊簡遊情於元肆烈窮飲以至災安忘懷而受祟何宗祖之奇桀威橫天而陵地惟聖文之纘武殆隆平之可至念世德之所君仰遺封而掩淚神寢匪一靈館相距席布騂駒堂流桂醑降紫皇於天闕延二妃於湘渚浮蘭爗於桂棟名巫陽於南楚揚玉桴握椒糈恍臨風以浩唱折瓊茅而延佇敬惟空路邈遠神蹤遐闊念甚驚飈生猶聚沫歸妙軫於一乘啓元扉於三達欲息心以遺累必違人而後豁或結榛於巖根或開檽於木末室闇蘿蔦檐梢松栝旣得理於兼謝固忘懷於饑渴或攀

枝獨遠或凌雲高蹈因葺茨以結名猶觀空以表號得忘已於茲日豈期心於來報天假余以大德荷茲賜之無疆受老夫之嘉稱班燕禮於上庠無希驥之秀質乏如珪之令望邀昔恩於舊主重匪服於今皇仰休老之盛則講微軀於夕陽勞蒙恩而獲謝猶奉職於春坊皆言歸於陋宇聊服日以翱翔棲余志於淨國歸余心於衛場獸依墀而莫駭魚排沼而不網旋迷塗於去轍篤後念於徂光晚樹開花初英落蘂或異林而分丹青乍因風而雜紅紫紫蓮夜發紅荷曉舒輕風微動其芳襲余風騷屑於園樹月籠連於池竹蔓長柯於簷桂發黃華於庭菊冰懸埒而帶坻雪縈松而被埜鴨屯飛而不散鴈高翔而欲下並皆物之可懷雖外來而非假實情性之所留滯亦忘之而不能捨也傷余情之頹暮羅憂患其相溢非異軫而同歸歡殊方而並失皆復託情魚鳥歸閒蓬蓽蒨闕吳娃前無趙瑟以斯終老於焉消日惟以天地之恩不報書事之官靡述徒重於高門之地不載於良史之筆長太息其何言羞愧心之非一

唐李德裕項王亭賦幷序　丙辰歲孟夏予息駕烏江晨登荒亭曠然遠覽因觀太尉清河公刻石美項氏之材歎其屈於天命且曰困阨之時生計非蕭張所出予以爲不然矣自古聰明神武之主未嘗不應天順人以承大業項氏縱火咸陽失秦中之固遷主炎裔傷義士之心違天違人霸業隳矣漢皆反是故能成功據秦遺業東制區夏數敗於外常有關中爲舊主縞素以義動天下雖項氏猶存而王業基矣若乃蠖出鴻門龍潛天漢始降志於一人終伸威於四海則蕭張之計亦不遠乎予嘗論之漢祖猶龍項氏如虎龍雖困而能變不測虎雖雄而其力易摧一神一鷙宏乎夐絕然艤舟不渡留雖報德亦可謂知命矣自湯武以干戈創業後之英雄莫高項氏感其伏劍此地因作賦以吊之　登彼高原徘徊始曙尚識艤舟之岸焉知繫馬之樹望牛渚以悵然臨烏江而不渡想山川之未改歎斯人之何遽思項氏之入關按秦圖之割據恃八千之剽疾棄百二之險固咸陽不留王業已去將衣錦於舊國遂揚旌於東顧雖未至於陰陵誰不知其失路恥

沐猴之醜詆乃烹韓而洩怒謂天命之可欺何伯王之不寤嗟乎楚聲旣合漢圍已布歌旣闋而甚悲酒盈樽而不御當其盛也天下侯伯自我而宰制及其衰也帳中美人寄命而無處季數遁而不亡羽一敗而終仆豈非獨任於威力不由於智慮追昔四隤之下風烟將暮大吒雷奮重瞳電注叱漢千騎如獵狐兔謝亭長而依然愧父兄兮不渡旣伏劍而已矣彼羣帥之猶懼雖霸業之未成亦終古而獨步周視陳跡緬然如素聽裔木之悲風感高秋之零露因獻吊於茲亭庶神明之可遇

皮日休霍山賦

臣日休以文爲命士所至州縣山川未嘗不求風謠以頌其文幸上發輶軒使得採以聞六年至壽之騈邑曰霍山山故嶽也邑贅於址至之二日離邑一舍望乎嶽將頌之文也及見之則目乎驚手乎拜心乎竦神乎聳始欲狂其文寫其狀如丹青之不差也頌其風文其謠如金石之永播也旣而其精怯然搏蔽躁然槭因紛然棼絲怳然墮空浩然涉溟幽然久宊則知才智之劣如耄而加疾將抃而奔者於戲靈山之靈哉霍山之靈哉將闢於神而愚之耶抑有

所達而託之耶其辰既決其精忽渝怯然而勝躁然而適紛然而靜悅然而安浩然而濟幽然而愈如壯而能決將陣而能敵者於是徵其文寫其狀辭曰太始之氣有清有濁結濁爲山峻清爲嶽其山厥臣其嶽爲君惟南之鎮曰霍爲尊嶽之大與地角壯與天掠勢荊豫華嵩青沂兗岱如垤而秀如塊而鋭嶽之高千仞萬仞蒼蒼茫茫日月相避其光望之數百里外爲天棟梁嶽之尊端然御極竦然正位靜然而聽凝然而視其體當中如君之毅其屬者如駢其拇如枝其指若卑其儀若肅其位嶽之氣其秀爲春其清若秋其翠如雲雲不能麗其色如烟烟不能鮮若雨收氣爽丹青滿天嶽之靈其神不昧其報如響若雨用淫嶽能朗之若歲用旱嶽能澤之嶽之德生之育之煦之和之開蘤桀草凄凄迷迷藻繢數百里之形有雲鶩鶩其勃如怒有泉烈烈其來如決叱豐隆奔列缺轟然霹靂天地俱裂嶽之異狀其勢如危或不可支若不可維或仰而谺有如吮空或俯而拔有如攫地其曉而東有如貫日其暮而西有如孕月有水如脉有石如骨有洞如腹有崿如節或鋭而厲或斷

而截或廻而馳或低而折其經之怪之詳之詭之千種萬類緊不可得而詳記因神狂不能自主息而寐夢一人絳衣朱冕怪貌魁形曰余祝融之相也夫霍山君之故治也爾賦之誠形矣勝矣怪矣與矣然義有不備帝俾余莅夫古有五嶽霍居其一所以五嶽稱通者唐虞之帝五載一巡狩一載而徧上以覲侯下以存民侯有治者陟不治者黜民有寃者平窮者濟洎唐虞以降皆燔柴於霍我帝用饗其禮至周且册而命我與諸嶽星列中國自漢之後乃異我號而歸於衡故祝融遷都余守霍今聖天子越唐邁虞而廢巡罷狩余之封內有可黜可陟可平可濟者是聖天子無由知之爾能以文請執事之達者易衡之號以歸於我請天子復唐虞黜陟之義故爾之將賦余閉遏爾懷而不爾文帝曰有衡旣遠有狩必勞惟霍之邇斯號可復賦者有能言胡不俾帝命余錫爾文爾無志也臣曰請惟神命旣覺而書嗚呼異哉

（宋）蘇轍黃樓賦 熙寧十年七月乙丑河決於澶淵東流鉅野北溢於濟南溢於泗八

月戊戌水及彭城余兒子瞻適爲彭城守水未至使民具畚鍤畜土石積芻茭完窒隙穴以爲水備故水至而民不恐自戊戌至九月戊辰水及城下者三丈八尺塞東西北門水皆自城際山雨晝夜不止子瞻衣蓑履屨廬於城上調急走發禁卒以從事令民無得竊出避水以身率之與城存亡故水大至而民不潰方水之淫也汗漫千餘里漂廬舍敗塚墓老弱蔽川而下壯者狂走無所得食槁死於丘陵林木之上子瞻使習水者浮舟楫載糗餌以濟之得脫者無數水既涸消朝廷方塞澶淵未暇及徐子瞻曰澶淵誠塞徐則無害塞不塞天也不可使徐人重被其患乃請增築徐城相水之衝以堤防之水雖復至不能以病徐也故水既去而民益親於是即城之東門爲大樓焉堊以黄土曰土能勝水徐人相勸成之轍方從事於宋登黄樓覽觀山川弔水之遺迹乃作黄樓之賦其詞曰

子瞻與客遊黄樓之上客仰而望俯而歎曰噫嘻殆哉在漢元光河決瓠子騰蹙鉅野衍溢淮泗梁楚受害二十餘歲下者爲汙澤上者爲沮洳民爲魚鼈郡縣無所天子封祀泰山徜徉東方哀民之

無辜流死不藏使公卿負薪以塞宣房瓠子之歌至今傷之嗟維此邦俯仰千載河東潰而南洩蹈漢世之遺害包原隰而爲一窺吾牖之摧敗呂梁齟齬橫絶乎其前四山連屬合圍乎其外水廻決而不進環孤城而爲海舞魚龍於隍壑閲帆檣於睥睨方飄風之迅發震鞞鼓之驚駭誠蟻穴之不救分閭閻之橫潰幸冬日之既迫水泉縮以自退棲流枿於喬木遺枯蚌於水裔聽澶淵之奏功非天意吾誰賴今我與公冠冕裳衣設几布筵斗酒相屬飲酣樂作開口而笑夫豈偶然也哉子瞻曰今夫安於樂者不知樂之爲樂也必涉於害者而後知之吾嘗與子憑茲樓而四顧覽天宇之弘大繚青山以爲城引長河而爲帶平臯衍其如席桑麻蔚乎旆旆晝阡陌之縱橫分園廬之向背放田漁於江浦散牛羊於烟際清風時起微雲霮䨴山川開闔蒼莽千里東望則連山參差與水背馳羣石傾莽絶流而西百步涌波舟楫分披魚鼈顛沛没人所嬉聲崩震雷城堞爲危南望則戲馬之臺巨佛之峯巋乎特起下窺城中樓觀翺翔巍峩相重激水既平渺莽浮空騈洲接浦下與淮通西望

則山斷爲玦傷心極目麥熟禾秀離離滿隰飛鴻羣往白鳥孤沒黃煙瀰瀰俯見落日北望則泗水淼漫古汴入焉匯爲濤淵蛟龍所蟠古木蔽空烏鳥號呼賈客連檣聯絡城隅送夕陽之西盡導明月之東出金鉦湧於青嶂陰雾爲之辟易窺人寰而直上委餘彩於沙磧激飛檻而入戶使人體寒而戰慄息洶洶於羣動聽川流之蕩滴可以起舞相命歡飲千石遺棄憂患超然自得且子獨不見夫昔之居此者乎前則項籍劉備後則光弼建封戰馬成羣猛士如林攘臂長嘯風動雲興朱閣青樓舞女歌童勢窮力竭化爲虛空山高水淡草生故墟蓋將問其遺老既已灰滅而無餘矣故吾將與子弔古人之既逝憫河決於疇昔以變化之無在付杯酒於終日於是衆客釋然而笑頹然而醉酒傾月墜扶攜而出

葉清臣松江賦

澤國秋晴天高水平遙山曉碧極浦寒清循游具區之野縱汎吳淞之壖東瞰滄海西瞻洞庭縞葉微下斜陽半明樵風歸兮自朝暮夕溜滿兮誰送迎浩霜空兮一色橫霽色兮千名於時積潦未收長江無際澄瀾方興扁舟獨詣社橋初黃汀葭

餘翠鷺鷥朋飛別鵠孤唳聽漁榔之遞響聞牧笛之長吹既覽物以放懷亦思人而結歎若夫敵寇初平霸圖初盛均憂待濟同安則病魚貪餌而登鈎塵走險而忽命一旦辭祿揚舲高泳功崇不居名存斯令達識先明孤風孰競又若金耀不融洛塵其蒙宗城寡捍王國爭雄拂衣洛土震耀江東拖翠綸兮波上膾蟬翼兮杵中倘即時之有適遑我後之爲恫至如著書笠澤端居甫里兩槳汀洲片帆烟水夕醉酒壚朝盤魚市浮游塵外之物肅傲人間之世富詞容之多才劇騷人之清思緬三子之清徽諒隨時之有宜非才高見棄於榮路乃道大不容於禍機申屠臨河而蹈甕伯彝登山而食薇皆有爲而然爾豈得已而用之別有執簡儒灑持荷帝柱晨韜史氏之筆暮拂使臣之斧登覽有澄清之心臨遐動光華之賦何從欲之流滋慰遠遊之以懼肇提封之所履屬方割之此憂將濬流而匯川其拯濟乎畛疇轉白鶴之新渚據青龍之上游濯埃垢於緇袂刮病膜乎昏眸左引任公之釣右援仲由之桴思勤官而務民乃善利之遠猷彼全身以遠害蓋孔臧於自謀鮮鱗在俎眞荼

滿願少回俗士之駕亦未可爲茲江之羞

田錫疊嶂樓賦

宛陵之丘元疇舊遊城連延兮百雉世綿歷兮千秋流水白雲慨依然而在覽遺風往事信赫若兮長留余以丹陛策名皇華奉使適蒞於此乘春以至驛梅江柳動遊宦之芳懷風觀露臺起高明之逸意壘嶂居先登之悅焉憑落絮之危檻向飛花之晚天夜嶺連岡峙昭亭兮作鎮平蕪遠樹引句水兮爲川因而攬古興懷臨高凝睇自春秋戰國之後至吳魏鼎分之際干戈僭王乘輿擬帝斯爲形勝之地恃以控臨之勢襟帶三江咽喉五湖歸句踐兮稱越隸夫差兮曰吳比奕棋之靡定惟霸畧兮能圖方今禹迹重新堯封復古銜王命於北闕詠皇風於南浦升高而賦憐宋玉之才多覽景自怡非仲宣之思苦江渺渺兮涵春草萋萋兮感人指吳越之遠道介池歙兮爲隣兩槳何歸引廻眸於天際微雲似畫帶斜陽於水濱既而閱謝守之詩蒼苔滿石覽獨孤之文芳塵在壁杏花含露念昔我之來時菊蘂迎霜乃今余之暇日歲云豐稔民之悅逸思命儔兮嘯侶聊登樓兮自適

王阮館娃宮賦

泖浮玉之北堂得館娃之遺基從先生而遊焉揖夫差而弔之或曰是可唾也奚以弔爲哉夫沉湎以喪國固君人之失道然而有鐘鼓者胡可以弗考聞管籥者民喜而相告苟厥妃之當愛惟恐王之不好矣是則女樂亦可少乎必曰夏有妹喜商有妲巳周有褒姒而吳以西子苟求其故未必專於此也齊有六嬖威公以興正而不譎聖人稱焉非夫九合一正之業得仲父以當其任則其一巳之內少有以自適者舉不足以害成邪關大夫進夏德豈昏微子得政商豈穢聞蘇公家父並用則烽火豈其妄舉子胥不見戮則吳之離宮別館至於今可存抑夫差之資巽在列國亦翹楚一戰而越沮再會而諸侯懼使僅得一中佐躐雙翼於猛虎惟自剖其骨鯁而放意於一女敵乘其閒無以外禦杯酒之失何足問獨爲此邪惜殺士之舉也此士不遭殺夫差不可愚苧蘿之姝適足爲我娛胡得而竊吾之符榮楯可居適足華吾廬胡足以隳吾之都惟忠良之隕詐始猖狂而自如臺兮姑蘓舟兮太湖食兮鰣鱸曲兮棲烏宿兮嬪嬙修明兮彝光二八兮兮明捧心兮專房徑兮拐香屧兮

響廊笑倚兮玉牀奈樂兮東方稻蟹種兮不遺爭盟兮黄池無人兮箴䂓有仇兮相窺至德之廟遂爲禾黍悉陂池與臺榭倏一變而楚宇入笙歌於海雲兮聲鐘而轉鼓儼麋鹿之容與瞰僧儀而觀覩駭越壘以在望奚五戎之閱武松引韻以鳴咽柳翼眉而凝佇山黯黯兮失色水洶洶兮暴怒追此謬於千里本差之於毫釐譬之養生捐其良醫逮疾作於中夜懵藥石之不知志士仁人所爲太息於斯焉蓋嘗反覆於此竊謂種蠡亦可哂也勾踐方明舉國以聽十年生聚十年教訓以此衆戰何伐不克何至假負薪之女爲是可恥之事哉始其土城蕪淫自君終焉五湖合歡其臣青溪之典不正金谷之義不立悠悠扁舟遂其全璧使之脫鼎中之魚而羣沙頭之鷺返邪溪之蓮而吐洞庭之橘竊謂越之君臣何其陋於此役也越則陋矣吳亦太庸士目旣抉夫誰納忠可辜人之亡已其自反而責躬乎公旣然雍相與歛容起䙺四山之中覺蕭蕭兮悲風

秦少游湯泉賦

大江之濵東城之野有泉出焉直回峯負湲谷分埒引源迤邐相屬晨夜有聲涵雲注玉薄爲虎鬚

泆爲魚目鱗介莫潛遇者斯浴此何水也哉野老告余曰泓泓涓涓莫慮歲年不火而煥其名湯泉嗚呼豈非熒惑蒞於上耶燭龍隱於中耶旁通咸池日御之所經耶幽精沉魄陰僨其頁耶丹砂硫黃金石之氣酷悍之所激耶德有常仁惠公而浹寒凝海兮不氷旱焦山兮不竭其或爍濕外淤精氣散越膚革瘡瘍癓筋淫血欣節汨之蹔游悅幽憂之永脫以沐則髮澤以頮則膚悅其美流冗浸捐棄於溝壑者猶能灌蔬稻之畦巳牛馬之喝此又何其然耶吾聞天下之水厥類實繁至於弱水儲陰投羽必沉火井萃陽爛石灼金祥摽醴泉病飲而瘳異紀滋穴神瀵以流焦溪之骨蔓之餘沸潭謝聲取之游其餘酒壘所發膠醽是滋啜懷千金飲狂一國哀玉乳汲中涵横金絲而徑度詭品謬名紛莫爲數咸受命於元精亦各私其所遇若夫臣盧汝水之旁尉氏驪山之下焍菲掩藾王孫烏隼之所娛金穴椒房專寵靡曼之所占則湯泉之中又有顯晦者焉野老囅然而笑曰善乎齊紿之士曳杖而去行歌於途曰渾沸湧沱奮此泉兮祓彼山阿吾惟灌沐兮不知其他

明貝瓊不礙雲山賦并序

夫有雲山之境者恒不得其人，有雲山之趣者恒不得其地。而茲樓獨領其要，朝嵐夕翠，燕坐而盡得之，豈非先生所謂境以人高、人以境勝哉！竹西嘗命余爲賦，久未克就。歲閼逢執徐之春，放舟溪上，始獲登竹西樓，遠眺五茸三泖，窮目力所至爲限，飄飄乎若一羽淩空，飛度三素雲中也。命酒共酌，操璽雷之琴，歌白雪之辭，極驩而罷，因援筆爲賦，不惟壯雲山之勝，且寓感今思古之意焉。

巍乎層構之造天兮，既內敞而外隅；滄海浩浩而左匯兮，銀河淵淵而右紆。激回風於四阿兮，宿雲氣於薄櫨；七星挂於北戶兮，送綷縩而迎望舒。荷倒植而菡萏兮，芝旁生而扶疏；實仙人之所居兮，候安期於虛無。兩金崖㟳而並峙兮，蛾眉巧以迎予；斷太華之仙掌兮，剪蓬萊之左股。掃新黛之聯娟兮，洗海門之秋雨；九山北起而向背兮，翩鸞迴而鳳舞。泰山拱以旁繞兮，列郡苕於齊弇；磐雲霏霏以晨蒸兮，散玉衣而輕舉。何卷舒之無恒兮，倏爲龍而爲馬；羌不起於燕坐兮，挹爽氣於樽俎。招嫦娥之二子兮，夢高唐之神女；聊徙倚而四望兮，悼吾行其孰與日散輝於斷岡兮烏沒影於平楚美人期而中訣兮魂煢煢而若睹吾令雲以中誠兮山復陰而道阻顧從赤松以授道兮邈清塵之萬古昔祖龍之帝六合兮渡浙江而東巡王氣颯以燐滅兮璚草萋而自春悼三女之中夭兮高冢崒其猶存晴沙窪之風雨兮猶想夫萬乘之雷奔偉希馮之夙悟兮逮九齡而知名荒臺圮而荊棘兮餘烏跡之縱橫金石輟而弗聞兮激流水之泠泠平原振藻於東吳兮翔雙鳳於太清胡鹿苑之一敗兮竟鎩翼而就烹黃耳去而不返兮唳鶴寂而無聲美記室之見幾兮遂南旆而孤征念丹轂之易僨兮鱸秋美而可詧卒全軀於濁世兮歷千春而尚榮尋古洞之丹砂兮弔黃鶴之仙人天曹曹而無光兮哭湙林之帝魂白鹽皎以積雪兮火萬竈之飛烟憤仲父之厲階兮糞海水而桑田博陸忠而覆族兮宋南渡而肇祀漢實薄而少恩兮獨弗念乎厥始嗟時俗之好怪兮語荒唐而無紀竦余轡於高□兮濯余足於清泚訪吳子之獵場兮平蕪綠而靡靡挾白羽以命中兮感翩翩之飛雉寵西施以亡國兮猶痛恨於後嗣爰抗音以弗歌

兮酌兕觥之芳醴諒高明之可居兮胡汩沒而弗止陋齊奴之金谷兮歲曾幾而荒蕪雲月空而燕去兮鳥雀啾以驚呼斥粉黛而弗貯兮列圖史而自娛亂日雲動不測氤氳霮䨴勃蓼蓼兮山靜不遷嶔崟巀嶪鬱叢叢兮飛樓蔽虧青延翠攬棟隆隆兮瞻望美人於彼夕陽思無窮兮紆吾素琴目送飛鴻烟空濛兮

荆溪賦　李東陽

有谿來自西南兮勢奔騰而蜿蜒界甸服以爲中江兮稱義興之名川上源出於蕪湖兮下通流於震澤乃雲雨之是興兮亦蛟龍之攸宅歷松江以入海兮渺不知其所極棹蘭舟而遐騖兮與羣山而逶迤晝屏爛其前陳兮錦帳紛其後隨樓閣倒景其空青兮沙石分明而陸離彼魚與鳥其何心兮亦水泳而雲飛惟夫君子好修兮禀坤輿之清淑鍾世澤於名門兮蔭嘉林於喬木泓一鑑以爲池兮結重茅以爲屋朝攬秀於山巔兮暮搴芳乎水曲抱經濟以用世兮出觀光於上都躡瀛海之高踪兮覽長江之壯圖歎壘突之不得黔兮念陶園之將蕪列魁象於三台兮寄高情於五湖余養痾於林泉兮每探奇而索輿考茲地於山經兮

恨不高飛而遠到重文靖之盟言兮亦惟斯人之爲好慕楚頌之遺風兮矧蜀山之惟肖孰使谿之名荆兮復洞庭之是號豈不懷乎三湘兮莽風濤之浩浩楚人聚而咻之兮功垂成而不告歲忽忽其屢更兮竟罔罔而莫宣時寐往而寤兮宛茲谿之在前吾將探石髓於神仙兮尋勝景於桃源佇飛舄於王喬兮遡歸槎於張騫雲幢霧節不可以久駐兮恍若遂乎登仙荆溪主人開而歌曰余之谿兮故鄉余之莊兮此堂抱余甕兮水傍洴兮練兮中央進則用兮退有藏修吾道兮相與翺翔招美人兮不來渺余懷兮天一方余亦從而和曰荆之溪兮孰使爲清荆之山兮孰使爲靈人與地而俱佳兮文與獻而俱徵彼信美而非吾土兮悵無樓之可登感妙思於吳歌兮歎騷辭於楚聲

王守仁九華山賦

循長江而南下指青陽而幽討啓鴻濛之神秀發九華之天巧非效靈於坤軸孰搆奇於大造遷史缺而弗錄豈足跡之所未到曰詩鄙夫九子實茲名之所肇余將窮秘寄於崔嵬極遐搜而歷考涉五溪而徑入宿無相之窈窕訪王生於邃谷掬金沙之清潦凌風雨

乎半霄登望江而遠眺步千仞之蒼壁俯龍池於
淩宵弔謫仙之遺跡躋化成之縹緲飲鉢盂之朝
露見蓮花之孤標把雲門而望天柱列仙舞於蹁
昊忽雙峯之闢門負人駕陽雲而獨蹻翠蓋平臨
乎石照綺霞掩映乎天姥二神升於翠微九子隣
於積稻炎皦起於玉甑爛石碑之文藻回澄秋於
枕月建少微之星旐覆旐承滴翠之餘瀝展旗立
雲外之旗纛下安禪而步逍遥覽雙泉於松杪踰
西洪而憇黃石懸萬丈之灝灝瀨流觴而縈紆遺
石船於簡道呼白鶴於雲峯釣嘉魚於龍沼倚透
碧之巉岏謝塵寰之紛擾攀齊雲之巉峭鑑琉璃
之浩漾沿東陽而西歷餐九節之蒲草樵人導余
以冥探排碧雲之瑤島羣巒翳其轇轕失陰陽之
昏曉垂七步之沉沉靈龜隱而復眺履高僧而靡
招賢開白日之杲杲試胡茗於春陽汲垂雲之淵
湫凌繡壁而據石屋何文姝而螺髻之蟠糾榜之辰
而北盼隳遺光於拾實緇裳迸於黃犢休闕寂之
幽悄鳥呼春於叢篁和雲韶之鷺鷺喚起促余之
晨輿落星河於簷櫞護山嚶其驚飛怪遊人之太
早攬卉木之如濯被晨暉而爭妓靜鐃聲之剝啄

幽人劚參蕨於冥杳碧雞啖於青林鵾翻雲而失皓隱搗藥於樛蘿挾提壺餅焦而翔繞鳳皇承盂冠以相遺飲沆瀣之仙醥羞竹實以嬉翱集梧枝之嫋嫋嵐欲雨而霏霏鳴濕濕於蘴蓯蠶三遊而轉青峭拂天香於菸渺席泓潭以濯纓浮桃瀉而揚縞淙澌澌而絡蔭飲猿猱之捷狡睨斧柯而昇大還望會仙於雲表惘子京之故宅欽知微之碧桃倏金光之閃映睫異景於窅坳美靈珠於赤水舞千尺之潛蛟幷花塘而峻極散香林之迴飈撫浮屠之突兀泛五釵之翠濤襲珍芳於絶巘臯金步之搖搖菈羅躑躅芬敷而爍耀幢玉女之妖嬌搴龍須於靈寶墮鉢囊之飄飆開仙掌於嶔嵌散清馨之迢迢披白雲而𨺗崇壽見參錯之層寮日既夕而山暝挂星辰於窿嶔宿南臺之明月虎夜嘯而熊嗥麋麐羣遊於左右若將侶幽人之岑寥迴高寒其無寐鬪冰壑之洞簫溪女厲晴瀧而曝木雜精苓之春苗邀予觴以玉液飲玉粒之瓊瑤溘辭余而遠去飄霞帔之飄飄復中峯而悵望或仙蹤之可招適下見陽陵之蜿蜒忽有感於予卑之宿要逝余將遺世而獨立採石芝於層霄雖長

處於窮僻迺永離乎趨蹌彼蒼黎之緝緝固吾生之同胞苟顛連之能濟吾豈靳於一毛劍狂氛之越獗王師局而奔勞吾寧不欲請長纓於闕下快吾生之鬱陶顧力微而任重懼覆敗於故遺又出位以圖遠將無誚於鶬鶊嗟有生之迫隘等滅沒於風泡亦富貴其奚爲猶榮辱之一朝曠百世而興感蔽雄傑於蓬蒿吾誠不能同草木而腐朽又何避乎羣喙之呶呶已矣乎吾其鞭風霆而騎日月祓九霞之翠袍搏鵬翼於溟渤釣三山之巨鼇道崑崙而息駕聽王母之雲璈呼浮丘於子晉招句曲之三茅長遨遊於碧落共太虛而逍遙亂曰蓬壺之藐藐兮列仙之所逃兮九華之矯矯兮吾將於此巢兮匪塵心之足攪兮念鞠育之劬勞兮苟初心之可紹兮永矢弗撓兮

洞庭兩山賦幷序

王鏊

楚之湖曰洞庭吳之山亦曰洞庭其以相埒耶將地脈有相通者耶郭景純曰包洞庭巴陵地道潛達傍通是未可知也而吾洞庭實兼湖山之勝始山特爲幽人韻士之所棲靈山佛子之所宅至國朝名臣徽爵往往出焉豈湖山之秀磅礴鬱積至是而後泄於人耶

東岡子曰山川之秀實生人才人才之出益顯山川顯之維何莫過於文兩山者秘於古而顯於 今其實有待于無用辭余曰然乃爲之賦其詞曰吳越之墟有巨浸焉三萬六千頃浩浩蕩蕩如滄溟瀰渤之茫洋中有山焉七十有二渺渺忽忽如蓬壺方丈之彷彿日月之所升沉魚龍之所變化百川攸歸三州爲界所謂吞雲夢八九於胸中曾不蔕芥者也客曰試爲我賦之夫太始沕穆一氣推遷融而爲湖結而爲山爰爲羣峯散見疊出於波濤之間或現或隱或浮或沉或吐或吞或如人立或如鳥騫或如龜龍之騤或如虎豹之蹲忽起二峯東西雄據有若巨君彈壓臣庶又若大軍之出下乘萬騎旌幢寶蓋繚繞奔赴東山起自莫釐或騰或倚若飛若旋飈不知幾千百折至長圻蜿蜒而西遊西山起自縹緲或起或伏若鶩鴻翥鳳不知幾千萬落至渡渚迴翔而北折試嘗與子登高騁望近則重岡複嶺巘呀嵂鬱縈州柱渚蜑嶦徧邈遠則烟蕪渺瀰天水一碧帆影見而忽無飛鳥出而復沒藥巖則返照孤稜舟山則輕烟一抹此亦天下之乎奇也若乃長風駕浪歎山欲野

足使人魂驚而汗駭及其風日晴熙縠紋漣漪又使人心曠而神怡至於瑤海上月漁光萬頃星河倒懸瀲灔漾山影又一奇也遙山霽雪凝華萬疊玉鑑冰壺上下相合又一奇也風雨晦明頃刻異候烟雲變滅咫尺殊狀雖有至巧莫能爲像試嘗與子弔古尋幽則有廻巖穹壑窅窱相通琳宮梵宇暮鼓晨鐘壽藤靈藥美箭長松金庭玉柱石函寶書靈威丈人之所窺也貝闕珠宮繡轂鳴璫柳毅書生之所媿也翠峯杜圻范蠡之所止息黃村甪頭綺皓之所從逝也而闔閭夫差之跡尤多存者玩月之渚消夏之灣牧馬之城圈虎之山練兵之瀆射鴨之磯出金鐸於淺瀨逸梅梁於驚湍他若毛公燒丹之井蔡經練藥之墩聖姑絶粧之塘雪竇降龍之淵其石則岌峑嶙峋瘦漏嵌空牛奇章有甲乙之品宋艮岳有永固之封其泉則囦淪戚沸甘寒澄碧墨佐君表無礙之名天衣禪留悟道之跡斯地也孫尚書欲卜居而不能范文穆思再至而不果豈如吾人生長茲土依巖架椓占野分圃散爲村墟湊爲闤闠桑麻交蔭雞犬鳴吠里無郭解劇孟之俠市無桑間濮上之音婚姻相通若

朱陳之族理亂不識若武陵之源佛貍之馬跡不到周顒之俗駕自旋星應五車地絕三斑盧橘夏熟楊梅日殷園收銀杏家種黃柑梅多庾嶺梨美張谷雨前芽茗蟄餘萌竹水族則晴裏之白鱠殘之銀魴鱸鮒鯊薫自昔所珍吾且與子摘山之毛掇野之茸剖湖之鮮醲湖之醲泛白少傅月夜管絃之舟扣天隨子太古滄浪之歌弔吳王之離宮叩隔凡之靈窩凌三萬項之瓊瑤覽七十二之嵯峨其亦足樂乎彼岳陽彭蠡非不廣且大也而乏巍峨之氣天台武彝非不高且麗也而無浩渺之容蓋物不兩大美有獨鍾茲謂人間之福地物外之天靈峯是固極遊覽之美而未知造化之工且夫天地之間東西爲下非是湖爲之尾閭洩之瀦之則氾濫橫溢江左之民其爲魚乎懷襄之世湖波震蕩非是山爲之砥柱鎭之繞之則奔激暴齧湖東之地其爲沼乎唯夫天作之寬以納以容地設之隘以襟以帶禹順其流分疏別派三江既入萬世永賴而後吾人乃得優游於此蓋至是而始知造化之意深神禹之功大

徐獻忠布賦有序

邑人以布縷爲業農氓之苦藉以稍

濟然其爲生甚疲苦非若他郡邑蠶繅枲苧之業力少利倍者可同日語也然天下所共衣被而詳其衷者甚寡於是核其事告諸觀風者

客有至吳下邑覽織婦之布素歆卉物之流澤將鳥彝之未計啓閨房之長息迺喟然嘆曰美哉布也是固一疋可以媿盜心不得千金之償約者歟何齎者之逐逐而拾者之堇堇也下邑之士曰羅紈繡文素綈錦綾長裾交褘流景飛晶此居者之所揚輝而觀者之所凝睇也子不是慕而慕諸貧民之業亦有說乎客曰布通貴賤之服不擇溫凉而適其爲製也疏陋縑緍密殊絹縠有氍毹之毛毳齊縞素之潔白賤靡綺之浮華傷貝錦之徒飾孺夫匹婦可濟其乏缺通都大邑與千乘之富相埒豈虛言哉曰子何不傷其勞而徒美其美不稽其私而徒夸其會子亦欲聞其勞且病乎若乃鐵木相軋手挽足壓且餧且扐出絮吐核張弓柱弦弦急聲噎牽條絡車咿啞錯雜借光於膏繼夜於日心急忘寐力疲歌發衾簟空寒漏水寂溢婦子喧闐老稺畢力客曰若是勞乎曰未也娶婦卷袖妖姬解珮含愁入機凝寒弄杼流藕綰綜一伏一起踏躡

相交上下不已縷斷苦接梭澁恐膩手習檻匡聲
揚宮徵長夜淒然得尺望咫寒雞喔喔解軸趨市
方是時也母聞謗而不服投杼妻迎夫而帖然坐
起客曰若是勞乎曰未也織婦抱凍龜手不顧匹
夫懷饑奔走長路持莽莽者以入市恐精粗之不
中數飾紛傳脂護持風露摩肩臂以授人騰口說
而售我思得金之如攫媚賈師以如父幸而入選
如脫重負坐守風簷平明返顧客曰若是勞乎曰
未也婦辭機而望遠子牽裳而怨饑先潔釜而待
米旋汲水而候炊語少待以相慰既久蒞而始歸
夫嬰嬰以隕涕云攘攘者在途索子錢而不釋併
布母以如飛夫狠攫虎噉肉寒骨解無一語之抗
聲猶三嘶而稱怪握兩手以授之拂空拳而吞欸
雖卒歲之靡從完小信而不怠是豈但一織婦而
衣十人殆所謂一室肥而衆俱瘠者也客曰若是
病乎曰未也海上之民土薄水淺其惡易遘枵腹
者未知其稅駕鶉衣徒羨夫長袖夫廣儲豐積出
自農夫之耕一絲寸縷皆從匹婦之手煢然而繭絲
告成罝蠶不問耕犂名豐於牛何有是固天下之
同風惟江南爲叢藪晦錯之地稅從升塗泥之卑

路計斗是以手不停機而終歲無衣窮年伌伌而不贍其口客曰何言之過也滄海變遷化爲陵陸禹土塗泥磽注灤湙禾黍芃芃滿家彌谷貧擣白墮畜樹華屋婚媾靡靡徒侶簇簇顩今日之江南殆海內之樂國雖有布縷之征亦豈加於穀粟何徒抱杞人之憂損名都之望乎曰否否不然恒歲之運水毀木饑消長相代前建後除陽九陰七聽命皇祇今昔庚甲火仇馮彝炕令爍金天漢飛灰槁土沃焦赤地拆龜既葵藜之莫采亦木綿之變哀枝無垂菝絮罕葳蕤傾筐脫負采掇支離寡夫擁腫哲婦鴟彝里胥蹀躞督郵喧豗無尺寸之可縫況綱運之崔巍匪凶歲之取盈抑國計之在茲當是時也雖使星婺獻技火鼠脫鬣鬣大夏之全產省公儀之百室偪陽不懸於城雉匡廬借練於飛瀑亦何以應之客曰嗟哉下邑之民若是病乎曰未也工以習勝巧自技生傷末路之靡淫變素樸爲華英始力作以助農終緙麗以耀名競良工之巧思幻化國之神能於是飄絮若蓬刻縷若髡積歲成匹累纖敵絨廣倍乎東海之二尺袤齊乎別渚之五虹鑿以團鳳繞以飛龍綴金章以錯緣

變猩草之鮮紅爛太霞之朝采奪景鳥之晶熒兹已浮乎龍水綃何美乎鮫宮蓋其技巧始於渡海之黃嫗彰聞出自戀闕之鉅公忘萬家之膏腴邀一日之歡悰傳觀內近遂入公宮一匹遂抵於千緡聯筐始幸於重瞳民已竆而益偪霜既結而氷從嗚呼嗟乎蒟醬竹杖天馬蒲萄通西國而開越嶲竆異詭而馳臆胸啓皇武之遠略罪臣奮之作偭朝權不思其暮落寒灰尚戀夫冬烘竟殘桃之取戾何獻曝之耿衷今聖主龍飛問民疾苦諸非著令收不暖坐首蠲兹役郵我隕仆尚衣之絺繡有章進御之浮靡不取免徭征之巨累始息肩而就臥雖紅紗之綱運尚存而貂璫之督課稍妥客乃瞿然作而言曰甚哉鄙人不知民之病苦若是也九月授衣猶以為晚終歲作勞祁寒不免吾又何敢袖手以向人負暄而思煖也哉

盛時泰 報恩墖賦

徒出都門以游衍兮經長干之故墟瞻寶墖之崒嵂兮心四顧而踟躕始卜築於孫吳既再典於晉馬獲石內之三珠得函中之半髮光熠熠而亂輝色青紺而騰發惟金粟之自炯出玉毫而普現乃寶氣之燭幽故慈光之

上輝歷塵刧而獨存超人天以自展惟民祖之龍興兮振大法於將隳既離明之繼照兮拓弘基而建之念櫛沐之久劬兮哀罔極之難報證寶地以舒虔兮仰提慈而洞照發睿念於淵衷兮沛綸音於天語遂乃近徵畿甸遠募荒陲盡甄工之意巧極目匠之伎奇準宮闕以立極擬路寢而築基備百制之儲萃煥五色之葳蕤飾隨材而殊質貫彩呈體而異施盤后土以奠方兮浚重泉而作鎭擁蓮趺以旋規兮列朱楹而作蹬映紺殿以孤峯兮超廡廊而直振出木末以高標兮踰臺巔而獨峻故遠而視之則嶒崚嵽嵲一何高也崢嶸巘崿又何麗也嶫峗嶕嶢誠可駭也嶙峋熣燦亦何異也玲瓏焼烺炫輝燍燍若海藏之蒲生焉巍巍嵯嵯紛葩爛熳若空界之幻成焉竦露盤於雲中兮峙金相於天闕開八戶以翕施兮盤九曲而巀嶪剛風寥寥拂其上兮灝氣汨汨旋其根勢巃嵸而直矗俾喬嶽以失尊掩映雲表若隱若彰憑陵昊旻輝輝煌煌心仰瞻而內悸兮目搖搖以喪精魂搖搖以自失兮瞪閃閃而若驚於是詳其制度觀乎窈窅崇基詭制巨構殊形高踰三八數邁徑三非尋

丈也鈎闌簷牙坐計甲乙非斲削也闌以八維虛實其四順陰陽也列牖設箕婉轉洞徹通明暗也甃甋瓵以爲固兮盤鉛錯以爲堅懸鈴鐸以爲振兮胥蚌螭以爲緣列巨靈以顯化兮飾諸像以威緣冠纓鎖冑悉其飾兮耳目耆髮豎其全虎豹犀象蹲其下兮蓮曇蔓鉢嵌其巔外侈極於弘麗內纈緻於精微上標極於峻迴下盤固於無倪雕欄婉轉而透迤兮瑣闥軒翥而弘張棼繚繽紛以相藹兮斗栱奮起而翔翔螭頭吻崛以交結兮豹尾貧緣而橫當懸棟峆岈而撐拄兮綺阿露瑊以飄颺鎪鏤煒煌而煊炫兮布置絡繹以縱橫飛梁偃塞以翕翼兮樽櫨纍岋而岊嶻金除燁煬而赫起兮晧壁螢液以韜光於是極目而矚則長江渺渺其帶束兮羣山隱隱而如堵闤闠遠其稠依兮城闉從其密發廛市迴其千闠兮衢衢委其四列阡陌交其塍偃兮原隰互其明滅趨視若燭龍之下翔停瞻恍火齊之上騰斯莽互其變態兮風霾鬱其聿蒸倏現彩於罔測兮忽幻質於虛無既作鎮於神京兮又翹準於皇都極寰海之淨土兮孰藍墖之可如誠法界之偉觀兮擬冥工之所鏤匪近

知其可詮兮恍神鬼之自符願照迷方於十地兮續慧性於八區庶普大智於罔極兮注洪澤以沾濡

方學漸浮山賦幷序

皖襟三江以山爲國桐據其其曲四塞皆山龍嶽襟其南麟嶺峙其北華崖障其西函山表其東崇峻環瑋出霧蒸雲壯觀具矣元覽略焉惟浮山盤鬱於中勢不甚高而嵓洞天開石溪地湧若神鰲失戴瀛閬靡依海潮乍驚浮空洸蕩奇蹤異狀不可殫述名曰浮渡所從來矣仙侶釋徒棲神代有梵宮蹲址道院負嶼信巨靈之巧搆江滸之奇觀也方生性癖雲山結巢依麓秋飈春煦躡蹻孤登曠矚怡懷驩然賦焉 緊鴻濛之未判兮肆顥洞而沆漭施渾沌之肇開兮峙者結而流者瀁氾蓬瀛於瀚海兮賴贔屭於巨鰲曷吞鈞於任公兮致元闐平漂淫來吾桐而凝止兮奠洪基於江曲爰錫名平浮渡兮儼方舟而崛崍表天柱以爲栓兮索地維以爲纜石崢嶸而夾桅兮繫九嶷於瀲灂乍鯨濤之震撼兮飛鼉浪之澎湃走鮫鮻於白晝兮嵐岌岌而駭賁卧蝘蜒之磄磅兮試虬龍於碧波梟雲逕以上達兮扶牟角而斜過徐洞口之嶗劃兮

柱嵳峩其碣石羌龍虎以鍵闢兮若肺懸而骨立湛玉蓮之爛熳兮浴紫芝於元瀦鳴金鷄於寥廓兮開繡闥於璠圃乃有危巖三十六兮堪徙倚而游之別洞七十有二兮各獻媚而爭奇越陸子而會勝兮列崝嵮而凌漢砑崔嵬而嶕嶢兮刻嶙峋而瀆漫窺杳閬之奧窔兮踞淋漓之石牀啓冰壺之洌井兮瀑沆瀣之瓊漿麗層空而軒豁兮挺瓊樓於巖表結磊砢以爲廊兮敞玉虛而皓渺更石梯乎遶雲兮干星象而躡虹鳥道疑其莫度兮遠逕畏其難通轉側升而附蜥兮乃旋近於桑日誰杵藥而飛翰兮留荒臺於崒嵂緬野夫之芳韻兮巘丹穴以俟來度仙橋於蚴蟉兮布棊石於莓苔盼龍池之孤穎兮指拔芊之維鋒聯華峰於天外兮控皖嶽於雲中塹崇巔而汩汩兮礴天池以成壑似清淺而沉沉兮泌靈湫而罔涸偃兔宮以肖月兮翥翳鶩鶱而朝陽拂紫霞以度闢兮踞元豹而蹌踉瀉明河之倒液兮滴晴空之飛瀉誰濬源而長流兮洩尾閭而焦沃載高巖之逼斗兮歸岑樓以奐居煥琳宮於金谷兮宅深昧而於於妙元會於總巖兮盈方丈而備巧闕日月於蓬壺兮約睇

槩於湫小何大冶之型埴兮罝馮夷於天台激崇陵以濆洋兮參蜃氣於層臺爰縱觀乎寶藏兮奚珍錯之不具紛縱縱而萃萃兮極霄壤以加富馴擾乎青麟迴翔乎朱雀麌麌乎元麋噑噑乎白鶴龍隱乎石池蟠伏乎林薄嘯月乎狙猱吟風乎鴝鵲蔽日乎松杉參天乎梓栢修竹乎綠漪茂篠乎翠嶂馥郁乎桂叢芳芬乎蘭若垣合乎千葩嶭盈乎百藥每青陽之啓運兮流景輝而彌光也游士女而絡繹兮道擊轂而聯裳也即秋氣之搖落兮擷羣英而履霜也飛烏戢而崆峒兮清風肅而琳琅也逝朱陽於昧谷兮若海曙之初陽也返烟光而生色兮何夕巘之多祥也是以仙侶而乘勝俯雲閣而下棲釋緘經於岩室坐碧玉而忘機騷人發其鏗訇宣金石而振響哲士慕乎皐蘭輕千里而嚮往遡太古而罔徵幻左慈於漢末紆弘景之相猶潤曹松之詩稾巖屢託於前哲墓猶指乎遠公暨歐蘇與僧瑞尤唱和以同風若乃藉阨塞以屯戎砦崎嶇而禦暴翼威武於貔貅匪祇靈之攸好白沙嶺之卜築陽明亦欲選奇則有道之振鐸樹茲土之鴻儀覩華巖之廢址憐梵宇之荒唐

欽賢館之壯麗將正學之寖昌稟二儀以握珍對千仞而仰止期不負於斯山暢幽懷而莫已亂日麗姿厚質乃中虛兮廓然有容君子居兮龍潛蠖伏越羣儔兮勿謂崄岨君子求兮清源冽冽石其瀾兮君子飲之渥若丹兮巍峩屹屹天柱尊兮峻極穹窿我則欽兮先登者誰陟其巔兮漱泉枕石洞中天兮

皇清潘耒平山堂賦

伊茲堂之締構洵宏敞而寡儔超埃壒而特起踞名都之上遊崇臺瑰其造天兮華懷鬱乎雲浮窮地勢於南條兮見江山之相繆苞牽牛而絡婺女兮納埃風乎不周怡惝怳於虛無兮渺僊靈之所留爾其託體則平岡陂陁西走滁濠支阜屹立削成增高其面勢則宅岡之陽居乾之位觀宇迴環林薄周被爾乃斬懸巖以累砌規廣阿以築堂旁羅桂楣仰承杏梁飛宇周閣鱗鱗將將颿稜柃詣若騰若翔塗丹錯碧反景流光遠而望之巃嵸參差若神山之出海見銀闕也仰而闚之碉礑巍峩若射的之在空植箭栝也容兮如幄崒兮如冠霧翕雲舒不可

乎得原若乃踐平皋經長坂步廣除臨絕巘瀏覽有無獨察近遠前瞻揚土之博大兮原隰紛其錯重綴麗譙於連星兮壯干雉之金墉天塹劃夫神皋兮屬赴海之白虹層山迴顧於秣陵兮矗三茅之仙峯左眺海陵原田每每漖波漉鹽利盡東海右瞰揚子銅陵巘嶢即山鑄冶吳濞以饒後巨浸之湯湯兮沐日月於中央洩斗門於邗溝兮轉舳艫於帝鄉泛歷覽其無垠兮蹇躊躇以相羊至如朝光絢野暝色騰陸晴景澄鮮微陰霏霺變合一瞬態窮萬族長楊垂絲大隄木平芙蕖含華的皪芬馨怒濤瀺灂於曲江兮風雪颯灑於蕪城物無隱之能遁狀無奇而不呈耳目爲之滌蕩天日爲之開明斯誠臺觀之巨麗海表莫之與京者也於是邦伯郡牧來遊來豫弭節停驂怡情遣慮賓從詳雅尊俎有序究觀夫風土之清嘉與民物之阜庶山川之形便謠俗之遷注調燥濕於巖絃齊六轡之柔馭遙興遠思超乎獨喻其或大夫君子善辭能文比材曹劉方藻卿雲期春秋之佳日聊整駕而索羣叅萬象於靈府吐元黃之繽紛亦有都人士女嬉春競往稅青驪泊蘭槳采蘼蕪搴宿莽

滕關河結遐想極泛濫沛自廣至如遷人放客經奇瑰材鬱風雲乎未感臨岐路而徘徊塊獨遣此羈愁兮憑高望遠穆乎登臺悵民生之多故羨天地之無涯歲月忽其如流羌長吟而永懷原夫揚之爲士也襟背江淮縮轂水陸百貨所輳土膏衍沃故漢代疏以爲國隋帝巡而作宮唐藩宋閫承侈席豐經營窮乎地軸雕鎸極夫天工璿臺瓊館穆若神居者蓋不知其幾而今皆影滅光沈山移壑徙際天驚沙覆地白葦螢飛秀麥之園兔穴枯桑之壘惟斯堂也創自隆宋著於歐陽遺澤在人勿翦樹棠五百年乃有賢牧實景德而齊光考圖索乎故址新厦屋於崇岡華不侈心儉不陋目高不絕陵深不藏谷不勞民而就不糜財而足形勢盡東南之美風聲表士庶之愛續前薪於無窮宜可久而可大嗟宇宙之悠遐兮惟令名爲不刊德業若大車之載兮文采輪轂而使前或鐫功於銅柱兮或沈碑於深淵金石弊而名存兮孰轇轕之使然披竹素之寥廓兮得兩徽其猶比肩承休風而結撰兮尚有述於後賢

任辰旦吳淞江賦并序

蓋三江爲禹治南條之一

而吳淞又爲禹治三江之一也按諸水利實綦鉅焉嗣迺興廢靡常纍臻平陸自

國朝受命以來江南卿大夫皆名賢諮濬故道規畫咸備厥功茂矣及余筮仕申江復奉令而踵成之爰爲之賦其辭曰亶禹迹之遠敷覩江流而思邈衍壙埌于平沙啓辰曜而光矚匝三吳以運靈泉流奔滙而注之壑爾迺瀉具區之橫波開天臺之筦鑰納錯夏引松陵合薛澱繞茸城三泖就谷長蕩迅騰激浦下潤風渚地行以暨青龍白隺之派羣分條縷莫不趨焉而共寧況乎月盈而潮汐渟乾而放盈可湓瀦以當雨抑陂障以衛耕溉田疇之繡錯利帆檝之舟乘舳艫艅艎之接榜稼禾華實之滋榮是誠南州之普澤而吳會之弘津也當夫四序之代移所在靈源之各適漲濱澳于桃花盪焱景于神宅蒲荇延青芷蘋搖白漁火羅星蓮歌起拍旋且白帝降而寒澄元女翔而凝澤揚水窟之商飈濯蘆洲之蟾魄西爽清肅而水下朔風沍冽而冰積托神理於漣漪咸順令而應節歎觀瀾之變遷逝如斯而不息爾乃鷗駁鴡鶚鵁鶄之羽殊千名以應化鮫鰩鯩鯿鱸鮪之鱗辨萬族以

隨時觜蠵鼅蛙貝螺之異種虬蛫蛟蜉狸豕之離奇洵稱寶藏不測之府皆紛蕃詭誕而莫能知若夫陽侯列陣江妃奮武風烈雷殷砂簸雲聚濤翻駕黿之輪浪拊靈鼉之鼓瀫潏潋滟以駭目涌汗洗淠以肆怒隄岸於焉若撼客子於焉慄股斯又塹險之巨浸爲莅土者責永赫惟是

皇清定鼎上聖下賢習坎向離括坤包乾既河清而海宴方祥集而瑞全文教丕播于海童豐功昭格於水仙則江靈之効命以朝宗固將配有夏而億萬斯年

劉思敬黃山賦

緊軒皇之遠駕翔八鸞于奧區誕昭受夫靈貺啓玉簡之素書驅日月爲爐炭養芽雪之元珠颷遐征于沖漠遺划灰以巋巍其高者穿雲接漢深者瞰鰲柱之六樞斷者隔離鳥道平者奔駟連虺虛而噭者虬螭衞其洞府巉以蟲者風搋拭爲幢殳導從則引者隨者若瞻中峯而咸俯孤碗則藏者逸者乂辭衆美而傲居留古皇之色雖草昧不芟夏可雪冬可花空凡塵之想卽徑路俱絕林可幕月可梯一巖兮一洞一峯兮一溪振長纓以曠攬耀燭龍于八隅凌景風而輕舉飄余珮之陸離綏驤轡使停

影尋窈渺兮含奥山靈若預形以濯魄沃飛泉而溫之美哉金粟布池硃液上涌浴者履煖玉而挹明瑀滓垢逝而不留清虛濯而日躋于是步衣于徐悄悠惘盱雲屏千鄣萬馬磨壘耳濺崩磵目蔭扶蘇儼金繩之界道卓杖錫于潺池瞻梵容何肅穆悟無生之有基北面天都千一百八十仞兮儼留問道之容傾聽而久立抑若攀髯初升兮凝旒天碧而垂緌烟蘿匝月點雪者白猿雷護珠函神栖者石室青鸞翔舞前侍兮硃砂紫石仍當年之玉髓雲外一峰搖曳兮勢飋列以仰止蓋前此秘惜者萬斯年自安禪始有法海之娛荷兩宮之悲願範四面之弘慈嶺有三觀之號逕崗羅漢之級龍子沐珠于潭側巨靈托鉢于丘隅鍊丹之井崗芬虎巖之口容膝聖燈散照仙霓叶呂使蛟窟螭叢頓爲寶坊花雨遂與五臺少室競勝兮鼎成以後又一鑪鑴步步引清凉之勝蹟兮將問筏于夢中闢境之文硃珍珠滴瀝于古蘚兮旱不滅而水不溢老人騎背而磬折兮歷天門而靄結雲霙童子鸑鷟相望于道左兮大士洒甘露之枝松門從倚偃蓋兮睇石欄于雲之際何鱗鱗蜿卧卷阿兮

日懶龍嗜睡而未起遵道而得石罅兮仰天但一線之霏微草名雲霧磷結團蒲忽入巨巖而逕絶兮絛扳危竇而趦趄梯出穴表則更闢天日兮林木清古而儵其坦彝山人迓余叢薄兮嵐光横帶荔爲衣禮曼殊于萬山之巔而奇狀不可名兮窑老人顏其額曰到者方知坐文殊座于獅脊兮趺足展而下臨無地仙桃可盤而獻兮遊立雪臺而玉笥又若可飲異哉誰駕艨艟于天半兮勢欲浮空而逐兮水之犀盼青蓮之穹絶兮分瓣連蕊而珍鬟崇巒巔跆負暄兮忽霑陰壑之如濡水潺潺其浸袂兮睎汝髮于藐姑射一兔横身險塗兮絶壁之上現月影之蟾蜍菡萏桃花竝出兮石梁合其連理履紫苔之百仞兮入列缺而升自甕底觸石而幸得生竇兮超礨磴崛岉以横趨歷衆險而後快兮鳥斯戢而離猴乘崖圻以駕槎枒兮結長絙而寸徙忽折窔而失路兮壈悚浹背于不測之谿下峛窣黝幻如隱神怪兮欹崪崩嵂又壓而欲頹乘垝垣而惜蓮菴廢址兮茶竈尚遺於㹳狌之宇取火于由旬之外兮尋汲于石骨之瀦饑驅競燒榾柮兮裹糧者之芻糲如卽阻巉不恐墜兮鑿

展痕如新月而僅措半趾蛇蹤以移兮巔巖相引莫敢旁睨欲登峰而莫由兮立雲棧之兩梯懸壓緣獨木之梁兮入青冥而始攀其筋歷三十六峰皆環立兮目窮霄光而四集香水海若仙掌承露兮側觀反擲之獅子蓮葉紛紛其危墜兮諸天繽花而未息出自紺髻之頂兮疑颼颼其飛去馭閶風於倒景之上兮天都相向而對語凜乎不可留兮倚閶闔而延竚望泉灌頂而不可階兮但於隣峰望其沸膚爾乃百步雲梯扼一山之險要大悲極頂範十地之權輿懸項空濛海天一眎仙橋琪石離奇莫踰賈勇升光明之頂月塔互現探驪獲珠雲門天闢青獅蒜俟五老化形三源合注迤立于平天矼兮乃分前後海之漾碧古栟蒼虬罕有其儷遊覺分緣而出鍊丹峰兮海螺飛來總千林立有臺翼然以拱峰脊趨臺西眺兮佛手芙蓉玉屏筆架咸編珠而貫壁海門紫醆瀵湧兮倏又空翠染衣而可襲時或洞壑啓閉則布珊瑚之帝網兮長虹揉五色之棼絲山人曰俗訛雲氣鋪海吾每笑其耳食即今晴空晃耀凹凸萬頃君不見其起伏瀠漾乎眞乃廻風瀾紫而何假有洴萋萋越

若石筍矼之挿漢兮遊雲片片以繞際不啻建章
阿房之峭列兮在陰沉不在日噴朱華仙縹緲蔬
渡兮斧斤柯爛而石人猶對奕劖迴嶺轉撫波鳧駛
師子林盤桓四顧兮或蹲或舞或伏或馳明鏡何
來自飛光岫兮誦法臺之丈人趣蹤聚曼陀優鉢
以散花兮擾龍裂石而擎山粒巖前有似寒山拾
得之避閭丘兮將入石而鏬而未闔若始信峰之俶
詭駭惑謂至此始信耳而亦有至而終不信者黃
貞父叫絕而題曰豈有此理松何由而接引行何
爲乎股慄褰裳就之望洋自失信陸地滄桑之異
从深殊不可俯兮忽瀉雲濤之萬里蛟龍熠熠其
盤束兮轟霆助其驚喜噫嘻乎人世未見之奇陟
降九天而俄潛九地丞相源倒天門之下兮登石
樓而覘鼇指自分脊以屐躋飛兮兩都挾垂天之
翼絕巘啓藏而睹檽星兮幽徑洞然表裏九龍凄
其凜骨兮山色皆從雨洗身在摩霄之上兮胛僧
會擲鉢于此應眞來駐翠微兮無冬無夏一麻衣
訪桃谷之鋏牛兮龍窟猶洒甘澍浮丘容成互峙
兮芬菲菲乎梅花十里若夫聖景不可殫述者覽
身之光應念而至或世界布金或皎日重離瑞相

夜呈層巒如畫霞光紛綴神山忽起六種震動則元扈胡然天胡然帝五色輪旋則清現于松龕十蔥嶋此豈凡近可覬一遇至于飛走動植之殊天葩地錦之麗則有青貞白熊貓麈鮫鯉鵰鴒織樹杪之烟鶴鵾啼而梨鞠以萎鷹鴞失勁于鴨鴣狐蠱辟邪于鷓鴣山樂異鳥鼓吹行歌犂春績種製錦可狎乘龍之鱗鬣化怪松駕鶴之羽氅飄玉蕊文杏三元艸亦三白蓮呼學士茶亦寶珠南燭照山枳椇勝蜜樬檫夜葟栟櫚椕被蒼鹿飫九節之菖蒲青牛眠三秀之肉芝蒴藋葯蒻芝之芎旁其佛面之竹萬年之枝根株怒鬱螺結互踦泉聲盪其孤根宛虹縱之伸屈迤迤跨澗成橋輪蓋張嵎岩峩俯蔭秀色篠簜披拂清癯大壑之陰黛蓄膏渟幽芳所發蓊鬱勃苾眺聽不暇峰勢如馳從者惜行欲傺山紀爰有野樵釋負而總其勝曰予所見天都蓮台兩柱踧陵東西列翼仙都負扆逾越夾嶺如載手斛東峽而下石井深窒氣通濱渤乘槎泛之客旣有躭山之癖宜盡致於南北東西東入則壺山爲首自西徂者問徑麻衣松谷枕其北而東北必自逍遙之溪東南升容成之臺可使七聖

不迷客輾然笑曰是所謂蹊徑之智信耳目而畫方隅子亦知臺山鷲首勘破路途邊事尸陁不響山谷帝釋罔措於當機且吾聞老宿弘法于斯者初皆捫蘿攀峭破雪劍奇景物從心而顯色足亂浮雲且奚疑顧何必效山經川志之蟻旋而甘丘貉之拘墟樵者惘惘其若失白日已晼晼于崦嵫霞紛霧湧秘藏其藏兮古木隱映而低枝泠泠乎潛屼封青靄藹兮大地收一卷之圖書雲卧已淹于淡旬兮鴻濛等之呼吸嗟若培塿之限于廣輿兮踵前修于咫尺耿余懷以行邁兮廻薄終古而未極

湯寅北固山賦

汨長江而東騖截堆埼以孤稜負崇構而傑起崢嶸岝而嶔嵚緬張氏之行役云托植於金陵乃其指天目衍廻龍紆京峴而右剔稱別嶺於鮫宮跨黃鶴而南沿凌寶蓋而西雄汲天津之伏流圻海涵之冲瀜迅風切而落響旭日起而升紅邈飄颻於紫烟蹴磊砢之高松挺萌臺之妮妮沛流泉而灑沫漾堀杳之疎鐘恍四山之鏜答顧青螭而依依遂憑堦而造閬曬葢藍而何象儼白榆之可刿爾乃杖金策側角巾侵蕭瑟之寒曦納亭臯之芳春採江蘋而

而斜渡覽潛波而漁鱗經眕睩而躑躅俄陟碪而無硍始凸悚而坳驚漸地蜷而繚曲拂半天之胎禽攀九垓之仙躅遠嶧微而迎茜石路欹而銜綠樓臺羃冪而高騫諸峰迥而起伏其前則千雉萬堞綺錯鱗次伍兩雲屯翟葆風厲千畝之屋五都之市白地統纓珠緋璭璲隱隱輷輷譅譶糾刺大胥之所不能名隸首之所不能記芝楣繡桷麗廠芸堂巘巘乎其干霄覕竇窱而迷方鳴鐘食鼎淇闠玉圖雜卉葳蕤以疏途叢英阿那而分戶彫俎鼎兮留賓歌舞嘗瓊禾而詎甘進臑蠵而停箸七盤紛而近郁管絃嘐而遐赴延郛蔽郭朱蕞巢抽荆杞凭原而隆翠溝塍界路而承流橫唐顏之青蔥俯月華之雕鏤其後則多景之樓清暉之閣枝岸峉而交撐結磥硊而如抵瀰漫轇轕矍焉神愕曲碧盤根於虛空神鷹奮飛而下掠窺望江之危亭並蛾眉而依約吳檣楚舶於山之阿前迎後距擊汰揚波集布駅而欐操戟飆裔於盤渦元冥蕩日飂飂風多亮朱明之不爂宜披裘而婆娑朝嗽夕櫝旁睨邪眺絢雲霞而作壁插曾濤之浩浩潤烟生而迆颺混太虛而鼎溔西則皓盱歙艴浮玉相

望竦重欒於波底壓淅沸而爲堂東則焦巖蓊葺彷彿乎懷襄嶽霧樹於飛滂滃睢碭於中央惚兮惘兮𨚕乎湯湯儀曲江之鉅麗控海門之彼茲其左則殷殷繹繹坡陁直下隱弇之丘瀰買畏之野崇岡列而畱凝平林嶄而瀟灑道爰遺跡宋玉誅茅製龍經而泉沸企曳尾而心遙承容葉以爲幄榷蒼松而爲橋杳乎翳薈畫爲阡陌忽巖業而高緣㩗岩崗巃而低迫間墝硞之田畸錯沿淪之大澤藏籦籠而有人帶修巒之重碧嘉樹列蔦蘿延倚室皃傍潺湲鋃浮閣之崢嶸見闊汝於東軒信恢泉以儻閬溯句曲以相纏其右則岷嶺分派波濤南析川迤澮隱霜葦風荻噲乎其隅混乎其室捷獵跃蔓亭砖樹積濟濟鏘鏘颿馳轂擊斥闠闤之紛紜肆嚳繆而相適歸蒜山之晴雲停酒罌之勁翮走馬之澗硍乎中開隔四空而閟跡巨靈豗其崔嵬狀庨豁以崆峴驚騰睒而徘徊扳葛而驚倏掛雨㩗壁而溫霧縈苕仰硎磃之若墜墊頻窋窕以頻猜慄猥猥而屏息蹠硫硍而成雷怪石帷舒乍前乍却岩嶙嶙㖃躋空欲落磓硤硤以數青疊硐巀而獻萼披半角而垂鋩倬芙蓉之初剖羅衆卉而

脊生被蒨峭而猗靡參高絲而先霜縿早紅而晚
滋其上則列剎言言鬱紆曲布事存天監名仍甘
露鏤衮有唼藻之鱗碧題有不彫之樹栱橑熠其
斜錯栟櫚詭其杈枒龐廔宿月金輪棲霞叢篠掖
其閌艫櫪杌其隈軼摩伽而遜製豈嚴爾之能裁
堂則雷音護勅實實翼翼弘絲緻而翬飛揭離樓
而並飭亭則鎮海臨江居山之陽懸旅楹於崛岉
敞磊硌而磅硍其他曲檻燠房塡擿丹飾詭形而
殊狀者不可殫述出柳溪之游鰻懷北軒之暮笛
法序茀而增高月潭湫而清冽鋭嵩丘之鏗鑿入
江聲而爭急栟櫚潺暑而扇陰樫椐豔陽而呈繪
丹楓悽其憯惻樅栝簌其晻藹花餘四時目饒晴
睞鵁鶄則戒夜而鳴鶤鵠則葉庇其背他若六霙
縈盈而溢素蝃蝀霍濩而吹帶赤松匿景而垂絲
纖阿馳輪而眩采其下則培塿東走落景西明歸
層艫於石壁勢縱巎而究升面翠薜以啓牖披倒
樹以安亭幽篁觸砌而戛玉菡萏灑露而鋪星虛
洞積香而中窈鳳池含藻而波澄雨華垂青海嶽
淨名纍以窖檜圍以山櫻文以翡翠聲以和鶯援
鳩鵲之孤嶼驪琢玉於遙汀任公詹父草樹爲廬

乘舟容裔風水當居騰淼漫以天浮沓㴉減而畢
趨設罾罩施罾罛鉤必逮雙網必盈艀潛鱗爲之
駭徙天吳爲之欷歔估客之船落帆之浦疊槳聯
篙明滅洲渚沙搗僄其奄忽楚岫濛而霞吐蠏堁
之田多黍多稌既腴壤之涬洝況編町於茲滸眡
稌禱於雲根理穮鋤於繁楚秩秩斯干講武之堂
製弘敞以窣寮篠映蘭薄而襟江吉日維戊干戈戚
揚於是鐵杖之倫超距之士並集洶湧魚服象弭
驚帆逸足照夜騄耳金鍐飾而蒦畧桃花縟而千
里乃踰唐陂導坑衡彎青檀而弸彋奮軒蘆之驚
霆百金命中貫月穿星琟弩具臂銲并搴旗格猛
其徒如林足以讋海若悸百靈耀五兵於設險榮
李花而迄今若夫衛公之栢車蓋無存明皇之像
遺真已譭物既往而代非愴靡徵而不尊僧繇探
微是留殊繪吳生擅場妙麗神會踐狠石之如羊
蔓阡眠於蕭艾悵典午之更非感孫劉而一慨九
陽屆節有鳴倉庚於以修禊於江斯清於京斯依
彯然華纓載忻載燕鼓瑟吹笙亦有嬿如姣好先
施陽文細腰善步其從如雲曳綃縞之纖袿髾綺
紈而夕熏婉徐步兮裶裶樂莫樂兮青春然則茲

山者綜其所宜而程其所用首鎔鑄於過江承前皐之均重徒觀其山形面埶嵬壘嵁嶮修竹良材參差櫹蠢足使甯封頤神而不返支遁布金而存朴總二善以同規陋禨藏之往復至於地非金闕夙標名勝謝元釣鱸以寘志令則淩雲而寄興米顛托病以棲閒客兒紛游而竊詠美令執於曩賢實靑丘而並競若夫閬風層城峨眉積雪香爐恒霍之奇女几天台之別雖名羨於山經終險巇而遼僻未有聳城闉而邇峙攬曲涯而吐納果擇勝而逍遙庶茲土之尤絕

京口將軍大閱賦

何絜

於爍景運旣富且強揆文奮武德威孔揚遘一隅之備警奉三推以啓疆覃
皇仁之赫濯希
聖敎之溢洋爾乃時屆中冬天地隆烈捍圉講武禮嚴大閱將軍將帷狩于提封之內爰命羣吏整羣旅斬叢棘樹三表歷吉日協靈辰開北垠而承不周之冽維日乃駕高軒導橫吹執貢鼓載路旂蒙公引轡蚩尤挾騑旌麾雲擁鋒刃火輝草木搖落山川震隤方翕而其陰閉俄雲然而陽開於是梢夔魖以森壁壘張毳幙而扶猗狂濟濟焉責育之

倫能貔之士挾金戈而秉玉戚者相轇轕而軍裝莫不勢如彍弩捷如發機齊總總以就行雲迅猋駭星羅鱗布分魚頡而鳥眄見夫短者持矛戟長者持弓弩強者持旌旗勇者持金鼓招搖在上營茲位伍前臨朱雀後踞元武左顧青龍右伏白虎昭殊色於坎離辨飛光於震兌標中央以發揮儼繽紛其繁會其間荷蔀天之羽張擾雲之罘約日月之高竿曳彗星于大旗青蜺爲紛赤虹爲縹屬乎方次之宜者煥若雲霞之垂而其或取之范氏之室或濯於蜀江之涯宜其旟旐邳偈之迷離盡一時翻鴻之麗而走龍之奇也至若韋轄游環皮軒革輅玳瑁茱萸鞴輞掩戶映膏鐧之有餘颺飛蓋于林樹似高雲之出巘宛翔鴻之遠赴而馬則綠耳青驄象虎胸而鱗腹追風逐電儼龍頭而魚目其產渥窪之濱乎抑出頗黎之谷加以鞍韉鏤銜珂疑鞘尾施珊瑚象牙之鞭鞚靭嫻綵纏而馳逐夫且兜鍪釬頸浴鐵而縲金者既焜燿乎精剛廼犀皮兕革連組而被練者尤灼爚以流光諸若齊金楚鐵錯玉銜珠惟脘影漏光之珍實流彩飛景之寶各虹蔚而蚌雕竝龜文與龍藻乍湛如以

水照倏曄若其星攙乃弓則桃弧繁弱弦木以飾金矢則羊頭鵲尾青鏃而赤莖尾斯般揮牟彝之所造紛紛貫札而飛星於斯時也斬牲而狗鳴鐲攡鐸伐鼓淵淵用齊坐作合沛艾之龍驤分左右之鹿角轉魚麗爲長蛇開八門而五花屯中堅以握奇攝貔虎而無譁爰爲鼓之以禮勵之以義相與急國而忘家迄夫伐罪誅方信能執猛攫戾碎堅摧剛威靈丕暢吞滅鴟張日域稱貢月窟奉觴神武之輿震懾八荒洗兵瀚海駙馬大江振旅塡塡反旆洋洋凱旋飲至珍庖玉漿放歸牛馬草露瀼瀼包戢弓刀化域悠長以仁義爲干櫓以詩書爲輪箱寢兵去戰躋五帝而媲三王

來悅樓賦

馬瑞

若夫大江之南毘陵之東水陸所輳舟車咸通帶震澤而列壤接吳臺以峙雄星分斗野地肇梁鴻答天桴於昏旦建嶢閣於方中結棼橑以曄曄狀巍巍而有融歲月云湫烏雀攸叢雖基扃之固蘙嗟榛莽兮其芃勢懼將壓謀宜僉同迺赤烏之貞讖適潛契於吳公公下車而塗歌輳頌發令而蹈德懷風顧兹樓之陁陊際累歲之登豐父老贊謨子民輸忠剞甃甓竝舉髹堊稭

衷司時練吉於歲始都作告備於春終襲重門以警夜升修級而流虹義合罍嚴更之典製侔懸獻之宮陽扉南啓陰軒北矚春牖左開秋窗右闢飛層簷以延素娥驤高棟而賓初旭鬱空翠於臺端生遠風於檻曲暑雖殷而不炎氣方清而含育俯人烟於萬井收霞光於寸目臨八達之康莊覽交衢之徼逐通闤帶闠連甍聚族甍宇齊平冠蓋轣轆重城結隅以隱映郛廓周匝而淑郁廨署基布亭隊列轂或有高門闕霤雕欒鏤棨之若世族故家連閣重樓之處駭標牖之相望若仙靈之忽御既霞駁而電開復鴻停而鶴據豈台岑之城勢逶迤亦蓬苑之臺形軒翥浮作氣於遙天播遐風於淸署表百尋之直幹致千祀之令譽乃其圖史披覽之暇官曹案牘之餘良辰令節飲景凭虛萑苻靜於郊關桑麻植於丘墟風霜蕭散華實敷施眄粉堞之紛廻睇素津之縈紆挹遙山以銷憂慶有年以軒渠鳥飛鳴以過前風颼戾以吹襟嘉賓結歡僚佐容與合樽促席引滿攬祛彷彿於方壺陳酒餚而樂胥伎無取乎飛丸躍燕樂不逮夫馳馬戲車若乃山川修阻之賓雨雪懷歸之使或引領

於京邑或割慈於鄉里息輈路隅稅轅川涘登麗譙而四顧望晻曖乎桑梓停驛舘之旌旄傷行塵之施靡乎建有悲風之歌靈運起東旋之思莫不奉言笑於琴堂慰羈愁於迅晷至如金壺漸滴銀漢將流天淸暈滅露白光浮停鳴榔於魚浦斷傳檄於星郵發淸聲兮瀏亮度廖廓之層樓女郎悵恨於絡緯壯士宣憤於删縱既春容兮隨風復悠揚兮達幽似陽臺之散雨若瀆海之揚滮及夫雞人未唱鷄鑰猶封星翮南陛月掛西峰宮音既布逐吹合颸千門啓兮朝霧銷百鳥鳴兮春露濃方外之黃緇戒路關河之戍卒聞鐘知陰陽之遞運悟日月之征徂吳公於是喟然而起瞿然而嘆曰史載南風之乖序詩諷東方之未明測辰者不錯於杓建揆景者無謬於璣衡陰蟲有上輸之義靈蚪覩吐納之平鼓潛聲以待擊鐘登懸而畏盈咸貞度以昭訓乃夕思而旦行勵俗鮮數赦之令入校無論政之堀進縫掖以論古課黍稌而勸畊南至觀臺遵太史之律仲夏築榭實有司之程煥韓城之舊址彷周臺之始營率登登以奉職遂塡塡而悅成作賦敢同於王子贈言或託於孫卿乃歌

日有柱有礎兮非他山之材棟宇煥兮非徂非徠
鐘鼓具兮聞九垓照城廓兮層樓開克宣明政兮
歌子來江之
南兮春風回

江南通志卷之第六十一終

江南通志卷之第六十二

藝文

詩

古歌樂府

（周）季札掛劍歌　延陵季子兮不忘故脫千金之劍兮掛丘墓

楚漁父渡伍員歌　日月昭昭兮浸巳馳與子期乎蘆之漪日巳夕兮余心憂悲月巳馳兮何不渡爲事浸急兮將奈何

（楚）項羽垓下歌　力拔山兮氣蓋世時不利兮騅不逝騅不逝兮可奈何虞兮虞兮奈若何

虞姬和歌　漢兵巳畧地四面楚歌聲大王意氣盡賤妾何聊生

（漢）劉安八公操　煌煌上天照下土兮知我好道公來下兮公將與予生毛羽兮超騰

青雲蹈梁父兮親見揺光過北斗兮馳乘風雲使玉女兮含精吐氣嚼芝草兮悠悠將將天相保兮

淮南王篇

淮南王自言尊百尺高樓與天連後園鑿井銀作牀金瓶素綆汲寒漿汲寒漿飲少年少年窈窕何能賢揚聲悲歌音絶天我欲渡河河無梁願化雙黃鵠高飛還故鄉還故鄉入故里徘徊故鄉情不能已繁舞寄聲無不泰徘徊桑梓遊天外

古詩爲盧江小吏焦仲卿妻作

孔雀東南飛五里一徘徊十三能織素十四學裁衣十五彈箜篌十六誦詩書十七爲君婦心中常苦悲君既爲府吏守節情不移賤妾留空房相見常日稀雞鳴入機織夜夜不得息三日斷五疋大人故嫌遲非爲織作遲君家婦難爲妾不堪驅使徒留無所施便可白公姥及時相遣歸府吏得聞之堂上啓阿母兒已薄祿相幸復得此婦結髮同枕席黃泉共爲友共事二三年始爾未爲久女行無偏斜何以致不厚阿母謂府吏何乃太區區此婦無禮節舉動自專由吾意久懷忿豈得自由東家有賢女自名秦羅敷可憐體無

比阿母爲汝求便可速遣之遣去慎勿畱府吏長
跪告伏惟啓阿母今若遣此婦終老不復取阿母
得聞之搥牀便大怒小子無所畏何敢助婦語吾
已失恩義會不相從許府吏默無聲再拜還入戶
舉言謂新婦哽咽不能語我自不驅卿逼迫有阿
母卿但暫還家吾今且報府不久相歸還還必相
迎取以此下心意慎勿違吾語新婦謂府吏勿復
重紛紜往昔初陽歲謝家來貴門奉事循公姥進
止敢自專晝夜勤作息伶俜縈苦辛謂言無罪過
供養卒大恩仍更被驅遣何言復來還妾有繡腰
襦葳蕤自生光紅羅複斗帳四角垂香囊箱簾六
七十綠碧青絲繩物物各相異種種在其中人賤
物亦鄙不足迎後人畱待作遺施於今無會因時
時爲安慰久久莫相忘雞鳴外欲曙新婦起嚴粧
著我繡裌裙事事四五通足下躡絲履頭上玳瑁
光腰若流紈素耳著明月璫指如削葱根口如含
珠丹纖纖作細步精妙世無雙上堂拜阿母阿母
怒不止昔作女兒時生小出野里本自無教訓兼
媿貴家子受母錢帛多不堪母驅使今日還家去
念母勞家裏却與小姑別淚若連珠子新婦初來

時小姑始扶牀今日被驅遣小姑如我長勤心養公姥好自相扶將初七及下九嬉戲莫相忘出門登車去涕落百餘行府吏馬在前新婦車在後隱隱何甸甸俱會大道口下馬入車中低頭共耳語誓不相隔卿且暫還家去吾今且赴府不久當還歸誓天不相負新婦謂府吏感君區區懷君既若見錄不久望君來君當作磐石妾當作蒲葦蒲葦紉如絲磐石無轉移我有親父兄性行暴如雷恐不任我意逆以煎我懷舉手長勞勞二情同依依入門上家堂進退無顏儀阿母大拊掌不圖子自歸十三教汝織十四能裁衣十五彈箜篌十六知禮儀十七遣汝嫁謂言無誓違汝今何罪過不迎而自歸蘭芝慚阿母兒實無罪過阿母大悲摧還家十餘日縣令遣媒來云有第三郎窈窕世無雙年始十八九便言多令才阿母謂阿女汝可去應之阿女含泪荅蘭芝初還時府吏見丁寧結誓不別離今日違情義恐此事非奇自可斷來信徐徐更謂之阿母白媒人貧賤有此女始適還家門不堪吏人婦豈合令郎君幸可廣問訊不得便相許媒人去數日尋遣丞請還說有蘭家女承籍有宦

官云有第五郎嬌逸未有婚遣丞爲媒人主簿通語言直說太守家有此令郎君既欲結大義故遣來貴門阿母謝媒人女子先有誓老姥既敢言阿兄得聞之悵然心中煩舉言謂阿妹作計何不量先嫁得府吏後嫁得郎君否泰如天地足以榮汝身不嫁義郎體其徃欲何云蘭芝仰頭荅理實如兄言謝家事夫壻中道還兄門處分適兄意那得自任專雖與府吏要渠會永無緣登即相許和便可作婚姻媒人下牀去諾諾復爾爾還部白府君下官奉使命言談大有緣府君得聞之心中大歡喜視曆復開書便利此月內六合正相應良吉三十日今已二十七卿可去成婚交語速裝束絡繹如浮雲青雀白鵠舫四角龍子幡婀娜隨風轉金車玉作輪躑躅青驄馬流蘇金鏤鞍齎錢三百萬皆用綿絲穿雜彩三百疋交廣市鮭珍從人四五百鬱鬱登郡門阿母謂阿女適得府君書明日來迎汝何不作衣裳莫令事不舉阿女默無聲手巾掩口啼淚落便如瀉移我琉璃榻出置前窗下左手持刀尺右手執綾羅朝成繡裌裙晚成單羅衫晻晻日欲暝愁思出門啼府吏聞此變因求假暫

歸未至二三里摧藏馬悲哀新婦識馬聲躡履相
逢迎悵然遙相望知是故人來舉手拍馬鞍嗟嘆
使心傷自君別我後人事不可量果不如先願又
非君所詳我有親父母逼迫兼弟兄以我應他人
君還何所望府吏謂新婦賀卿得高遷磐石方且
厚可以卒千年蒲葦一時紉便作旦夕間卿當日
勝貴吾獨向黃泉新婦謂府吏何意出此言同是
被逼迫君爾妾亦然黃泉下相見勿違今日言執
手分道去各各還家門生人作死別恨恨那可論
念與世間辭千萬不復全府吏還家去上堂拜阿
母今日大風寒寒風摧樹木嚴霜結庭蘭兒今日
冥冥令母在後單故作不良計勿復怨鬼神命如
南山石四體康且直阿母得聞之零淚應聲落汝
是大家子仕宦於臺閣慎勿爲婦死貴賤情何薄
東家有賢女窈窕豔城郭阿母爲汝求便復在朝
夕府吏再拜還長歎空房中作計乃爾立轉頭向
戶裏漸見愁煎迫其日牛馬嘶新婦入青廬奄奄
黃昏後寂寂人定初我命絕今日魂去尸長留攬
裙脫絲履舉身赴清池府吏聞此事心知長別離
徘徊顧樹下自掛東西枝兩家求合葬合葬華山

傍東西植松栢左右種梧桐枝枝相覆葢葉葉相交通中有雙飛鳥自名爲鴛鴦仰頭相向鳴夜夜達五更行人駐足聽寡婦起彷徨多謝後世人戒之愼勿忘

晉樂府三洲歌

送歡板橋彎相待三山頭遥見千幅帆知是逐風流

風流不暫停三山隱行舟願作比目魚隨歡千里遊

王獻之桃葉歌

桃葉復桃葉渡江不用楫但渡無所苦我自來迎接

桃葉復桃葉桃樹連桃根相憐兩樂事獨使我殷勤

古莫愁樂

莫愁在何處家在石城西艇子打兩槳催送莫愁歸

陸機吳趨行

楚妃且勿歎齊娥且勿謳四坐並清風聽我歌吳趨吳趨自有始請從閶門起閶門何峩峩飛閣跨通波重欒承游極回軒啓曲阿藹藹慶雲被泠泠祥風過山澤多藏育土風清且嘉泰伯導仁風仲雍揚其波穆穆延陵子灼灼光諸華王迹隤陽九帝功興四遐大皇自富

春嬌手頓世羅邦彦應運興粲若春林葩屬城咸
有士吳邑最爲多八族未足侈四姓實名家文德
熙淳懿武功侔山河禮讓何濟濟流
化自滂沱淑美難窮紀商搉爲此歌

宋鮑照梅花落中庭雜樹多偏爲梅咨嗟問君何
獨然念其霜中能作花露中能作
實搖蕩春風媚春日念爾零
落逐寒風徒有霜華無霜質

四言古詩

〈晉〉陸雲贈顧彥先

元黃挺秀誕受至眞行該其高
德僃其新光瑩之偉隋卞同珍
騰都之駿龍鳳合塵　皇皇明哲應期繼聲華映
殊域實鎭天庭入輔出藩乾乾靡寧夏發涼臺我
雨我暑冬違邪族風霜是處嗟彼獨宿誰與晤語
飄颻艱辛非爾孰舉言念君子悵惟心楚　悠悠
山川嶢嶢征遐陟升崔嵬降涉洪波言無不利乘
險而嘉人懷思慮我保其和　邂逅相過良願乃
從不逢知已誰濟予躬莫攀莫附媲我高風時過
年邁晻冉桑榆晞光賴潤亦在斯須假我平塗頓
　不忘驅汜予津川浮不失浮無愛餘暉遂晤東嵎
　幽幽東嵎戀彼西歸瞻儀情感聆音心悲之子
於邁夙夜京畿王
事多難中焉徘徊

〈宋〉顏延之應詔讌曲水

道隱未刑治彰既亂帝迹
懸衡皇流共貫惟王創物
永錫洪筭仁固開周義高登漢　祚融世哲業光
刻聖太上正位天臨海鏡制以化裁樹之刑性惠

浸萌生信及翔泳　崇虛非徵積實莫尚豈伊人
和實靈所貺日完其朔月不掩望航瑛越水輂賁
踰嶂　帝體麗明儀辰作貳君彼東朝金昭玉粹
德有潤身禮不愆器柔中淵映芳猷蘭秘　昔在
文昭今惟武穆於赫王宰方旦居叔有睟叡蕃爰
履奠牧寧極和鈞屏京維服　胐魄雙交月氣參
變開禁灑澤舒虹爍電化際無門皇情爰眷伊思
鎬飲每惟洛宴　郊餞有壇君舉有禮幔幃蘭甸
晝流高陛分庭薦樂折波浮醴豫同夏諺事兼出
濟　仰閱豐施降惟微物三妨儲隸五塵朝潄途
泰命屯恩充報屈　有　河嶽
悔可悛滯瑕難拂

三月三日詔宴西池詩

曜圖
聖時利見於赫有皇升中納禪載貞其恒載通其
變大哉人文至矣天聰昭哉儲德靈慶攸繁明兩
紫宸景物乾元帝宗罄蔼維城維蕃衮衣善職彤
乃受言餙館春宮稅鑣青幣長筵逶迤浮觴沿泝

[齊]謝朓侍宴華光殿曲水奉勑爲皇太子作

旁求邃古
逖聽鴻名大寶曰位得一爲貞朱梯叶祉綠字擒
奕升配同貫進讓殊聲　大横將屬會昌已命國

步中徂宸居膺慶璽劍先傳龜玉增映宗堯有緒復禹無競　禮行郊社人神受職寶郊山川鱗羽變色元塞北靡丹徼南極浮毳駕風飛泳登陟能官民秀利建天跗楞鶚列野營繹分區論思帝則獻納宸樞鱗趾方定鵷翼誰濡　西京藹藹東都濟濟秋祓濯流春禊浮醴初吉云獻上陰方啓昔駕陽穎今帳雲陛　嘉樂舊矣芳宴在斯載酉神矚有晬天儀龍精已映威仰未移葉依黄鳥花落春池　高殿弘敞禁林稠密青璧崛起丹樓間出翠葆隨風金戈動日惆悵清管徘徊輕佾灞漨入筵河淇流阼海若來往觴肴沿泝歡飫有終清光欲暮輕貂回首華組徐步　登賢博望獻賦清漳漢貳稱敏魏兩垂芳監撫有則七鬯無方瞻言守器永媿元良

梁沈約三日侍鳳光殿曲水宴應制

光遲蕙畝氣婉椒臺皇心愛矣帝日遊哉玉鑾徐警翠鳳輕迴別殿廣臨離宮洞啓川祇奉壽河宗相禮清洛漸筵長伊流陛洞盪嘉羞搖漾芳醴輕歌易繞弱舞難持素雲酉管元鶴停絲引思為歲歲木陽上巳服眞身身亦

昌止徒勤丹
漆終愧文梓

五言古詩

魏陳思王雜詩

僕夫早嚴駕吾將遠行遊遠行欲何之吳國爲我仇將騁萬里途東路安足由江介多悲風淮泗馳急流願欲一輕濟惜哉無方舟閒居非吾志甘心赴國憂

陳琳遊覽詩

高會時不娛羈客難爲心慇懷從中發悲感激清音投觴罷歡坐逍遙步長林肅肅山谷風黙黙天路陰惆悵忘旋反歔欷涕沾襟

節運時氣舒秋風凉且清閒居心不娛駕言從友生翱翔戲長流逍遙登高城東望看疇野迴顧覽園庭嘉木凋綠葉芳草纖紅榮騁哉日月遠年命將西傾建功不及時鐘鼎何所銘收念還房寢慷慨詠墳經庶及君子在立德垂功名

晉陸機贈尚書郎顧彥先

大火貞朱光積陽熙自南望舒離金虎屏翳吐重陰凄風迕時序苦雨遂成霖朝游忘輕羽夕息憶重衾感物百憂生纏綿自相尋與子隔蕭牆蕭牆阻且深形影曠不接所託聲與音音聲日夜闊何用慰我心

朝游游層城夕息旋直廬迅雷中

宵激驚電光夜舒元雲掩朱閣振風薄綺疏豐注溢修霤潢潦浸階除停陰結不解通衢化爲渠沉稼湮梁潁流民泝荊徐眷言懷桑梓無廼將爲魚

園葵詩

種葵北園中葵生鬱萋萋朝榮東北傾夕影西南晞零露垂鮮澤朗月耀其輝時逝柔風戢歲暮商飆飛層雲無溫夜嚴霜有凝威幸蒙高墉德元景蔭素蕤豐條並春盛落葉後秋衰慶彼晚彫福志此孤生悲

陸雲答兄機

悠遠塗可極別促怨會長卹恩戀行邁興言在臨觴南津有絕濟北渚無河梁神往同逝感形留悲參商衡軌若殊迹牽牛非服箱

曹攄思友人

密雲翳陽景霖潦淹庭除嚴霜凋翠草寒風振纖枯凜凜天氣清落落卉木疎感時歌蟋蟀思賢詠白駒情隨元陰滯心與廻飆俱思心何所懷懷我歐陽子精義則神奧清機發妙理自我別旬朔微言絕於耳褰裳不足難清揚未可俟延首出階檐佇立增想似

張翰雜詩

暮春和氣應白日照園林青條若總翠黃華如散金嘉卉亮有觀顧此難久耽

延頸無良塗頓足託幽深榮與壯俱去賤與老相
尋歡樂不照顏慘愴發謳吟謳吟何嗟及古人可
慰心

陶潛始作鎭軍叅軍經曲阿弱齡寄事外委懷在
琴書被褐欣自得屢
空常晏如時來苟冥會婉孌憇通衢投策命晨裝
暫與田園疎眇眇孤舟逝緜緜歸思紆我行豈不
遥登陟千里餘目倦川塗異心念山澤居望雲慙
高鳥臨水愧游魚眞想初在襟誰謂形蹟拘聊且
憑化遷終返班生廬

乙巳歲三月爲建威叅軍使都經錢溪
我不踐斯境歲月忽已積晨夕看山川事事悉如
昔微雨洗高林淸飈矯雲翮眷彼品物存義風都
未隔伊余何爲者勉勵從茲役一形似有制素襟
不可易園田日夢想安得久離析終懷在歸舟諒
哉宜
霜栢

宋謝靈運九日從宋公戲馬臺集送孔令季秋邊
朔苦旅

雁違霜雪凄凄陽卉腓皎皎寒潭潔良辰感聖心雲旗興暮節鳴葭戾朱宮蘭巵獻時哲餞宴光有孚和樂信所欽在宥天下理吹萬群方悅歸客遂海隅脫冠謝朝列弭棹薄枉渚指景待樂闋河流有急瀾浮驂無緩轍豈伊川途念宿心愧將別彼美丘園道喟焉傷薄劣

初發石頭城

白珪尚可磨斯言亦爲緇雖抱中孚爻猶勞貝錦詩寸心若不亮微命察如絲日月垂光景成貸遂兼茲出宿薄京畿晨裝摶曾颸重經平生別再與朋知辭故山日已遠風波豈還時迢迢萬里帆茫茫終何之遊當羅浮行息必盧霍期越海凌三山游湘歷九嶷欽聖若旦暮懷賢亦悽其皎皎明發心不爲歲寒欺

登江中孤嶼

江南倦歷覽江北曠周旋懷新道轉迴尋異景不延亂流趨孤嶼孤嶼媚中川雲日相輝映空水共澄鮮表靈物莫賞蘊眞誰爲傳想像崑山姿緬邈區中緣始信安期術得盡養生年

從游京口北固應詔

玉璽戒誠信黃屋示崇高事爲名教用道以神理超昔聞汾水游今見塵外鑣鳴笳發春渚稅鑾登山椒張組眺倒景列筵矚歸潮

遠巖映蘭薄白日麗江皐原隰荑綠柳墟囿散紅桃皇心美陽澤萬象咸光昭顧已枉維縶撫志慙場苗工拙各所宜終以反林巢曾是榮舊想覽物奏長謡

顏延之車駕幸京口侍游蒜山作 元天高北列日觀臨東溟入河起陽峽踐華因削成巖險去漢宇襟衛徙吳京流池自化造山關固神營園縣極方望邑社總地靈宅道炳星緯誕曜應辰明睿思纏故里巡駕帀舊坰陟峰騰輦路尋雲抗瑶甍春江壯風濤蘭野茂荑英宣游弘下濟窮遠凝聖情岳濱有和會祥習在卜征周南悲昔老留滯感遺氓空食疲廊肆反稅事巖耕

應詔觀北湖田收 周御窮轍迹夏載歷山川蓄軫豈明懋善游皆聖仙帝暉膺順動清蹕巡廣廛樓觀眺豐穎金駕映松山飛奔互流綴緹彀代迴環神行埒浮景爭光溢中天開冬舂徂物殘悴盈化先陽陸團精氣陰谷曳寒烟攢素既森藹積翠亦蔥芊息饗報嘉歲通急戒無年温渥浹輿隸和惠屬後筵觀風久有作陳詩愧未妍疲弱謝陵遽取累非纏牽 車駕

幸京口三月三日侍遊曲阿後湖作

虞風戴帝狩夏諺頌王遊春方動宸駕望幸傾五州山祇蹕嶠路水若警滄流神御出瑤軫天儀降藻舟萬軸紛行衞千翼泛飛浮雕雲麗旋蓋祥飇被綵斿江南進荊豔河激獻趙謳金練照海浦笳鼓震溟洲藐盼覯青崖衍漾觀綠疇民靈騖都野鱗翰聳淵丘德禮既普洽川嶽徧懷柔

謝瞻張子房詩

王風哀以思周道蕩無章卜洛易隆替興亂罔不亡力政吞九鼎苛慝暴三殤息肩纏民思靈鑒集朱光伊人感代工聿來扶興王婉婉幙中畫輝輝天業昌鴻門銷薄蝕皆下隕攙搶爵仇建蕭宰定都護儲皇肇允契幽叟翻飛指帝鄉惠心奮千祀清埃播無疆神武睠三正裁成被八荒明兩燭河陰慶霄薄汾陽鑾旌歷頽寢飾像薦嘉嘗聖心豈徒甄惟德在無忘逝者如可作揆子慕周行濟濟屬車士粲粲翰墨場瞽夫違盛觀竦踊企一方四遠雖平直蹇步愧無良餐和忘微遠延首咏太康

謝莊侍宴蒜山

龍旌拂紆景鳳蓋起流雲轉蕙芳茵委層華正氤氳炯亮山郊遠霧罷江天分調石飛延露裁金起承雲渥怵身寧擊轅歌至世撫壤頌惟聲

江都解嚴

肅旗閑廟律聳鉞暢乾靈朝宴推物泰道

鮑照行藥至城東橋詩

雞鳴關吏起伐鼓早通晨嚴車臨迥陌延瞰歷城闉蔓草緣高隅修楊夾廣津迅風首旦發平路塞飛塵擾擾遊宦子營營市井人懷金近從利撫劍遠辭親爭先萬里途各事百年身開芳及稚節含彩各驚春尊賢永照灼孤賤長隱淪容華坐消歇端爲誰苦辛

三山

泉流安首流川末澄遠波晨光被水族曉氣歇林阿兩江漠平迴三山鬱斯羅南帆望越嶠北榜指齊河關扃繞天邑襟帶通京華長城非壑險峻岨似荊芽攢樓貫白日摛堞隱丹霞征夫喜觀國遊子遲見家流連入京引躑躅望鄉歌彌前歎景促逾近勸路多偕出酒如茲弘易將謂何

行京口至竹里

高柯危且竦鋒石橫復仄復澗隱松聲重崖伏雲色水閉

寒方壯風動鳥傾翼斯志逢凋嚴孤遊值曛逼兼塗無懟轂半菽不遑食君子樹令名細人効命力

不見長河水清濁俱不息

齊謝朓宣城郡内登望

借問下車日匪直望舒圓寒城一以眺平楚正蒼然山積陵陽阻溪流春穀泉威紆距遥甸巉嵒帶遠天切切陰風暮桑柘起寒烟悵望心已極惝怳魂屢遷結髮倦爲旅平生早事邊誰規鼎食盛寧要狐白鮮方棄汝南諾言税遼東田

郡内高齊望答呂法曹

結構何迢遰曠望極高深牕中列遠岫庭際俯喬林日出衆鳥散山暝孤猿吟已有池上酌復此風中琴非君美無度孰爲勞寸心惠而能好我問以瑤華音若遺金門步見就玉山岑

晚登三山還望京邑

灞涘望長安河陽視京縣白日麗飛甍參差皆可見餘霞散成綺澄江靜如練喧鳥覆春洲雜英滿芳甸去矣方滯淫懷哉罷歡晏佳期悵何許淚下如流霰有情知望鄉誰能鬒不變

之宣城郡出新林浦向板橋

江路西南永歸流東北騖天際識歸舟雲中辨江樹旅思倦搖搖孤遊昔已屢既歡懷祿情復協滄洲趣囂塵自茲隔賞心於此遇雖無元豹姿終隱南山霧

賽敬亭山廟喜雨

夕帳懷椒糈蠲景潔膋薌登秋雖未獻望歲佇年祥潭淵深可邁狹邪車未方朦朧度戶限出沒見林堂秉玉朝郡帝樽桂迎東皇排雲接虬蓋蔽日下霓裳舞會紛瑤席安歌遶鳳梁百味芬綺帳四座沾羽觴福被延民澤樂極思故鄉登山騁歸望原雨晦茫茫何寧昧千里鮮珮拂山莊

王融侍遊方山應詔

巡蹕望登年帳飲臨秋縣日羽鏡霜潯雲旗落風甸四瀛良在目八寓宛如見小林斷山更續岸盡臣竊自嘉預奉柏梁讌

江皐曲

江復開雲峰林鄉起水源桐栢來

梁昭明太子鍾山解講

清宵出望園詰晨屆鉦嶺輪動文學乘笳鳴賓從靜敦山巖隱光月落林餘影糺紛八桂密坡陁再城永伊予愛丘壑登高至節景迢遞覩十室迤邐覩

萬頃即事已如斯重茲遊勝境精理既已詳元言亦兼逞方知蕙帶人囂塵成易屏眺瞻情未終龍鏡忽遊騁非日樂逸遊昔欲識箕頳

陶弘景詔問山中何所有賦詩以答

山中何所有嶺上多白雲只可自怡悅不堪持贈君

范雲贈張徐州謖

田家樵採去薄暮方來歸還聞稚子說有客欵柴扉儐從皆珠玳裘馬悉輕肥軒蓋照墟落傳瑞生光輝疑是徐方牧旣是復疑非思舊昔言有此道今已微物情棄疵賤何獨顧衡闈恨不具鷄黍得與故人揮懷情徒草草淚下空霏霏寄書雲間鴈為我西北飛

何遜登石頭城

關城乃形勢城險差非一馬嶺逐紆同犬牙傍隆窣百雉極襟帶僊庾兼量出至理歸無為善守竟何恤眺聽窮耳目遠近備幽悉擾擾見行人暉暉視落日連檣入迴浦飛蓋交長衢天暮遠山青潮去遥沙出薄宦恧師表屬辭慙愈疾願乘叡藹牛還隱蒙籠室

初

發新林

伊昔負薪暇慕義遊梁楚短翮忌連翩追飛散吝與優游沐道教漸漬淹寒暑大德本無酬輕生竊自許舟歸屬海運風積如鵬舉浮水暗舟艫合岸喧徒侶凜凜窮秋暮初寒入洲渚鐃吹響清江懸旗出長嶼危檣迥不進沓浪高難拒回首泣親賓中天望宛許帝城猶隱約家國無處所去矣方悠悠含意將誰語

下方山

寒鳥樹間響落星川際浮繁霜白晚岸苦霧黑晨流鱗鱗逆去水瀰瀰急還舟望鄉行復立瞻途近更修誰能百里地縈繞千端愁

揚州法曹梅花盛開

兔園標物序驚時最是梅銜霜當路發映雪擬寒開枝橫卻月觀花繞凌風臺朝酒長門泣夕駐臨邛杯應知早飄落故逐上春來

吳均登鍾山燕集望西靜壇

客思何以緩春郊滿初律高車陸離至駿騎差池出寶椀汎蓮花珍杯食竹實才勝商山四文高竹林七復整三喬壇金繩映綠帙風雲生屋宇芝草被仙室方隨鳳凰去悠然駕白日

初至壽春作

桓譚不賞交馮子任紆直浮溺

逐波影飄揚忩風力北州少知舊南陽寡相識中駕毎傾輪當畱騫復摧翼望美無津梁私自憐何極

登壽陽八公山

遠澗自傾曲石激復戔戔含珠岸恒翠懷玉浪多圓疎峯時吐月密樹不開天瑤繩盡元秘金檢上奇篇定有琴高者凌波出水仙

任昉九日侍宴樂遊苑

帝德峻韶夏王功書頌平共貫沿五勝獨道邁三英我皇撫歸運時歲佇告成一唱華鍾石再撫被聯笙黄草歸雒木梯山薦玉㮚時來濁河變瑞起溫洛清物色動宸眷底豫降皇情

奉和登景陽山

物色感神遊升高悵有閱南望銅駝街北走長楸闕別澗宛滄溟疏山駕瀛碣奔鯨吐華浪司南動輕泄日下重門照雲開九華徹觀閣隆舊恩奉圖愧前哲

沈約侍宴樂遊苑餞呂僧珍應詔

丹浦非樂戰負重切君臨我皇兼至德忘已用堯心愍茲區宇內魚鳥失飛沈灑轂二崤道揚旆九河陰超乘盡三屬選士皆百金

戎車出細柳餞席遵上林命師誅後服授律緩前禽亟轘方解帶驍武稍披襟伐罪芒山曲弔民伊水潯將陪告成禮待此未抽簪

新安江水至清淺深見底貽京邑遊好

眷言方舟客茲川信可珍洞徹隨清淺皎鏡無冬春千尋寫喬樹百丈見遊鱗滄浪有時濁清濟涸無津豈若乘斯去俯映石磷磷紛吾隔囂滓寧假濯衣巾願以潺湲水霑君纓上塵

華陽先生登樓不復下贈呈

側聞上士說尺木乃騰霄雲駢不展地仙居多麗譙臥待三芝之秀坐對百神朝銜書必青鳥佳客信龍鑣非止靈桃實方見大椿凋

江淹侍始安王石頭

結宦承盛世逢恩侍英王結劍從深景撫袖逐曾光暮情鬱無已流望在川陽平原忽超遠參差見南湘何如塞北陰雲鴻盡來翔擘鏡照愁色徒坐隱憂方山中如未夕無使桂葉傷

赤亭渚

吳江泛丘墟饒桂復多楓水夕潮波黑日暮精氣紅路長寒光盡爲鳴草木窮瑤水雖未合珠霜竊過中坐議物序晏臥視歲陰空一傷千里極獨望淮海風

遠心何所顧雲邊有征鴻

無錫縣歷山集

秋生白露日思起秋風年竊悲杜蘅暮臯涕弔空山落葉下楚水別鶴噪吳田嵐氣陰不極日色半虧天酒至情蕭瑟憑樽還惘然一聞清琴奏戲泣方留連況乃客子念直置絲竹間

劉潛和昭明太子鍾山解講

詔樂臨東序時駕出西園雖窮理遊盛終為塵俗喧豈如弘七學揚鸞啟四門夜氣清簫管曉陣爍郊原山風亂采旄初景麗文轅林開前騎騁途曲羽旄屯煙碧若浮青翠石瀨響飛奔迴輿下重閣降道訪真源談空匹泉涌綴藻邁弦繁輕生逢遇誤并作非龍鶴顧已同偏爵何用把衢樽

劉孝威登覆舟山望湖北

紫川通太液丹岑連少華堂皇更隱映松灌雜交加荇蒲浮新葉漁舟繞落花浴童爭淺岈漂女擇平沙極望傷春日迴車歸狹斜

出新林

芒山綿洛邑函谷望秦京遙遙分承露掌遠見長安城故鄉已可識遊子必勞情霧罷前林見風息浦

川平坐觀暮潮落漸見夕堙
生無由一羽化徒想御風輕

庾肩吾咏同泰寺浮圖和簡文帝 望園臨泰苑王城對鄴宮還從
飛閣內遥見遠山中天衣疑拂石鳳翅欲凌空雲
葉猶帶雨蓮井不生桐盤承雲表露鈴搖天上風
月出鈴含采天晴幡帶虹周星疑更落漢夢似今
通我后情初照不與伊川同方應捧馬出永得離
塵蒙

劉孝綽三日侍華光殿曲水宴 薰祓三陽暮濯禊元巳初皇心睠樂
飲帳殿臨春渠豫遊高夏諺凱樂盛周居復以焚
林日丰茸花樹舒羽觴環階轉清瀾傍席疏妍歌
巳嘹亮妙舞復紆餘九成變絲竹百戲起龍魚

夕逼繁昌浦 日入江風靜安波似未流
岸迴知艫轉解纜覺船浮暮煙生遠渚夕鳥赴前
洲隔山聞戍鼓傍浦喧棹謳疑是辰陽宿於此逼
孤
舟

王僧孺至牛渚憶魏少英 楓林曖似畫沙岸淨如掃空籠望懸石迥斜見危島綠草閑遊蜂青葭集輕鵠徘徊洞初月浸漬潰春潦非願歲物華徒用風光好

陳江總於長安歸還揚州九月九日行薇山亭賦韻 心逐南雲逝形隨北雁來故鄉籬下菊今日幾花開

庚寅年二月十二日遊虎丘山精舍 縱棹憐迴曲尋山靜見開每從芳杜性須與俗人分貝塔涵流動花臺偏傾芬蒙籠出簷杜散湧繞總雲情幽豈狥物志遠易驚羣何由狎魚鳥不願屈元勳

入攝山棲霞寺并序 壬寅年十月十八日入攝山棲霞寺登岸極峭頗暢懷抱至德元年癸卯十月二十六日又再遊此寺布法司施菩薩戒甲辰年十月二十五日奉送金像還山限以時務不得恣情淹留乙巳年十一月十六日更獲拜禮仍停山中宿永夜留連棲神陳聽但支臂不停薪指俄謝率製此篇以記即目俾後來賞者知余之志云淨心抱冰雪暮齒逼桑榆太息波川迅悲

哉人世拘歲華皆採獲冬曉共巖枯濯流濟八水開襟入四衢茲山靈妙合當與天地俱石瀨乍深淺崖煙遞有無鉄碑橫古隧盤木臥荒途行行備履歷步步隣威紆高僧迹共遠勝地心相符樵隱各有得丹青獨不渝遺風停芳桂比德踰生芻寄信長往客悽然傷鄙夫

南還尋草市宅

紅顏辭輦洛白首入轘轅秉春行故里徐步採芳蓀逕毀悲求仲林殘憶巨源見桐猶識井看柳尚知門花落空難遍鶯啼靜易諠無人訪語默何處叙寒溫百年獨如此傷心豈復論

張正見從永陽王遊虎丘山

滄波壯鬱島洛邑鎮崇芒未若茲山麗岧嶢擅水鄉地靈侔少室塗埿象太行重巖標虎踞九曲峻羊腸溜淺澗無底風幽谷自涼寶沉餘玉氣劍隱絕星光白雲多異影丹桂有聚香遠看銀臺竦洞塔耀山莊瑞草生金地天花照石梁

行經季子廟

延州高讓遠傳芳世祀移地絕遺金路松悲懸劍枝野藤侵沸井山雨濕苔碑別有觀風處樂奏無人知

徐陵和簡文帝賽漢高帝廟山宮類牛首漢寢若
龍川玉盌無秋酎金
燈滅夜煙丹帷迎靈嶽紺席下羣仙堂虛沛
筑響釵低戚戚舞姸何殊后廟裏子建作華篇

陰鏗廣陵岸送北使行人引去節送客艤歸艫郎
是觀濤處仍爲郊贈觽汀洲
浪以息邗江路不紆亭嘶背櫪馬檣轉相風烏游
上春雲雜天際曉帆孤離舟對零雨別渚望飛梟
定知能下淚
非但一楊朱

晚出新亭大江一浩蕩離悲足幾重
潮落猶如蓋雲昏不作峰
遠戍唯聞鼓寒山但見松
九十方稱半歸途詎有蹤

北周庾信入彭城館襄君前建國項氏昔稜威鵰
飛傷楚戰鷄鳴悲漢圍年代
殊垠俗風雲更盛衰水流浮磬動山喧雙翟飛夏
餘花欲盡秋近鷰將稀槐庭垂綠穗蓮浦落紅衣
徒知日云暮
不見舞雩歸

奉和同泰寺浮圖岧岧凌太清照殿
比東京長影臨雙
闕高層出九城栱積行雲礙幡搖度鳥驚鳳飛如
始泊蓮合似初生輪重對月滿鐸韻擬鸞聲畫水

流金佳圖雲色半輕露曉盤猶滴珠朝火更明雖連博望苑還接銀沙城天香下桂殿仙梵入伊笙庶聞八解樂方遺六塵情

唐李白謝公墩詩

冶城訪古跡猶有謝公墩憑覽周地險高標絕人喧想像東山姿緬懷右軍言梧桐識嘉樹蕙草留芳根白鷺映春洲青龍見朝暾地古雲物在臺傾禾黍繁我來酌清波於此樹名園功成拂衣去歸入武陵源

黃山

黃山四千仞三十二蓮峯丹崖夾石柱菡萏金芙蓉伊昔升絕頂下窺天目松仙人煉玉處羽化留餘蹤亦聞溫伯雪獨往今相逢採秀辭五岳攀巖歷萬重歸休白鵞嶺渴飲丹砂井鳳吹時時來雲車爾當整去去陵陽東行行芳桂叢迴溪十六度碧嶂晝晴空他日還相訪乘蹻躡綵虹

經下邳圯橋懷張子房

子房未虎嘯破產不爲家滄海得壯士椎秦博浪沙報韓雖不成天地皆震動匿迹遊下邳豈曰非智勇我來圯橋上懷古欽英風惟見碧流水曾無黃石公嘆息此人去蕭條徐泗空

丹陽湖

湖與

元氣連風波浩難止天外賈客歸雲間片帆起龜遊蓮葉上鳥宿蘆花裏少女棹輕舟歌聲逐流水

望夫山 顒望臨碧空怨情感離別江草不知愁巖花但爭發雲山萬里隔音信千里絕春去秋復來相思幾時歇

牛渚磯 絕壁臨巨川連峰勢相向亂石流洑間迴波自成浪但驚林木秀莫測精靈狀更聽猿夜啼憂心醉江上

王維飯覆釜山僧 晚知清淨理日與人羣疎將候遠山僧先期掃敝廬果從雲峰裏顧我蓬蒿居藉草飯松屑焚香看道書燃燈晝欲盡鳴磬夜方初一悟寂爲樂此生閒有餘思歸何必深身世猶空虛

孟浩然宿揚子津 所思在夢寐欲往大江深日夕望京口煙波愁我心心馳茅山洞目極楓樹林不見少微隱星霜勞夜吟

蕭愨奉和濟黃河應教 大藩連帝室驂駕奉皇猷永明驅羽騎凌晨方晝舟

津城渡維錦岸柳夾緑油鐘聲颺別島旗影照蒼流早光生蒯劍朝風起節樓滔滔細波動喬喬輕舷浮廻棹避近磧放舳下前州全疑上天漢不與蔚蓬丘望知雲氣合聽識水聲秋從君何等樂喜共神仙遊

劉眘虛暮秋楊子江寄孟浩然 木葉紛紛下東南日煙霜林山晚相向天海空青蒼暝色況復久秋聲亦何長孤舟兼微月獨夜仍越鄉寒笛對京口故人在襄陽永思勞今夕江漢遙相望

崔輔國漂母岸 泗水入淮處南邊古岸存秦時有漂母於此見王孫王孫初未遇寄食何多論後爲淮陰侯誓欲荅母恩事跡貴若此空傷千載魂萋萋水中渚上有一壞墩遙望不可到蒼蒼霧樹昏幾年崩塚色暮日落波痕古地多堙阨時哉不敢言向夕泪沾裳只倆蘆州村

韋應物夕次盱眙縣 落帆逗淮鎮停舫臨孤驛浩浩風起波溟溟日沉夕人歸

山郭暗雁下蘆洲白獨夜憶秦關聽鐘未眠客

秋景詣瑯琊精舍 屢訪塵外跡未窮幽賞情高秋天景遠始見山水清上陟巖殿憩暮看雲壑平蒼茫寒色起迢遞晚鐘鳴意有清夜戀身爲符守嬰悟言緇衣子蕭洒林中行

韓翃送南少府歸壽春 人言壽春遠此去先秋到孤客小翼舟諸生高翅帽淮風生竹簟楚雨移茶竈若在八公山題詩小相報

劉禹錫晚步楊子遊南塘望沙尾 淮海多夏雨晚來天始晴蕭條長風至千里孤雲生卑濕人喧濁搴開偶虛清客遊廣陵郡晚出臨江城郊外綠陰滿江中沙嶼明歸帆翳盡日去棹聞遺聲鄉國殊渺瀰羈心目懸旌悠然京華意悵望懷遠程薄暮大山上翩翩雙烏征

劉長卿留城 訪古此城下子房安在哉白雲去不返危堞空崔嵬伊昔楚漢時頗聞經

濟才運籌風塵下能使天地開募草日巳積長松日巳摧功名滿青史祠廟唯蒿萊百里暮程遠孤舟川上迴進帆東風便轉岸山前來楚山澹相引涉鷗閑不猜扣舷從此去延佇仍徘徊

李端 蕪城

昔人登此地丘隴已前悲今日又非昔春風能幾時風吹城上樹草没城邊路城裏月明時精靈自來去

權德輿 晚渡楊子江

返照滿寒流輕舟任搖蕩支頤見千里煙景非一狀遠岫有無中片帆風水上天清去鳥滅浦迥寒沙漲樹脫疊秋嵐江空翻宿浪胸中千萬慮對此一清曠回首碧雲深佳人不可望

白居易 朱陳村

徐州古豐縣有村曰朱陳去縣百餘里桑麻青氛氳機杼聲軋軋牛驢走紛紛女汲澗下水男採山上薪縣遠官事少山深民俗淳有財不行商有丁不入軍家家守村業頭白不出門生爲陳村人死爲陳村塵田中老與幼相見何欣欣一村惟兩姓世世爲婚姻親屬

居有族少長遊有羣黃雞與與白酒歡會不隔旬生者不遠別嫁娶先比隣死者不遠葬墳墓多遶村既安生與死不苦形與神所以多壽考往往見元孫我生禮義鄉少小孤且貧徒學見是非祇自取辛勤世法貴名教士人重冠婚以此自桎梏信爲六謬人十歲解讀書十五能屬文二十舉秀才三十爲諫臣下有妻子累上有君親恩承家與事國望此不肖身憶昨舊遊初迨今十五春孤舟三適楚羸馬四經秦晝行有饑色夜寢無安魂東西不暫住往往如浮雲離亂失故鄉骨肉多散分江南與江北各有平生親平生者終日別死者隔年聞朝憂臥至暮夕哭暮達晨悲火燒心曲愁霜侵鬢根一生若如此長羨陳村民

李商隱魚龍洞　扁鵲得仙處傳是西南峯年年山下人常見騎白龍洞門黑無底日夕唯雷風淸晨採藥入戴花兼抱松石徑險且寒磬聲如遠鐘又若山林外雙屐聲蹩蹩低礙更俯身聲遠晝夜同時時白蝙蝠飛穿入衣中行入路轉窄靜澗水淙淙但願遺塵事白得朝天宫

顧況思歸桃花崦

佳人期飛雨灑青閣佳人窅何許中道傷寂寞始憶花正開復驚葉初落行騎飛泉麋臥聽雙海鶴嘉願有所從安得處其薄

宋歐陽修遊瑯琊山

南山一尺雪雪盡山蒼然澗谷深自暖梅花應已繁使君厭騎從車馬留山前行歌招野叟其步青林間長松得高蔭磐石堪醉眠止樂聽山鳥攜琴寫幽泉愛之欲忘返但苦世俗牽歸時始覺遠明月高峯巔

寄題醉翁亭

瑯琊谷口泉分流睇山翠使君愛清泉每來泉上醉醉纓濯潺湲醉吟異憔悴日暮使君歸野老紛紛至但留山鳥啼與伴松間吹借問結廬何使君遊息地借問醉者何使君閑適意借問作者何使君自為記使君能若此吾詩不言刺

蘇軾東山

謝公含雅量世運值艱難況復情所鍾感慨萃中年正賴絲與竹陶寫有餘懽常恐兒輩覺坐令高趣闌獨攜縹緲人來上東山巔放懷事物外徙倚弄雲泉一旦功業成管蔡復

流言慷慨桓野王哀歌動清彈挽鬚記流涕始知使君賢意長日月促卧病已辛酸慟哭西川門往駕那復連空餘行

過淮

朝離新息縣初辭一水碧樂地古木昏蒼烟暮宿淮南村已渡千山赤麏麚號古戍霧雨暗破驛回頭梁楚郊乃與中原隔黄州在何許想像雲夢澤吾生如寄耳初不擇所適所適所適但有魚生理已自畢獨喜小兒子少小事安佚相從艱難中肝膽如鐵石便應與晤語何山寄

遊寉林招隱

行歌白雲嶺坐詠修竹林風輕衰疾花自落日薄山陰潤草誰復識閒香杳難尋時見城市人幽居惜未深

秦觀和孫莘老題召伯斗野亭

淮海破冬仲雪霜盡積水寒更清滋不平芰荷枯折與共濁醪卿自傾北眺桑梓國悠然白雲生南望古邗溝洽波帶蕪城村墟翳芳竹孤烟起晨烹簷間鳥聲落客子念當行攬衣視日影薄陰漏微明何時復來遊春風發解榮

王安石謝公墩詩走馬白門下投鞭謝公墩昔人不可見故物尚或存問樵樵不知問牧牧不言摩挲蒼苔石點撿屐齒痕想此紆長檐想此倚短轅想此玩雲月復籍盤與樽井逕亦已沒漫然禾黍村摧藏羊曇骨放浪李白魂亦已同山丘緬懷蒔蘭蓀小草戲陳迹甘棠詠遺恩萬事付鬼籙恥榮何足論天機自開闔人理孰畔援公色無懼喜儻知禍福根涕淚對桓伊暮年無

乃化成閣白雲如驪牛滿谷不可量散作兜羅錦蒼中擁寶月光山深夜問靜時無葉鳴廊僧房杳清寐佛燈篆餘香吟猿遞空壁宿鳥驚飛霜起作四面顧芙蓉蔚蒼蒼人生始得飽豈必二項糧金地黃粒米當味齋厨嘗

梅堯臣環波亭冒暑駐輪轂徘徊北濠上棟宇起中央芙蓉生四向今吾太守樂慰此郡人望雨從昭亭來水入句溪漲蜻蜓立欄角朱鯉吹荷浪岸木影下布水鳥時引吭心靜不競物興適每傾釀薄暮詠醉歸陪車知幾兩

黃庭堅東流 前日發大雷真成料虎頭今日伐鼓
出棹歌傲陽侯滄江百折來及此始
東流東流今日實建德椎羊牛野語尚信然小步
黃蘆洲惟有採薪翁經營往來舟楫櫪盡斤斧山
重烟
雨愁

蘇舜欽弄水亭 池陽瀕大江群山勢騫舞高麓出
麗譙萬里駢民伍泱漭淸溪流光
照城南戶飛梁壓水天荒亭仆風雨載酒客誰來
弄水人已去蒼烟帶林薄綠野分畦圃買檣攢北
郭漁舍低殘堵秋色瀲玉漪夕雲閑映渚蕭蕭蒲
栁脫槭槭葭蘆語遊鱗數儵尾沉影窺雁羽泄毛
寒未藏珠光時自吐隨流長堤盡當道奔石怒十
里靑瑤堆谽谺爭刻露僧居草棘翳仙洞霞霏貯
却還望翠微絕憐浸秋浦太白與樊川
千載不可遇搖筆想吟詩攜壺記遊處

陳深姑蘇臺晚眺 殘陽古城曲岌岌崇臺高不知
何年創尚爾結搆牢青山擁危
栖白水環空濠美哉此山谿慘淡悲雄豪當代一
戰覇意氣何矜驕蛾眉坐傾城忠魂隨怒潮空餘

故宮苑寒雀飛野蒿佳辰晤良友清眺舒煩勞夕
風振蘋薄鴻雁中天號永懷五湖客一舸淩雲濤
浩歌滄浪詞
願言從遊遨

陳佐弄水亭

春弄溪水綠秋弄溪水清此水無風時人在天上行垂手蘋藻荇移舟亂萍藻投竿釣金鱗鷗鳥馴不驚借近時駐楫就淺或濯纓朝遊蒼烟破暮歸落霞明遲留待月上照影玉壺氷行路猶嘆息櫂歌有吳聲曾不見長夏雨闇積潦并大波不知際南山堤其盈微風來鳴條怒濤已喧轟人家上山走鳧雁偷餘生還思弄水時不畏前浪傾永言鑒氷淵履險安可輕

陸游泛小舟姑孰溪口

姑溪綠可染小艇追晩凉棹進破樹影波動揺屋芒荻深魚火明風遠水草香尚想錦袍公醉眼隘大荒坡陀青山冢斷碣卧道旁悵望不可逢乘雲遊
帝
鄉

朱熹金山

浩浩長江水東逝無停波及此一廻薄潮平烟浪多孤嶼屹中流層臺起周阿

晨望愛明滅夕遊驚蕩磨極目青冥茫回瞻碧嵯峨不復車馬跡唯聞榜人歌我願辭世紛茲焉老漁蓑會有滄浪子鳴船夜相過

劉子翬九月三日宿胥口始聞雁

故人久不見乍見雜悲喜新雁如故人一聲驚我起把酒不知觴送目問行李曾云行路難空濛千萬里塞北多關山江南渺飛水風高吹汝瘦旅伴今餘幾斜景不少駐滅沒蒼烟裏羈遊吾亦倦客程殊未已扁舟費年華短纜繫沙尾物性各有役冥心聽行止江郊匝地熟塲圃平如砥歸期且勿怨共飽豐年米

范師道天平山

萬物天地間或有奇勝跡見賞能幾人不止今與昔吳門多好山天平爲峻極旦暮常白雲表裡皆珍石烟嵐十里光松桂四時色我因一縱遊煩襟爲開釋感古懷君子翻然長太息樂天賞雲泉詩章何歷歷垂今數百年繼者漠然寂間遇希文來雙旌守鄉國行春三讓原吟哦盡所得子美天與才尋幽多采撫賦詩五十言平地黃金擲三賢固有名山亦資輝赫

此去還幾年
不逢好詩客

戴復古江南新體

郎船江下泊妾家樓上住朝朝暮暮間上下兩相顧相顧不相親風波愁殺人

林景熙二陸故居

風流懷二陸才名動三吳斯人不可作千載埋烟蕪當時騁俊筆萬象爭先驅有如明月璧美價傾洪都世運無反覆轀匵眞艮圖惜哉去就乖毁此千金軀人生皆有死百年同須臾獨遺文字芳乃與天壤俱凄凄崑山寒冉冉谷水枯白鶴久矣寂黃犬誰能呼荒祠掛夕陽扁舟入菰蒲采蕁荐秋水庶以明區區

李易竹西懷古

淮南昔繁麗富庶天下稱管絃十萬戶夜夜聞喧騰不徒竹西寺歌吹相豪矜一朝烽火急廛市爲溝塍風月無歡場睥睨皆射堋荒荒野月白照地如寒氷山從畫江守歲歲輸金繒蕭條閭井間水旱又頻仍我來經故里日暮此一登隋唐倏巳往遺迹幾廢興江山

極蒼莽望之涕沾膺

文天祥歌風臺

長陵有神氣萬歲光如虹有時風雲變魂魄來沛宫壯哉遊子鄉一覽萬宇空擊筑戒復隍帝業慎所終重瞳愛梁父此情豈不同錦衣綉行晝丈夫何淺中細懷首丘意自足分雌雄向昔霸心存慷慨懷勇功不見往年事烹狗與藏弓早知致兩生禮樂三代隆匹夫事已往安用責乃翁我來湯沐邑白楊吹悲風永言三侯章隱隱聞兒童草落皆歸根飄零獨秋風

登臺共悽惻

燕子樓

自别張公子嬋娟不下樓遂日落南飛鴻令樓上燕百歲稱風流我遊彭城門來弔楚王闕問樓在何處城東草如雲蛾眉代不乏埋没安足論因何張家妾名與山川存自古皆有死忠義長不没但傳美人心不説美人色

金蔡松年淮南道中

鎮陽亘西南山河在圖畫花雨草烟閒人家或僧舍經行每悵然前賞知未暇待予盥輿歸香火復蓮社

庚申閏月從師還自潁上

對新月獨酌　我本山澤人孤煙一輕簑功名無骨相彫琢傷天和未能遽免俗尚爾同其波梧桐喚歸夢無奈秋聲何

元好問黃公廟　羈客無恒居六月走長路清風黃公祠地古欣所遇劍飛素靈哭龍躍雲雨赴堂堂文成君談笑取帝傳功名要有命陰相仰何預誰謂圯上人異事驚竹素河清不可俟筋力疲世故袖間一編書塵埃歎遲暮

元陳孚淮安州　孤帆下江北千里西風輕泊舟公路浦始見南昌亭青天下白露亂葉淒以清汀洲結海色冉冉孤月生殘鴉感興廢斷腸悲飄零安得攜美酒臺上呼劉伶百年一箕踞六合皆螟蛉

黃河謠　長淮綠如苔飛下桐栢山黃河忽西來亂瀉長淮間馮夷鼓狂浪崢嶸雪崖壁驚起無支祁腥涎沃鐵鎖兩雄鬬不死大聲吼乾坤震撼山岳骨磨蕩日月魂黃河無停時淮河亦不息東風吹海波萬里湧秋色秋色不可掃清烟映蘆花白鳥亦四五馬鳴下汀沙黃靈

鎮四瀆名剖盤古體千載今合流神理何乃爾漁翁一鬓霜扁舟依古樹隔浦欲叩之翩然凌波去

薩都剌送吳寅甫之揚州

青楊吹白花銀魚跳碧藻落日上江船二月淮南道渺渺春水涯悠悠雲樹杪安得快并刀江頭剪芳草

貢奎銅官山

遙遙銅官山逆水去千里山瘦木落衣水涸石見底棹此一葉舟觀山復觀觀水得山可棲身得水可洗耳中有千歲松根深茯苓美獨鶴巢空枝歲晚知所止愧我驅塵跡去去獨未已長歌呼蒲仙回首白雲起

何中淮安道中

鐘聲起前林悠悠何南客天垂大野高月淡行路白鷄犬淮上村雲霞海邊色舊時塞垣地來往人馳驛

吳澂夜泊渦河龍潭

輕舟弄素日靜夜橫清渦天風毛髮亂疎星燦明河圖經記父老冥漠年歲多淵沉三千丈湛碧寒無波微流帶丈藻絕岸無柔莎烱如帝鴻鐘可鑒不可磨中蟠至神物役使羣蛟鼉蜿蜒頭角古勁鬚鬣誰敢剗深宮照珠貝頗賫蚌與螺何時葛陂竹化作鞫

公

梭

余闕漢武射蛟臺

樓船遡南服寘搜窮山川駐蹕潛嶽匯奠玉燔柴煙山澤津遼曠竣事遂言還鑾旂陟崇岡延覽臨八埏大江去浤浤高浪排雪山毒霧白晝昏饞蛟吐饑涎朔門射生士憑高威控弦獨取金僕姑一發中其顛陽侯驅罔象安流淨淵淵錦帆張景風簫鼓際遠天歸來朝明堂督祖聯貂蟬會海合泰山還復幸甘泉雄才與大略氣槩凌九天焉知千載後荒臺狐兔眠我來素秋節林樾紅葉解𢊍首望京闕日暮寸心懸

倪瓚送高太守之秦郵

秦漢置牧守猶古之侯伯封建而郡縣仁政固不易漢宣知所本留意二千石慎哉高侯車願循古轍迹

明袁凱賦得泰伯廟送倪元鎮

剪商肇基迹傳季恩逮聖兄弟逃荊蠻讓德一何盛千家聿來從勾吳始開境遙遙至裔孫欲大心逾騁深宮貯妖麗高臺瞰遐迴郎拒

伍胥忠還甘太宰佞鄰邦樹讐怨上國肆爭競社稷終變遷軒楹獨完正相傳在閭里灑掃致嚴淨歲時具牲醴歌舞勞送迎楚鬼久無食越魄誰將榮強暴有湮晦聖哲無終竟於焉送將歸舟艫得依並是時春氣和氤氳滿芳逕渚花動幽彩汀蒲發淺靚江水去不息烟霞日將暝歛衣拜堦下懷哉起孤詠

適揚州

淮海表茲郡東南誠要津近代亦雄藩親王蒞斯民荊吳自茲入燕趙亦來臻舟車無停運輦貨若丘墳冠蓋充鄽里歌吹咽城闉美酒既如澠梁肉亦道陳休養近百年富庶難具論大道無恒處榮悴每相因風煙一披拂奄忽同埃塵空屋嘯蹲鴟崩垣走鷩麏萑蒲交四野髑髏儼若新貴賤不復知賢愚安能分予有山陽遊經過屬秋辰憑高四遐覽落日無行人欲繼蕪城作薄劣愧參軍

高啓　登天平山

入山旭光迎出山明月送十里松杉風吹醒塵土夢茲山凡幾到題字遍巖洞陽崖樹冬榮陰谷泉下凍怪石立誰扶靈草生豈種白雲蓊然來諸峯欲浮動高鶻有危棲幽禽無俗哢夌蘚知履滑披嵐覺裘重嘗登最上巔遠見湖影空漁樵度溪

孤鳥雀歸村衆還尋老僧居隔竹聽清誦慰我躋攀勞爲設茶爭供幾年歷憂歡造物若揶弄迷塗遠山林遲暮堪自訟難追謝公遊空發阮生慟身今解組綬明時愧無用閒持九節尋訪事疑狂縱石屋秋可眠山猿許分共

皋橋

閒門啼早鴉拂面見飛花綠水通蠣舫橋邊過犢車誰尋伯通宅只問泰娘家

吳趨行

僕本吳鄉士請歌吳趨行吳中實豪都勝麗古所名五湖洶巨澤八門洞高城飛觀被山起游艦拂川橫土物既繁雄民風亦和平泰伯德讓在言游文學成長沙啓伯基異夢表休禎舊閥凡幾家奕代產才英遭時各建事獨義或騰聲財賦甲南州詞華並西京茲邦信多美麤舉難備稱願君聽此曲此曲匪誇盈

練瀆

吳越水爲國行師利舟戰夫差開此河艅艎試親練十萬凌潮兒材比佽飛健鼓棹激風濤揚舲逐雷電當時意氣盛謂已無勾踐鷗避去沙洲龍愁閉淵殿恃強非伯圖倏忽市朝變臺上失嬌姿泉間掩慚面至今西山月恨浸秋一片猶有網魚人時時得沉箭

楊基靈巖單爐集羣英席窄坐每盃烟横半掩寺木落全見塔斜流出渠分曲徑轉谿合村裝妍醜弁野話悲笑雜童操異音鬧僧作梵偈答霜苔滑難躋露棘朽易拉磴紆螘緣樹扉敲蝸啟闔娛賓列五豆禮佛過三匝晴崖瞑憂雨秋洞寒疑臘窓攀盜果猿簷入避鷴鴿擲地荐沾袖瑟石蘚汙衲琴怨荒臺弄屧響回廊踏值險颿思節得奇郎傾榼感深怒須磔愁極衰髩慼華年倏川融雅量漸海納嘯歌激欷歔雄辯互交發禪寂虛無量道祖清淨蓋品囂蝸觸蠻變幻雀化蛤狂遊類飲酎薄宦避嚼蠟終當謝塵鞅掃屋分坐榻

梧宮夜桐皆白露下濕螢光燗燗銅盤燒蠟黃秋衾夢魂冷粉泪鉛華滴雲髩秋蟬整何處玉鑾聲芙蓉笑孤影

越來溪遠岫如蛾眉紫菱蓋綠漪小娃木蘭槳採菱溪上歸溪風搖白芷撩亂蘋花起疑是越兵來旌旗炤秋水

長洲春縠波流暖雲花光艷綠蘋津頭洗紅女蝴蝶上羅裙羅裙秋水上明璫搖白槳飛下雙鴛鴦濫溢潮水響

茂苑思葦路秋蓬滿野香閣綠濕嬪娥粉黛愁嫣花鉛露泣鶯聲舊時好玉砌秋

歸早東家蝴蝶飛烟姿滿芳草

張羽金川門

兩山夾滄江拍浮若無根利石作劍戟風風濤相吐呑維天設巨險爲今國東門試將一卒守堅若萬馬屯我來値清曉天空霜露繁列宿森在列北斗峭可攬江光介海氣溟涬神傾存俯視不敢垂中有蛟龍蟠浮圖者誰子高居凌風牖下見渡口人擾擾蜂蟻喧愧彼超世士去去將何言

天池石壁

嘗讀枕中記華山閣中吳神泉發其巔青壁繚其隅春風四山來羣絲互紛扶羽觴曲折行浮花與之俱採珠搴薜荔洗玉弄芙渠聱叟頗好名石潭作魚湖鴻乙志草堂桃烟遂成圖而此滌煩磯闕世如樗蒲發典雲林子盥手與我摹居然縮地法挈入壺公壺

觀音山

連山爭南馳劃斷滄江曲勢如萬馬奔鞭巀忽廻復石角不載土蒼然四無麓寸草不得榮唯含古苔綠浪波撞其根巖竇響琴筑浮圖乃善幻夌虛駕佛屋行人顧利涉望拜各致祝人生貴無事安能慮存覆我欲升其巔憑高快心目飛傳不可留一往如電速

張以寧句容登僧伽塔

嵯峨崇明塔拔地一千丈我攀青雲梯倏到飛鳥上微風韻金鐸初日麗銀榜維時十月交葉脫天宇曠羣山東南奔平川疊波浪雲間三茅峰圜立儼相向君瓦浮鱗鱗金邑亦云壯鷄鳴四闢開攘攘異得喪塔中宴坐仙憐汝在塵坱古時登臨人今者亦何往俯觀世蜉蝣仰嘆彼龍象乃知崑崙巔可以小穹壤同遊皆雋英超遙寄心賞霜飈天際來毛髮颯森爽太白去千年吾何獨惆悵

李東陽夜過邵伯湖

蒼蒼霧連空冉冉月墮水飄颻雙鬢風恍惚無定止輕帆不用檝驚浪長在耳江湖日浩蕩行役方未已羇棲正愁絕況乃中夜起

吳寬遊虞山

我本不飲人愛山如愛酒春遊亦易事出戶郎掣肘決策爲此行所幸得良友譬彼足病弱扶液乃能走虞山遙在望豈意落吾手側足亂石間縱目平湖口賞心雖云樂乎古悵然久丹井事有無刻銘覆華構如何梁昭明書臺廢林藪斜日下嶺西落霞滿川上晚色催

人還輕舟復搖漾佯山難爲別持酒忽惆悵悠然一回首舟尾疊青浪故人知我懷捉筆寫其狀懷上心未除移山力何壯便如王維時終南亦堪望流觀入中夜鼓櫂起高唱

黃翰京口紀行 大江西風來波濤一何浩我舟不得發徘徊越昏曉衡運已朔易擢靈忽東杲早出南徐州草乾霜露少慘慘沙塵飛軋軋車輪繞寒氣來薄人重裘僅如縞日高衆鳥翔天末孤帆杳川流與岡勢合沓自回抱人生大塊間孰能出其表勉爲辛苦行益見顏色槁人言野多虎前驅善相保顧飛千金軀祗欲伏穹昊共予陳此情歸來卧蓬島

祝允明溧水官舍 皇州本畫麗倅府亦多暇高木停車蓋白石砥根下鷄犬寂不聞明窗晃低亞彌奏不彈琴山橫無筆架流雲過簷牖斜照盪書畫巖居固同此此寓未稅駕

沈周七星檜 海虞七星檜宜爲羣木冠列生老子宮與邑作奇觀廣舁氣蕭森入門凜欲汗久信天地成沃知雨露灌傳植從蕭梁其說我恐漫驗斗形巨全七既斃其半三株寔聊存難

執歲月算各各具其異形容匪詞翰西體裂多槁豁然敞三判東體活亦裂筋骸互續斷北者蜷而秃禿視破舞朧朧葉亦不暇葉幹亦不暇幹左文皮索紐孤莚頂畱纖槎折象齒蹺瓌決鬼目爛疏越復義穴散骱仍軒岸蛟攣及猊跋努力不得竄豸長及劍短接戰驚楚漢如此紛怪駭聃君不能按如遭幾雷厄還屢兵火難生死付冥然造物反被玩君子重貞固頑醜小人讕緣高坐吹簫我欲呼鶴鸛從根覓埋丹澆泉覬紅燦長生就其蔭永作婆娑伴

楊循吉松江道中

余生信多厄浩嘆命可嫌二年不出門日自夜有蟾云何此舉棹風雨隨相淹嗟人孰無友賤子無所諳遥遥松江道勞苦亦已厭始自發松陵赫赫晨颿嚴橋門水西吸吸舟向堤粘舩人紛運篙墮者几欲殲心驚不得坐起視衣皆霑幸矣免七失私慶自理髯顧此皆官夫一死事豈纖人間列法綱更乃議叩僉無端負重責何苦傷吾恬自從入舟來夢怪神不懕況乃四多風窓破紙若持薪爐向榻置聊以充帷幨於征既七日雲間堞方瞻言歸一何速望

矣信未黔曉邁三十里仰視日已晻風頹浪如馬纜斷猶揮銛中流去飛疾氷梢人爭搶北牽返南騖似拔蛟尾潛役毗盡逃散蔽彼村宇覘支吾不可使遺棄空牌簽因之發長喟俛然理有占此固鞭撻齊乃費口語譫但我既耆逸早識藜藿甜所獲良已多貴勢寧得兼此心甘無尤終不慼冷炎田溝水鳴咽助我鳴漸漸朱逕暮雪下凄風刮剛鎌啁啾集饑烏蕭瑟獻枯蒹冬溫乃慼偃霰雹眞艮砭晨興肆遠望縞野皆堆鹽三泖凍無波九峯高沒尖清冷之灝氣貯此天地區掬來與人喫亦可瘳久痁窮游不終否果見日色遲經墟復歷鎭時或轟酒帘船將鼓笛旦缶有鵞鴨醃尚可供一醉醉倒酒可添貧賤固多役未得安閒闔近遊亦不易平溪藏險檢蘇松路何有棘若行陸黏賦造令爾薄辭祿誠非廉園居近修築草屋新始苦茨冬積蒼翠松竹龐滿簷歸歟誠游歷請下君平簾

陸釆題鐵瓶草堂

梅福吳市門馬融扶風館樂道不必山避世豈在遠伊人秉淵尚中園恣息偃伏櫪厭疲頓登龍屢摧蹇伏波成匪速會稽達亦晚眷茲靈異區仙蹤尚焜烜樹橘

開丹林藝蘭滋九畹朋來談禪宗侶集載文苑立石旣玲瓏垂蘿亦連蜷三觴歡不窮八簋恒忘返想見草元人風吹菊裳卷義問前修昭文業泒流混千載翔鳳趾鄉國表眞遁

史鑑攝山飛來峯　久圖山澤游若爲風雨欻驚雷破重陰及晨光已顯逶迤入幽深厲揭渡淸淺靈山傳飛來合澗互回轉蘿垂手可摘松高蓋惟偃陽厓丹霞凝陰洞蒼雪滿秀色如可攬絶巘竟誰棧泉竅松風號羣芳遲春衍追念平生歡歷歷猶在眼匪無新相知已少舊遊伴老僧久見招相攜集閒館解衣任盤礴覽物適蕭散形忘慮則消情至心莫展寄言同懷人對酒歌勿緩

顧璘遊金晶巖作　高巖控虛明粲粲耀金碧鐵障旁嶒峨蚑房中廣坼泉冷寒可嗽砥廣平堪奕聡玆避俗地期蹤采眞策瞻圖欝遐思寄詠勞慮索擬待秋風淸捫蘿託行迹

王寵七寶泉　七寶在空翠谷口桃花流諸天香雨散百道白虹浮華頂通海脈空中鳴

天球雪噴石鐘乳練挂銀河秋廿于白顏隨清如赤龍湫陰山落寒氣二月思貂裘漸令神思爽坐使沉疴瘳攜來雙玉瓶酌以黃金甌雲英入兩腋漸覺風颼颼長歌賦歸來去向瑤池頭

月夜登上方絕頂

五湖湧青蓮側出千丈壁空中搆寶殿珠光相蕩射明月海上來照見千山赤千林似蛺動鳥獸夜辟易飛馳入中天萬里掃空碧吳越何茫茫俯覗一氣白身列星辰間絕頂布瑤席舉盃酌銀河誤觸支機石回首招王喬吾亦成羽翮

何良俊靈應觀登高

屈子感三秋殷生傷九井端居夙鮮歡沈憂日耿耿嘉此重九名商飈急暮景覽眺得良儔羇思聊一騁爽籟肅幽宮古木羅高嶺坐愛虛亭敞俯對重潭靜況有筆硯樂焚香薦佳茗傾城事出遊此意孰能領臨風奏長謠永貽靈山境

華察泛漾湖

載酒隨輕波演漾晴未已夕陽映前川櫂入微茫裏散髮弄烟空竊比鴟彛子沙際暝色來歸櫂還自埋何處滄浪歌因之一洗耳

俞允文登銅井最高頂望太湖　五月辭人喧浮舟信沿洄連雨忽澄霽千崖洗莓苔遂登銅井巔曠望無氛埃川谿波浩浩雲卷天地開飛流灑空中長飈薦驚雷却顧西落日松聲暝猿哀于此若可憇撫景相徘徊

皇甫沖從田橋石徑赴拂水　江光開初霽山雲未全斂輕烟尚棲花積雨猶在蘚攜屐遵廻麓援蘿上修峴環林何逶迤磴道幾回轉游心自忘罷策足乃知蹇含章樂丘園就隱易台鉉頓使昔念舒乃得今抱展將尋出世人一往不復返

皇甫涍自一雲至天平登白雲泉亭晚興　鐘聲緬廻策秀色餘西岑微徑不知處白雲長自深松堂散花雨溪漏搖峯陰獨夜泉亭月寥寥期此心

皇甫汸冬日往虞山　故鄉誰不懷名山矧余慕一爲塵跡牽遂澗賞心晤偶值芳歲闌遙泛滄洲趣澄江帶餘霞丹壑散殘霧巖留委野草寒飈振阜樹指途尋舊踪流盼成新寓

魚變媿淵沉鴻冥羨雲鶩
歸來徒是今履往悵非素

鄧韍致道觀七星檜

林宮何岧嶤爽氣凌青蒼中
有古檜樹傳植自蕭梁歲遠
四樹存如斗酌天漿東株聳而老慶曆補其亡中
林麗瓊壇少日嬉其旁栟種手可撼鐵柱銷蛟猖
今已剪不遺彼盜其香兩株在東南偃蓋覆修
廊攢枝細而密葉聚如針芒擁挺析三本糾結連
肺腸龍也方出海挾以子母將兩株在西南赤立
膚無霜偃蹇捎殿角督力示堅強龍也得雲霧攫
鶩不復翔六子暮烟鎖帝招遺巫陽北株最怪異
不與群木行質幹盡屈鐵夭矯互低昂拼葉乃知
樹尋柯惑其方衆覩輿怪歎應接不得遑乍疑占
蚩尤蓄力抗軒黃拓臂運五兵有徒實跳踉勁者
弩脫栝彎者弧方張橫者奪槊舞堅者操矛鏘何
乃大小柯廉脊如斧㙤怒虬拔山出隱霧勢騰驤
理斷一絲續膚削流乳肪我語非强聒細覩乃知
詳四檜皆左紐玉晨遠相望霽晴一絛黯昏黑常
晶光仙真護訶久山鬼憑藉長至今空翠表劍佩
時將將蜀廟青銅栢涿郡羽葆桑圖經儼封殖況

我桑梓鄉入景星月夜清唳徹虛皇移酒與檜飲風露襲綃裳石田寫東樹高詞振琳琅遺墨負好事烟姿漲雲房我詩費摩寫傳之起壽張錄詩冠巨圖尚與檜作堂

歸有光沛縣

泗水抱城堙東去日瀰瀰豐沛至今存漢事巳千春嗟我亦何爲獨歎往來頻封侯不可期白日坐沉淪每見沛父老旅行泗水濱空傳泗水亭井邑疑未眞城外綠楊柳高帘懸風塵猶有賣酒家王媼幾世親高廟神靈在英雄却笑人

申時行賜閒堂寫懷

弱齡事孤翰壯歲縻簪纓燃藜坐天祿載筆登承明金閨逼霄漢玉署接蓬瀛旃厦誦虞唐葵藿輸丹誠夢寐虛見求疇咨秉國成彌縫愧周袞調劑慙商羹夙夜敢告勞誓言竭平生三復老氏言知止還忌盈在梁詠維鵜止棘况多蠅抗章乞骸骨掉鞅歸柴荆三徑未蕪穢五畝聊經營壘石寫崔嵬瀦水鑒澄清嘉樹蔚然茂好鳥嚶其鳴林園有佳致壓市無囂聲呼童酌松醪對客陳楸枰頹然自疎放因之廢逢迎地偏心自迥物澹身逾輕是非久乃

定得失了不驚安能棄人間庶以陶吾情

馬雲題五塢東澗谿谷秀粲然金碧麗且野丹氣鳳髻日出諸峰上月皎半天際幽谷紓絳紺層岸紫錦斕美此山居人蕭然遠塵世

董其昌小赤壁詩并序　敘云吾郡郡九峰之間有小赤壁頃過齊安至赤壁下其高僅數仞廣客兩亭耳吾郡赤壁二四倍之何以小爲因爲解嘲曰吾松山有九皆以海爲沼東海既以大赤壁安得小風穴秘精靈雲門削鬼巧口鼻鬬嶙峋鱗角呈天矯雖無須彌寬未可培塿耿而我遊齊安何由凌縹緲時平兵氣消霜落江聲悄廻思平原鶴誰是枋榆鳥歸語東陽生扶筇用辛夷縺太守握紅雲冠帔山容好嘉名公等錫事幽討石言曾莫逆壁觀習枯槁田成球琳賦屋一壑從予保手寫大江詞蛾眉翠可掃敢應北山招終事東坡老

袁宏道眞州　一里一亭楼搖搖駐青霧歌長牙板温酒響舩籌度雪盡露山身沙平吞

水步擱冷澁春
泉芽香吐枯樹

梅守箕山口 市遊邊不樂發歸南山田田作既已秋穫取三百壓宿酒會隣人四座有
餘歡藜藿代粱肉蘿木出絲絃日夕望原上井里
浮炊烟高柳夾道生溪流澄清源田居信言樂可
以終
歲年

鄭二俊萬羅山 為問江祖山清溪一泒通倒影拂潭水山色在其中錦苔封棘滿綠
字久朦朧萬羅山有待嗟峙宛相從松盤擎露頂
筍接拄天峰傑殿插雲起浮鳥遠架空登危盼九
子憑虛聽感鐘山河
渾在眼望古思無窮

鄒廸光和三唐人惠山詩 金商薄秋麓桂樹變青蒼緒風吅元壑爽籟奔
虛堂俯聽山虫鳴仰視林雁翔方塘寶玉液粼粼
浮青光鑑貌燭毛髮漱齒流芳香買山未可得招
隱焉得忘　作釋軒冕累擕手烟霞人藜林閟千
載青山日還新林木未虔劉棲卉無礌磷蘿羃蘙

長筵桐雨洗雜塵褰衣陟危石把酒向高旻雲中有雞犬遥與太古隣 金仙酒石龕珠宮結靈𪙊黃葉蕉路深綠苔人履絕岩花見空色山雲悟生滅客醉嘯臨風僧行踏梁月香燈十地明寶鐸四天發巳是兜率宮詎相襄城轍

程嘉燧宿牛首 城南遍蘭若茲山何穹窿鞍馬上幾盤迫迮察勢猶雄崕昃日半傾光射東南峰闌干倚峻壁毫末紛玲瓏路迴見塔寺到門羅杉松積翠扶層堦瞋色帶遠虹高殿夜突兀古木枝巃嵷尚駭仰聯睽未覺俯歷崇細路繞殿角欲上聞鳴鐘捫蘿踏深影林幽徑難通悄然心神悽却顧來驚風下歸白雲梯微月光朣朧明當上絕頂冥搜恣所窮興劇耿無寐淸宵殊未終

蔣捷銅官山 崒嵂荆南山袁令瑩其麓相傳天賜棺咄咄誑流俗珠官在嶺南錦官在巴蜀鹽官與鐵官登載紛簡牘吾恐古有司鑄銅山之足後人訛成訛官旁妄加木政須改銅官大字鑱崖腹事昔作倆者并按王喬玉

李流芳登龍雲山 兹山表徐方經過屢登眺偶然尋舊遊策蹇偕所好荒亭何蕭瑟落日春風峭河山挾覇氣四顧雄懷抱嗟此古戰塲豈容隱者傲緬思放鶴人無乃非高蹈不見山下湖淸如眉眼照河勢欲吞山湖能並其貌此中豈有意河怒湖則笑

雷鯉題會勝巖 已從浮山來更覺浮山好萬壑染秋雲乾坤怪未了遊人無古今天風醉花鳥我欲煮烟霞呼童拾瑶草

魏冲游鄧尉諸山 落葉千峯黑籃輿問何處犬吠知有村石蹲疑虎踞童子數相失前後逕相語望望漁火生還歸石湖去

吳鼎芳泊北固山下 夕陽江色遠艤棹潮初退獨客吟清秋沙鷗冷相對水氣上城根風聲隱巖背漁舟載烟火撑入菰菱內

吳應箕闖江磯 肅肅霜氣晶嚴飇吹寒驛有友理淮駕觧纜溯江磧曩予嘗泛兹巨

濤相坳浩惟時盛夏秋水力與磯逆今也殺其怒石出胥攢積江流信灝淼歛涙穿罅隙嶙峋狀以千亘江森交戟偃者若蹲覰矗者紛立壁大以蔽象軀小亦攤皓翩舟遭未移瞬對之增浩惜覽勝驚逝波安渡忻挂席平險感物情漲酒悵今昔

許直如臯救荒紀事詩有引

歲庚辰江南北飛蝗蔽天斗米千錢僵仆載道吾邑冒辟疆倡率開賑存活甚衆作詩美之

皇天蔽視聽虐此無辜民旱魃吐赤燄螟蝨擁紅塵平疇一望枯溝瘠化青燐爲富鮮惻怛閉糴封高囷吾黨有義府冒子擅嶙峋傾糧周缺陷鬻産繼全仁哀鴻數千百飽煖生陽春當事洵喬嶽倚君如其身帑發恣出入節愼見經綸隣邑望風至廣賚貽苦辛寧止麥舟助直與鄭公倫余亦切同體何爲徒撫膺稱貸佐毫末合尖聊相因君復廣同善出郊履屨冰頓使窮鄉遠亦得起殘生鴻慈務經術眞誠貫鬼神短言代口碑他年擬勒銘

七言古詩

唐李白黃山聞吳吟 昨夜誰爲吳會吟風生萬壑振空林龍驚不敢水中臥猿嘯時聞巖下音我宿黃山碧溪月聽之卻罷松間琴朝來果是滄洲逸酤酒提盤飯霜栗半酣更發江海聲客愁頓向杯中失

當塗趙少府粉圖山水歌 峨眉高出西極天羅浮直與南溟連名公繹思揮彩筆驅山走海置眼前滿堂空翠如可掃赤城霞氣蒼梧烟洞庭瀟湘意渺綿三江七澤情迴沿驚濤洶湧向何處孤舟一去迷歸年征帆不動亦不旋飄如隨風落天邊心搖目斷高興盡幾時可到三山巔西峯崢嶸噴流泉橫石蹙水波潺湲東崖合沓蔽輕霧深林雜樹空芊綿此中冥昧失晝夜隱几寂聽無鳴蟬長松之下列羽客對坐不語南昌仙南昌仙人趙夫子妙年歷落青雲士訟庭無事羅衆賓杳然如此丹青裏五色分圖安足珍眞仙可以全吾身若待功成拂衣去武陵桃花笑殺人

五松歌 昔獻長楊賦天開雲雨歡當時待詔承明裏皆道揚

雄才可觀勅賜飛龍二天馬黃金絡頭白玉鞍浮雲蔽日去不返總爲秋風催紫蘭角巾東出商山道秋色行歌咏芝草路逢園綺笑向人兩君解來亦何好聞道金陵龍虎盤還同謝朓望長安千峯夾水向秋浦五松名山當夏寒銅井炎爐敲九天赫如鑄鼎荆山前陶公矍鑠呵赤電回祿睢盱揚紫烟此中豈是久留處便欲燒丹從列仙愛聽松風且高臥颼颼吹盡炎氣過登崖獨立望九州陽春欲奏奏誰相和聞君往昔遊錦城章仇尚書倒屣迎飛牋絡繹奏明主天書降問迴恩榮骯髒不能就紲組至今空揚高蹈名夫子工文絕世奇五松新作天下推吾非謝尚邀彥伯異代風流各一時一時相逢樂在今袖拂白雲開素琴彈爲三峽流泉音從兹一別武陵去別後桃花春水深

贈王歷陽

有身莫犯飛龍鱗有手莫辦猛虎鬚君看昔日汝南市白頭仙人隱玉壺子猷聞風動窻竹相邀共醉杯中綠歷陽何異山陰時白雲飛花亂入目君家有酒我何愁客多樂酣秉燭遊謝尚自能鸜鵒舞相如免脫鷫鸘裘清晨鼓棹過江去千里相思明月樓

横江詞

人道横江

好儂道橫江惡一風三日吹倒山白浪高於瓦官閣

金陵畱別

風吹柳花滿店香吳姬壓酒使客嘗金陵子弟來相送欲行不行各盡觴請君試問東流水別意與之誰短長

李頎琴歌揚州送別

主人有酒歡今夕請奏鳴琴廣陵客月照城頭烏半飛霜淒高樹風入衣銅爐花燭燭增輝初彈淥水後楚妃一聲已動物皆靜四座無言星欲稀清淮奉使千餘里敢告雲山從此始

陸龜蒙洞庭秋色

月午山空桂花落華陽道士雲衣薄石壇香散步虛遲杉露冷冷滴棲鶴

韋應物白沙亭逢吳叟歌

龍池宮裏上皇時羅衫寶帶香風吹滿朝豪士今已盡郤話舊遊人不知白沙亭上逢吳叟愛客脫衣且沽酒問之執戟亦先朝零落艱難從負樵親觀文物蒙雨露見我昔年侍丹霄冬狩春祠無一事歡遊洽讌多頒賜嘗陪夕月竹宮遊每返溫

泉灞陵醉星歲再週十二辰愁來不語空爲君盛時忽去良可恨一身坎壈何足云

李遜長蕩湖

洮湖之山削寒玉洮湖之水漲晴淥平生浪跡江湖遊好山好水吟不足水光蕩漾涵空溟山色倒侵芙蓉青老龍夜蟄噢不醒紫氣藹藹如雲蒸西風吹雁南來早菰米初香荻花老一行界破秋天痕有似瀟湘風景好鄰家結屋傍漣漪倚欄吹徹玉參差望美人兮渺何許爲君更和秋風辭

韓翃送客之江寧

春流送客不應賒南入徐州見柳花朱雀橋邊看淮水烏衣巷裏問王家千閭萬井無多事闢戸開門向山翠楚雲朝下石頭城江燕雙飛瓦棺寺吳士風流甚可親相逢嘉賞日應新從來此地誇羊酪自有蓴羹定卻人

送客赴上元

寒塘斂鼓迎春早疋馬五城人重囊千里道淮山輕露濕江樹狂風掃楚縣九醞醲揚州白花好練湖東望接雲陽女市西遊入建康行樂遠誇紅布旆風流近賭紫香囊詩家行輩如君少極目苦心懷謝朓

烟開日上版橋南吳岫青青出林表

韓愈贈張建封節度

汴泗交流郡城角築塲千步平如削短垣三面繚逶迤擊鼓騰騰樹赤旗新秋朝涼未見日早早結束來何爲馬曹決勝約前定白馬攢蹄近相映毬驚杖奮合且離紅牛纓紱黃金羈側身轉臂著馬腹霹靂應手神珠馳超遙散漫兩閒暇揮霍紛紜爭變化發難得巧意氣麤讙聲四合壯士呼此誠習戰非爲劇豈若安坐行良圖當今忠臣不可得公馬莫走須殺賊

溫廷筠湖陰詞

祖龍黃鬚珊瑚鞭鐵驄金面青連錢虎鬚㧞劍欲成夢日壓賊營如血鮮海旗風急驚眠起甲重光搖照湖水蒼黃追騎塵外歸森索妖星戰前死五陵草碧春萋萋灞川玉馬空中嘶羽書如電入青瑣雪腕如槌催畫鞞白虬出御金煌鉞高臨宸座廻龍章吳波不動楚山晚花壓欄干春晝長

王季友九華山　九華崢嶸占南陸蓮花擢秀山半腹翠屏橫絕萬里天懸水落成千尺玉雲梯石磴入杳冥俯看四樞如中庭一崖壓下廬霍勢白石隱出牛斗星杉松一歲抽數尺暖草禽黃緣秀掔璧南風拂草雲霧開滿山蔥蒨鋪蘚碧雷霆往往從地發龍臥豹藏安可別峻極遙看戛昊蒼挺生豈得無英傑神仙憚險莫敢登馭風駕鶴踰丘陵陽烏不見峯頭樹大火尚結岩中冰靈光爽氣曛復旭晴天倒影西江綠具區彭澤夾兩亭別作一岩當少谷

宋范仲淹中元夜百花洲作　南陽太守清狂發未到中秋先賞月百花洲裏夜忘歸綠梧無聲露光滑天學碧海吐明珠寒輝射空星斗疏西樓下看人間世瑩然都在青玉壺從來酷暑不可避今夕涼生豈天意一笛吹銷萬里雲主人高歌客大醉客醉起舞逐我歌弗舞弗歌如老何

韓琦龍興寺芍藥詩　廣陵芍藥真奇產名與洛花相上下洛花年來品格卑所

在隨人索高價接頭著處騁新妍輕去本根無顧藉不論姚花與魏花只供俗目陪妖姹廣陵之花性絕高得地不私歸造化大豪大力或强遷費盡壅培無豔冶東君固是花之主千苞萬蕚從容謝似矯東君泥愛心枉殺春風不肯嫁遂令天下走香名彷彿丹青競誇詫以此揚花較洛花自合揚花推定霸其間絕色可粗陳天工着意誠堪訝仙家冠子縷紅雲金線粧冶無匹亞旋心體弱不勝枝寶髻歌斜猶墮馬氷雪肌膚一纈班新試守宮明以赭雙頭兩朶最多情象物更呈鞍面窊僂子亭亭欠姿媚特有怪狀堪圖寫見者方知畫不眞未見直疑傳者詐前賢大欲巧賦詠片言未出心先怕天上人間少其比不似餘芳資借假我來淮海涉二春三坊龍興舊僧舍問得龍興好事僧每歲看承不敢暇後園栽植雖甚蕃及見花成由取舍出羣標致必驚人方徙矮牆臨大厦客來只見軒楹前國色天姿相照射因知靈種本自然須憑精識能陶冶君子果有育材心請視維揚種花者

歐陽修送陸學士之宿州

古人相馬不相皮瘦馬雖瘦骨法奇世無伯樂

民可嗢千金市馬惟市肥駃騠伏櫪兩耳垂夜聞秋風仰秣嘶一朝絡以黃金羈旦刷吳越暮燕陲丈夫可憐憔悴時市俗庸庸皆見遺子履自少聲名馳落筆文章天下知開懷吐胷不自疑世俗廹窄多穽機鬢毛零落風霜催十年江湖千首詩歸來京國舊遊非大笑相逢索酒巵酒酣猶能弄蛾眉

焦陂

焦陂荷花照水光未到十里聞花香焦陂八月新酒熟秋水魚肥鱠如玉淸河兩岸柳鳴蟬直到焦陂不下船笑向漁翁酒家保金龜可解不須錢明日君恩未歸去白頭酣詠太平年

蘇舜欽齊山洞

城南飛橋跨淸溪度橋並轡千丈隈堤窮水盡翠微出繫馬道旁尋杖藜巉巉石骨不見土一色新削青玻璃怪石奇壑分左右絕頂俯瞰長江低當時登高插萸處至今勝日爭提携荒亭已頹斷碣仆霜草滿地寒蛩啼杜郎風流杳何處祗有茲山仍號齊其間一洞景更絕喜予曾遊知舊蹊踰岡涉巘數里險路斷忽復忘東西石芒鉤衣藤罥帽荒榛叢篠交冥迷遙呼野人問不識下趨却踏湖邊畦前邊佳處似彷彿興倦不惜重攀躋經穿蒙密得竅穴俛首匍

匐藤拄膌日光忽漏天宇小所見正爾如醯雞流蘇乘蓋結高屋旁入詰曲房與闇卦著二碑史氏植欲讀奈此苔蘚泥斯人好事世亦少捥置推覩茫無梯庢間名字半磨滅後來遊者猶堪稽摸碑幸寄郄綱讀我思仍欲言鐫題

江南田家詞

南風霏霏麥花落豆田漠漠初垂角山邊夜半一犁雨田老高歌待收穫雨多蕭蕭蠶簇寒蠶婦低眉夏繭單人生多求復多怨天公供爾良獨難

王安石酬贈池紙

微之出守秋浦時椎冰看擣萬穀皮彼工龜手咤今樣魚網肯數荊州池霜紙奪色賈不售虹玉喪氣山無暉方船穩載獻天子善價徐取供吾私千年零落尚百一持以贈我隨清詩君寧久寄金穀地方執賜筆磨坳螭當蜀此物朝上國日侍帝側書新儀不然名山副史本褒拔元凱誅窮奇咨於文章非世用書鏤空爾臞冰脂揮毫才足記姓字初學文耻從師宜匆匆點汚亦何忍嘉貺但覺難爲辭篇終有意責趙璧窮國恐誤連城歸傾囊倒篋聊一報安

敢坐以秦爲雌

梅堯臣齊山寺　蒼山南望截雲烟中有紺宇通諸天長橋直渡清溪水寒湖收潦曠平田古木陰森大堤上千峯濃淡高樓前龍笋未逆角出縮虎石亂踞筋拳攣險崖乳泉濕苔蘚陽谷暖氣蜜蘭荃澗戸蹺闗烱的的松軒夜啓月娟娟聞有謫仙乘興入飄然欲拍洪崖肩玩幽逐勝不覺遠露奇發怪工無全捫蘿但識康樂徑欲飲安問遠公禪清猿不到俗士耳香草已入騷人篇水鳥念佛大淨界野鹿銜花來象筵在昔探賞猶可數勝景秀句今得傳辭韻險絶玆所駭何特杜牧專當年重以平淡若古樂聽之疏越如朱絃秘藏楮中爲不朽吝飯座上皆曰然誰意初官獲此貺洗去鄙吝空池邊聊欲報言宰邑使春郊惟見鴈連連

蘇軾金山寺　我家江水初發源宦游直送江入海聞道潮頭一丈高天寒尚有沙痕在中泠南畔石盤陀古來出沒隨濤波試發絶頂望鄉國江南江北青山多羇愁畏晚尋歸楫山行苦

留看落日微風萬頃波紋皺斷霞半空魚尾赤是時江月初生魄二更月落天深黑江心自有炬火明飛熠然山棲鳥驚悵然歸臥心莫識非鬼非人竟何物江山如此不歸山江神見怪驚我頑我謝江神豈得已有田不歸如江水

多景樓聽琵琶

多景樓上彈神曲欲斷哀絃再三促江妃出聽霧雨愁白波翻空動浮玉喚取吾家雙鳳槽遣作三峽孤猿號與君合奏芳春調啄木飛來霜樹杪

法惠寺橫翠閣

朝見吳山橫暮見吳山從吳山故多態轉側為君容幽人起朱閣空洞更無物惟有千步岡東西簾作額春來故國歸無期人言悲秋春更悲已泛平湖思濯錦更看橫翠憶峩眉琱欄能得幾時好不獨憑欄人易老百年興廢更堪哀懸知草莽化池臺遊人尋我舊遊處但覓吳山橫處來

送劉攽通判泰州

君不見阮嗣宗臧否不挂口莫誇舌在齒中藏是中惟可飲醇酒讀詩不用多作詩不須工海邊無事日日醉夢魂不到蓬萊宮秋風昨夜入庭樹蓴絲未老君先去君先去幾時回劉郎應白髮桃花開不開

呂梁洪

亂山

合沓圍彭門官居獨在懸水村居民蕭條雜麋鹿小市冷落無雞豚黃河西來初不覺但訝清泗奔流渾夜聞沙岸鳴甕盎曉看雪浪浮鵬鵾呂梁自古喉吻地萬頃一抹何由吞坐觀入市巷閭井吏民走盡餘王尊計窮路斷欲安適吟詩破屋愁鳶蹲歲寒霜重水歸壑但見屋瓦留沙痕入城相對如夢寐我亦僅免爲魚黿旋乎歌舞雜談笑不惜飲釂空餅盆宣房未築淮泗滿故道堙滅瘡痍存明年勞苦更應甚我當畚鍤先鯨鬣付君萬指伐頑石千鎚雷動蒼山根高城如鐵洪口塞談笑却掃看崩奔農夫掉臂免狼顧秋穀布野如雲屯還須更置軟腳用爲君擊鼓行金樽

蘇轍送梁交之徐州

湖水清且深新荷半猶卷未見紅粧窈窕娘先排翠羽參差扇水面風生人未知歌傾俯仰長相見岸上遊人暮不歸清香入袖凉吹面投壺擊鞠綠楊陰共盡清樽飡白飯坐中飛將忽先起輕山出試彭門遠百步洪西白浪翻戲馬臺南雲岫滿江山雄麗信宜人風流訛似梁王苑

泗州泛舟詩

城東泗水平如席城頭遠山涵落日輕舟鳴橈

白生風渺渺江湖動顔色中洲過盡石縱横南去清波頭盡白岸邊怪狀如牛馬衔尾舳艫誰敢下傍人出沒須臾間却立沙頭手足乾客舟一葉久未上吳牛回首艮間關風波蕩潏未可觸歸來百事常艱難樓中吹角暮烟起出城騎火催君還

秦觀宿金山 山南山北江水流半空金碧隨雲浮我來仍值風日好十月未寒如曉秋山僧引客尋蒼翠歷盡參差到平地萬里風來拂骨清却憶人間如夢寐夜深無風月入扉相對老人如槁枝流水與天爭入海共笑此心誰得知下山却向中泠望番憶當時在屏障老母思兒且欲歸回首雲峯巳天上

黄庭堅送高郵秦少游 東南淮海惟揚州國士無雙秦少遊欲攀天關守九虎但有筆力回萬牛文學縱横乃如此故應當家有季子時來誰能力作難鴻鴈行飛入道山斑衣兒啼直自樂從師學道也不惡但使新年勝故年即如常在郎罷前

張耒海州道中 孤舟夜行秋水廣秋風滿帆不搖
槳荒田寂寂無人聲水邊跳魚翻
水響河邊守罾茅作屋罾頭月明人夜
宿船中客覺天未明誰家鞭牛登隴聲

劉攽送潤州裴如晦 柳陰深碧黃鸝語川水平堤
鷗鳥舞送君臨流眼暫明愛
此處涼少塵土何況連檣一月行吳山楚水相逢
迎稻花吹雨香不絕蘆葉搖風聲正清北固樓臺
似圖畫廣陵欲渡問潮生縹壺盈前京口酒紅旆
相隨北府兵少年投粟常爲樂晚歲甘棠空涕零
望君鴻飛不可攀白頭方出玉門關
獨向天涯共明月猶應夢裏借千山

韓元吉游焦山 荒村日晴雲猶積繫船焦公山下
白江翻斷崖石破碎葬鶴千年有
遺跡瘦藤百級躋上方浮玉南北江中央檣竿如
林出烟浦酒船遊與帆低昂老鴟盤風舞江面殺
氣淮南望中見神龍只作水底眠爲洗乾坤起雷
電觀音巖前竹十尋大士不死知此心醉歸更嗔
殷七七剩種
好花開鶴林

范成大吳會亭　去年春盤浙江驛湛湛青波動浮石今年春盤吳會亭冥冥細雨濕高城天邊作客風沙裏今年去年成老矣客心古井冷無波過眼人情亦如水憶昔三生住翠微偶來平地著征衣山中故人應大笑扁舟坐穩何當歸

趙葵秋浦樓　麗譙岧嶤壯城闕萬里關河歸目睫雨餘漁釣玉奩開烟外芙蓉翠屏列吳頭楚尾二十秋滿耳絃歌聲未絕不才濫綴鴛鷺行夜夢時還許歸謁蕭晨振策來翠微母憐吾兒倍怡悅昔借汝父居是邦舊事辛苦爲兒說星星鶴髮簪霞冠笑看朱衣擁金節一門和氣皆君恩恩與天同酬未得生平區區忠孝心歲晚願爲松與栢可堪清賞屬登臨風景不殊人事別徘徊徙倚十二闌角聲吹上梅梢月

沈括江南曲　新秋拂水無行跡夜夜隨潮過江北西風卷雨上半天渡口微凉含曉碧城頭鼓響日腳垂天際籠烟鏁山色高樓索莫臨長陌黃竹一聲無北客時平田苦少人耕惟有蘆

花滿
江白

楊萬里秋浦登舟阻風泊池口 午眠化蝶化未成夢中澒洞發大聲
軍鼙雷鼓百千面援桴齊下作一鳴起來推窻無
一物海潮打入齊山窟數舟翻覆相盪摩四山動
搖皆空兀錢塘潮來聲驚天金陵潮來聲寂然此
去金陵半千里那得潮聲來到此長年三老笑復
嘲云是波聲不是潮清溪波頭高過屋大江波頭
潑日轂清溪去江一步地大江可望不可至北風
向晚動地來跳出銀峯萬萬堆儂
船莫管行不得且看銀峯永今夕

劉過多景樓 金焦兩山相對起不盡中流大江水
一雙坐斷天中央收拾淮南數千里
西風把酒閑來遊木葉盡脫人間秋關河景物辨
南北晨昏不斷雙溪流君不見王勃詞華能蓋世
當時未遇庸人耳翩然落托豫章游滕王閣中悲
帝子又不見李白才思真天上時人不省爲謫仙
一朝放跡金陵去鳳凰臺上望長安我今四海遊
將徧東歷蘇杭西蜀漢第一江山最上頭天地無

八獨登覽樓高意遠愁緒多樓乎樓乎柰爾何安得李白與王勃名與此樓長突兀

徐積東海大松歌

東海有物天下雄萬靈勠力生奇松天精地粹萃其下滄溟古道來相通一根直去穿九原一根斜插鯨魚淵遠者壓折巨鰲背近者倒纏山根偏小枝可就千鈞弓大枝可懸萬斛鐘惟有老幹苦難比呂光營外堆元龍身披北帝雄犀甲虎賁連臂圍不匝無計都將大地遮有心盡把浮雲刷樛枝入地施復上怪怪奇奇非一狀最是半天風雨聲山妖走盡川魅驚十萬爭揮鐵槊騎百千齊擁黑旗兵有時海面波濤小一部仙韶下蓬島殘聲逐木散鳴琴遺響穿雲聚啼鳥溷沌以來凡幾朝淸氣濁氣痕未消獨葉聳從新蓋鳳雙蛟合處舊藏蛟

金元好問隋故宮行

渭川楊柳先得春二月鶯啼百囀新長春宮中千樹錦暖日晴雲思煞人君王半醉唱吳歌絳仙起舞顰翠蛾吳兒謾說會行樂三十六宮能幾多千秋萬古金銀闕海沒三山一毫髮繁華夢覺人不知留得寒螿泣秋月

党懷英過北固 我從渡淮涉高郵北風連日吹行舟維揚地西闕月色星月隱見邊城樓晴光破曉射瓜步照見玉宇開瓊州馮夷收威浪妥帖容我一到金山頭金山勝槩冠吳楚萬礎盤峙江中流平生夢寐不到處乃以王事從私游鍾山雨花落眼底海門鶴岩波際浮烟開林園望不極但見遠色明輕鷗風烟渺漭異吾土行役有程難久留一杯未舉帆影轉已看浙樹飛旗旒

任詢蘇州晏 蘇州女兒嫩如水髻聳花籠青鳳尾十二紅裳龎梳洗遥立唱歌烟霧裏一人手穠玉手指袖挽翠雲彈綠綺落花一片天上來似欲隨人渡江水曲終宴闋歌一觴行人南遊道路長明日松江千萬頃烟波雲樹春茫茫

元陳孚吳宮子夜歌 紫貝樓闕鬱金香暖雲七十紅鴛鴦玉蟬笑擁霞綃裳星河不墮宮點長綠樽灔灔麟髓泣露重花寒秋不濕歙歌一聲鶯怒濤海鯨夾陛如人立誰知淺顰蛾半掃中有疎螢滿吳沼越兵曉跨西風來碧波一夜芙蓉老

常州 毗陵城西[illegible]水紅家家夜

香燒碧空荻花離離季子塚風葉索索春申宮雞
聲人語三十里大船小船浪相倚鷗鷺一雙飛上
天人在舵
樓弄秋水

薩都剌過吳江

三山雲海幾千里十幅蒲帆掛秋
水吳中過客莫思家江南畫船如
屋裏蘆芽短短穿碧沙船頭鯉魚吹浪花吳姬蕩
槳入城去細雨小寒生綠沙我歌水調無人續江
上月涼吹紫竹春風一曲
鷓鴣詞花落鶯啼滿城綠

題江鄉秋曉圖

沙頭潮
下秋水
枯雲山落日雲模糊草堂遠近路長驢蕭蕭行李
行人孤蹇驢渡橋歸思急村南村北天秋色何者
相呼雞犬聲山前山後烟樹立江風水面吹殘莎
打魚小艇如飛梭何人盪槳立船尾釣者船頭腰
半舵小李將軍不可作粉壁流傳愁剝落石門守
者尤可奇拄杖敲門索新跋京口綠髮叅軍郎見
君此畫心郎降攜家更欲
上船去買魚煮酒楊子江

許謙雨花臺

大江斷後誰絕前右踞蒼虎龍左蟠
英雄角逐三百載庭花玉樹歌聲殘

我來兩月不出戶登臺始覺天宇寬城中樓觀在井底環視百里見峯巒烈風拔樹雲蔽野飛電霹靂驅蛇蜒虛亭坐視河海湧平地立見波濤翻天開翳掃羣響息空翠削出滁和山陰陽雲雨反覆手向來喜懼誠無端去來世事亦如此俯仰千歲須臾間

揭傒斯高郵城

高郵城城何長城上種麥城下栽桑昔日鐵不如今爲耕種場但願千萬年盡四海外爲封疆桑陰陰麥芒芒終古不用城與隍

牟巘之送婁伯高游吳

桃花水暖清明前長隄柳色青如烟男兒年少重意氣春風買醉吳江船金閶三月春更好笙歌錦繡神仙島紫燕樓深翠黛開碧羅天浮楊花老古今往事置勿論千金不惜酬歌樽酒酣莫作後庭曲遊人思斷江南魂去去知君訪陳迹吳江吳山青歷歷花殘鈿碎館娃空春草年年爲誰碧君行正樂我爲愁白髮送君思舊遊平生漫浪無似我努力功名須黑頭

劉炳寒食客秦淮憶舊 去年寒食長途客桃花落盡梨花白今年寒食客秦淮杏花李花無數開東風凋殘白羽箭落日獨倚黃金臺緇塵蕭騷吹病日破帽烏靴泥漉漉藜杖東山弔謝安悵望飛雲覆華屋淒涼心事更誰憐綠綺可以調絲弦子期已矣伯牙逝高山流水空荒烟王孫不歸芳草暮解衣沽酒驅愁去誰言一醉可消愁酒入吾腸肝膽露便擬揚帆析木津仍期掛劍扶桑樹志士長歌滿壑憂功名百歲等浮漚雨晴浪暖沙豚上載酒滄江弄釣舟

張翥螢苑曲 楊花吹春一千里獸艦如雲錦帆起咸洛山河皆帝都隋皇尤愛揚州美軍裝小隊驅美人畫龍鞲汗金麒麟香風搖蕩夜遊處二十四橋珠翠塵騎行不用燒紅燭萬點飛螢炫川谷金釵歌度苑中來寶帳香迷樓上宿至今落日行人路野火烏啼隔烟樹腐草無情亦有情年年爲照雷塘墓

楊維楨題高郵何將軍老山圖 何家將軍多愛山以小比老尤堅頑

青山面目元不老將軍却笑鬚眉班崑崙何時鼇背裂將軍氣高嵩華絶小夫移山良自愚將軍一怒天柱折天山已定三飛翩凱歌十二和歸鐃緑山青水在何處第五橋北南塘坳太平天子方講道將軍六十便稱老黃金雨外棄甲抛白玉風前醉山倒宣州畫生來作圖圖中貌得詩人臞銀瓶索酒豪何在腰間屢解雙珠符門前好事復載酒東山攜來散花手戎王子花歌月支落日平臺舞楊柳玉堂醉草寫烏絲時與盧揚同襟期將軍風韻有如此何必酷似劉牢之當時爾祖得鄭杜尚帶傖酸走風雨何如盧後更逢揚亦復有客如此不

蘇大年雷塘　吳公臺下雷塘路錦纜牙檣行樂處當年玉樹後庭花夢裏相逢惜春暮君不見東家北舍人未歸落花滿地蝴蝶飛

鄭元祐姑蘇臺　城西高臺高百尺傳是吳王舊遊迹百花正開西子醉明月芳洲照清夕嬌顏如花醉王側城上烏啼曉星白歌鼓聲消醉未消越王已將兵來朝鑾金撾鼓殿天地兵

散可復悽夫椒吳人遺恨化朝汐葬往朝來箭涇直不然亦可君前東何用蕭蕭馬嘶驛

楊載題華岳江城圖 華岳能詩世有名學畫丹青亦豪放此圖似寫安慶城雉堞樓臺儼相向北風將至江面黑千艘萬艘爭避匿滄溟湧溢水倒流南岳動搖天柱側蛟龍戲落秋潭底素練平鋪八千里時清好作釣魚翁閑弄輕舟烟霧裏

明 劉基題金山圖 岷山導江入海長金山却在江中央下有地軸連扶桑上有鳥道通九陽白波繞之如雪霜杳然浮空或低昂但見危樓峻閣造斗牛似蓬萊之鏘鏘撞金伐華殷朝夕丹雘翠葩相焜煌巖崖洞谷蛟龍堂斑鱗錦紋頗頷張巇嶙窈窕變暄涼虎蹄豹跡萬古不可到海若夜出烟雲鄉摩尼之明珠月光日連持來自西方謂能驅遣毒沴消災殃轉惡爲善回妖祥嗟我欲往不能翔畫中忽見心飛揚涉水有黿野有狼武陵桃花今渺茫浩歌一曲增慨慷

高啓聖姑廟 湖心漏出黿頭山白波翠島非人寰清虛宜作水仙府鱗堂荷屋居其間

淵都羣靈孰爲主烟鬟儵然一神女柔姿誰敢狎相親笑叱鼉龍起雷雨玉骨蟬輕蛻幾秋世緣已斷盡無愁采蘭每約湘濱會拾翠時陪漢上游水禽翔鳴衛芝蓋長在蒼茫杳冥外鮫人獻綃裁作衣螺女供珠綴爲佩花落開祠謝古春蓮幃瑶席掩香塵空山夜夜星河遠芳渚年年蘅杜新霞舒霧捲凝光彩笑語無聞復誰待冷風幾度引舟廻宛似蓬萊隔烟海猿叫楓林魚躍波桂旗翻翠暮寒多女巫佇望飛君帝渡猶奏箜篌引曼歌椒觴奠罷沉元璧鳥沒遥天湛空碧遺情不結楚臺雲世人何處尋蹤跡

荆南精舍圖

雎陽醉磨一斗墨夢落荆南寫秋色太陰垂雨尚淋漓哀壑迴風更蕭瑟楓林思入烟霧清湖水愁翻浪波白溪上初逢野老航山中忽見先生宅林田半頃連芋藍茅屋三間倚蘿薜翁來看竹乘小輿客去尋山借高屐任公釣臺石可坐周侯祠前路曾識虎跡時留墓苔紫蛟氣或化秋雲黑城郭何年別已久風塵此日歸不得月落書齋半壁明畫圖晒對空相憶

登雨花臺

大江來從萬山中山勢盡與江流東鍾山如龍獨西上欲破巨浪來

長風江山相雄不相讓形勢爭誇天下壯秦王空此瘞黃金佳氣葱葱至今王我懷鬱塞何由開酒酣走上城高臺坐覺蒼茫萬古意遠自荒烟落日之中來石頭城下濤聲怒武騎千羣誰敢渡黃旗入洛竟何祥鐵鎖橫江未為固我生幸逢聖人出山海澄平事休息從今四海永為家不用長江限南北

楊基金陵對雪

黃雲凍凝不成葉十載江南無此雪朱簾十二曉開齊正值千山鳥飛絕墻腰簷角危欲墮竹頂松梢重將折偏來舞殿鬭輕盈忽上金釵易消滅誰家沉火吹笙坐著處銀瓶呵手製脂凝香靨罷晨妝臉暈微渦散春纈帶雨欲拈仍作片因風誤觸俄成屑漁簑向晚畫難工歌樓未曉光盈瞥怪事休驚越犬吠豐年每信吳儂說欲和東坡白戰詩冰滿霜毫硯如鐵

新開湖

殘紅曉落西陂岸雨脚斜飛鷗鷺亂扁舟盡日畫中行荷葉荷花香不斷船頭老翁一尺鬚斗量菱角兼賣魚兒能鼓柁女蕩櫓何用聰明多讀書

南京自古說豪雄遠勝秦中與洛中
吳越千山高拱北巴江一道遠朝東

孫蕡江南行

秦淮水入丹陽郭北固城連六代宮岌業石頭如踞虎逶迤鍾岳似盤龍龍樓鳳閣天中起萬戸千門霄漢裏太乙鈎陳紫極通翔鸞舞鶴珠峯峙郤日觚稜駕寥廓行空複道侵箕尾仙掌銅盤玉作流靈芝之華蓋霞爲綺華蓋靈芝粲綺霞御橋金水正當衙五門彩旭朝天仗馳道香風散日華細柳千章爭拂地嬌鶯百囀競啼花紫電龍光飛武庫雕甍甲第列侯家侯家卿相真才彥玉笋蟬聯奉天殿屈宋摛文入石渠韓黥耀武專方面黃閣承恩宣雨露烏臺執法行霜霰環珮聲清散早朝蒲萄酒綠沾春宴春宴春風坐百花歸來里巷鬬香車金張富貴人爭羨王謝風流世共誇隱約商笳隨赤羽葳蕤大纛映彤牙盤佗寶校光前導組絡鳴鑣隘狹斜狹斜西下通三市紫霧紅塵拂天起南陌東廂馬似龍烏衣朱雀人如蟻爭看買珠輕薄兒亦訝探丸游俠子猶懷鳳臺醉李白無復新亭泣周顗井傍美人悲麗華道上行人譚結綺結綺臨春總可憐龍河一帶但寒烟天界叢林開象

魏冶亭高閣豔神仙神仙盡是蓬瀛侶更畫秦臺玉簫女渺渺青鸞月下來飄飄彩鳳雲中舉別有青樓大道旁烟花萬樹儼成行飛瓊裊裊翠羅袖小玉峨峨紅粉粧小玉飛瓊兩少年清歌妙舞鬭嫣妍舞態盤廻芳樹底歌喉宛轉落花前彩雲作雨朝朝合璧月光流夜夜圓朝朝暮暮長如此秋月春花若流水去歲今年景不殊南來北去人相似生綠羅屏遮上客流蘇帳暖邀公子爛熳三春錦繡城空濛一片笙歌市繁華佳麗樂無邊我獨何爲困一廛已似楊雄棲白屋還如司馬臥文園誰將積案三千牘換取揚州十萬纏
桃李風前歌扇底看花騎馬過年年

趙訪登黃山煉丹峯

我遊黃山當嚴冬雪消日暖無天風欲求昔人棲隱處發興況有高僧仝危矼側步目已眩絕壁下瞰心爲忡交流二澗瀉寒碧樵牧不來蘿徑窮嵯峨亂石大如屋蹴踏豺虎登虬龍手披灌木出林杪仰從雲際窺奇峯中高一柱揭南斗旁扶兩岫森寒松文楸萬木翠如織宛宛內蓄何沖融仙靈窟宅景象異豈與下界同汗隆名姓無傳年代遠只有藥

曰畱遺蹤摩挲考擊三歎息悵不竝世來相從因
憐李白升絕頂空吟菡萏金芙蓉幾年戎馬暗南
國眼前厭見旌旗紅脫身長往宿有願把茆不用
用煩人工曹阮浮丘應好在山南山北會相逢

華幼武泛蠡湖

漕湖東南大星起灩灩晶光射湖
水兩髯搖櫓送風行浪花激船灑
飛雨我時起坐推蓬窺天地黯慘開鴻龐扶桑日
出東海沸波濤滉漾珊瑚光迴風揚帆舟子喜樓
閣參差
見城市

王達錫山塔影

星河拂曙鐘初定平湖水碧天開
鏡青山孤塔勢凌寒影入平湖鏡
裏看沙明宛若長虹臥一雁斜飛驚欲墮朱闌曲
曲氣層層蒼茫何處覓殘僧晚來記得漁郎話風
雪鮫人
夜試燈

陳繼江南漁父辭

江柳陰江水深釣船不到江之
心江心江心風高浪相激縱使魚多
不易得釣絲只在江邊垂得魚無魚心自怡有時
投竿把書讀殘陽漸紅江轉綠有時沽酒醉風前

沙鷗忘機相對眠人生富貴那足羨好似春
鴻與秋燕江柳陰江水深釣船不到江之心

劉溥趙松雪畫馬

王孫畫馬世無敵一畫一廻飛
霹靂千里長風入綵毫平沙碧
草春無跡硯池想是通渥洼突然走出白鼻騧翻
濤浴浪動光彩雲影滿身堆玉花玉花連錢汗流
血駿尾梢風蹄蹄鐵何時騎
得似畫中踏破陰山古時雪

賦得瓊花觀送人

瓊
花
觀在江都雲窗月館仙人居無雙亭前一方池昔
日瓊花今已無玉女香居游碧落回首人間塵漠
漠重闌空護八仙花飛珮誰乘九皐鶴古城楊柳
接東橋十里紅樓路不遙行舟過此一行泊琪樹
陰中聽
紫簫

徐有貞得月樓

徵君家住百花洲上起夌虛百尺
之高樓晚來明月初出海先炤君
家樓上頭樓頭圖書鋪滿牀君時晏出舉霞觴陶
然浩飲不知醉一口吸盡銀蟾光瑶島丹丘渺何
許恍若身登廣寒府珠宫貝闕深可窺彷彿霓裳
羽衣舞玉兎擣藥在我旁藥成已是三千霜問却

嫦娥爲乞將服之輕舉凌蒼蒼酒醒還倚闌干立
桂影團團露華濕天香萬斛無處儲却被清風倒
吹入世間月色知幾何獨有君家樓上
多擬掉扁舟一登覽與君重和謫仙歌

李東陽長江行

大江西來是何年奔流直下岷山
巔長風一萬里吹破鴻濛天天開
地闢萬物茁五嶽四瀆皆森然高遣長江作南瀆
直與天地相周旋是時共工怒觸天柱折遂使后
土東南偏女媧補天不補地山崩谷罅漏百川帝
赫怒罰乃罪神禹來乘四載驅大章走豎亥黃龍
夾舟穩不驚直送馳波到東海朝離巴峽暮洞庭
九派却轉潯陽城縈紆南徐萬餘里更萬餘里通
蓬瀛君不見黃河之水天上來其大如股空縱横
長由清濟出中境曷敢南向爭權衡千流萬派瑣
瑣不足數雖有吐納無虧盈下亘厚地上摩高空
日月出沒蛟龍所宮奇形異態不可以物象但見
變化無終窮或入重胞抱溷沌或如顥氣開穹窿
或如織女拖素練或如天馬馳風騣空山怒哮飽
後虎巨鼇下飲渴死虹或如軒轅鑄九鼎大冶鼓
動洪鑪風或如夸父逐三足曳杖狂走無東西或

如甲兵宵馳聚肅滿山谷或如神鬼晝露萬象出入虛無中吁嗟乎長江何爲若茲雄人不識無乃造化之奇功天開九州十有二山南北並峙江流其間長江來自西極包人寰環帝宅我來何爲爲觀國況吳濤航楚澤咲張騫悲祖逖壯神功歌聖德聖德浩浩蕩蕩如江波千秋萬歲同山河而我無才竟若何吁嗟乎　聊爲擊節長江歌

洴澼溪

練溪之水光如練練溪之詩清滿卷洴澼眞成水上文梭梭不作江南怨靜餘雙耳間能洗坐愛一淸差可戀不問莊子藥手龜羞隨墨子悲絲變何須火浣銷塵垢却笑愚人蒙詆嫚臥遊久矣讓君曾聽說灑然醒我倦虛舟有意空江海爾足無由出庭院敢謂曲江非鑑湖即看湘浦同陽羨舊號新名次第更前堂後圃書題遍莫欺我不識江南已向元驛句中見

徐州洪蘇墨亭書坡老石刻

我昔彭城初泊舟岸行百步觀洪流手披荒蘚看古石上有坡翁舊時刻沙衝水齧四百年字畫半滅風神全我行見此三歎息此物乃在風塵間冬曹尹君眞好事自掃巉巖鑿蒼翠山靈助喜河伯愁白日驪珠照平地

孤亭素壁高龍嵸登堂見字如見翁山人在前僧在後尙憶扁舟遊月中崖端刻頌唐宗業水底沉碑杜預功直將談笑爲故事似與百戰爭豪雄高才直節古今少片石價比千金同由來一代不幾見況我異世懷高蹤憑君一搨數千本徧使四海揚淸風

李傑善權洞 芙蓉峯頭石扇開神椎鑿破蒼雲堆谽谺洞天闢元氣地底逬逬驚風雷靑叢翠蔓絡巖石日光倒射金銀臺玉鴉翻飛石燕舞琴牀丹臼空苺苔沉沉一穴窈莫測俯身下瞰生疑猜仙人狡猾多變化以此隔絶凡蹤來其中當別有天地山水瑩淨無氛埃絳節羽幢紛婀娜閬風元圃通蓬萊蒙巖居士好奇者洞中猿鶴相追陪有時呼出偓佺輩携手共酌瑶華杯長生秘訣倘傳得靈境日月堪徘徊

吴寛題江南虎丘圖 雲巖不滅靈巖好昨者何爲涉行潦千人石上兩靑鬟日出深林歌杲杲一時取樂能償勞水西山北爭探討澗泉漱齒心亦淸石壁題名手新掃西去陽山

十里遥昌雨有人歸不早來朝見詰入雲岩扼擘將鬚空懊惱好山不遂晴時遊此事已光何足道安知猶有獨游人隔水相望在懷抱何處移來此畫圖我方起觀俄絶倒詩情畫意各有在歲月依然仍可考蟲雞得失不須爭泡影須臾難自保再到京華住六年皤翁頭顱欲全皓江南歸計有時成尖筍山行非草草臥游且把畫圖開鶴澗松菴亦天造翻嫌二客不能從回望周郎與東老

蔡羽由大觀亭歷江上

朱欄控帶青壁烟碧峰浮出丹楓巔東方鈴鐸西方磬輕霞淡照横江天南厓高仰北厓俯羣峰奔走如龍虎千尋巨石連空起斷處會經巨靈斧天池闊暘谷長秋江萬里横蒼茫漁舟尾掛金連環鴛鴦飛在蒹葭霜潯陽潮有無白帝在何處回望吳天雁南翔又西翥孤帆遠映青空來綠樹横分半江去重沙覆岸東隄逃鯨鱷横斜失依據海月緣沙生珠子隨潮來殘陽尚懸壁素魄先臨臺仙家瑤草九月寒遠公石上三花開燕子磯頭飲牛客偶來莫使世人猜青山對酒誰爲主惟有簫聲晚自哀

姑蘇臺

夜有吳題片朝有出棟雲

高臺竹歌舞羅綺何紛紛吳月常從越山起越花
却種吳宮裏眼前不盡西子歡安用窮觀三百里
古今不自由春草生銅溝惟有橫山色空帶蛾眉
愁杳魂想像朝雲廟綠泥繡斷金燕頭朝雲滅金
燕冷夕陽滿
地青楓影

王寵月夜謫仙樓 秋月出海珊瑚明舉眼忽見太
白精雲光錯落照顏色草堂拂
拭蛟龍驚修眉玉頰桃李春虬鬚如戟真天人屋
梁落月想像真彷彿猶得交其神我聞王孫豪氣
昔如龍天然不與凡骨同江湖落魄黃金盡昂霄
吐氣成飛虹蓬萊閬苑在掌上長覺兩腋生清風
飄飄九華山自有青芙蓉獨留
神彩照天地令人萬古如相逢

沈周經尚湖望虞山 日午放船湖上頭虞山隨船
走不休高雲仰見出翠壁飛
影下接滄波流青林人家隱山麓雞鳴犬吠聞中
洲鷗鷺羣樓竹葉暗蜻蜓獨立荷花秋蓮歌漁唱
尚互答落景在樹猶堪游小舟
爭渡各先去獨送風波渾不憂

錢福贈東雲道士歌

禹步蹴震垣青雲翳雙履鏗鈎一鼓萬物茁東華親授先生理騎龍握參先太陽扶搖倏忽幾萬里爾來晃翩折暫落滄溟涘滄溟茫茫茀可即日夕枕漱西湖水崑山北谷有水瑩無滓別號西湖無乃是水以北爲陽斯言亦奇旨雲邪水邪消于相遭兩兩總無心南北東西亦奚異谷之陽雲之東坐看雲起行水窮飄然獨得誰能從緑波不釣尚書魚紅雲常護仙人宮逍遥步明月徙倚臨清颯青牛出關去不返水雲深處鶴髮顏皤翁滯君小住三百載且莫掉首思凌空候余養就餐玉法把袂閶闔談參同

李夢陽京口山水圖

青山逶迤如北固山下彷彿京口樹茅屋花蹊三月暮萋萋舊草春游路一從畫師歸烟墨客堂日夜流江色江色依微帶甕城游子歸魂逗南北

袁袠大洪行

君不見石龍嶔崎鬱海鯨伏甲盡是蒼山精帝遣石龍鎮東海勢拔十洲傾五城又不見河伯狂奔自西極獨輓黃流向東射兩雄相遇未肯降誰哉鑿斷石龍脊龍門磽礉

秋水高千載猶聞石怒號峡聲如雷日酣戰蚪落千尺飛鳴濤銀河倒青天倂作三洪水灔瀩瞿塘不足方輓舟咫尺論千里爾來雲帆接帝州上洪下洪俱穩流儘耳明珠貢萬斛江東玉粒爲寬愁君不見應圖眞宰持天紀石龍低首黃龍徙

王守仁過銅陵觀鐵船　青山滾滾如奔濤鐵船何處來停橈人間刳木寧有此疑是仙人之所掺仙人一去幾千載山頭日日長風號船頭出土尚彷彿後岡有石云船梢我行過此徒忖度昔人用心無已仞從來風波平地惡縱有鐵船還未牢秦鞭驅之不能動奡力何以施其篙我欲乘之訪蓬島雷師鼓枻虹爲纜弱流萬里不勝芥復恐駕此成徒勞世路難行每如此獨立斜陽首重騷

王廷相亳州行　桐宮桑林古帝國千年跡滅石空在龍山連陵如朶雲無窮渦水東流海明王朝元殿魏武省稼臺蟠螭剝白石古棘崩蒼厓雄豪已逐暮雲散精靈時向空林哀燦燦

瑤花苑紺殿伯陽宮古木蔽日月萬瓦僊魚龍黃鶴秋飄翻丹井水崢嶸猶龍恍惚度沙海惟有藥草年年生城中連延三萬戶中有豪家多官府寶客嬾作游冶盤翠幕層樓對花樹桃花飛入窺洞房洞房七十紫鴛鴦花聚仙人散風雨迴笙合瑟春迷茫滴露金叵羅停雲玉樹歌楊花飛蕩烟相和黃鸝紫燕春心多悵望青牛紫氣紛河上公兮同出秦遨遊元圃三千闕藉手雲霞謝世人

史鑑秦淮歌

停君金叵羅聽我秦淮歌長江西來幾千里沿洄直入臺城裏浮青蕩綠南北流至今猶號秦淮水秦淮之水載客舟秦淮之上花滿樓美人卷簾垂玉鉤大白仙人清夜遊酒酣乘月往石頭棹歌渡淮水倒披紫綺裘英風撼五嶽豪氣隘九州邇來四千四百九十五甲子無人繼此移山倒海之風流水光依然月如故斷雲零落令人愁豈無清歌與美酒與子祿祿誠堪羞我歌秦淮歌送君秦淮去城西酒樓任何處主人今非舊孫楚且須痛飲歌達曙達曙歌醉方寢笑壓吳姬股爲枕滿身模糊覆宮錦明年我亦泛秦淮手解金龜就君飲

莫如中天馬歌 天馬由來出西域騕褭何因至南國聞道渥洼產此奇牧向天閑自重譯七寶裝成立仗儀千金比價連城璧爾時意氣抑何雄槖置一明會莫惜脫銜卸轡溷泥途不走不鳴亦不食我行見之一憮然獨立山頭心悵惕古今神物本難馴不見秦王昔鞭石須臾莫遣五丁嗔拔却雲根去超軼還言稅駕閶風巔天長海濶知何極

宗臣金山篇送徐子與奉使江南 昔日秦皇鞭石過東海大者竝立小者臥東風一夜拔扶桑片石怒走江中坐十年海若呼不回一線滄江從此破滄海之水何處來瀟湘洞庭蒼梧開驚濤巨浪幾萬里排空拍岸如奔雷吁嗟此山何雄哉白日不動天崔嵬下攬吳越荆楚之秋色上摽鍾山渤海之朝虹奇峰三百倒懸水青楓碧樹搖玲瓏金刹瓊宇不知數一一亂插馮夷宮有時黿鼉逐麋鹿鎮與魚鼈追鳶鴻忽然相遇不相識莫不駭訝狼籍荒天風自出滾滾去不窮明月復爾臨高空萬頃珊瑚碎江水蛟人龍女紛然起以手捉之不可得憮然一笑滄

江底怪龍忽上崖頭舞似聽山僧讀禪語當時赤手縛龍珠夜半空江驟風雨一自此龍失其珠日日江頭怒且呼金山晝夜叫猿鶴丹陽南北愁菰蒲徐卿仗節往三吳渡江先上金山途江中怪龍遠相避山前明月高自孤妙高亭上千江秋千江眞與天門浮峯頭明月能我留與卿同爲汗漫游上上令星辰不敢收下令江海不敢流龍兮龍兮不知遁去幾萬里即有明珠還自投金山金山愼莫愁

王世懋三山行

君不見海門東開大江走雪嚙霜吞巨靈吼奔流繞出南徐州鐵甕回看大如斗誰令此地爲雄鎭天遣三山縮其口我昔挂帆揚子渡三山岸嵑爭雄據疑是秦皇驅片石擘作金焦兩天柱正看北固臨江岸旁睨兩山如指顧奇峯從障相望開丹樓如霞綺色來長松百尺葢金刹一一倒插江流迴恍如鼇身欲浮動定是鼎足支傾攉吁嗟三山麗何極地主今歸釣鼇客潘侯去矣胡侯來五馬都餘舊驄色至今霜氣臨江寒突兀平添萬峰碧丈夫一郡豈足難

君其更理三山屐半醉狂呼萬籟明歸來高臥郡齋清況固今焦白雲起片片送入江流聲爾時定草三山賦得不叫絕思王生鳴呼得不叫絕思王生

陸師道石城曲題採蓮圖　秦淮水綠芙蓉明元武湖邊烟艇橫香風翠袖暮雲亂落日新粧紅浪驚城隅豪曲歌聲起卻寄愁心棹謳裏恨不相攜桃葉渡心知同在長干住須臾花冥鳳凰臺帝闕回看錦作堆明月各隨珠珮去白鷗獨送綠舟回蓮浦紅衣秋露濕桂林金粟秋風急相逢江上采蓮人回橈猶向花間立南京曾憶看花行畫裏今瞻雲錦城十年漁舸滄州臥羞對紅渠白髮生

魏學禮焦山　焦君得道幾千載此山猶挂焦君名飛濤萬里渺無際遙望奇絕疑蓬瀛凌雲抓石挺然在摧撼不動長崢嶸朱楹倚殿若閬苑白石照映何精瑩石欄臨江江水闊月明匹練參差橫憶昨仙人乘鶴馭丹成一朝上天去石牀鑪鼎漫寒雲萬壑花香大江膳谷變陵移樵徑

深不識當時煉丹處瘞鶴空傳筆法奇華陽妙刻今何之水落欲塌半行字若滅若没安從施因思俯仰皆陳迹徙倚斜陽掃苔石且與江山作勝遊他年來訪神仙宅

王衡乙酉遊金山觀競渡

自我兒時遊金山登高但畏江風寒十五年來復過此始知水大難爲觀水流非怪自洋子流門浪出剽如矢瓜洲檣樹綠如蒲蓬脚無根任風使風來鬬浪一時高千巖萬竇聲漕漕石廊蝌蚪勿噴雨東西沙影侵山稍我歡飲酒不知醉況值江頭船競渡彩索朱符坐櫓工雞黍賽神神無怨此時寺杪亦鳴鐘夜濤吞吐雲蓬蓬江豚跳梁老鼉出恍惚京口桅燈紅勸君暫聽津吏語日落烟青且歸去

王叔承震澤觀古檜歌

沙門老樹驚奇崛四百年來青未歇氣交古寺通精靈命落殘碑題歲月皮爲黛石根爲鐵琥珀爲脂玉爲節曲柯倒紐上下錯尖梢反擲東西掣扶疎入畫畫不成苔痕膩鎖雷神結雨餘細葉浮烟出新枝舊枝宛相齕飛天仙女生綠毛墮地驪龍蛻

蒼骨西方雙樹何時分婆娑獨立南江濱寒色虛搖五湖月淸陰薄灑諸天雲忽漫星槎過笠澤酣歌樹底流光碧秦巖爭笑大夫松蜀祠空憐丞相柏信是僧家佛日長貝葉曇花幻今昔

鄒迪光塔燈歌

錫山第培塿勢與九龍敵紫翠亂紛披葱靑鬱相射龍宮鹿苑莽榛枳剩有窣堵千百尺八角懸羅網四空儼丹頀欲墮不墮罡風扶靑霄雷霆白日黑僧彌守護不少暇往往燒燈過子夜格澤噓烟天外來祝融吐燄雲中瀉大如車輪挂王岑細如舍利散珠林淡如冰綃映水月熾如寶地鋪黃金疎如一點兩點星光明歷歷落如千樹萬樹紫實垂森森初疑蔭界爲炎國又惟祗林作火宅九微何事及諸天太乙偏來照禪室此時天龍應向燭龍臥屏却雨師與風伯君不見豪家火樹重重影綉幕旃檀霄不冷銅山金穴俄頃盡鳳管鵾笙盡悲哽又不見十二靑樓朔日杲銀缸寶炬香繚燒春風桃李不相待昔時豔麗今時槁嘆息人間世光燄如電疾爲燈無明網慾火燒七尺何如對此浮屠下一燈熒熒坐佛日誓令心似淨琉璃不遺塵恨礙虛白

文翔鳳後湖行日中有璽池月下有藥淵其精墮爲朱雀元武之二水鍾鬱疑即須

彌巔遂就前湖作殿闕五風攝處駐行天滄溟操築又桑田自是水輪扶地軸不比羲仲御虞泉簪石豈伏神鰲戴銜木非憑精衛塡琉璃推現天人界香水捧浮帝釋蓮獨留後湖照嬋娟金銀氣已貯秋烟中有羣玉爲策府由來曲洛是書淵靈沼幸聞還宴鎬昆池何况本學滇鍾阜如龍下飲之島嶼真橫過海船雞籠覆舟碧相楫雙蛾對鏡畫春妍君出太平門試拂堤邊栁天絲樹樹堪垂手錦衣綉嶺低回否長生新館立烟波萬頃明月萬頃荷荷柄發花香入帶風來湖上竟如何

江南通志卷之第六十二終

江南通志 卷六

江南通志卷之第六十三

藝文

詩

五言律

唐駱賓王陪薛司空桂明府遊招隱寺

共尋招隱寺，初識戴顒家。還依舊泉壑，應改昔雲霞。綠竹寒天筍，紅蕉臘月花。金繩倘留客，爲繫日光斜。

宋之問酬李丹徒見贈

鎮吳稱奧里，試劇仰通才。近邑人披霧，遥聞境震雷。一朝逢解榻，累月共銜杯。連騎登山盡，浮舟望海迴。

杜審言和晉陵陸丞早春有懷

獨有宦遊人，偏驚物候新。雲霞出海曙，梅柳度江春。淑氣催黄鳥，晴光轉綠蘋。忽聞歌古調，歸思欲沾巾。

張九齡送宛句趙少府子卿

解巾行作吏樽酒謝離居修竹含清景華池澹碧虛地將幽興愜情與舊遊疎林下紛相送多逢長者車

李白送別友人

斗酒渭城邊壚頭醉不眠梨花千樹雪楊葉萬條烟惜別傾壺醑臨分贈馬鞭看君頻上去新月到應圓

夜泊牛渚懷古

牛渚西江夜青天無片雲登舟望秋月空憶謝將軍余亦能高詠斯人不可聞明朝洞庭去楓葉落紛紛

寄淮南友人

紅顏悲舊國青歲歇芳洲不待金門詔空持寶劍遊海雲迷驛道江月隱鄉樓復作淮南客因逢桂樹留

廣陵贈別

玉壺沽美酒數里送君還繫馬垂楊下銜杯大道間天邊看綠水海上見青山興罷各分袂何須別醉顏

題疊嶂樓

江城如畫裏山曉看晴空兩水夾明鏡雙橋落彩虹人烟寒橘柚秋色老梧桐誰念北樓上臨風懷謝公

題宛溪館

吾憐宛溪好百尺照心明可謝新安水千尋見底清白沙留月色綠竹助秋聲却笑嚴湍上於今獨擅名

謝公亭

謝公離別處風景每生愁客散青天月山空碧水流池花春映日牕竹夜鳴秋今古一相接長歌懷舊遊

三山　三山懷謝眺水淡望長安蕪没河陽縣秋江正北看盧龍霜氣冷鳷鵲月光寒耿耿雙瓊樹天涯寄一歎

秋浦歌　秋浦猿夜愁黃山堪白頭清谿非隴水翻作斷腸流欲去不得去薄遊成久遊何年是歸日雨淚下孤舟

王維送元中丞轉運江淮　薄稅歸天府輕徭賴使臣歡沾賜帛老恩及卷綃人去問珠宮俗來經石刼春東南高亭上莫使有風塵

岑參送滕亢擢第歸蘇州拜親　送爾姑蘇客滄波秋正凉橘懷三箇去桂折一枝香湖上山當舍天邊水是鄉江村人事少時作捕魚郎

送樊侍御使丹陽便覲　臥病窮巷晚忽驚驄馬來知君京口去借問幾時回驛舫江楓引鄉書海雁催慈親應倍喜愛子在霜臺

送許員外江外置常平倉　詔置海陵倉朝推畫省郎

還家錦服貴出使繡衣香水驛風催舫江樓月透牀仍懷陸氏橘歸獻老親嘗

送揚州王司馬

君家舊淮水水上到揚州海樹青官舍江雲黑郡樓東南隨去鳥人吏待行舟爲報吾兄道如今已白頭

送羽林長孫將軍赴歙州

剖竹向江濆能名計日聞隼旗新刺史虎劍舊將軍驛舫宿湖月州城浸海雲青門酒樓上欲別醉醺醺

送人歸江寧

久客憶鄉信向家湖水長住愁春草綠去喜桂枝香海月迎歸楚江雲引到鄉吾兄應借問爲報鬢毛霜

孟浩然夜泊牛渚

星羅牛渚夕風退鷁舟遲浦溆常同宿烟波忽間之棹歌空裏失船火望中疑明發泛滄海茫茫何處期

宿桐廬江寄廣陵舊遊

山暝聽猿愁蒼江急夜流風鳴兩岸葉月照一孤舟建德非吾土維揚憶舊遊還將兩行淚遙寄海西頭

廣陵別薛八

士有不得志棲棲吳楚間廣陵相遇罷彭蠡泛舟還檣出江中樹波連海上山風帆明日遠何處更追攀

王昌齡客廣陵　樓頭廣陵近九月在南徐秋色明海縣寒烟生里閭夜帆歸楚客昨日渡江書爲問易名叟垂綸不見魚

常建晚泊盱眙　泊舟淮水次霜降夕流清夜久潮侵岸天寒月近城平沙依雁宿候館聽雞鳴鄉國雲霄外誰堪羈旅情

破山寺　清晨入古寺初日照高林曲徑通幽處禪房花木深山光悅鳥性潭影空人心萬籟此俱寂惟聞鍾磬音

儲光羲咏陸山人樓亭　暮聲雜初雁夜色涵早秋獨見海中月照君池上樓山雲拂高棟天漢入雲流不惜朝光滿其如千里游

臨江亭　城頭落暮暉城外搗秋衣江水青雲把蘆花白雪飛南州王氣疾東國海風微借問商歌客年年何處歸

丁仙芝渡揚子江　桂楫中流望空波兩岸明林開揚子驛山出潤州城海靜邊陰淨江寒朔吹生更聞楓葉下淅瀝度秋聲

孫逖楊子江樓　楊子何年邑誰開作楚關江連二妃渚雲近八公山驛道青楓外人烟綠嶼間晚來潮正滿數處落帆還

閻丘曉夜渡淮　舟人自相報落日下芳潭夜火連河市春風滿客帆水窮滄海畔路盡小山南且喜鄉園近無言意味甘

韋應物淮畔遇洛陽李主簿　結茅臨古渡卧見長淮流窗裏人將老門前樹已秋寒山獨過雁暮雨遠來舟日夕逢歸客那能忘舊遊

淮浦喜會梁州故人　江漢曾爲客相逢每醉還浮雲一別後流水十年間歌笑情如舊蕭疏鬢已斑何因不歸去淮上有秋山

永定寺喜辟疆夜至　子有新歲慶獨此苦寒歸夜叩竹林寺山行雪滿衣深鑪正燃火空齋共掩扉還將一樽對無言百事違

劉長卿碧澗別墅喜皇甫侍郎相訪　荒村帶晚照落葉亂紛紛

來路無行客空山獨見君野橋經雨斷澗水向田分不爲憐多病何人到白雲

遠望寺 古臺搖落後秋入望鄉心野寺人來少寒峯水隔深夕陽依舊壘寒磬滿空林惆悵南朝事長江獨至今

清溪館 萬嶺猿頻斷孤村客暫依雁過彭蠡暮人向宛陵稀舊路青山在餘生白首歸漸知行近北不見鷓鴣飛

崔峒送陸明府之盱眙 陶令之官去離愁懆別筵白烟連海戍紅葉近淮村遠浪搖山郭平蕪到縣門政成堪吏隱免負府公恩

李嘉祐送韋邕少府歸鍾山詩 祁門宦罷後負笈向桃源萬卷長開帙千峯不閉門綠楊垂野渡黃鳥傍山村念爾能高枕丹墀會共論

耿湋雪後宿池州草堂 宿君湖上宅琴韻靜參差夜雪入秋浦孤城連貴池流年看共老銜酒發中悲良會應難再晨雞自有期

劉方平秋夜泛淮　旅夢何時盡征途望每賒晚秋淮上水新月楚人家猿嘯空山近鴻飛極浦斜明朝南岸去定折桂枝花

綦毋潛宿龍興寺留題　香刹夜忘歸松青古殿扉燈明方丈室珠繫比丘衣白日傳心淨青蓮喻法微天花落不盡處處鳥銜飛

獨孤及得李滁州書以玉潭莊見託因書春思以詩代答　春物行將老懷君意詎堪朱顏因酒強白髮對花慙日日思瓊樹書書話玉潭知同百口累春日辦抽簪

喻坦之同馮使君登南樓作　井邑連淮泗南樓向晚過望灘涉鷺起尋岸浴僮歌近海雲偏出兼秋雨更多明晨擬回棹歸思恨風波

曉泊盱眙　廣葦夾深流蕭蕭到海秋宿船橫月浦驚雁遠霜洲雲濕淮南樹笳清泗上樓徒懸鄉國思覊迹向東遊

朱慶餘送淮陽丁明府之官未及境已有愛人心

遣吏回中路停船對遠林鳥聲淮浪靜雨色稻苗深暇日公門掩唯聞伴客吟

韓翃淮河

淮水東南地無風渡亦難孤烟生作直遠樹望多團春浪棹聲急夕陽帆影殘清流宜映月今夜重吟看

贈別韋兵曹歸池州

南陵八月暮天色遠峯前楚竹青陽路吳江赤馬船籝金諸客貴佩玉主人賢終日應相逐歸期定幾年

送客遊江南

南使孤帆遠東風任意吹楚雲殊不斷江鳥暫相隨月淨鴛鴦水春生荳蔻枝賞稱佳麗地君去莫應知

送元詵還江東

過江秋色在詩興與歸心客路隨楓岸家人掃橘林潮聲當晝起山翠近南深幾日華陽洞寒光引獨尋

送李侍御赴徐州行營

少年兼柱史東至舊徐州遠屬平津閣前驅博望侯向營淮水滿吹角楚天秋客夢依依處寒山對白樓

送李秀才歸江南

過淮芳草歇千里又東歸野水吳山出家林越鳥飛荷香隨去棹梅

雨點行衣無數滄江客如君達者稀

送壽州陳錄事

壽陽南渡口歛笏見諸侯片雨楚雲暮千家淮水秋開簾對芳草送客上春州請問山中桂王孫幾度遊

贈長洲何主簿

掛席逐歸流依依望虎丘殘春過楚縣夜雨宿吳州野寺吟詩入溪橋折筍遊到官無一事清靜有諸侯

送蘇州姚長史

江城驛路長烟樹過雲陽舟領青絲纜人歌白玉郎葛衣行榔翠花簟宿荷香別有心期處湖山滿訟堂

張繼晚次淮陽

微凉風葉下楚俗轉清閑侯館臨秋水郊扉掩暮山月明潮漸滿露濕雁初還浮客了無定萍流淮海間

馬戴久次淮口

天涯孤光盡木末羣鳥還夜久遊子息月明岐路間風生淮上水帆落楚雲間此意今誰見行行悲故關

過灊岳

塞上徵兵久淮南賦歛多抱琴方此去爲縣欲如何灊岳積蒼翠皖溪生素波眞君杉廟近公退爲誰過

秋日望金山

金陵江色裏蝃

急向秋分回首橫孤島歸僧度水雲夕陽依岸盡清磬隔湖聞遙想禪林下爐香帶月焚

許渾送南陵李少府

高人亦未閒來往楚雲間劍在心應壯書窮鬢已斑落帆秋水寺驅馬夕陽山明日南昌尉空齋又掩關

南陵留別段氏兄弟

不知身老大猶似舊時狂爲酒留山縣題詩徧草堂歸期秋未盡離恨日偏長更羨君兄弟參差雁一行

送無夢道人先歸甘露寺

飄飄隨晚浪杯影入鷗羣岸凍千船雪岩陰一寺雲夜燈江北見寒磬浦西聞鶴嶺烟霞在歸期不羨君

題韋處士山居

斸藥去還歸家人手掩扉山風藤子落溪雨豆花肥寺遠僧來少橋危客過稀不聞碪杵動應解製荷衣

劉禹錫晚泊牛渚

蘆葦晚風起秋江鱗甲生殘霞無變色游雁有餘聲戍鼓音響絕漁家燈火明無人能詠史獨自月中行

崔塗牛渚夜泊

烟老石磯平袁郎夜泛情數吟人不遇千古月空明人事年年別春

潮日日生無因逢

謝尚風物自淒清

顧況明徵君宅　明徵君舊宅陳後主題詩跡在人亾處山空月滿時寶瓶無破響道

樹有低枝已是傷

離客仍逢靳尚祠

王灣北固山下　客路青山外行舟綠水前潮平兩岸濶風正一帆懸海日生殘夜江

春入舊年鄉書何

處達歸雁洛陽邊

曹松甘露寺望江　香門接巨壘畫角間清鐘北固一何峭西僧多此逢天垂無際

海雲白久晴峯旦暮

燃燈外潮頭振蟄龍

竇常夏日再登北固　水國苎種後梅天風雨涼露蠶開晚簇江燕語危檣山址

北來固潮頭西去長年

年此登眺人事幾消亾

周繇甘露寺　盤江上幾層峭壁半垂藤殿鎖南朝像龕棲外國僧海濤侵砌檻山雨洒

窗燈日暮疎鐘起聲聲徹廣陵

皇甫冉送陸潛夫延陵尋友 登山自補履訪友不齎糧坐歎青松晚行吟白日長人烟隔水見草氣入林香誰作招尋侶清齋宿紫陽

李羣玉廣陵驛餞筵留別 別筵欲盡秋一醉海西樓夜雨寒潮水孤燈萬里舟酒飛鸚鵡重歌送鷓鴣愁惆悵三年客難期此處遊

韋夏卿送顧況歸茅山 聖代爲遷客虛皇作近臣法尊稱大洞學茂忝初真鸞鳳文章麗烟霞翰墨新羡君歸句曲白鵠是三神

李德裕詠玉蘂花 玉蘂天中樹金閨昔共窺落英間舞雪密葉乍低帷舊賞烟霄遠新懽歲月移今來想顏色還似憶瓊枝

包何江上田家 近海川原薄人家本自稀黍苗期臘酒霜葉是寒衣市井諸相識漁

樵夜始歸不須騎
馬問恐畏狎鷗飛

李端宿華陽洞寄袁稱 花洞曉陰陰仙壇隔杏林漱泉春谷冷擣藥夜窗深
石上開山酒松間對玉琴
戴家溪北住雪夜去相尋

送戴叔倫 遙想隋隄路春天楚國晴
白雲當海斷青草隔淮生雁起斜還直
潮回遠復平蒹葭不可到一醉送君行

張祜甘露寺 千重構橫險高步出塵埃日月光先到江山勢盡來冷雲歸木石清露滴
樓臺況是東溟
上平生意一開

題洞庭山南館 一徑逗霜林朱闌繞碧岑地盤林屋
口山鎮洞庭心樹白看烟起沙明
見日沈還因此悲屈惆悵又行吟

金山寺 一宿金山頂微
茫水國分僧歸夜船月龍出曉堂雲樹影中
流見鐘聲兩岸聞因悲在城市終日醉醺醺

賈島尋寶仙隱居 羣峭碧摩天逍遙不記年躡雲尋古道倚樹聽流泉花煖青牛
臥林高白鶴眠我來
山色暮獨自下寒烟

送董正字常州覲省 相逐一行鴻何

時出磧中江流翻白浪木葉落青楓輕檝浮
吳國繁霜下楚空春來歡侍阻正字在東宮

杜牧揚州 秋風放螢苑春草鬬雞臺金絡擎鵰去
鸞鬟拾翠來蜀船紅錦重越橐水沉堆
處處皆華表
淮王奈却迴

金陵 始發碧江口曠然諧遠心風清
舟在鑑日落水浮金瓜步逢潮
汐臺城過雁音故鄉
何處是雲外即喬林

項斯夜泊淮陰 夜入楚家烟烟中人未眠望來淮
岸盡坐到酒樓前燈影半臨水箏
聲多在船乘流向
東去別此易經年

薛能題開元寺閣 一閣見一郡亂流仍亂山未能
終日住元愛暫時閒唱棹吳門
去啼林杜宇還高僧
不可羨西景掩禪關

戴叔倫遊靈巖寺 步入招提路因之訪道林石龕
蒼蘚積香徑白雲深雙樹含秋
色孤峯起夕陰屟廊
行欲遍回首一長吟

皮日休訪明僧紹宅　不見明居士空山但寂寥白蓮塋次缺香靄坐來銷泉冷無三伏松枯有六朝何時石上月相對論逍遙

杜荀鶴題麻溪　麻溪清徹底似入武陵溪兩岸山相向三春鳥亂啼酒旗和柳動僧塔與雲齊此是歸期路歸期路勿迷

遊茅山　步步入山門仙家鳥徑分漁樵不到處麋鹿自成羣石面迸出水松頭穿破雲道人星月下相次禮茅君

贈青陽李令　善政無慚色吟歸似等閒惟將六幅絹寫得九華山求理空頭白終官債未還仍聞琴與鶴俱在一船間

韋莊牛首山　牛首見鶴林梯徑遶幽岑春色浮山外天河宿殿陰傳燈無白日布地有黃金休作狂歌態回看不住心

〔宋〕林逋翠微亭　亭在江干寺凝涼更翠微秋階響松子雨壁上苔衣絕境常難得浮生不擬歸旅情何計足西崦又斜暉

汴岸曉行　驢僕劍裝輕尋河早早行孤烟開道站牛

野唱農耕老木迴堤晴初陽出浪明鷗遊事無盡塵土拂吾纓

盱眙山寺

路傍盱眙縣山崖露寺門疎鐘過渡口一徑入雲根竹老生虛籟池清見古源高僧拂經榻茶話到黃昏

范仲淹洞庭山

吳山無此秀乘暇一遊之萬頃湖光裏千家橘熟時平看月上早還覺鳥歸遲近古誰真賞白雲應得知

頭陀巖

空半簇樓臺紅塵安在哉山分江色破潮帶海聲來烟景諸鄰歐天光四望開疑師得仙去白日上蓬萊

歐陽修甘露寺

曾非遠城郭寂爾隔囂氛尚有南朝樹能留北固雲川濤觀海若霜巃入江濱衛國丹青在孤堂綠桂薰

蘇軾渡湖

八月渡長湖蕭條景物疎西風片帆急暮靄一山孤許國心猶在匡時術已疎岷峨家萬里投老得歸無

過淮

好在長淮水十年三往來功名真已矣歸計亦悠哉今日風憐客平時浪作堆晚來洪澤口捍索響如雷

梅堯臣初見淮山　遊宦久去國扁舟今始還朝來汴口望喜見淮上山斷岸碧峯去平沙白鳥閒南歸不厭遠況在水雲間

渦口　秋水見灘底淺沙交痕痕白魚跳處急宿雁下時昏帶月支渦尾落帆防石根清淮自行盡明日又前村

塗山　古傳神禹跡今向舊山阿莫問辛壬娶從來甲子多夜淮低激射朝嶺上嵯峨荒廟立泥像噩頭山雨過

早至潁上　夜發曉未止獨行淮水西明知寒草露暗濕驄馬蹄半滅竹林火數間茅屋雞秋天畏殘暑不爲月光迷

唐介渡淮　聖宋非狂楚清淮異汨羅平生仗忠信今日任風波舟楫顛危甚魚龍出沒多斜陽幸無事沽酒聽漁歌

張耒都梁亭下　金塔青冥上孤城蒼莽中淺山寒帶水旱日白吹風人事劇翻手生涯真轉蓬高眠待春漲鮭菜伴南公

晁補之吳淞道中　停舟傷洞澥四顧盡荒原月落狐鳴家天寒犬吠村繫帆淩震

澤搶雨八盤門悵望夫差事吳山闕楚魂

蘇舜欽過泗水

五年六經此俯首嘆勞生山是往時路人皆今日情機心去國少壓眼向淮明物理吾俱駭漂流安足驚

李綱銅陵阻風

春色到江清梅花正斷魂風波留遠櫂烟雨濕寒邨雁過傳遺響潮來沒舊痕淒涼一樽酒愁絕與誰論

劉克莊張麗華墓

臺上栢蕭蕭空堂閉寂寥芳魂三尺土往事幾迴潮墮翠尋難見埋紅恨未消猶勝江令在白首入隋朝

李燾金山

金山何處好四顧不相連窗迴前無地波澄下有天堂留三楚客門泊五湖船瞑色關詩思江籠兩岸烟

張栻金山

萬頃洪濤裏巍然閱古今雲烟三島接花木四時深亂石維舟住西風倚檻吟

朝宗知不斷
淒切此時心

岳飛題池口樂光亭 愛此倚欄干誰同寓目閒輕
陰弄晴日秀色隱空山鳥嚶
蕭騷外征帆杳靄閒予
雖江上老心羨白雲關

范成大翠峯禪寺留題 來從第九天橋社繫歸船
借問翠峯路誰參雪竇禪
應真庭下木說法井中泉
公案新翻出諸方一任傳

蔣堂呀南湖臺 危臺竹樹間湖水伴深明清淺
香徑方圓明月灣放魚隨物性栽
石作家山自喜歸
休早寧冷賀老還

朱熹函山 古寨依山麓頹垣近水湄有兵耕綠野
無盜弄潢池歲稔村村樂官閑事事宜
我來無所愧
聊遺一聯詩

白玉蟾順昌即事 筆下千機錦胸中一滴金乾坤
春藹闊風月夜樓深世絕大甚

掾人稀梁父吟只尋
雲外路誰復聽寒砧

岳珂鶴林寺　秋枕竹鳴屋書基松掩關雨晴猶濕
徑雲薄不藏山未洗中原甲難銷承
日間西風動征
思空媿鬓毛班

方仲荀虎丘　海湧起平田禪扉古木間出城先見
塔人寺始登山堂静叅徒散巢喧乳
鴿還祖龍求寶
劍曾此鑿孱顏

方岳泊歙浦　此路難爲別丹楓似去年人行秋色
裏雁落客愁邊霜月歌寒渚江聲驚
夜船孤城吹角
處獨立渺風煙

羅處約題太湖　三萬六千頃湖侵海内田逢山方
得地見月始知天南國吞將盡東
溟勢欲連何當灑
爲雨無處不豐年

文天祥賣魚灣　風起千灣浪潮生萬頃沙春紅堆
蟹子晩白結鹽花故國何時訊扁

舟到處家很山青雨點極目是天涯

真州驛

山川如識我故舊更無人俯仰荆榛路往來車馬塵英雄遺筭晚天地暗愁新北首雲山路淒涼夜向晨

林景熙逢鄭宗仁會宿山中

挑燈懷舊夢移席近春泉共話忽深夜相看非少年斗垂天末樹擁出雨餘田亦有茅簷下飯牛人未眠

京口月夕書懷

山風吹酒醒秋入夜燈涼萬事已華髮百年多異鄉遠城江氣白高樹月痕蒼忽憶凭樓處淮天雁叫霜

趙倚禪窟寺

擇得開山地寂然安住心兩軒青嶂合一樹白雲深夜講來巖虎晨齋噪野禽欲尋棲隱處只此是雙林

冉琇海州

波濤起天末舟檝滿城隅管晏非王佐張韓有霸圖何門堪跛履無道欲乘桴倚杖春風近含愁向綠蕪

宿京口

推蓬在京口山色對秋暝搔首半帆落懷人孤月懸形骸成獨往風物媿流年隨處逃名姓烏啼又發船

丁開揚州歲暮

萬國春回日層城晚眺餘江聲隔吳楚原色到邳徐大閫軍容壯狂歌客禮疎白年寒荻裏風雨憶吾盧

陸秀夫題鶴林寺

歲月未可盡朝昏屢不眠山前冬古木上半殘編放犢飲溪水助僧耕稻田寺門多斷掃分食愧農賢

元薩都剌秋日雨中登石城訪長老珪白巖不過

石頭城上去紅葉雨紛紛半日不見路四山都是雲魚龍隨水上鐘磬隔江聞遥憶南庄叟天寒補衲裙

宿采石驛

客路青山外鄉心落照邊煖烟浮野樹凉雨過淮天水調誰家笛江帆何處船蛾眉亭上月今夜照孤眠

夏日遊鶴林寺

病餘乘野興來叩了公房竹筍迸生地花枝垂過牆雨聲鳴客枕雲氣暗僧堂歸路馬蹄滑風吹滿面涼

成庭珪夜過吳江聖壽寺

深夜扣禪扃天寒月在庭鳥驚棲後樹僧倦讀

殘經蔓草風吹白枇杷雪洗青對牀聽法語方寸愈惺惺

秋日遊虎丘

攀葉樹層層茲遊記得曾到山疑是夢出寺忽逢僧短簿荒祠酒生公舊塔燈留詩駭浮俗山鬼也多能

傅與礪金陵晚眺

金陵古形勝晚晚望思迢遥白日餘孤塔青山見六朝燕迷花底巷鴉散椰陰橋城下秦淮水年年自落潮

宋无銅陵五松山中

樵聲聞遠林流水隔雲深茅屋在何處桃花無路尋身黃松上鼠頭白竹間禽應有仙家住遊秦來至今

建業閒居春思

杜曲芳菲早江城店含烟雨青榆莢地風白椰花天愁結丁香上醒餘禁酒前病多遊冶少春事亦留連

黃庚鶴林仙壇寺

古壇歸鶴杳野鹿自成羣嵐氣浮清曉鐘聲出白雲樹穿僧屋老水到寺門分人世無窮事山中了不聞

方瀾過吳江

離離遠村落晴不見炊烟秋水漲無岸野舟撐入田天留新稼穡人戀舊

山川不待鴻飛定西風已肅然

陳孚瑞巖菴　孤絶懸高嶂幽尋及早春送燈瑶殿小煑酒瑞泉新陽彩方澄景淮流欲近人燕談真得地風磴入深筠

揭徯斯泊安慶　夜泊淮西郡露生客子衣酒家臨岸閉夜火隔江飛雲盡月初出潮平風漸微昔年城下路此際正南歸

趙孟頫贈間白雲　聞說龍興寺多年未欵扉風林發松籟雨砌長苔衣殿古燈光定房深磬韻微秋風動歸興一錫向空飛

虞集和韻贈間白雲　歷覽唐朝寺松關淺易扉花交珠樹網苔長石人衣秋水依空淨浮雲映日微白雲無所住此際亦歸飛

潘子安登龍穴山　七十龍鍾客登山眼一鮮不風林亦動未夜月先懸入寺參孤

衲烹茶試十泉安能剗家累長此送流年

方回出歙港入睦界 嵐氣濕征衣千灘落翠微懸崖樵屋小破廟祭人稀岸犬看船立溪禽貼水飛鄉心與客思向曉重依依

張適樂圃林館 園池雖市邑幽僻絕塵緣水活原通港荷稀不礙船竹陰迷藥竈雨氣慢琴絃試理床頭藁新來益幾篇

何中京口 掛席亂驚湍曾過此渡難潮歸楊子晚山入秣陵還聽語知鄉近忘年計日寬穩行隨夜泊烟火滿江干

倪瓚江上題壁 蕭條江上寺迢遞白雲橫坐待高僧久時聞落葉聲鴟彝懷往事張翰有餘情獨棹扁舟去門前潮未生

明劉基丙戌歲將赴京師途中送徐明德歸鎮江

疲馬懷空櫪征衣怯路塵那堪遠遊子復送欲歸人月滿西津夜花明北固春論文應有日話别莫悲辛

送謝恭

涼風起江海萬樹盡秋聲搖落豈堪别踟躕空復情帆過京口渡砧響石頭城爲客歸宜早高堂白髮生

高啟寓天界寺

雨過帝城頭香凝佛界幽果園春乳燕花殿午鳴鳩萬壑隨鐘集千燈入鏡流禪居容旅跡不覺久淹留

過采石

山暝斷磯頭猿聲雨岸愁椰間盧女酒月下估人舟擒虎嗟橫渡騎鯨憶醉遊停橈正懷古風急葦花秋

甘露寺

勝地江山壯名林歲月遙刹藏京口樹鐘送海門潮月黑龍光發天清蜃氣銷何當尋狠石閒坐話前朝

過永定廢寺

亂後僧何去門閒落葉時晝昏秋蠹老齋斷午禽饑罷說傳心法猶看賜額碑不知興壞理來此豈無悲

過樂圃林館

林塢通幽間山明雲出溪門無俗客至池有水禽啼對酌山花下行吟野竹西石林春寂寂苔色映青藜 開軒時野眺山色翠迢遞屏結霜中檜圖開雪裏蕉煖

烟初霽圃野水欲平橋曳杖閒來行藥挑酒一瓢幽居無酒掃風景自翛然紅濕花間雨青分郷外烟山總捫虱坐石攜枕書眠自得閒中趣栽花疊錦川

陶安荻港

空垣霜葉濕雞犬四無聞怪樹作人立斷碑經火焚溝魚爭雪水山鳥集溪濆信步不知處楓林樵運斤

楊基句曲秋日郊居雜興

庭樹聚棲鴉溪流沒淺沙瘦憐人似菊濃愛葉如花秋色都連水寒雲忽變霞自衛長在客無地不思家

落葉擁柴扉村深客過稀曉車分穀去晚笛飯牛歸漁負雨簑立鳥銜霜果飛此中眞小隱予亦久忘機

晚登蛾眉亭

亭子凭虛好登臨似鏡臺江從萬里至山作兩眉開濃愛秋烟隔韉疑暮雨來短歌聊共寫深愧謫仙才

懷赤山舊業

東林攜策處南垞釋耕時一逕都緣石諸流盡到池靜憐松響續京愛竹陰移盛世容歸隱母令解組遲

漸與世紛遠自然塵慮消沿隨碧溪水徑渡綠陰橋岐路迷還識

孤村近郄遥聞身任來往不爲野人招

秋浦

淡日雨晴天江村正可憐碧雲初見雁紅樹尚聞蟬一望皆秋色千山各暮煙自憐簪組累羞近釣魚船

送句容劉少府

一家具一車輕囊書與短檠吏多難別意人有去官情帆影江沉寺簫聲月到城竹西尋舊業烟雨綠蕪生

袁凱泗州書懷

白髮三吳客清秋泗水邊官途隨老馬歸夢逐飛鳶酒盡尋僧舍書來問客船淮南與淮北漂泊過年年

魏觀寧國溪上

轇轕林環水沿洄水繞山鳥啼山翠裏人語水聲間茅屋連溪塢松舟繫淺灣村翁驅犢處溪女得魚還

張羽過瓜洲

落日瓜洲渡餘寒透薄衣客囊空薏苡春色自薔薇江遠水東去天晴鴈北飛故山千里外昨夜夢先歸

重過楓橋

晚泊楓橋市冥搜憶舊遊月明天不夜江冷水先秋岸曲依漁艇林低出戍樓堪嗟名與利白郄幾人頭

王逢題吳江垂虹橋亭　長虹垂絶岸形勢壓東吳風雨三江合梯航百粵趨葑田連沮洳鮫室亂魚鳧

移居烏涇最閒園　卜宅私怪鵄彝子初心握霸圖賔賢里生涯始有涯憂緣常念亂貧爲數移家徑合交枝果簾當獨樹花池臺幾峯石相與卧烟霞平生一丘壑今住小林泉樹古走藤蔓沙虛行竹鞭紅蛛網石罅白燕下琴邊不有故山憶溪南買祭田

陳秀民登靈巖　寶殿壓崔嵬華池頂上開山從太白出水自洞庭來閣樹聯珠塔巖花照石臺夫差清暑地那得有塵埃

汪廣洋懷揚州　憶昔曾遊地於今有幾家濕雲纏戍鼓高柳聚城鴉元鶴去無迹綠蕪愁更賒盈盈江上月何處照瓊花

張孟兼春日遊鐘山　訪古來鐘阜尋僧問草堂千年猿鶴靜一逕石林荒泉落

春水細梅留臘雪香鄉心憐薄暮矯首碧雲長

張宣吳江夜泊

風壤三州接江湖一水過虹消滄海雨日落洞庭波玉笛梅花引吳歈子夜歌從軍古云樂吾意竟如何

藍智采石舟中

共醉黃壚酒還登采石舟澄江晴吐月獨樹曉生秋去國一身遠懷鄉半夜愁來朝陪使節一上岳陽樓

林鴻夜泊淮陰

泊舟淮水次津樹暗蕭蕭遠火明漁舫長吟倚客簫夜鐘聞古寺寒月照歸潮莫近啼猿處愁多夢更遥

張以寧宿遷縣道中

今朝宿遷縣風急棹難停樹合藏深屋河移出遠汀山容雲冉冉水影日冥冥栁色無南北春來不斷青

曾棨淮南舟中

遠戍雞聲曉遥堤栁色濃斷雲京口樹殘月廣陵鐘簫鼓官船發圖

書御寶封朝臣多
扈從冠佩日相逢

姚廣孝秋日重游海雲精舍

昔年曾駐錫此地喜重遊樹影兼雲合蟬聲帶雨收磵循松下矼峰遶竹邊樓到後嗟難偶吟蹤去復留　巖棲還傍塢複嶺自層層叩户頻來佃尋蹊每到僧苔深終隱甃樹老尚懸藤但可行吟處題詩寄我僧　林屋深藏密盤盤石徑斜過樵驚睡犬迴牧亂鳴鴉垣碧蘿攢葉籬紅槿綴花到時須放浪莫問是他家　迢遞青村外崎嶇紫邏間過林才見日到渡不逢山一室依巖險雙扉傍竹間曾看雲際鶴向暮獨飛還　勝處初遊日長疑別有天樓開扉納月庖接筧通泉鐘散羣峯外禽回雙樹邊也知宜眺望不獨可安禪　地遠塵難到人家半隔溪放船還候磬起曉郝馮雞雲度隨山窈泉行趁澗低披叢尋蘚壁更爲刻新題　一逕通林遠時聞長者來水光摇定室松影落香臺桴爲防彪設軒因放鶴開若將吟適興滿眼是詩材　山人無所事沿渚只栽松黄葉深深屋青烟遠遠峰苔蹊屯鳥跡石磴宿雲蹤留客同

迂步乘昏
欲聽鐘

解縉李陽河 自入李陽河青山兩岸多馬當峰突
險龍渡峽流梭突兀一拳石奔騰萬
頃波今朝逢小
至擊楫大風歌

題鳳凰臺 久遊龍虎國每上鳳凰
臺一水浮衣帶三山落
酒杯東來形勝最遠近畫圖
開有感風雲會從天五馬來

王英夜泊淮河北岸 曲岸風濤靜收帆夜泊舟潮
聲隨月上波影帶星流爲客
獨千里思家尚百憂通
宵暫成寐歸夢到南州

蔡羽西虹橋 引領烟無際憑虛念自深雲回滿川
雁秋起一城碪崛崛閣侵暮纖纖月
上林扁舟從此
逝把酒會長吟

虎丘 檻外鄰吳苑林間促羽觴池
花搖暑淨泉韻雜松涼念別
經時久重來笑客忪小
留軒裏月臨發戀清光

桑悅宿山寺 夜宿山中寺翛然物外情荷松僧意
靜浮竹佛香清昏鼠窺燈出饑烏近

鉢鳴小池生泡
沫似勸學無生

陳璉登多景樓　獨倚闌干久凉風滿客衣樹從京
口斷山到海門稀鴈影橫秋色蟬
聲送夕暉蕪城纔
咫尺樓堞望中微

羅倫銅陵對月　脉脉銅陵水迢迢玉鏡飛相隨千
里外還到故園扉夜靜虛清鑒風
微蕩綠輝此心如
彷彿員缺不相違

李夢陽謁直道陳公祠　英主能容直當言敢顧身
累朝傳諫劄萬死作歸人
古廟穠花晚孤墳勁草春
從來淚浸土特筆在詞臣

何景明渡淮　津口風翻旆春陰欝未開淮流衝古
岸沙店倚長臺鳥向平蕪下人隨返
照回未忘舟楫
興臨路獨遲迴

鄒元標遊東流廻龍庵　曲逕開尋處茅庵寄一峰
佛龕空翠落僧塔白雲封

自省塵心斷誰憎野興濃
無人堪共語終日倚孤松

祝允明丹陽曉發 京邑到來熟曉行如赴家月明人渡水星散樹驚鴉燈影依依店茶聲遠遠車蕭騷兩秋鬢無處定生涯

半隱堂 晏嬰居市近巢父入山深朝野亦何定行藏豈有心穿風試新屐倚檻矚退林爲問終南事除書可檢尋

薛蕙送毛敬父之廬州 北峽吞淮口東陵控海隅霍山分岳鎮肥水溷濡須從事之官遠觀風問俗殊廬江多小吏應候府中趨

唐順之遊陽羨南山 到處塘杉松多言路不通却從青嶂外轉入綠園中谷口逢茶女溪邊御釣童勿嫌踈散甚吾亦是愚公

題金山寺 何處尋龍藏停橈聽梵音中流一塔影遠樹萬家陰僧定潮來去月明江淺深試將空水相堪北慧公心

過王九巖讀書處 微月挂孤壁四山何悄然因穿薜徑去忽造竹林邊叢木深寒氣平蕪淡野烟徘徊興復

盡還就
草堂眠

屠隆彭城渡黃河　彭城臨廣岸俯仰霸圖空白日
照殘雪黃河多烈風所嗟人向
北不似水流東回首
滄濵曲山山雲霧中

張祥鳶渡淮春曉　朝辭桐栢水時序又殊方河抱
中原轉天圍遠樹蒼緒風啼鳥
變紅雨落花忪坐惜
春芳晏高歌西日黃

徐階瓜洲風雨不克渡江　未遂歸來願空驚歲月
奔布帆三日雨茅屋數
家村山氣遙連海江聲近在
門無緣得飛渡東望欲銷魂

于慎行邵伯湖夕泊　日暮倚蘭橈秋江正寂寥驛
門斜對雨郡郭遠通潮急櫓
看商船寒燈見市橋隋
隄前路近欲聽月中簫

秦淮　秋月秦淮岸江聲轉
畫橋市樓臨綺陌商
女駐蘭橈雲裏青絲騎花間碧
玉簫不知桃葉水流恨幾時消

顧起元拜方正學祠 白馬竄空結朱蛇讖豈眞九重原叔姪一死自君臣鼎鑊當年事蒸嘗異代人西山一杯土寂寞閟冬春

高叔嗣揚州問主人 空林一葉落茅屋幾家秋對酒凉風至開簾古樹幽相看還自笑欲去爲誰留正比夔門下休猜姓是侯

王韋攝山道中 旭日晴光轉重城曙景迷稻花寒蠏出竹瞑虢禽啼古社堙危堞殘碑倚斷畦秋風振原野疲馬亦能嘶

儲巏彭城有懷 清夜棹歌發高秋客思生綿綿鄉國夢歷歷水雲程老樹危蟠石衝波怒齧城白門樓上月偏傍海東晴

楊一清善權洞 餘興上崔巍盤旋去却迴停杯遲山月躡履破蒼苔歌吹緣雲上茶烟引鶴來奇觀誰解賦何遜故多才

蔣山卿善權寺　翠濕花巖雨寒飛白石雲乾坤留勝迹霹靂有遺文松古虬龍偃山深虎豹聞應須結茅宇終老卧氤氲

袁袠靈巖　君王歌舞地樵採使人哀上木遺危刹丹青委廢臺草當香徑合花傍鹿場開且盡登臨興湖光入酒杯

李三才初至金陵酬李吏部　飄泊愁誰語艱難喜再同客心秋草外世事酒杯中野色侵船黑江波蕩晚紅相看無限意不是爲途窮

茅坤惠山秦園　初尋迦葉地竝過仲長園花露午猶泣蘿烟秋可捫不須金谷麗疑入武陵源迷路那從問山僧疑解言

金孟麟遊攝山　靈區支短策異草攝長生畫樹蒼巖戲春泉白鹿行三臺淩斗絶千佛瞰雲平不管齊梁代晨昏磬自鳴

馮琦送張槱江之金陵　幕府前旌去王程後命催六師同擊楫千隊肅銜枚練甲舍江動琱戈挽日回莫將今日事更待異時才

許國送沈少林還宛　十月燕山霧天低日欲沉寒蟬空抱葉獨雀過來林草沒王陽道臺虛郭隗金君親千古事感慨一沾襟

沈懋學麻姑山　仙人馭孤隺何處訪方平野烏窺山寺殘花點石枰雲根丹竈濕斗氣劍池橫夢隔青霞侶空邀五舌笙

顧璘遊虎丘　畫舫疎簾雨溪門落木秋黃花仍對酒白髮再登樓古井香泉發荒池劍氣浮驅馳吾已懶誰共老茲丘

謝應芳吳下詠懷　甫里水東頭垂蘿繫客舟客心清似水吟鬢白於鷗詞賦知無用風塵苦未休篷窗三日雨農事憶西疇

相見各依依相將坐翠微

蘇濬天均閣呈徐司寇

清風徐孺榻繁露董生帷竹影侵書帙山光上客衣故鄉歸未得至此已如歸

樊鵬六合道中

聯轡來東邑朝行暮復還市塵通亂水城郭帶秋山路出青楓外江流白霧間西行鄉思切愁絶望晤關

王翰龍江別意

送客都門道旗亭酒一樽雨餘芳草合風定落花繁曉樹連雲暗春江帶雨渾來朝定相憶遙望一消魂

錢宰瓜洲夜泊

旅夜瓜洲泊秋懷浩欲沈星河與海合江漢入吳淞天塹無南北川流自古今隔花漁唱起千里故園心

王問九里涇懷陳山人

擾擾風塵後重來涇上宮門臨寒水次秋盡葉聲中歲序忽復暮幽懷誰與同思君西嶺下蓬戶掩深松

王野惠山寺懷古

石徑入丘壑天開寶樹林暮雲孤寺冷春雪數峯陰啼鳥侵禪寂流泉去染心空門千古在捨宅意何深

王寵過白馬湖

白日狂風嘯青天退鷁翻浪高湖色怒鄉近客心燔烟火疎淮甸雲靄蔽海門故人一水隔愁絶浣花村

周述維揚懷古

廣陵河上路煬帝昔曾過不見瓊花發猶傳玉樹歌堤荒衰柳在宫廢亂螢多欲問前朝事悲風起夕波

周用至徐州

遠戍收宵柝高風動雪車三年同旅雁一飯厭河漁赤葉寒林曉黄茅野市虛因思溪水上在昔卧深廬

黄鞏與徐侍讀遊虎丘寺

野寺懸崖出山門傍水開於菟空故塚麋鹿自高臺往事千年在餘生萬里回多情徐學士落日共徘徊

皇甫涍晚登靈巖琴臺　秋澄夕陽外風籟何飄飄望津勢欲盡凌栫心屢摇松岑帶暝色村靄下歸樵勝事成幽獨虚懷寄寂寥

尋支硎山　不盡春山路隨人溪水幽石門在烟外蘿徑登雲丘谷口遠清磬何處我心問白鷗支公燕坐處日暮寒泉流

天池　東林寺尋鐘石徑幽雲藏春竹暗路入晚山稠合澗烟嵐下澄泓空翠浮塵纓媿鷗鳥一爲洗心留

黄佐虎丘懷古　寂寞夫差國笙歌入海雲勾吳先自敗於越遂能軍月落苧蘿冷花深麋鹿羣千年金虎去誰守闔閭墳

董穀金山寺　孤絶江心寺烟波接渺茫浪花浮石磴帆影落僧牀金碧輝天界歌鐘起下方月明潮落後倚檻聽鳴榔

謝榛金山寺　孤絶寒逾迥蒼茫夜不分僧歸依島月龍定縮江雲天漢窗前合風濤恍上聞好沽瓜步酒詩思在微醺

金鑾泊淮上 愁輕游冶興老重别離情野戍寒更靜河橋春水生斷雲疎雁影殘月亂雞聲明發應千里蕭蕭過楚城

陳鳳秋日登雨花臺 落葉山中寺秋風江上臺鳳城雙闕迥牛渚片帆來繁吹暮仍急清樽醉復開東籬菊尚晚留取晝餘杯

金大車漂母祠 王孫去不返淮水亦東流宿草封遺塚行人說故侯荒祠黄葉暗寒渚白蘋秋一飯猶懷德空悲雲夢游

沈明臣歌風臺 君王晝游日壯士俱錦衣猶憐沛父老爭覩漢旌旂湯沐開新邑風雲懾舊威秖應千歲後寬繞故鄉飛

梅鼎祚秋暮入栢梘 沿溪一徑斜黄葉滿貧家斷壑飛晴雨微陽隱暮霞逢僧穿薜荔留客薦茶瓜杜若山中老吾生未有涯

林章蕪湖晩泊　楚水連天潤吳山落日時人家依樹轉客棹入雲移北望千峯亂南來一鳥遲芳洲有橘柚采采欲遺誰

于奕正泛秦淮　一夜秦淮水家家波上窗舟輕能載岫流緩不歸江擊楫青衣亂窺簾紅影雙歌聲何處細隣舫有新腔

鄭三俊新安山中　避客來空谷尋源得舊源一弓藏小梵半月隱丹丘磵古石衣瘦山深鳥語幽支頤看氣爽天地泠然秋

徐石麒木末亭　携酒出南郭登臨殊豁然桃夭深竹裏石繡古亭邊江暮弄殘日山春移少年醉歸過小苑老眼得花憐

湯顯祖開元寺浮圖　對坐芙蓉塔延觀栢梘雲青霞城北湧翠黛水西分嶺樹疑嵐濕嵓花入瞑薰風鈴流梵響玉漏自聲聞

黄省曾泗洲寺化塔曉爭攀禪樓訪閉關烟生屯經寳思閒紺園星匝楖雲長合前山把酒靈襟暢談緯地淹冂不知還

曹學佺銅陵郎事葉杏山崩堰梅根渚少烟爲魚固東西鵲岸連五松從古嘆置治迄今傳大小牛山下媪能醉李青蓮開

焦竑江上詠懷江葓坐依微繁星落釣磯寒沙連期事事非塵機吾野盡新漲浴天低小艇郁郁暝前已息不礙白鷗飛

俞彥曉發針魚港破曉風漸息薄醪纔足醒片帆江月白雙樹遠山青乍拂蘋蘆岸還過斥堠亭中流清不極潮急浪冥冥

屠應埈遊甘露寺甘露千年寺羣公攬轡過樓空海琳宫隱碧蘿吏聞吳楚盡江濶雨雲多蜃氣連蒼幽絶處白日走鼉鼉

歐大任登雨花臺

天花何日雨臺下見長干山色盧龍古江聲白鷺寒雙林雲更落六代椰俱殘祇有談經石蒼蒼繞法壇

黃居中遊棲霞寺

江左誇靈勝開山自朗師烟霞棲古佛風雨護殘碑石室千身幻銖衣六代遺徵君不可迹何處結茅茨

登攝山頂

鳥道鬱千盤彌天古木攢蒼崖凌絕漢紺宇俯層巒大地浮盃小長江匹練寒從教雙屐倦隨喜一凭闌

葛一龍過周公瑕園林

綠徑接紅橋橋回徑轉遙衆香吹復聚百舌語相調人去空江左花開憶小喬石樓春不蔽山翠隔城邀

鄧雲霄題趙凡夫山居

宦海嗟無岸名山別有春遙從栖隱處再覓姓龐人野鳥時窺客幽花不笑貧坐憐支遁宅今古並芳塵

許宗魯宛溪泛月

海月光仍滿溪聲靜不流瑶華翻錦席素影漾仙舟酒對江湖

晚風鳴蘆荻秋吳歌遠相答牛渚興悠悠

袁鶴　聲尋響潭

暑雨生潮潤幽深偃遠尋竹深鎖日氣潭靜落雲陰戲藻魚知樂迎風鳥送音始知軒蓋地清切愧中林

杜瓚　蟠螭看花

爲愛蟠螭樹因看爛熳花千株胭作粉十里錦生霞映日紅綃亂臨風翠袖斜桃源何必問即此是仙家

曹履吉　青山道中

野盡忽幽躡翠園巳數重到來知有壑於此奈多松落澗沾千畝歸樵倚半峯家山看絶似恍與故人逢

潘之恒　雨後遊虎丘

客懷岑寂後無復更尋幽積雨沉鮫室新雲簇虎丘樹高能半塔山淺亦藏舟爲問千人坐曾消幾日愁

周瑛　姑熟道中

采石孤帆落青山一騎歸朔風吹短鬢疎雨濕征衣野火魚歸市林

鐘納掩扉可憐江上燕入夜更南飛

楊成喬雷峯

選勝陟層巔登高興灑然亂峯横夕照一水帶春田客有烟霞癖人多嵇阮賢飛觴徵麗曲共醉欲忘還

端茂杰姑溪

小閣欹危岸環堤栁欲羣鶯啼千樹影人卧一溪雲看劍星鋩濕停杯月色分輞川圖畫絶此地共清芬

孫一元荆溪

樹夾蒼崖立遥遥溪路微浪花迎棹尾山影上人衣饑鵲鳴將下頽雲凍不飛還尋舊遊畢日暮野樵稀

陸弼拜露筋祠

古廟無名氏蕭條湖水濵露筋空往事雪涕自行人山霧羅巾薄庭花玉貌新南宫詞不愧獨與表貞珉

李先芳硤石舟中

長薄帶芳洲支江遶郡流潭烟宛陵夕山雨敬亭秋溜急知湖

口林喧指渡頭依依
沙渚上人吏待行舟

貢欽南湖晚行

十里南湖路孤舟向晚行潮回沙
有迹浪靜石無聲日落川光暝雲
問水氣清何年一
竿竹于此結鷗盟

周思兼南州草堂

羨爾高蹤客平洲狎遯棲幽蘭
依石逕疎柳冒迴堤早露丹崖
潤晴烟翠澗迷居然
招隱地遐想武陵溪

陳昂吳淞進艇

江漢朝宗處東風掛席初孤雲開
島宇清浪逆江魚八月何無雁三
神定有廬老夫只
早晚十二畫樓居

史鑑荻溪道中

搖搖理舟楫杳杳事徂征溪姓猶
緣荻村名半帶城凍雲合雪意老
樹挾風聲霜月欺
寒雁寥寥中夜鳴

譚元春登清涼臺

臺與夕陽平來時值晚晴隔江
山欲動潛壑樹無聲漁艇遙歸

浦庵僧近掩荆烟嵐生處處抹半石頭城

吳鼎芳林屋山石上逢客

曾記林中别相期石上遊亂山空欲暮殘葉已無秋岸白雲初斷江空月自流行踪烟水濶何處問沙鷗

范景文石頭城

荒荒餘故壘傳是石頭城照返三山影江流六代聲霜華臨夜白天氣入秋清俯仰悲人世還看有月明

黃端伯建德道中

青天霜氣廻匹馬立層沙遠道風千里寒城月萬家亂山盤逕險深樹引提斜夙昔悲秋意偏于作客賒十里人烟地菰蘆水一方遠城寒動雨高樹晚含霜北斗臨軒近西風入戶涼停驂莫辭醉明月是吾鄉

馬世奇喜唐巨卿過訪山房

山靈自名勝佳節倍風流蟾影夜還曙菱歌春復秋酒狂供客笑茗癖爲僧留惜别終無奈丁寧問石尤

黎遂球無錫舟中　過江纔幾日次第品新泉信宿山山翠餐眠事事仙香深花港月茶入竹橋烟覓得鐘聲寺呼童一繫船

吳瓊送方際明之金陵　津亭初變柳話別思如何再向金陵去休聽玉樹歌石城寒雨散鐘阜彩雲多好獻匡時策無須念薜蘿

張縉文望皖城　皖城元據險秋望轉森森水接潯陽濶山連建業深戍樓寒樹合軍壘晚烟沉莫聽臨風笛空摧去國心

陳鶴泊京口望金山寺　南徐一片石千古柱中流繞樹開僧舍緣空結梵樓疎燈明水底落月挂潮頭向晚禪鐘起風吹到客舟

張文介金陵旅懷　春風朝滿庭春日半郊扃落絮沾泥白逢山對酒青此身原似隺千里任飄萍何處吹寒笛花間倚醉聽

張本秋夜登閶門城樓　月白三吳晚風清八月秋芙蓉照江國蟋蟀上城樓海思飛雲亂鄉心落葉愁忽聞黄雀笛清夜重淹留

葉芳寒食金陵　東風吹短褐寒食傍天涯客舍孤城雨鄉心二月花遠山青極浦芳草綠平沙不盡王孫意年年感物華

張曉瑯琊寺　古寺依山靜寒泉帶石流偶來尋禊子晝日坐林丘何處聞吹簫因風獨倚樓半生成孟浪不覺自遲留

姚淛廣陵夜泊聞雁　水宿蕪城夜長空落雁聲入雲秋影沒到枕客心驚寒月來燕塞西風過石城可能懸尺帛一寄故園情

胡應麟金陵雜詩　畫檻排空立飛甍逐望低觀危鳷鵲度臺古鳳凰棲海月千門上江雲萬堞齊大堤楊柳色彷彿舊鳴啼

陸應陽眞州夕泛
天際片帆飛千山送夕暉雲隨倦鳥去月帶晚潮歸水國芙蓉晴江天苜蓿肥故園今在望搖落有漁磯

王思任宛陵夜發
宛口下孤舟青山夜更秋月中人不寐天外水空流官火分漁店僧鐘起鷺洲平生幽隱意只看大刀頭

清凉臺
古寺白門邊寒風逗石烟松篁無客徑鐘磬有諸天歲晚難爲客官閒易入禪燈殘僧別去清夢竹相憐

陳繼儒泖居
系苧村名舊依岡結草堂兒孫初識字花木老成行機杼隣家月漁歌蘆港霜客來且莫去新秋已登場

吳子玉過淮陰故里
來過淮陰市遙憐雲夢遊王孫當日去芳草至今愁白屋悲新里青門憶故侯黃河仍似帶茅土竟誰留

張邦侗送友之維揚
秋色到鳬鷗秋風送客舟山青隔楊子雲白帶瓜洲極目

東南迴長江日夜流淒
淒千載後帝子亦空樓

盛時泰遊祈澤寺　古殿春雲合盤旋石徑深入門
芳草色出世法王心簷樹影雙
動山禽時一吟隔簾
疎磬出巖壑滿空音

萬時華永慶寺古栢　老栢根如石荒臺影自蟠威
儀參古佛晴雨認前朝頂禿
難巢雀枝枯欲帶潮將
軍歸戰馬鱗鬣夜竟招

周鑣湯嶺　便欲青山去依然黃葉中長天雲不盡
斷徑鳥初空嶺上東西日溪前深淺峯
何人堪問道
神狖下枯桐

梅士元塵嶺　躡嶺破秋色穿雲得午陰松關過騎
緩竹徑避塵深老衲歸農社微風出
梵音家園行不
遠只隔最高岑

魏文焲淮河雨夕　桂棹倚淮流蕭條歲已秋悲風
吹古樹微雨灑孤舟遠火時明

減流螢自去留客懷愁不寐飛夢阻滄洲

童軒憶金陵　金陵佳麗地風景想依然城闕金湯固江山罨畫連晚風樓上笛春水渡頭船惆悵曾遊處而今又幾年

王紱送張知縣　作宰麻隄去民風雜五溪世傳槃瓠後地接夜郎西蹊釀多藤酒畬半竹雞到官應有便莫惜寄緘題

張和蘭陵秋夕　碧樹鳴秋葉芳塘歛夕波漏長稀箭刻樓迥逼星河候雁迎霜早啼螢傍月多懷人不能寐彈鋏起商歌

張奇春集上方寺　結侶岡頭去花時送酒杯松濤依壑轉雲物渡江來竟日歡無極宜春醉欲顛上方天入暮明月踏歌同

端汝詳謝公池　百尺披崖險籃輿小徑偏鷺花籠號霧絲柳織寒烟疊石品爲屋耕

雲嶺作田何須歷
五嶽此地足逃禪

方學漸白雲巖 磴道斜飛瀑巖花半人雲望中孤
鳥沒天外一江分竹栢山樓色旃
檀石鼎薰軒然長
嘯發鸞鳳欲誰聞

施誉雙溪亭 何處好風至亭前春水波虛檐巢翡
翠幽窟俯鼉鼉山瀑通厨近藤花背
日多桃書成臥
隱翻厭榜人歌

七言律

唐李白題鳳凰臺　鳳凰臺上鳳凰遊鳳去臺空江自流吳宮花草埋幽徑晉代衣冠成古丘三山半落青天外二水中分白鷺洲總爲浮雲能蔽日長安不見使人愁

王昌齡萬歲樓　江上巍巍萬歲樓不知經歷幾千秋年年喜見山常在日日悲看水獨流猿狖何曾離暮嶺鸕鷀空自泛寒洲誰堪登望雲烟裏向晚茫茫發旅愁

杜甫寄江寧旻上人　不見旻公三十年封書寄與淚潺湲舊來好事今能否老去新詩誰與傳棋局動隨幽澗竹袈裟憶上泛湖船聞君話我爲官在頭白昏昏只醉眠

武元衡南徐別業早春有懷　生涯擾擾竟何成自愛深居隱姓名遠雁臨空翻夕照殘雲斷雨過春城花枝入戶猶含潤泉水侵堦乍有聲虛度年華不相見離鄉懷土所關情

韓翃送客還江東

不妨高卧順流歸五兩行看掃翠微聽鼠夜喧孤枕近鷄鳴曉避客船飛一壺先醉桃枝簟百和初薰苧布衣君到新林江口泊吟詩應賞謝元暉

送丹陽劉太眞

長干道上落花朝羨爾當年賞事饒下筯已憐鵝炙美開籠不奈鴨媒嬌春衣晚入青陽巷細馬初過皁莢橋相訪不辭千里遠西風好借木蘭橈

寄徐州鄭使君

江城五馬楚雲邊不羨雍容畫省年才子舊稱何水部使君還繼謝臨川射堂草遍收殘雨官路人稀對夕天雖卧郡齋千里隔與君同見月初圓

送冷朝陽還上元

青絲纜引木蘭船名遂身歸拜慶年落日澄江烏榜外秋風疎柳白門前橋通小市家林近山帶平湖野寺連別後依依寒食裏共君攜手在東田

送李明府使蘇州便赴吉期

莫言水國去迢迢白馬吳門見不遙楓樹林中經楚雨木蘭舟上蹋江潮空山古寺千年石草色寒隄百尺橋早晚盧家蘭室在珊瑚玉珮徹青霄

題寧川香蓋寺壁

愛遠登高塵眼開爲憐蕭寺上

經臺山川誰識龍蛇蟄天地自迎風雨來椰放寒條秋已老雁搖孤翼暮空迴何人會得其中事又被殘花落日催

李紳 五河口

洪河一派清淮接蔓草蘆花萬里秋烟樹蒼茫分楚澤海雲明滅見揚州望深江漢連天遠思起鄉關滿眼愁惆悵路岐真此處夕陽西下水東流

初出澮口入淮

東風五日雪初晴澮口氷開好濯纓野老擁途知意重病夫拋郡喜身輕人心莫厭如弦直淮水長憐似鏡清回首夕嵐山疑翠黛山翠遠楚郊烟樹隱層城

入淮至浮山

孤峯逈浪起銀花五丈高天外綺霞鳴海鶴日邊紅樹艷仙桃岸驚目眩同奔馬浦溢心疑覩抃鼇寄謝雲帆疾飛鳥莫誇回雁卷輕毛

宿揚州水閣

舟移淺浦參差合橋映晴虹上下連輕檝過時搖水月遠燈繁處隔秋烟却思海嶠連淒嘆近涉江濤更凜然閑倚欄杆指星漢尚疑烟蓋在樓船

賈島 送羅少府歸牛渚

作尉長安始三日忽思牛渚夢天臺楚山遠色獨歸

去灞水空流相送回霜覆崔聲松子落月分螢影石房開白雲多處應頻到寒澗泠泠漱古苔

皇甫冉秋日東郊作

閒看秋水心無事坐對寒松手自栽廬岳高僧留偈別茅山道士寄書來燕知社日辭巢去菊爲重陽冒雨開淺薄將何稱獻納臨岐終日獨遲回

使往壽州寄劉長卿

榛草荒涼村落空驅馳卒歲亦何功蒹葭曙色蒼蒼遠蟋蟀秋聲處處同鄉路遙知淮浦外故人多在楚雲東日夕烟霜那可道壽陽西去水無窮

劉禹錫金陵懷古

王濬樓船下益州金陵王氣漠然收千尋鐵鎖沉江底一片降旗出石頭人世幾回傷往事山形依舊枕寒流今逢四海爲家日故壘蕭蕭蘆荻秋

劉長卿登萬歲樓

高樓獨上思依依極浦遙山合翠微江客不堪頻北望塞鴻何事又南飛丹陽古渡寒烟積瓜步空洲遠樹稀聞道王師猶轉戰誰能談笑解重圍

獻淮南軍節度李相公

建牙吹角不聞喧三十登壇衆所尊家散萬金酬士死身留一劍荅

君恩漁陽老將多迴席魯國諸生半在門白馬翩翩春草細邵陵西去獵平原

白居易題天柱山

大微星斗拱瑶臺聖祖琳宮鎮九垓天柱一峯擎日月洞門千仞鎖雲雷玉光白橘香爭秀金翠佳蓮蕋鬭開將訪左慈高隱處紫清仙隺認巢來

謫僊樓

采石江邊李白墳遶田無限草連雲可憐荒塚窮泉骨曾有驚天動地文但是詩人多薄命就中淪落不過君渚蘋溪藻猶堪薦大雅遺風已不聞

宿浮山寺

高高白月上青林客去僧歸夜獨淚葦血屏除惟對酒歌鍾放散只留琴更無俗物當人眼祇有清泉洗我心最愛晚亭東望好大湖烟水綠沉沉

石牛

一拳怪石背山巔頭角崢嶸幾萬年毛長紫苔春夜雨身埋芳草夕陽天清宵見月何曾喘白晝看雲祇自眠恨殺牧童騎不去數聲長笛思悠然

杜牧齊山登高

江涵秋影雁初飛與客携壺上翠微塵市難逢開口笑菊花須插滿頭歸但將酩酊酬佳節不用登臨怨落暉古往今來只如此牛山何必淚沾衣

開元寺水

閣

六朝文物草連空天淡雲閒今古同鳥去鳥來山色裏人歌人哭水聲中深秋簾幙千家雨落日樓臺一笛風惆悵無因見范蠡參差烟樹五湖東

貴池亭

倚雲軒檻夏疑秋下視西江一帶流鳥簇晴沙殘照隨風回極浦片帆收驚濤隱隱逢天際遠樹微微古岸頭祇此登臨心便足何須箇箇到瀛洲

顧況送大理卿之廣陵

春色依依傷解携月卿今夜宿隋堤白沙洲上江蕃長綠樹村邊謝豹啼遷客本來無倚仗故人相去隔雲霓越禽惟有南枝分目送歸鴻飛向西

薛逢延華觀

曾發簫聲水檻前夜蟾寒沼兩嬋娟微波有恨終歸海明月無情却上天白鳥帶將林外雪綠荷枯盡渚中蓮榮華不肯人間住須讀莊生第一篇

李端宿淮浦憶司空文明

愁心一倍長離憂夜思千重戀舊遊秦地故人成遠夢楚天涼雨在孤舟諸溪連海潮皆應獨樹邊淮葉盡流別恨轉深何處寫前程惟有一登樓

劉滄麻姑山　麻姑此地煉神丹寂寞烟霞占竈殘
一自仙娥歸碧落幾年春雨洗紅蘭

帆飛震澤秋江遠雨過陵陽晚樹寒
一山頂白雲千萬片時聞鸞鶴下仙壇

宿金山寺　一點青山翠色危雲巖不掩與星期海門烟樹潮歸後
江面山樓月照時獨鶴唳空秋露下高僧入定夜
猿知蕭疎水木清鐘
梵灝氣寒光動石池

李德裕潤州　勾吳城東千里秋放歌曾作昔年游
青苔寺裏無馬跡綠水橋邊多酒樓
大抵南朝皆曠遠可憐東晉最風流
月明更想桓伊在一笛聞吹出塞愁

杜荀鶴九華　他鄉終日憶吾鄉及道吾鄉值歲荒
雲外好山看不遍馬前岐路去何忙
無衣織女桑猶小缺食農夫麥未黃
許大乾坤吟未了醉鞭回把出陵陽

溫庭筠過陳琳墓　曾於青史見遺文今日飄零過
古墳詞客有靈應識我霸才無
主始憐君石麟埋沒藏秋草銅雀荒凉鎖
暮雲莫怪臨風倍惆悵欲將書劍學從軍

許渾凌歊臺　宋祖淩歊樂未回三千歌舞宿層臺
湘潭雲盡曉山出巴峽雪消春水來
行殿有基荒薺合寢園無主野棠開
百年便作萬年計岩畔古碑生綠苔

竹林寺別友

騷人吟罷起鄉愁暗覺年光似水流花滿謝城
傷共折蟬鳴蕭寺喜同遊前山月落松杉晚深
夜風清枕簟秋明日分襟
又何處江南江北思悠悠

陸龜蒙吳中郎事　風清地古帶前朝遺事紛紛未
寂寥三泖涼波魚蘋動五茸春
草雉媒嬌雲藏野寺分金刹月在江樓倚
玉簫不用懷歸忘此景吳王看即奉弓招

過臨淮故里　交游昔歲已彫零第宅今來亦變更舊廟荒
凉時享絕諸孫饑凍一官成五湖竟負他年
志百戰空垂異代名榮盛幾茂
何流落久達人懷抱薄平生

寄淮南　記室千年翰
墨孤惟君才
學似應徐五丁驅得神功盡二酉搜來祕檢疏煬
帝帆檣歸澤國淮王箋奏入班書清詞醉草無由
見但釣寒
江半尺鱸

韋莊過揚州　當年人未識干戈處處青樓夜夜歌
花發洞中春日永月明衣上好風多
淮王去後無雞犬煬帝歸來葬綺羅
二十四橋俱寂寞綠楊摧折舊官河

題凌處士莊　一簇林亭返照間門當古道不曾關花深遠岸黃
鶯鬧雨急春塘白鷺閑載酒客尋吳苑寺倚樓僧
看洞庭山怪來說得仙
中事新有人從物外還

趙嘏憶山陽　家在枚皐舊宅邊竹軒清與楚波連
芰荷香繞垂鞭袖楊柳風橫弄笛船
城礙十洲煙島路寺臨千頃夕陽川
可憐時節堪歸去花落猿啼又一年

姚揆潁州客舍　素琴孤劍尚閑游誰共芳尊話唱
酬鄉夢有時生枕上客情終日在
眉頭雲拖雨腳連天去樹夾河聲繞郡
流回首帝京歸未得不堪吟倚夕陽樓

吳融汴堤路　隋堤風物已淒涼堤下仍多舊戰場
金鏃有苔人拾得蘆衣無主鳥銜將
秋聲暗促河聲急野色遙迷日色黃
獨上寒城更愁絕戍鼙驚起雁行行

多病十年無舊識滄州

周賀泗上逢韓司徒歸北

亂後又逢君已知罷秩辭龍水相觀移家住岳雲泗上旅帆侵曉浪雪中歸路踏荒墳更為此別愁應老書札何由到北軍

胡宿淮南王

貪鑄金錢盜寫符何用七國戒前車長生不待鑪中藥鴻寶誰收篋裏書碧井牀空天影在小山人去桂叢疎雲中雞犬無消息麥秀漸漸見故墟

羅鄴宿浮山寺

寺入千巖古路荒孤吟一宿遠公房眠聽半夜松壇雨轉覺中峯枕簟凉華界已無悲喜念塵襟自足是非妨他年總使重來此息得心猿鬓已霜

協濟祠廟

靈門依山半開松庭蕭洒絕塵埃時聞樵者經過說數有神仙變化來龍起陰雲生畫壁鳥歸寒栗落蒼苔自從鼓吹喧闐日千里封疆不復災

羅隱寄宣州竇常侍

往年西闕謝元暉樽酒留歡醉始歸曲檻柳濃鶯未老小園花煖蝶初飛噴香瑞獸金三尺舞雪佳人玉一圍今日亂離尋不得滿簑風雨釣魚磯

送綺

松 傅堅

江離漢漢樹重重來過長淮到宿松縣好也知臨皖水官閒應得看潛峯春生綠野吳歌怨雪霽平郊楚酒濃留取餘波待張翰明年歸棹亦從容

汴堤柳

當時天子是閒遊今日行人特地愁柳色縱饒妝故國水聲何忍到揚州乾坤有意終難會黎庶無情豈自由應笑隋皇用心錯謾驅神鬼海東頭

姥山

臨塘古廟一神仙繡幌花容色儼然爲逐朝雲來此地因隨暮雨不歸天眉分初月湖中鑑香散餘風竹上烟借問邑人沈水事已經秦漢幾千年

伍喬秀山禪院

遠岫當軒列翠光高僧一衲萬緣忘碧松影裏地長潤白藕花中水亦香雲自雨前生淨石鶴于鐘後宿塵廊遊人戀此吟終日盛暑樓臺早有凉

湯悅送宣城牧

千里陵陽同陝服鑿門胙土寄親賢曙烟已到黃金殿晚照重登白王筵江上溪花宜雨後羣中遠岫列窗前天心待報期年改留與工師播管絃

鄭谷甘露寺

石門蘿徑與天鄰雨檜風篁遠近聞飲酒鹿喧雙派水上樓僧踏一梯雲

孤烟薄暮關城没遠色初晴渭曲分
長欲燃香來此宿北林猶鶴舊同羣

南唐李建勳鍾山避暑

樓臺雖少景何深滿地青苔勝布金松影晚留僧共坐水聲間與客同尋清凉會擬歸蓮社沈湎終須棄竹林長愛琴牀經案上石窗秋霽向千岑

宋范仲淹咏靈巖寺

古來興廢一愁人白髮僧歸掩寺門越相煙波空去雁吳王宮闕半啼猿春風似舊花猶笑往事多遺石不言惟有延陵逃遁去清明高節老乾坤

司馬光送楊秘丞之揚州

昔聞小杜說揚都當日豪華今在無江勢橫來控南楚地形前下瞰東吳萬商落日船交尾一市春風酒並壚得意莫忘京國友踏塵衝雪奉朝趨

歐陽修登瑯巖

極月俄登最上巖秋風衰草塞雲間漫遊淮浙幾千里今識東南第一山志士逢時寧恨晚壯懷有泪不須潛興忘自古知多少天道何曾不再還

初下西湖

積雨新晴漲碧溪偶尋行處獨依依綠陰黃鳥春歸後江蘺春苦人跡稀萍匝汀洲魚自躍日長欄

檻燕交飛林僧不用相迎送吾欲臺頭坐釣磯

去思堂會飲

世事紛紛百態新西岡一醉十三春自慚白髮隨年少猶把金鍾勸主人黃鳥亂飛深夏木紅榴初發艷清晨佳時易失閒難得有酒重來莫厭頻

去思堂手植雙柳今已成陰因而有應

曲欄高柳拂層簷却憶初栽映碧潭人昔共遊今孰在樹猶如此我何堪壯心無復身徒老世事都消酒半酣後日更來知有幾攀條莫惜駐征驂

西湖泛舟呈運使學士張掞

波光柳色碧溟濛曲渚斜橋畫舸通更遠更佳唯恐盡漸深漸密似無窮綺羅香裏留佳客絃管聲中颺晚風半醉回舟迷向背樓臺高下夕陽中

王安石臨淮感事

柵鎖城扉曉一開桅牙車軸轉成雷黃塵欲障龜山出白浪空分汴水來澄觀有材邀昧陋霽雲無力報奸回騷人此日追前事悲氣隨秋動管灰

遊金山

天末海門橫北固烟中沙岸似西興已無船舫猶聞笛遠有樓臺祇見燈山月入松金破碎江風吹

水雪崩騰飄然欲作乘桴計一到扶桑恨未能

蘇軾出潁口初見淮山是日至壽州

我行日夜向江海楓葉蘆花秋輿長平淮忽迷天遠近青山久與船低昂壽州已見白石塔短棹未展黃茅岡波平風軟望不到故人久立煙蒼茫

壽州李定之少卿出餞城東龍潭上

山鵶噪處古靈湫亂沫浮涎繞客舟未暇燃犀照奇鬼欲將燒燕出潛虯使君惜別催歌管村巷驚呼聚玃猴此地他年頌遺愛觀魚并記老莊周

泗州除夕雪中感章使君送酥酒

暮雪紛紛投碎米春流咽咽走黃沙舊遊似夢徒能說逐客如僧豈是家冷硯欲書先自凍孤燈何事獨成花使君半夜分酥酒驚起妻孥一笑譁

蘇轍送友歸江都

揚州繁麗非前世城郭蕭條有古風尚有花畦春雨後不妨水調月明中東都甲第非嫌汝北牖羲皇自屬翁清落放船經月事急先鶗鴂遶芳叢

蕭相樓

遥郭青峰睥睨屯八城流水縠文翻樓成始覺江
山勝人去方知德業尊坐久浮雲靈後嶺酒醒飛
雪徧前郵我來邂逅公
歸國猶喜登臨共一樽

米芾甘露寺 六代蕭蕭木葉稀樓高北固落殘暉
兩州城郭青烟起千里江山白鷺飛
海近雲濤驚夜夢天低月露濕秋衣
使君肯負時平樂長倒金鍾盡醉歸

潤州望海樓
雲間鐵甕近青天縹緲飛樓百尺連三峽江聲流
筆下六朝山影落樽前幾番畫角催紅日無事滄
洲起白烟忽憶賞心何
處在春風秋月兩茫然

沈括登北固樓 丞相高齋半草萊舊時風雨滿亭
臺地從日月生時見天到江心盡
處回三國是非春夢斷六朝城闕野花
開心隨湖水漫漫去流遍烟村半日來

陳師道寄秦觀高郵 疾風回雨水明霞沙步叢祠
欲暮鴉九日淸樽欺白髮十
年爲客負黃花登高懷遠心如在向老逢辰
意有加淮海少年天下士可能無地落烏紗

王十朋池州

城南風物似西湖萬里歸舟入畫圖光潔貯懷便弄水翠微照眼稱提壺浦無時節秋尤好池有精神貴可呼最是九華知客意倚天遙露一峰孤

曾肇海陵春雨

公事無多使客稀雨時衙退吏人歸沉烟一炷春陰重畫角三聲晚照微忝雖未馴慙報政海鷗相近信忘機只將宴坐收心念懶向人間問是非

曾鞏金山

城外岧嶤鷲嶺宫鴐虛排險出青紅林光巧轉滄波上海色遙涵白日東夜靜神龍聽咒食秋涼蒼鶻起摶風連判控蜀長江水盡在迴廊顧盻中

張耒宿泗州戒壇院

樓上鳴鍾門外扃風簷送雨入疎櫺老僧坐睡依𣲖壁童子持經守暗燈千里塵埃長旅泊五年憂患困侵陵誰知避世天然子一見禪翁便服膺

上巳晚泊龜山

薄暮東風不滿帆遲遲未忍去淮南故園尚在北山北佳節可憐三月三蘭葉自供遊女佩芸編却對古人談洛陽車騎相望處曾爲吳兒幾許慙

蔡肇立春日宿焦山

歲爲兹山一再登渡頭飛閣在松蘿最上層殘雪既能留野客春風先與報山僧憑誰邀上東巖宿更約花時命杖藤

李綱渡江

桂楫蘭旌楚澤東碧空如水水如空江湖落日浮秋橘島嶼殘霞拂斷虹世事茫然烟靄裏客愁都在櫓聲中沙頭鳧雁相儔侶笑我年年逐轉蓬

池陽

雅行嬉戲曾遊地往歲飄雲假道還溪水寒生江祖石洞雲深接九華山錦苔緣字幾多在石燕白鷗相與閒慎府詩人富家學應留秀句滿岩間

王禹偁遊虎丘

蘚牆圖著碧孱顏曾是當年海湧山盡把好峯藏寺裏不教幽境落人間劍池草色經冬在石座苔花自古斑珍重晉朝吾祖宅一迴來此便忘還

范成大再游天平有懷

訪舊光陰二十年殘僧相對兩依然木蘭已老無花發石竹依前有麝眠萬戶直須龜手藥一龕何用買山錢從今半座須分我共說昏昏一覺禪過

光福寺 指點炊烟隔莽蒼午餐應可寄前莊雞聲人語山家樂木葉草花深巷香春去已空衣尙絮雨來何晩稻初苡祇今農事村村急第一先陂貯水塘

楊萬里泊平江百花洲 吳中好處是蘇州却爲王程得勝遊半世三江五湖棹十年四泊百花洲岸傍楊柳都相識眼底雲山苦見留莫怨孤舟無定處此身自是一孤舟

周必大送人之維揚 聞道維揚地望雄風流人物似江東六龍方日臨淮海五馬由來說醉翁壁月幾橋留夜色[illegible]簾十里待春風逢知九日平山會笑挿茱萸滿鬢紅

晏殊送滁侍郎還宣州 日南藩郡古宣城碧落神仙擁使旌津吏戒船東下穩縣僚負弩畫歸榮江山謝守高吟地風月朱公故里情曾預漢庭三獨坐府中誰敢件飛觥

嚴羽蕪城 平蕪古堞暮蕭條歸思馮高黯未消京口寒烟鴉外滅歷陽秋色鴈邊遥晴江木落長疑雨暗浦風多欲上潮惆悵此時頻極目江南江北路迢迢

章憲過松江謁王文孫令宰　暑退凉生過雨天鳧飛鷺浴暮江前秋風小浪鴨頭水斜日輕帆燕尾船青眼却欣逢地主白頭相對聳吟肩林塘勝處開樽俎只欠冰輪特地圓

林逋淮甸南遊　幽勝程程擬偏尋不妨淮楚入搜吟蘇莎籬落溪莊靜松竹樓臺塢寺深數抹晚霞憐野笛一篩寒水羨沙禽腰間組綬誰能愛時得閒遊是此心

壽陽城南寫望　楚山重疊矗淮濆堪與王維立畫勛白鳥一行天在水綠蕪千陣野平雲孤崖佛閣晴光見極浦漁舟曉未分吟罷騷然畧回首歷陽詩社久離羣

王清叔長淮晚眺　目斷長淮渺莽中孤城突兀倚層空寒砧幾許遞秋信漁笛一聲生晚風龍吐清雲嵐氣白鴉翻落日水天紅扁舟今夜宿何處赤壁斷磯蘆葦叢

楊廷秀第一山　第一山頭第一亭聞名未到負平生不因王事畧小出那得高人同

此行萬里中原靑未了半篙淮水碧無情登臨不覺風煙暮腸斷漁燈隔岸明

周知微龜山廻文

瀾隨岸浪雪山傾遠浦漁舟釣月明橋對寺門松徑小檻當泉眼碧波淸迢迢綠樹淮天曉靄靄紅霞海日晴遙望四邊雲接水碧峯千點數鷗輕

張謙游淮山堂

碧瓦鬱宫上虎山翠屏環列映欄杆泉琴鎮日鳴無歇石甃終年潤不乾淮近莫知三伏暑亭虛微覺四時寒塵纓一濯淸詩思更寫新吟壁上看

梅詢疊嶂樓

謝公城上謝公樓百尺欄杆掛斗牛碧瓦萬家烟樹客蒼崖一檻瀑泉流波光灩灩前溪滿剎影亭亭古寺幽此地近除新太守綠窗明月爲君留

王延齡金氏松壑別墅

皖公山下烏抹嶺一逕縈紆入九山早稻分塍隨水熟古松穿壑與雲閒風前羽扇辭官後月下籃輿送客還取次詠詩無限意少陵懷抱最相關

劉克莊鳳皇臺晚眺

經月疎行臺上路秣陵城郭忽秋風馬嘶衞霍空營裏螢

起齊梁廢院中野寺舊曾開玉帳翠華久不幸離宮小儒記得興隆事閒對山僧說魏公

冶城

斷鏃遺鎗不可求西風古意滿原頭孫劉數子如春夢王謝千年有舊遊高塔不知何代作淸笳如訴昔人愁神州只在闌杆北幾度來時怕上樓

趙師秀　姑蘇臺

何人可與話登臨徙倚危闌日又沉千古蒼茫靑史夢一年迢遞故鄉心天無雨雪梅花早地有波濤雁影深爲是夫差舊臺榭愁來不敢越人吟

林景熙　焦山寺

山裹中流水作林寶蓮鼇背翠沉沉半空但覺烟嵐合三面不知風浪深仙井浴丹開曉日海門浮玉澹秋陰洞深瑤草無人采瘞鶴殘碑浸碧潯

汪元量　邳州

身如傳舍任西東夜榻荒郊四壁空鄉夢漸生燈影外客愁多在雨聲中淮南火後居民少河北兵前戰鼓雄白髮萬里別離心正苦帛書何日寄歸鴻

鳳凰臺

久孤鸚鵡杯碧梧自老鳳凰臺管彝吾亦僅如許李謫仙今安在哉城郭是非秋雨外江山形勝暮潮來

小笙只等中秋月且放青冥萬里開

揚蟠陪潤州裴如晦學士游金山 世上蓬萊第幾洲長雲漠漠鳥飛愁海山亂點當軒出江水中分遶檻流天遠樓臺橫北固夜深燈火見揚州廻船却望金陵月獨倚牙旗坐浪頭

蘇舜欽過蘇州 東出盤門刮眼明蕭蕭疎雨更陰晴綠楊白鷺俱自得近水遠山皆有情萬物盛衰天意在一身羇苦俗人輕無窮好景無緣住孤棹區區暮亦行 **重過淸溪** 翠微曾與客同遊陟險搜奇興未休八載重來驚老大千年高味想風流雲迷複嶺深藏洞水落寒江遠見洲安得符離張太守畫圖再與寫淸愁

張先潤州甘露寺 丞相高齋半草萊舊時風月滿荒臺地從日月生時見眼到江山盡處回三國是非春夢斷六朝城闕野花開心隨潮水漫江去流徧烟村半日來 **吳江** 春侵

銀魚霜下鱸遠人曾到合思吳欲圖江色不上筆靜覓鳥聲深在蘆落日未昏聞市散青天都淨見山孤牆南水漲虹垂影清夜澄光照太湖

姜夔京口留別張思順

伯勞飛燕若爲悵還憶東齋夜共牀別後無書非棄我春前會面却宅鄉連宵爲話經憂患異日相逢各老蒼更欲少留天不許曉風吹艇入垂楊

劉宰北固山望揚州懷古

北固城高萬象秋烟竿一縷認揚州試乘綠漲三篇水要見朱簾十里樓淚濕宮衣朝霧重愁薰寒草夕陽浮隋堤舊事無人問兩兩垂楊繫客舟

謝枋得小孤山

人言此是海門關海眼無涯駭衆觀天地偶然留砥柱江山有此障狂瀾堅如勇士敵塲立危似孤臣末世難明日登峯須造極渺觀宇宙我心寬

〔金〕趙渢黃山道中

小穀城荒路屈蟠石根寒碧漲秋灣千章秀木黃公廟一點飛雲白墖山好景蔡誰詩句裏蹇驢駝我畫圖間膏肓泉石眞吾事莫厭乘閒數往還

王渥穎亭 三載西湖阻勝遊穎亭聊喜散覊愁九山西絡烟霞去一水南吞澗壑流賓主唱酬空翠琰干戈横絶自滄洲明朝匹馬從軍去慚媿烟波萬里鷗

〔元〕熊不易題水西寺 桓王廟裏神松古黄檗寺前曾著高行馬不旋陵變谷蟄龍一去海生濤樓絫木杪天盈尺船泊溪頭水半篙隔岸人烟秋色冥一簾疎雨度蕭騷

貢東巖送劉有之遊涇川 七里岡頭謝豹啼筍輿伊啞趁朝雞玉壺駐聽青山近綵筆行吟綠樹低茅屋斷烟迷石壁落花疎雨漲琴溪錦袍仙子遊蹤在珍重劉通過水西

陳孚平江 滄浪亭下望姑蘇千尺飛橋接太湖故里空傳吳稻蟹寒祠猶記晉尊鱸芙蓉夜月開天鏡楊柳春風擁畫圖爲問館娃歌舞處鶯花還似昔年無

薩都剌高郵城晚望 城上高樓城下湖城頭畫角曉嗚嗚望中燈火明還滅天際星河淡欲無隔水人家種楊柳帶霜鳧雁起菰蒲短衣匹馬非吾事擬向烟波覓釣徒

京江

夜坐

鐵甕城頭刻漏遲涼霜如雪撲簾飛雁聲隨地夢回枕月色滿城人搗衣塞北將軍猶索戰江南游子苦思歸呼鷹腰箭從圍獵苜蓿秋深馬正肥

登金山雄跨亭

朱欄六曲倚高秋元氣茲茲日夜浮客去客來天地老潮生潮落古今愁疎鍾水國前朝寺落日海門何處舟更擬黃昏盡餘興卻從燈火望揚州

題揚州驛

銀燭高燒照不眠呼兒飲馬吸清泉寒砧萬戶月如水塞雁一聲霜滿天金縷歌來枕上銀缾索酒到亭前明朝走馬燕山道贏得紅樓說少年

送友人之金陵

江城積雨開新霽行李蕭蕭去遠垌千古風光鬢邊白六朝山色馬頭青秦淮月出潮初上蕭寺鐘聲酒半醒莫唱當時後庭曲殿臺衰草自飛螢

建德

泉作溪流石作橋桑麻成壠接東饒雞鳴犬吠人家近水轉峯迴驛路遙虎嘯樹林風獵獵人行弓箭馬蕭蕭多情一片吳天月夜夜相隨伴寂寥

九華山

馬上行人望九華飄飄佳興倚天涯掛空峭石生懸筍落日奇峯挂赤霞仙掌三秋擎露屑銀河半夜凝星槎雲間五老應招手喚我來遊太

乙家

登多景樓懷古

笑折闌干起白鷗長江不盡古今愁六朝人物空流水三國江山獨倚樓秃鬢涼風吹木葉高城落日下簾鉤海門不管興亡事只送春潮打石頭

過練湖

獨倚牙檣數客程殘年風景促鄉情寒天半夜無人語明月滿船聞雁聲湖上好山如有約烟中野樹不知名啼朝烏鵲橋頭路應有人家出戶迎

宋元祿陵晚眺

天塹鴻流擁積沙石城虎踞護雄誇山林青草六朝地巷陌烏衣百姓家紫蓋黃旗消王氣瓊枝璧月弔庭花孤雲更作降旛勢目斷樓船日又斜

盧琦過吳江

興隨流水共悠悠此地蘆花正滿洲落日片帆千里暮西風長笛數聲秋衣冠空帶英雄淚湖海難消浩蕩愁吟罷欲尋沽酒處傍人遙指隔江樓

李元珪雨中夜宿瓜洲江浦

春陰江浦易黃昏雨裏人家早閉門歸雁雲間知塞路過帆沙觜帶潮痕遥聽北固青山郭只隔南淮綠水村野寺疎鐘到孤枕閒愁清夜與

誰論

馬祖常送客歸揚州揚子江頭水泊天人家種柳住江邊吳兒弄槳潮生渚楚客吹簫月滿船錦纜憶留遊此地瓊花門不似當年竹西池館多紅藥日日題詩舞袖前

成庭珪送陳景川歸盱眙第一山中風物舒我欲買田來卜居風林把酒聽黃鳥雪港撈罾分白魚富貴不來吾老矣漁樵有約子何如可能久作終焉計北海方修薦鶚書

登虎丘訪居中不遇三月二日春晴華泛舟也到王珣家山中石泉是醍醐岩下絲草如裂裂荒墳無人見白虎石城有樹啼青鴉居中老禪不得會空索劍池同煮茶

許有壬九日陪閻臺諸公登石頭城一江環抱四山圍酹節追歡剩費詩雁影不移雲盡處秋光都在雨晴時當年玉樹人空歎明日黃花蝶豈知便駐高軒拚醉倒絕勝無酒繞東籬

倪瓚三月一日自松陵過華亭　竹西鶯語太丁寧斜日山光澹翠屏春與繁花俱欲謝愁如中酒不能醒鷗明野水孤帆影鶴没長天遠樹青舟楫何堪更留滯更窮幽賞過華亭

吳徵泗河　泗堤四望盡平原叢葦荒茅十里烟淮北更無生草地江南已是落花天陰風颯颯浮孤艇春雨濛濛瀉一川只有漁翁猶世業長蓑短笠淺灘前

虞集送張伯雨入茅山　獨棹扁舟入白蘋隱君舊宅好栖真囊盛肘後存丹訣書到人間稱道民未覺白雲留住晚也知蒼术寄來頻手栽松上騎黃雀當是華陽第幾人

送長溪回金山　長溪送到長江上幸子于今返故山晝永獻花天女下夜深持鉢海龍還諸天聽法蒼茫際萬佛垂光紫翠間幾欲題詩酬勝槩磨崖常恐雨苔斑

金元素書宿州惠義堂　空城落落柳依依州是符離舊縣基山勢西來連汴

泗河流東下接徐邳扶疎亭畔多荒草惠義堂前有斷碑官府不須頻賦斂鄉民比屋正號饑

楊維禎三泖

天環泖東水如雲十里竹西歌吹同蓮葉筒深香霧捲桃花扇小彩雲開九朶芙蓉當面起一雙鸂鶒近人來老夫於此興不淺玉笛橫吹鷗浪堆

登丹鳳樓

十二湘簾百尺梯飛飛丹鳳與雲齊天垂紫蓋東皇近地接銀河北斗低笑曆秋空戎馬陣神燈夜燭海雞啼嫦娥昨報瑤池宴笑指蓬萊水又西

薩天錫金氏繡野亭

南冠猶有舊風流說看舒州事事幽最喜園陵動花竹不妨城郭帶林丘一尊濁酒青山暮三徑晚香黃菊秋未識孤高金處士杖藜應許約同遊

鄭元祐遊靈巖涵空閣

吳王宮闕草萋萋飛閣重登意轉迷洗硯池邊雲欲暝拜郊臺上日平西湖涵遠浪千帆沒樹響悲風一鶴栖江海鶋鶢招不返荒烟野水鷓鴣啼

貢師泰送東流葉縣尹

江流東下縣南遷一簇人烟野岸邊荻笋洲青鷗鳥

伊楊花浪白鱗魚鮮印來聚吏排衙鼓社到隨民出俸錢應是繡衣行部處欄街齊頌長官賢

王晃泊安慶弔余忠宣公

赤幟南來擁上游丹心北望獨悠悠關東競起追秦鹿郎墨徒煩縱火牛萬里一城三向敵孤軍百戰七經秋空餘千古英雄淚不盡長江滾滾流

姚璲陸秀夫抱帝入海圖

紫宸黃閣共樓船海氣昏昏日月偏平地已無行在所丹心猶數立朝年生藏魚腹不見水死挽龍髯欲上天板蕩純臣有如此流芳千古更無前

明劉基望江亭

椰拂江亭舊畫欄望潮人去地應閑寢園寂寞秋風裏行殿荒涼野草間白塔盡銷龍虎氣荒城空鎖鳳凰山興亡莫問前朝事江水東流去不還

侍宴鍾山應制

清和天氣雨晴時翠麥黃花夾路岐萬里玉關馳露布九霄金闕絢雲旗龍文騕褭驂鸞輅馬乳蒲萄入羽巵衰老白慚無補報叨陪儀鳳侍瑤池

袁凱過黃耳墓有感

黃耳墓前春日遲椰條花蔓正參差多才已逐浮雲去異

物猶令後代思顧養有恩終不背交遊何事棠溪獨相歎春風綠酒人皆醉落日孤舟自咏詩滬瀆城南秋氣高鶩鵞鴻鴈各東曹不賦吏識匡牀穩欲去還思小几牢幾處尺書俱寂寞百年雙鬢獨蕭騷秋江欲渡愁難渡風雨龍吟長怒濤

高啟寄題安慶城樓

層構初成百戰終憑高應喜楚氛空山隨粉堞連雲起江引淸淮與海通遠客帆檣秋水外殘兵鼓角夕陽中時淸莫問英雄事回首長烟滅去鴻

謁甫里祠

衣冠寂寞半塵絲想見江湖獨卧時遁跡虛煩明主詔感懷猶賦散人詩釣魚船去雲迷浦鬭鴨闌空草滿池芳藻一杯誰爲奠鼓聲只到水神祠

歸吳至楓橋

遙看城郭尚疑非不見靑山舊塔微官秩加身應謬得鄉音到耳是眞歸夕陽寺掩啼烏在秋水橋空乳鴨飛寄語里閭休復羨錦衣今已作荷衣

靈巖寺

間上香臺望下方漁村樵塢盡蒼蒼傾城人遠苔生徑歸寺僧稀葉滿廊雲散池邊留塔影雨來閣外失湖光廢興皆幻何須問獨自吟詩送夕陽

寄

懷雲林草堂　名落人間四十年綠蓑細雨自江天
寒池蕉雪詩人畫午榻茶烟病叟禪
四面荒山高閣外雨株疎柳舊莊前
相思不及鷗飛去空恨風波滯酒船

滕毅采石　騎鯨仙人海上歸至今草木猶清暉千
山落日送樵笛萬里長風吹客衣春空
蛾眉浮翠黛夜光犀渚沉珠璣神
遊故國應過此高冢臨流知是非

陶安望九華　雨消殘月滑新泥風撼枯稍響古隄
一霎路經三舍遠兩行槳蕩十雙齊
初晴綠水浴鳧雁落日空山啼雉雞
出得沙汀烟浪濶九華只在暮雲西

黃觀擬和望春宮　望春春望菀嵯峨此日宸遊玉
輦過坐見羣山天外迴迴看萬
樹雨中多隔窗鳥弄啼歌管擁道鑾聲雜
佩珂爲羨千官同樂事扈陪仙蹕下長坡

唐肅至盱眙　楚州過盡盱眙近駭浪顛風晝夜聞
只記官船行一月不知春色去三分
青連漂母祠前草紅見僧伽塔上雲
回首江南二千里麥盂誰爲酒先墳

練子寧謁余忠宣祠

將軍忠節貫荆襄千載精神日月光血戰孤城身已隕名垂青史汗猶香殘碑墮淚空秋草折戟沉沙自夕陽我亦有懷追國士爲來感慨奠椒漿

姚廣孝京口覽古

譙櫓年來戰血乾烟花猶自半凋殘五州山近朝雲亂萬歲樓空夜月寒江水無潮通鐵甕野田有路到金壇蕭梁事業今何在北固青青眼倦看

淮安覽古

襟吳帶楚客多遊壯麗東南第一州屏列江山隨地轉練鋪淮水際天浮城頭鼓動驚烏鵲壩口帆開起白鷗胯下英雄今不見淡烟斜日使人愁

解縉發池口

水闊風驚浪疊堆扁舟臨發更徘徊雪流翠巘春寒在日落黃蘆暝色催鴻雁影横疏遠信鼓笳聲急墮殘梅故園桃李先知暖想有繁花幾樹開

楊載敬亭

岩磴盤盤草露微秋陰未解澹朝暉水春野雉雨鳴澗木落山村葉擁扉機杼隔林尋路去雲霞度隴傍人飛往來十五年前熟老矣傷心萬事非

于謙天門山　天門山峙近西偏屹立芙蓉翠插天百疊岡巒穿倒景四時林木吐朝烟鳥飛不過巖頭石人渴難尋澗底泉安得六丁施斧鑿滔滔車馬駐平川

楊溥過儀真　維楊風雨曉開晴南去金陵半日程萬里波光隨海去半篷山色逐船行垂楊夾道人家集芳草連溪水鳥鳴獨倚桅檣望鄉國寒鴻飛處暮雲橫

王偁經無錫觀二泉　尋幽偶到惠山隈山勢峥嶸曙色開雲氣濕衣看不定水聲人座聽還來鳥窺茶竈逢僧寺風起寒潭　重遊上酒杯慚我未應忘俗慮也將纓冕濯塵埃

惠山寺　汲得春泉不滿瓢老僧相引說前朝殘碑久許遊人榻古殿新遭劫火燒白塔荒墳寒食飯青山流水夕陽橋空餘陸羽祠前月永夜松房照寂寥

登采石蛾眉亭　牛渚磯頭烟水生蛾眉亭下大江横春歸楚樹浮空盡山阻淮雲入望平瓊館有才堪倚馬錦袍無夢借飛鯨停橈欲和渝州曲都付吳歌子夜聲

吳城懷古　姑蘇城下刺蕭[illegible]却憶吳王古市[illegible]

香輦路邊春寂寂館娃宮外草蕭蕭千年往事空啼鳥半夜疎鐘自落潮明發不堪回首處暝烟秋雨過楓橋

九日金陵城西泛舟

蘋洲荻蒲水雲長素舸筠簾冰雪光霞氣入江明島嶼浪花霑席淨琴觴伴人泛泛鷗何逸媚石輝輝菊自芳非是龍山吹帽客還將幽意寄滄浪

龍河西渚石城隈九日風烟霽色開帝苑樓臺雲裏現澄潭鳧鴈鏡中同青溪渡轉橋横木朱雀航空月映苔千古風流今獨勝中丞輿客泛舟來

唐寅登吳王郊臺

昔人築此不論程今日牛羊向上行吳兒越女齊聲唱菱葉荷花無數生南山含雨石俱潤西湖映日常同平本由萬感銷非易詎言哀樂過羣情

文徵明滄浪池

楊柳陰陰十畝塘昔人從此詠滄浪春風依舊吹芳杜陳迹無多半夕陽積雨經時荒渚斷跳魚一聚晚波涼渺然詩思江湖近便欲相携上野航

烏衣鎮望滁州

東葛城頭曉月殘烏衣鎮上水潺潺偶來下馬三家市先見環州百里山道路重經渾不

記人情未遠尚相關舊遊最是西南勝擬辦青鞋一醉攀

虎丘登閣　老去淵明益羨閒與來高閣漫躋攀半檐爽氣尊前雨百里平林掌上山天際輕陰寒未散日斜飛鳥倦知還長安塵土三千丈不到青泉白石間

祝允明宿金山寺　窗中一抹海門焦珠貝魚龍共此宵恍得善才參後石洗來天漢轉時潮神遊會解靈妃珮耳淨能傳少女簫況是梵王宮闕裏蓮花葉上蹔逍遙

夏原吉一覽樓　我愛雲間第一山登臨直倚最高欄金鰻不起泉光暗青虎長眠墓草寒雨歌九峯爭獻翠風回三泖遠呈瀾翛翛白髮賢公子還肯分爨似懶殘

李東陽九日渡揚子江　秋風江上聽鳴榔遠客歸心正渺茫萬古乾坤此江水百年風日幾重陽烟中樹色浮瓜埠城上山游形繞建康直過眞州吏東下夜深烟火宿維揚

金山寺　楚纜吳檣萬里還夢魂長在水雲間地當好景多逢寺江到中流各有山鶻嶺高秋

增突兀龍宮深夜鎖潺湲謝公無限登臨興不爲蒼生暫解顏　長向名山憶所逢偶來南國問仙蹤潮聲夜落江心寺雲氣朝浮海上峯懸圃樓臺通日月石壇風雨護蛟龍詩成却笑張公子解道中流兩岸鐘

楊一清重游焦山　洞口孤雲面面生百年身世坐來清一般月色金山寺十里烟花鐵甕城江閣雨餘秋水闊海門風定暮潮平青衫潦倒虛名在耻向沙鷗問舊盟

重遊甘露寺　已辦登臨罷遠遊倦知吾土故多幽渡江形勝諸山小到海風烟一日收晴影抱樓僧寺午寒聲飛雨釣巖秋滄波滾滾　留雲亭上立滾何時定羸得丹心伴白頭

登金山　多時古木滄波動遠思南北界分還此水孫張題後豈無詩風高鶻嶺鶩秋早江轉龍門到海遲三十餘年塵夢裏每因登眺嘆吾衰

王守仁遊九華山　雲裏軒窗半上鉤望中十里見江流高林日出三更曉幽谷風

多六月秋仙骨自憐何日化塵緣翻覺此生浮夜深忽起蓬萊興飛上青天十二樓　雲端鼓角落星斗松頂袈裟撒雨花一百六峯開碧漢八十四梯踏紫霞山空仙骨葬金鄉春煖石芝抽玉芽獨持談麈揮烟霧一笑天地真無涯

沈周拂水巖　只有看山是勝緣青鞋布襪且輕便天收雨腳賒今日我趁花時遣老年絕壁雲扶將墮石鄰崖風勒下奔泉此來不憤空歸去旋搆新篇揀竹鐫

貝翱吳門會故人　憶曾相識自兒童二載雲間筆硯同深院抄書桐葉雨曲欄聯句藕花風當時壯志凌諸子今日衰顏對兩翁高卧田園真自樂宦遊愧我尚西東

丘濬金陵即事　六朝宮闕久蒿萊紫蓋黃旗帝運開鳷鵲漏傳雲外觀鳳凰簫奏月中臺千山峯勢連吳遠萬里江流自蜀來此日金陵非昔日子山詞賦莫興哀

楊慎石頭城　石頭城畔莫愁家十五纖腰學浣紗堂下石榴堪繫馬門前楊柳可藏鴉

景陽糚罷金星出子夜歌殘壁月斜青信紫臺元朔夜玉顏珠淚泣琵琶

王世貞 蒼藤絕巘鎖丹寮忽有鐘聲到泬寥萬堞對分天塹色千檣爭上海門潮雲低雁鶩行持斷日落黿鼉卧轉驕屈指舊游君莫哂十年吾豈愧漁樵

陳體乾太僕邀飲醉翁亭 孤亭面面斂青芬坐語翛然萬慮空擕徑漸移殘照外商歌忽入蹟泉中巖頭寂寞諸名跡石上婆娑兩醉翁也解胼板輿松影好披襟留試月明風

資慶寺 徑轉峯迴寺宛然古橋溪草鎖戔戔客將流水同無住僧似長橋不記年法食喜分龍女供禪房幽借鹿麑眠行歌頹愛歸途好屐齒斜陽乍一穿

吳國倫登妙高臺 春波浮玉起帆前典發披衣到絕巔江合萬流奔赴海山幡一柱上撐天靈宮俯瞰蛟龍卧石閣危憑象馬懸騁望不知鄉國遠鏡中吳楚接風烟

寄梅宛溪 梅福尋仙去不回卜居溪傍宛陵隈高眠自穩清泠閣遠眺常呼濁酒杯千磵瀑流桐汭合萬

松雲氣敬亭來廿年青瑣無懸夢懷抱眞從物外開

同王元美登揚州蕪城閣

隋堤高閣俯邗溝載酒歌同賦客遊樹裏鐘聲山寺午簷前雨色海門秋離宮花鳥俱陳迹輦道風沙自古丘二十四橋何處是且乘明月醉揚州

李攀龍送李司封謫廣陵

明光起草羨青春服藥求仙笑此身白首雲霄空薦士黃金湖海未逢人廣陵潟雁來秋色寒雨江楓渡逐臣見說故園湘水上懶將詞賦弔靈均

王世懋橫塘春泛

吳姬小舘碧紗窗十里飛花點玉釭蠟屐去尋芳草路青絲留醉木蘭艭山連暮靄迷前浦雲擁春流入遠江棹裏橫塘聽一曲烟波起處白鷗雙

馮琦吳苑

破楚門西古墓田斷崖危石寫流泉人歌茂苑春風曲僧拾吳宮夜雨鈿盡日波濤千里棹匝溪墟市萬家烟丹楓翠竹同搖落最是生公石可憐

胡纘宗太湖

卽看鶴駕盤湖上擬有仙曹集洞中日月隔橋生碧海星河當戶點瑤宮

天圍春樹千村合山漏秋濤十郡通獨放扁舟領丹詔白雲深處問三公　傍海月生潮不出緣江路隔水還連兩山雲出東西樹五夜星搖上下天洞口鱗鱗千頃玉水心晶晶萬家烟鳥喧花發壺觴亂太守頽然醉欲仙

海瑞謁先師顧洞陽公祠

兩朝崇祀廟謨新抗疏名傳骨鯁臣矢志回天曾叩馬功同浴日再批鱗三生不改氷霜操萬死常留社稷身世德尚餘清白在承家還見有麒麟

徐渭寓穿山

荒城臨海一山圍何事東方滯袞衣曉日每看牙將集秋風自送遠人歸霜寒戍草斷征馬潮落江門露釣磯欲請長纓何處是且尋酒伴扣荊扉

登縹緲峯莫許

登高不用扶手招鸞鶴興如何環來烏輿人間小側去陽烏寒色多巖下雨來浮碧靄杖頭霞去落蒼波千年石上仙人迹爲問王喬幾度過

由南峯入天池

入谷也須緣磵道乗高忽又度虛岑參差石勢雲行細寂寞禪關樹鎖深春日綺羅偏映水江南櫻筍自成林十年不到天池

寺南北峯頭費遠尋

唐順之遊青溪莊值主人不在

桃樹臨溪思不禁扁舟重向草堂陰西湖水落鼃鼉石南國霜清橘柚林龍際流泉宜稻性窗前過鹿解人心憶君剪徑相迎處今日蓬蒿又巳侵

淮上泊舟

楓林望盡見蒼山桐栢飛流入楚關潮散海門孤島出月明渡口數帆還客夢祇驚青瑣遠滄波長羨白鷗閑聞道淮南多桂樹朝來策杖一相攀

金澤

東南巨浸五湖泼古寺維舟正夕陰客到山僧罷清磬雀喧晴日下高林夾舟烟火三家市滿目蒹葭萬里心徙倚不知餘興盡月明還擬聽龍吟

三江抱處勢如環野客探奇住不還一望樓臺疑海上稍聞雞犬覺人間幸無漁父知名姓且與山僧共閉關自笑歸來張季子春時蓴葉未堪攀

梁有譽揚州悼隋離宮

藻井雕甍駐綵霞錦帆一去巳無家凄凉夜月樓前舞翠落春風仗外花殘燒繞原碑卧草夕陽依岸柳藏鴉可憐河水滔滔逝不識人間有歲華

姑

蘇懷古 看山幾日到吳中遊客登臨感慨同金虎跡荒靈氣滅水犀軍散霸圖空春歸茂苑烏啼月花落橫塘蝶怨風誰識倦遊心獨苦扁舟長憶五湖東

黃省曾虎丘 芙蓉近倚闔閭城眺閣觴樓逐勢成珠寺翻爲歌舞地青山盡是綺羅情嚴花吐學紅妝麗谷鳥啼兼鳳管聲十里垂揚芳草岸四時常映彩舟行

歐大任登廣陵城 西風淮水下邗溝何處關山獨倚樓賦後蕪城荒井逕書來瓜渚斷江流青天寒色千砧夕滄海潮聲萬弩秋滿目蒼蒼見平楚不知歌吹在揚州

端宏謫仙樓 謫仙樓閣倚江頭一度登臨一繫舟遺像有涯天地老雄才無敵古今留天門雨過雙蛾出牛渚潮平萬馬收倚遍欄杆追往事斷雲殘照若爲愁

顧璘登清涼寺後西塞山二首 山閣難禁宋玉悲六朝遺恨滿殘碑青山自擁蟠龍勢玉樹空傳落雁詞寒節授衣傷老大醉鄉隨錘媿支離歌筵舞妓非前代文采風

流又一時　劍化人亾有故城東來海氣帶龍腥烟花樓閣三千界錦繡山河百二形老托神京堪自隱醉眠秋澗不知醒長江只在朱欄外莫遣哀歌動杳冥

遊靈谷寺

紫厓蒼巘隱雲房春晝唯聞草藥香風磴噴泉晴欲雨石林含露午生凉醉憐半落花蔭樹坐嘆西飛日轉廊回首碧城燈火亂淡烟衰柳路微茫

焦竑送君杓游金焦

雙崖出水勢堪凭才子乘春快一登檻外烟巒低北固望中雲樹接金陵風廻雨岸聞人語雨過千帆亂佛燈好為吾家尋舊隱洞門蘿薜翠層層

程敏政瓜州

畫舫長牽日夜行好風天借一帆輕濤聲北擁迎鑾鎮山勢東蟠建業城澤國魚龍爭起舞水村雞犬誤相擎清樽紅燭論心地記取江南第一程

過黃木嶺

湖樂鎮下更未闌黃木嶺頭山火寒峯腰霜滿一尺徑磵底風生千仞灘歸心急喜到家好側足方知行路難前途忽與故人接相對不覺成悲歡

邵寶盂城 盂城驛前咏夕陽高郵湖上好秋光紅分菡萏初經雨綠滿蒹葭未受霜遠浦有波皆浴鷺近堤無路尚垂楊南來時見吳江棹却倚船窗問故鄉

尊賢堂 千年祠宇此重開獨爲諸賢酹一杯磵石不隨龍化去嶺雲還與鶴歸來春風谷裏嚶嚶鳥夜雨庭深點點苔聽罷雅歌賓客醉共教童子汲泉回

屠隆鳳陽衆門河堤成 水落長淮萬里通大河春色序帆中淺波塵度空堤月遊騎香生廣陌風樓影祇疑沉夜壑波光直重似飲秋虹高歌負錨千人和道見當房狐子宮

過潁上 二十年前幸此城重來經過不勝情壺漿迢遞傾都出父老蹣跚夾道迎涕淚未能忘宿昔循良真自媿平生幸逢地主高賢在不減臨邛過長卿

徐階弔顧野王故居 野色春香次第收海雲江月共遲留荒碑雨過苔侵字古寺烟深樹隱樓龍去尚看池水黑鶴歸應弔草堂幽苧翁亦是清朝彥倍覺臨風動遠愁

王叔承金山

龜宅龍宮紫氣驕壯遊南北倚青霄蜀江萬里來春水吳嶼千尋帶暮潮夾岸帆檣楊子渡隔天雲樹廣陵橋臨流無限風塵思濁酒淋漓劍影搖

風雨泛太湖

宿松陵長橋

羣飛鷗鷺逐鵁鶄予亦揚帆赴杳冥灑鬢湖風寒氣白打船春雨浪花青水邊萬樹來江縣雲裏雙峯出洞庭七十二橋燈火亂野烟沽酒宿漁汀

遊觀音巖燕子磯

觀音高閣迴巖扉客酒憑臨燕子磯山帶石城孤寺立潮平江國亂帆飛故宮木葉空金盌荒渡蘆花失寶衣我亦乘風欲西遊少林秋老白雲歸

皇甫汸赴丹陽廣福寺與弟言別

古寺碑題西晉年澄湖如練倚窗前寒雲自覆金光殿荒草猶埋玉乳泉楓葉染霜秋後色雨花和梵夜中禪亦知聞水同觀世不奈潮聲送客船

許穀登方山絕頂

天印山高四望遥振衣同上興飄蕭深巖藉草秋仍茂絕頂清

池旱不消散聯青巒圍錦甸舉頭蒼靄接丹霄洞中卻愛棲眞者不信人間有市朝

李流芳錫山夜别

擾亂鄉愁一夕生燭殘酒醒奈深更隔船安穩歸人夢前路迢遥去客情江月故催征櫂發寒雞不待寺鐘鳴十年分首梁溪路但覺衰顏負此行

顧起元石頭山

虎踞巉巖四望遥高天雪霽轉岧嶤丹樓乍憶霏初定粉堞還疑靄未銷朔吹千崖疎落木江風萬里溯寒潮扁舟未返山陰夜橫蓬聲隨玉樹飄

清涼寺

翠微山倚石頭傍徑轉峯迴接上方宮井轆轤滋蘚碧講壇氍毹翳苔蒼窻明洞雪經春冷門掩厓松駐月長避暑漫言河朔會茶瓜堪借巳公房

方山

瑶壇何代紫泥封知是方壺第幾重翠壁春雲深薜荔丹泉秋露濕芙蓉金庭别構仙人館玉杖難攀羽客蹤獨有龍池清可濯幾迴支策過東峯

貢悅重過姑蘇

昔客蘇臺鬢未霜不知塵世有悲傷聯詩刻燭夜三鼓一月看花醉幾場翻袖舞殘歌緩緩錦箏彈罷鴈行行重來底用嗟興廢亦有咸陽與洛陽

莫如忠泛泖　首夏初晴狎惠風壺觴沿渚出花宮
行扳綠樹陰成幄興渺滄波望若空
塔影空懸天鏡裏梵音翻出棹聲中
鑑湖尚許知章乞便可投簪狎釣翁

孫繼皐五里湖　五里湖流棹綠蕪郎官千載事堪
符波連大澤迴天鏡樹罨青山坐
畫圖檣底聲鶯春欲盡席邊鷗侶暖相
將遺榮不淺他年興乞得君王一曲無

吳寬雞籠山　秋盡荒山鳥跡稀拂衣獨上扣柴扉
屋頭鹿下綠青澗樹杪僧行入翠微
千里風烟搔短鬢六朝文物付斜暉
悠悠身世渾如此日斷天邊一鴈飛

袁中道由蕪湖入新安道上　長途一縷餓山腰廛
至時逢伐木樵地僻
乍存三兩戶溪多何止百千橋小園處處花相接
遠岫重重雪未消半壁已驚千丈落登峰猶自路
迢迢

端鏊登凌歊臺　貫酒登臺拂露花丹梯百丈俯京
華吳山黯淡懸秋月楚水倉茫接

暮霞歌舞離宮餘有寺古今才子半無
家可憐舊壘蘼蕪地草樹枝頭集亂鴉

王衡北上呂城

蘇蘇寒雨滴不川共話行期笑靨
還宿草故舍河畔色新炊半見客
中烟隔江鴻雁如兒爺明月天涯是去
年匹馬夕陽緣底事梅花零落野塘邊

端鑾雷峰丹室

茆簷竹牖嵌青螺種就高秋上蔦
蘿石髓可調丹竈藥塵氛不到白
雲窩山宜納客名猶重鳥似依人語更
多長嘯一聲林木振清風明月許重過

周瑛到廣德紀事

馬蹄六月到山州獨上桐川第
一樓城上有山皆北向郡中無
水不西流士風質樸猶存古民俗蕭條欲
近秋多少濟時心上事夜來獨與鬼神謀

鍾惺花山禮銅殿

一路陰晴屢不分山中風候易
紛紜村過數日無紅葉江近雙
峰似白雲蛇虎夜深求懺度鼓鐘人定示
聲聞可憐世外僧經濟金火須臾歷刼勳

趙鶴鄒伯湖

湖口人家住處幽桃花溪下晚驅牛
水耕誰信爲農苦春埜何妨作客游

落日波聲侵短竹平沙風色帶眠鷗
送行最愛長堤柳直到官河綠未休

張以寧徐州霸王廟 長洪聲動楚山虛太息彭城
霸國餘父老更堪秦縣虐英
雄空爲漢驅除苦移玉帳蛛絲暗柳繞黃樓
鴈影疎獨有春風虞氏草魂歸爲汝一沾裾

程本立高郵夜泊 城樓月色見觚陵城下官河夜
欲水返照疎林皆野燒幾星別
浦是船燈腐儒食祿曾無補倦客思家已
不勝春雨五湖烟水濶荷蓑歸去一魚罾

王璲瓜洲道中 清江杳杳水連空江北江南綠映
紅三月異鄉逢改火經春遊子怨
飄蓬滿汗蘆葉孤舟雨一樹梨花小旆
風邉望故鄉何處是依稀烟樹五湖東

陳汝言過彭城 畫角吹殘曉月明官船撾鼓發彭
城山峯北去青如染河水東來勢
若傾兩岸菰蒲天共遠幾家村落屋初
成長歌激烈空懷古亞父墳頭草又生

李先芳正心樓 高樓獨坐一憑欄吳越東南表壯
觀紅樹微茫秋色遠蒼烟迢遞久

陽殘山開圖畫當軒倚江落芙蓉入鏡看却憶謝公舊遊地雲中天際思漫漫

曾鼎維揚懷古 廣陵城裏昔繁華煬帝行宮接紫霞玉樹歌殘猶有曲錦帆歸去已無家樓臺處處惟芳草風雨年年自落花古往今來多少恨只將哀怨付啼鴉

史謹過揚州 長空開霽曉霞明蓬底淮山隔岸青鴈散黑雲爲陣勢楓飄紅雨作秋聲蕃釐玉樹應無種東閣官梅尚有名惆悵牧之招不得與誰同醉竹西亭

陳秀民邳州 青山一髮見邳州落日雲迷故國愁父老空傳黃石在仙人已伴赤松遊乾坤不信無清氣河水胡爲尚濁流野樹昏鴉棲未定數聲哀角起高樓

丁敏金山寺 水天樓閣影重重化國何年此寺淮海西來三百里大江中湧一孤濤聲夜撼巢枝鳥雲氣朝隨出洞龍幾度欲登帆去疾蒼茫遙聽隔烟鐘

劉鉉送杜亞卿赴南京 一樽傾罷雨瀟瀟客思離情總不消廿載禁林同侍

講五更青鎖共趨朝西風鴻雁南歸急落日雲烟北望遥此際送君無限意疏疏楊柳玉河橋

張翌多景樓

極目心情獨倚樓荻花楓葉滿江秋地雄吳楚東南會水接荆揚上下流鐵甕百年春雨夢銅駝萬里夕陽愁西風歷歷來征鴈又帶邊聲過石頭

金山寺

六鰲捧出法王宮樓閣居然積浪中門外鷗浮春水碧堂前僧散夕陽紅楊州城郭高低樹瓜步帆檣上下風人世幾同江上夢不堪垂老送飛鴻

顧協過聽松庵

偶來林下扣松關分得禪僧半日閒孤興忽生流水外高情聊寄白雲間炊烟曉映高低樹落日晴分遠近山今夜西巖有明月更留清話不知還

陸承憲雨中汲惠山泉

當年遠汲頻回首此日經過一繫舟石氣主雲連樹杪瀑流將雨到灘頭長年昔與雙罌載稚子無勞接竹求今夜城邊煮松火濤聲盡作楚江秋

曹履吉姑溪泛月

離落尋常水月鄉開來何事戀流光沙邊人影來千里天半霜

華散小陽假到楚舠初弄楫顧㳙吳幽更

登攝山

飛觴清溪狎洼加今夜殊勝東山且自狂

絕頂

紫霧峰頭四望齊分明指點又疑迷奔來萬嶂沿江轉瀉去長天逼眼低盤有鍾聲俱是寺野多雲影半于谿尋真自在丹霞杪不向人間更借棲

晚上燕子磯

斜風急浪獨揚舲燕子秋歸剩晚亭夾檜尚數危徑辨老蟾忽破半江寘杯貪清漢當空吸曲愛高臺向下聽還取磯頭靈石弄人間何地不雙星

金大車弘濟寺

大江西拱秣陵城江上靈山逼太清飛閣俯臨秋渚上靈山逼對嶌潮生龍蟠古洞嘘雲氣風撼長波雜雨聲重擬天晴移短棹來看夜月夜深明

王韋盧龍觀詩

獅子山深草樹香丹丘近結赤城傍樓藏窨藻風濤壯溪帶山葩水月蒼東渡地靈憐謝傅西來天塹憶周郎登臨莫漫誇名勝佳氣蘢葱識帝鄉

張風燕子磯

海燕何年化石磯等閑猶是意飛飛新愁對水話難盡舊事營巢壘欲稀

春社再成吾已老秋風纔入子先歸

獨憐臥向空江裏鎮日關河送客暉

王嗣經臺城

湖山迤邐接亭臯前代遺踪有古壕

別殿佩環歸杞棘修林鳧鴈出蓬蒿

臺荒過午樵歌入寺近經時梵鐸高

腸斷覆舟山下路年年春草似青袍

吳文潛臺城

讀將遺跡問齊梁寂寂臺城露草荒

廢井尚封陵寢氣初鍾不㖆景陽妝

蒼茫野水迷官道高下寒山出女牆

還憶誦經梁武帝臨風倚樹吊斜陽

張紳送人赴安慶幕僚

舒州城在大江邊我昔過之曾繫船年豐米穀上街

賤日落魚蝦入市鮮山起正當官署北潮來直

到驛樓前知君此去紅蓮幕民訟無多但晝眠

劉秩秣陵懷古

秣陵風物近如何兵後登臨感慨

多雲淨石頭秋嶂出月明淮口暮

潮過離人暗滴青衫淚商女空懷玉樹

歌忽憶舊時驄馬客于今白髮老山阿

吳浩泊瓜洲渡

淮烟漠漠夕陽收楚樹昏昏翳客

舟風渡鐘聲來北固帆將燈影過

揚州雲消碧海天無際波撼金山地欲浮獨恨壯遊非昔日滿江風露夜如秋

盧熊夔江夜泊　朔風寒鴈渡江烟訪舊東遊夜泊船野水似龍爭入海大星如月獨當天荒村夢寢清秋夜鄉館關關白髮年兵革飄流無定著渺余何處賦歸田

鄭韶虎丘　春草青青繞闔閭山深石徑轉崎嶇空聞落日傳金虎無復三泉閟玉鳧陸羽井深春雨歇生公石在白雲孤傷心莫問魚腸劍怨逐秋聲上轆轤

易恒曉過黃山　海門日出破江昏潮入中流砥柱分白石不消千古雪亂鷗忽起半沙雲香秔紅粟來吳餉犀甲戈船到水軍最是黃山風水潤莫教吹笛惱龍君

王惟允過揚州　華屋珠簾十萬家春風吹盡舊繁華留連野色惟蛺蝶應答江聲有亂鴉明月樓前沽美酒蕃釐觀裏看瓊花我來慢憶曾遊處立盡斜陽一嘆嗟

金蓁思補園　閒情日日理芳間自養幽姿作野仙桃艷偏宜傍翠竹梅疎須是映清泉

爲藏嬌鳥多栽柳恐礙遊魚另值蓮何處最能生遠意悠悠牆外皖山巔

金承蜩吳塘曉渡

兩山如鏡曙光寒幾點疎星落照殘僧傍竹林將出戸鷗驚人語作離灘雲霞遠幻峰千疊水日初涵影萬端最喜小舟纔放棹却疑身在畫中觀

金閶弔張清雅孝烈

幾年烽火畧親喪說到君家泪兩行祖笑孫來何慷慨子隨父去不悽凉一堂養志雙曾子三世修文兩卜商更有長鬚知大義從容忠補孝慈堂

龍子甲王幼學墓

草氣迎車豈漫遊彖雞絮酒弔前修當年不破書千卷此日誰憐土一坯荒塚故宜封薜荔斜陽猶自照松楸相看更酌澄湖水賸有寒光湛碧秋

蔡汝楠高座寺

雲公臺榭至今留休暇追隨訪古遊秋色總歸紅葉寺楚江還見白蘋洲松林月上言彌靜閣道鐘殘思轉幽莫訝爲郎貪佛日官閒禪定兩悠悠

呂高送王侍御重游焦山

鼓枻頻看寶地遊深林何事數淹留龍宮水月

棲禪定鷲嶺鸞花散客愁江樹近依香殿合海雲常護法堂流從今我亦靈丘隱三詔何須到潤州

許宗魯登齊山樓

近郭危樓俯碧湍倦遊孤客倚朱闌淮肥山色尊前出吳楚江流畫裏看旅思逢秋增短鬢鄉心隨鴈過長安黄花白酒登高日玉笛金笳起暮寒

張祥鳶北固山亭秋望

孤雲縹緲赴江天白石江亭樹杪懸一道澄波開斷壁千秋黄葉下寒烟鵰盤家廓秋風急山缺西南落日圓萬里中原勞北顧蕭梁陳跡酒杯前

焦山看雨

秋風江上采芙蓉浮玉山高紫翠重亭吸濤聲天萬里窻含海氣雨千峰拂簷帆過飄清磬隔水雲歸濕暝鐘一臥山中高士榻十年回首愧塵容

黎民表阻風李陽河驛

滿目川原百戰餘旅情芳草共蕭疎蒼山古堠逢秋騎野水殘燈見夜漁地近瀟湘多暮雨鴈來湓浦少鄉書故人憶我停雲外惆悵烟波少定居

周詩吸江亭

盤紆青磴倚青冥巾舄危攀最上層一水金山爭砥柱幾人雷火辨殘銘

江門豚吹風濤壯樹杪龍過海氣腥

聞道妙高曾不似月明雲表下諸靈

黄姬水賦得長干柳 春烟娟娟雨濛濛梁苑隋堤

一夢中纖葉空憐半江水殘

絲猶却五更風永豐園裏情無限蘇小門前

路作通寄語飛花好棲泊莫教飄蕩恨西東

王穉登龍湫 石潭寒水翠如苔日暮寒蘿俯澗隈

投綆漫言浮海出蕩舟剛及隔巖回

泉飛暗作千山瀑龍去先從二月雷 遊茅山 福地

不飲何須愁笑客桃花洞口未曾開 由來

稱第一入門山閣暮鐘鳴三峯鳥道青天上一雨

龍池白霧生石蘚侵堦埋玉簡松風吹墓酹銀罌

金陵亦在虚無裏

虎踞猶疑見石城

端釴姑溪 烟鎖橋頭散綺霞忽機鷗鳥踏汀沙晴

川畫舫牽楊柳小店青旗出杏花逃屋

寒星高士臥傍門流水野人家 賦

成歸去來辭晚鐵笛橫吹放鶴斜

梁辰魚采石磯弔李太白 停橈磯下奠椒觴草木

猶聞翰墨香飛燕已辭

青銷闕長鯨自上白雲鄉他年有夢遊天姥此夕無魂到夜郎西望長安漫惆悵金鑾春殿久荒涼

沈明臣謌風臺

漢帝初平四海回大風歌激楚聲哀彭城王氣千年足芒碭寒雲萬里開父老只知亭長去山河都屬沛公來故鄉驪飲無多日泗水依然遠舊臺

端廷赦登白紵山

白紵春風好杖藜鷓鴣依舊滿山歸僧持野菜炊香飯鳥啄閒花掠古隄隔嶺雲霞堪入畫近城樓閣若爲梯傷心歌舞當年事一帶斜陽芳草迷

呂時臣海門雨過

藻烟布地不須芟雲鳥依人著隱銜雨歇江干流一笛風平樹杪沒孤帆冬深蜃島天常黑潮入漁汀水不鹹秖好釣車聊日計海門到處闞巉巖

王逢年虎山橋問渡入五湖

野水平蕪霸蹟消蒼茫萬頃亂飛濤參差三弄醉遠客七十二峯迎畫橈細雨鳩鳴元墓樹夕陽僧過虎山橋武陵源口秦人路莫向浮雲問市朝

林章暮春登燕子磯　楊子江南燕子磯楊花燕子一時飛六朝人物空流水兩晉山川盡落暉草色遠迷瓜步去潮聲暗打石頭歸倚闌天際春三月惆悵東風動客衣

程嘉燧伍相廢祠　吳宮舊事莽陳蒭伍相殘碑剝蘚苔碧血未隨荒沼沒素車空駕怒潮來但聞楚水猶金瀨莫問秦庭已炬灰落日寒鴉倍惆悵百花原上一僧回

馮有經戲馬臺　彭城南郭雲山豁病骨扶節午上臺燕去鴻回登眺眼龍爭虎鬬古今才荒荒白日三春過滾滾黃河萬里來昭烈祠堂亦鄰近煖雲烟樹更徘徊

徐㷆旅次石頭岸　縹緲孤城見石頭長淮雲水自悠悠孤村郁色連荒驛兩岸蘆花隱釣舟殘月微鐘京口夜澹烟疎雨秣陵秋客中不盡懷鄉感南雁一聲雙淚流

李良年醉翁亭　二亭無恙郁如絲細雨孤探六一祠玉局碑殘猶在眼瑶琴客去豈相思空林野蔌閑黎飯廢苑青梅慶曆枝向晚不禁懷古意釀泉西畔倚欄時

楊珍再泊徐州

風烟漠漠路漫漫迢遞偏嗟作客難茂苑音書千里隔彭城月色雨宵看星涵河影垂平野木觸洪聲瀉急灘更倚五雲瞻北斗清輝玉宇不勝寒

莊昶遊瑯琊寺

偶上蓬萊第一重道人今夜宿芙蓉塵埋下界三千丈月在西巖七十峯江海幾年留老眼乾坤今日寄微踪酒醒無限題詩意起立層巖看萬松

史鑑松陵夜泊

城陰分手郎天涯嶺樹江雲別路賖未到故園猶是客忽聞鄉語似還家燈前今夜愁無寐鏡裏明朝鬢有華欲問歸舟何處宿月明和雁在蘆花

成廷珪弔顧野王故居

寶雲寺裏舊祠堂自汲清泉酹野王白馬有神嘶古道青衣無夢到禪牀塵消壞壁書千卷土蝕殘碑字幾行欲借玉篇遺稿看山僧無語立斜陽

林景暘泛泖

澄湖浩淼接長天遲日微風泛畫船浴景波濤雲外起涵空樓閣鏡中懸數行鷗鷺依晴渚九點芙蓉隔暮烟詞客相逢訪古處秦城吳塞已茫然

駱駸曾游鄉　十年青夢可追尋江上浮槎試一臨水月倒懸祇樹影天風長送海潮音杯浮野渡占僧定閣映空明沁客心飲啄人生原有定君平何必問升沉

馮大受廻瀾臺　平蕪漠漠水泓泓目送烟霞萬里晴小雨挾雲歸斷岸亂帆拂榔渡孤城江衛睥睨寒星沒海近樓臺霽色平獨立中流雄砥柱令人俯仰寄深情

莫雲卿白龍潭　蘭橈閑泛碧江濱一片歌聲水面聞湘浦珠還疑是月楚臺人去想成雲京生蘋末知秋思影落杯前見夕曛別有艷紅看不盡荷衣十里妬榴裙

陸彥章登龍潭佛閣　同人永日出郊圻野寺危臺坐不歸望遠只看高鳥沒憑虛欲共片雲飛千林籟應鐘聲動萬井烟生水氣微自媿塵機朝市裏得將心地暫皈依

李徵儀雲錦泉　輕浮光灼灼摇雲影細響淙淙戛有石中流如砥平怒濤消盡水痕玉聲斜帶落霞歸大壑倒翻巖壁入空明恰來一片虛無景縱是天孫織不成

端茂杞遊禪嶽寺　寒岑驅馬晝衝泥野澗穿雲芳草萋古木長懸幽徑外落霞偏在暮峯西一叢紅樹高僧臥半畝青山過客題夙昔登臨懷不淺故人尊酒況同攜

孫諤寒食遊竹山　春深睡起無餘事邂逅山行賞物華數點飛來寒食雨幾番開盡竹山花野橋踏石尋流水草徑穿雲看早茶莫問年光與人事無何鄉裏醉流霞

梅朗中經郡守陳灌墓墓西郎古州學　孤冢嶕嶢大道傍豐碑翁仲半無行那堪荒草迷槐市幸有桐鄉識召棠風物荆榛悲燕雀天晴丘隴上牛羊誰憐開國歌良牧特祀於今竟未嘗

梅鶚贈詹令督學南幾　才子聯翩擁絳紗看君詞賦已名家一尊燕市留今雨片語吳江散彩霞驄馬曉分丹闕色繡衣遥借白門華最憐桃李盈盈好半是河陽縣裏花

許夢熊過南陵太白酒坊　謫仙過日酒初熟此日猶傳新酒坊風度不隨

茅屋在山川時作錦衣香千秋客到千留珮一歲花門一舉觴莫向斜陽嗟往事人生不朽是文章

胃夢齡自吳陵歸坐逸園有懷　蠟屐藍輿日幾回經旬作別似重來輕風半逗新窺柳積雪全舒欲破梅師德亦知終傳舍伯倫奈可有開杯竹林起色忻相慰晨夕寧辭杖履陪

蘇茂相謁鹽城陸丞相祠　浮海南遷擁六飛孤臣血泪灑朝衣石銜精衛心猶壯舟抱龍髯願不違粵嶼草荒樞窖塚雁門花滿侍郎磯可憐舊國還祠廟正笏忠魂歸未歸

劉龍過滁余前塘約遊醉翁亭不果赴詩以謝之　醉翁亭子在滁州路轉峯迴是勝遊風日情緣歸琖斝文章光彩媚林丘高懷竟負千金約遺恨難追數刻留只恐重臨君巳去夢魂常逐過江舟

周獻玉濠梁即事　淮南淮北雨初晴幾處青山似洛城對酒已拚今日醉看花不

作少年情水衝玉峽奔流急霞映金沙來
岸明閒倚驛樓凭眺處鬱葱佳氣是神京

椰瑛水簾洞 方丈蓬萊異世間採芝仙子自延緣
水浮宮殿清虛境地隱雲雷咫尺天
洞口龍歸收宿雨松梢鶴起避晨煙
何時得挹浮丘袂來向壺中共引年

葉向高贈沈瀛海 二十年前早識君酒酣曾誦豹
韜文天涯久憶鴻書斷海上頻
傳露布聞家世龍圖推太史功名燕頷屬
將軍扶桑回首無烽火簫鼓樓船日正曛

朱之蕃鷄籠山 客樓睡起西日曛鍾山曳曳擁歸
雲鏡中島嶼後湖出花外池臺上
苑分何處攀龍光祿蕪當年怨鶴草堂
文殘英儘及東林醉莫遣流鸎醒後聞

清明揚州道中 江花江草爭春煙北望空懷乘興船水國人
家種楊柳清明士女競鞦韆客廚未乞龍蛇
火旅食頻催犬馬年遥想風
流王杜史西臺銀燭柘枝顛

陳繼儒宿崑山二陸祠 精翠遥含最上乘草堂殘
壁半垂藤一時兄弟眞豪

士千古蘋蘩但老僧松偃空壇巢野鶴客留深
竹話孤燈來朝更有黃花約山下扁舟到未曾

文震孟歲暮寄吳福生　快雪時晴臘欲殘竹窗嬾慢不簪冠泥塗滿眼情無
賴松栢凝姿歲已寒煮石仙人生有分焚魚學
士舊何官客來莫訴寰中事齊物逍遙好曠觀

黃景昉經李淮撫廢園　逢人猶說舊淮揚故苑遙隣帝闕旁有水臨門深閉
閣何年乘月更登林大臣引過蓋世寶執法持
平美漢唐莫遽婆娑悲老樹豆萁終負未全荒

曹學佺謝公墩　謝公墩上日閒行四野霜天一倍明亭館已空雲物麗寺門相近夕
鐘清寒山又傍斜陽路江水終銷十月
聲載妓如花不同賞風流應感古今情

姜埰董公祠　揚州城內董公祠萬古千秋繫遠思漢王明堂與禮樂儒臣遺廟起威儀
春秋應上三篇早吳楚誰令國士悲
自是武皇能好士晚年封禪欲何爲

冒起宗揚子江　長江十月咽波聲東下雲帆似鏡平許國久知瓜五及離家今見菊

三更瞿唐似馬輸奇險巴峽如猊縱逸
情菰葉落殘梅信發軒衝軒車馬近蕪城

陳子龍八月大風雨遊泖塔 層湖黯淡路漫漫孤嶼登臨怯羽翰曉霧
東連滄海白霜楓西接洞庭丹夢隨風雨銀河近
人在烟波玉珮寒欲擬招魂秋草外夜深猶自倚
闌
干

戴重畫谿 百丈青沙落水西一篙碧浪下灘低浣花杜老詩偏細種秋陶家酒易攜江蟹
秋肥還捕得霜鳧暮冷更飛啼我
須來歲來看波好插芙蓉滿畫谿

陳昂過洞庭 垂楊堤外風冷冷萬里烟波載客星海鶴遠含孤雨白江門無數亂峯青
典來作賦酹明月睡起吹笙過洞庭
人代不知何甲子滄洲魚鳥已忘形

梅枝鳳仙人嵓 曉日衝寒尋勝蹟丹梯縹緲此重登雲生絕壑烟為徑泉冷陰崖石
自水日月虛涵仙蹕駐樓臺高峙佛燈
憑遠帆歷歷如飛鶩倚杖還捫最上層

黃淳耀九日登虞山遇雨宿興福禪院

每到山巒覺眼明登高況是客中情山當木落先疑雨院有僧期不願晴欹枕靜聽鐘鼓報推窗遥指澗泉生可憐一夜清無寐心在前峯夢未成

張奇秋日過金陵雨花臺

長干秋爽興飛揚石磴崔嵬到上方載酒最憐黃葉地憑高遥憶白雲鄉千尋山色凝殘靄萬壑松聲響夕陽爲道聖僧何處覓只今猶說雨花香

吳國鼎過采石

江上扁舟傍夕歸波光萬頃向空飛鳳臺東上無多地牛渚南來第一磯帆影搖搖星影動鐘聲約約雁聲稀蒹葭白露情何已鼓棹中流欲濯衣

五言排律

唐李嶠和杜學士旅次淮口

夕吹生淮浦清淮上暝潮迎風欲舉棹觸浪反侵橈森漫烟波闊參差林岸遥日沉丹氣斂天敞白雲消水雁銜蘆葉沙鷗隱荻苗客行殊未已行路已迢遥

孟浩然旅行泊宣州界

西塞沿江島南陵問驛樓湖平津渡闊風止客帆收去去懷前浦茫茫泛夕流石逢羅刹礙山泊敬亭幽火熾梅根冶烟迷楊葉州離家復水宿相伴頼沙鷗

李頎送滿叔遊潁上兼謁淮陽太守

罷吏今何適辭家方獨行嵩陽入歸夢潁水半前程聞道淮陽守東南卧理清郡齋觀政日人馬望卿情疊嶺雪初霽寒砧霜後鳴臨行嗟别手寂寞事躬耕

錢起和宣城張太守南亭秋夕懷友池館蟪蛄聲梧桐秋露晴月臨朱戟靜河近畫樓明掩幔浮凉入聞鐘永夜清片雲懸曙斗數鴈過秋城羽扇揚風暇瑶琴悵別情江山飛麗藻謝眺讓前名

杜甫送許八拾遺歸江寧覲省詔許辭中禁慈顏赴北堂聖朝新孝理祖席倍恩光內帛擎偏重宮衣著更香淮陰清夜驛京口渡江航春隔鷄人晝秋斯燕子凉賜書誇父老壽酒樂城隍看畫曾饑渴追踪恨淼茫虎頭金粟影神妙獨難忘

劉禹錫歷陽書事七十四韻并序長慶四年八月余自夔州轉歷陽浮岷山觀洞庭歷夏口涉潯陽而東友人崔敦詩罷丞相鎮宛陵緘書來抵余日必我覿而之藩不十日飲不置于故余自池州道宛陵如其意敦詩出祖於敬亭祠下由姑孰西渡江乃吾國也至則攷圖經參見古事因為之詩俟之采風者

夕為湖地千年列郡名霸王迷道處亞父所封城

漢置東南尉梁分肘廨兵本吳風俗剽兼楚語音
傖沸井今無湧烏江舊有聲土臺游仕史石室隱
彭鏗曹操祠猶在濡須塢未平海潮隨月大江水
應春生憶昨深山裏終朝看火耕魚書來北闕鵠
首下南荊雲水巫山昭蕙蘭湘水清章華樹已失
鄂渚草來迎廬阜蒼巖出湓城粉堞明鴈飛彭蠡
墓鴉噪大雷晴平野分風使恬和趂夜程貴池登
陵峻春穀渡橋鳴絡繹主人問悲歡故舊情幾年
方一面上晝便三更助喜杯盤盛忘機笑語旬筦
清疑唳鶴絃巧似嬌鶯檝炭烘蹲獸華茵織鬭鯨
迴裾飄霧雨急節墜瓊英斂黛凝愁色施鈿耀翠
晶容華本南國妝飾學西京日落方收鼓天寒更
炙笙促筵交履舄痛飲倒簪纓謔浪容優孟嬌憐
許智瓊蔽明添翠帟秉燭拄金莖坐久羅衣皺杯
傾粉面騂興來從請曲意愜即飛觥令急重須改
歡頻醉盡呈酷朝還選勝來日又尋盟道別殷勤
惜邀筵次第爭惟聞嗟短景不復有餘酲衆散扃
朱戶相攜話素誠晤言猶亹亹殘漏自丁丁出祖
千夫擁行廚五熟烹離亭臨野水別思入哀箏抜
境人情洽方冬餽具精中流爲界道隔岸數飛甍

沙浦王渾鎮滄洲謝尚行望夫人化石夢帝日還營半渡趨津吏緣隄簇郡氓鴞黃雉晚稻籬君見冬菁里社爭來獻壺漿各自擎藹綸牽撥刺犀醆照澄泓露晃觀原野前驅抗旆旌分庭展賓主望闕拜恩榮比屋惸嫠輦連年水旱并遐思當後已下令必先庚遠岫低屏列支流曲帶縈湖魚香勝肉官酒重于餳憶昔泉源變斯須地軸傾鷄籠爲飯顆龜眼入泥坑事係人風重官從物論輕江春俄澹蕩樓月幾虧盈柳長千絲莞田塍一線耕游魚將婢從野雉見媒驚波淨攢鳧鷺洲香發杜蘅一鍾菰葑米千里水葵羡受譴時方久分憂政未成比瓊雖琢磔于鍊尙錚錚蚤忝曹三署曾聞奏六英無能甘負弩不愼在提衡口語成中冓毛衣阻上征時聞鬬利鈍智亦在聾盲昔好山東如今慙海內兄後來登甲乙蚤巳在蓬瀛心託秦明鏡才非楚白珩齒衰親藥物宦薄倣公卿捧日皆元老宜風盡大彭好令朝使集結釆起新正

皇甫冉荊溪夜湍

驚湍流不極夜度識雲岑長帶溪沙淺時因山雨深方同七里

路更逐五湖游心揭厲朝將夕潺湲
古望今花源若許到雖遠亦相尋

白居易題牛相公宅太湖石

錯落復崔嵬蒼然玉一堆峯駢仙掌出罅
析劍門開峭頂高危矣蟠根下壯哉精神欺竹樹
氣色壓亭臺隱起磷磷狀凝成瑟瑟胚廉隅露鋒
刃清越叩瓊瑰岌嶪形將動巍峩勢欲摧奇應潛
鬼怪靈合蓄風雷黛潤沾新雨斑明帶古苔未曾
棲鳥雀不肯染塵埃尖削琅玕筍深剜瑪瑙罍海
神移碣石畫障簇天台在此爲尤物於人負逸才
渡江干筏載入洛五丁推出處雖無意升沉亦有
媒拔提出府底置向相庭喂對稱吟詩句看宜把
酒杯終隨金礪用不學玉山頹疏傳心偏
愛園公眼屢迴共嗟無此分虛管太湖來

李紳咏閶門

烟水吳都郭閶門架碧流綠楊深淺
巷青翰往來舟朱戶千門室丹楹百
尺樓水光搖極浦草色辨長洲憶作麻衣客曾爲
孤櫂遊放歌隨楚老清燕奉諸侯花寺聽鶯入春
湖看鴈留里吟傳綺唱鄉語認歈謳橋轉攢虹飲
波通鬬鷁浮竹扉梅圃靜水檻橘園幽絕渚荒

苑穿巖破虎丘舊風猶憩鼓飲俗尙吳鉤故館曾問訪遺基亦遍搜吹臺山水畫香徑佛宮秋帳殿菰蒲掩雲房霧露收苧蘿妖廢滅荆棘鬼包羞風斤餓黄綬經過半白頭重來冠蓋客非復別離愁候火分通陌前旌駐外郵水風搖采旆堤柳引鳴騶問吏兒孫隔呼名禮敬修顧瞻殊宿昔語默迥悲憂義感心空在容衰日異倫還持滄海詔從此布黄猷

杜牧過蕪湖感舊十六韻

南指陵陽路東流似昔年重恩山未答雙鬢雪飄然數仞慚投跡群公愧拍肩駑駘蒙錦繡塵土浴潺湲郭隗黄金峻虞卿白璧鮮貔貅環玉帳鸚鵡破蠻牋極浦沉碑會秋花落帽筵旌旗明迥野冠佩照神仙籌畫言何補雍容道實全謳謡人撲地鷄犬樹連天紫鳳起如電青衿散似烟蒼生未經濟墳草已芊綿往事唯沙月孤燈但客船峴山雲影畔棠葉水聲前故國還鄉去浮生亦可憐高歌一曲淚明日夕陽邊

茶山

山實東南秀茶稱瑞草魁剖符雖俗吏修貢亦仙才溪盡停蠻棹旗張卓翠苔柳村穿窈窕松澗度喧豗等級雲峯

峻寬平洞府開拂天閒笑詣特地見樓臺泉嫩黃金湧芽香紫璧裁拜章斯沃日輕騎疾奔雷舞[illegible]嵐侵澗歌聲谷答迴響音藏葉鳥雪鹽照潭梅好是全家到兼爲奉詣來樹陰香作帳花徑落成堆景物殘三月登臨愴一杯重遊難自勉俛首入塵埃

許渾五雲溪　此溪何處路適問白鬚翁佛廟千巖裏人家一島中魚傾荷葉露蟬噪柳林風急瀨鳴車軸微波漾釣筒石苔縈棹綠山果拂丹紅更就前溪宿村橋與剡通

羅隱南園　搏擊路終迷南山且灌畦敢言逃俗態自是托幽棲葉長春菘爛科圓早薤齊雨沾虛檻冷雲壓遠山低竹好還成徑桃夭亦有蹊小窗飛野鳥閒覓養鹽雞水石心逾遠雲霄分已睽病憐王猛眷愚笑隗囂泥澤國潮平岸江村柳覆堤到頭乘興是誰手好持攜

明

何淳之三台洞　絕壁倚江蹲兼葭障洞門山腰窺日影石乳帶潮痕鯁市秋多雨龍宮晝亦昏探奇疑禹穴避世有秦村鐘鼎誰陳列烟霞互吐吞谷聲傳野鶴汲隊見游鯤千載

今纔闢諸天若可捫三
台干氣象江上五雲屯

顧璘登幕府山絕頂

江山開壯觀風日澹清秋攀陟良多險登臨足寫憂洲橫鋪練出江拂畫屏流霽景千巖秀陰林萬壑幽風帆天際滅沙鳥鏡中浮今古興衰地乾坤浩蕩遊長歌懷往代遐覽托冥搜名相今誰在神僧不可求唯餘山水地作險鎮皇州

蔡汝楠元武湖

解說澄湖上高齋擬石渠九州分職貢萬戶入圖書常侍傳符後郎官對草餘綈緗隨處滿人事此中疎積水神龍澤青蓮太乙居鳥啼喧靜院雲暖護幽墟式重思周典先收憶漢初不知供事日仰止意何如

顧紹芳遊靈巖寺

遠岫難逢寺靈巖況有名盤空一磴出揮手萬山迎棟宇梁朝搆風煙魯甸橫樹隨巒壁轉天入棧雲平積蘚埋碑篆懸崖落磬聲競窺金閣麗誰悟鐵衣輕列嶂排干雉飛泉湛一泓古林溪駐馬春壑午藏鶯竹翠含虛館霞標擁化城向來塵不到從此境長清

杖履淹留日乾坤汗漫情生餘登黛輿惆悵把行旌

皇甫滓淮陽

游眄淮陽郡風烟奈此何容心自容與湖上幾經過驛岸丹楓少人家綠樹多雲帆朝見市津火夜聞歌城郭連鴻雁江山映綺羅寒潮正相待歸興滿滄波

盛時泰衡陽寺

朗公飛錫處四壁引藤蘿泉上苔將合幢間宇半磨寒烟連阜白落葉近階多龍女聽經後山精幾度過我來棲鶴嶺偶爾入山阿搭落誰相問淒涼獨放歌鳥聲依澗樹螢響出庭莎燈閃青蓮影香消碧甃羅高僧難再遇何處禮祇陀

江南通志　　卷之第二十二　　　平

七言排律

〔唐〕白居易　泛太湖書事寄元稹

煙渚雲帆處處通，飄然舟似入虛空。玉杯淺酌巡初匝，金管徐吹曲未終。黃夾纈林寒有葉，碧琉璃水靜無風。避旗飛鷺翩翻白，驚鼓跳魚撥剌紅。澗雪壓多松偃蹇，巖泉滴久石玲瓏。書為故事留湖上，吟作新詩寄浙東。軍府威容從道盛，江山氣色定知同。報君一事君應羨，五宿澄波皓月中。

閶門咏

閶門四望鬱蒼蒼，始覺州雄土俗強。十萬夫家共課稅，五千子弟守封疆。闔閭城碧鋪青草，烏鵲橋紅帶夕陽。處處樓前飄管吹，家家門外泊舟航。雲埋虎寺山藏色，月耀娃宮水放光。曾賞錢唐兼茂苑，今來未敢苦誇張。

五言絶句

（唐）儲光羲同武平一員外遊湖 竹吹留歌扇蓮香入舞衣前溪冬曲淑乘興莫先歸

李白勞勞亭 天下傷心處勞勞送客亭春風知別苦不遣柳條青

敬亭山獨坐 衆鳥高飛盡孤雲獨去閒相看兩不厭只有敬亭山

九日龍山飲 九日龍山飲黃花笑逐臣醉看風落帽舞愛月留人

泊長風沙 早晚下三巴豫將書報家相迎不道遠直至長風沙

許敬宗江令於長安歸揚州九日賦 心逐南雲逝形隨北鴈來故鄉籬下菊今日幾花開

孟浩然甘露渡 北固臨江口舞山對海濱江風白浪起愁殺渡頭人

王維漆園　古人非傲吏自缺經時務偶寄一微官婆娑數株樹

鄭谷弔水部賈員外　八韻與五字俱爲時所先幽魂應自慰李白墓相連

韓翃送元誂還丹陽　過江秋色在詩興與歸心客路隨楓岸家人掃橘林

郎士元前題　已知成傲吏復見解朝衣應向丹陽郭秋山獨掩扉

李嶠竹林寺　早起出城市尋僧到竹林始知竹林裏僧樓雲自深

劉長卿送子壻往揚州　渡口發梅花山中動泉脈蕪城春草生君作揚州客

李益揚州懷古　故國歌鐘地長橋車馬塵彭城閣邊柳偏自不勝春

戴叔倫道林寺　佳山路不遠俗侶到常稀及此烟霞暮相看復入歸

白居易問淮水　所嗟名利客擾擾在人間何事長淮水東流亦不閒

李端蕪城懷古　風吹城上樹草沒城邊路城裏月明時精靈自來去

李嘉祐送陸士倫之宜興　陽羨蘭陵近高城帶水閑淺深通野水綠茗滿春山

柳談揚子途中　楚塞望蒼然寒林古戍邊秋風人渡水落日鴈飛天

儲嗣宗登蕪城　百戰未言非孤單驚夜圍山河意未盡淚濺美人衣

宋范仲淹淮上遇風　一棹危於葉傍觀亦損神他年在平地無忽險中人

孫覿丁山　蘿卒籬幕翠葉隕砌堆紅宿鳥來還去微泉咽復通

楊萬里荷橋　橋壓荷梢過花圍橋外饒荊溪無勝處勝處是荷橋

黃庭堅皖口道中　却望同安城唯有松鬱鬱遥知浦口晴諸峰見明雪

宋无揚州　紅橋二十四明月照笙歌若是迷樓在遊人應更多

謝翱子夜吳歌　懸髮照秋水茱萸香未歇風吹夜合花露濕衣上月

〔元〕趙孟頫羅姑洞　蒼桐渺天末聞有綠毛仙却過華陽路人間九百年

湯志道入茅山　攀蘿緣絕壁野麕塲邊去鳥銜山果來落在麕眠處

薩都剌過高郵射陽湖雜詠　颯蕭樹梢風淅瀝湖上雨不見打魚人菰蒲鴈相語　又　秋風吹白波秋雨鳴敗荷平湖三十里過客感秋多

華幼武江南曲　郎上渡江船妾倚江邊樹空挽柳絲長繫郎船不住

〔明〕袁凱龍江夜行　細雨過江頭孤蓬晴未收歸心與烟浪相逐下揚州

高啓小長干曲　郎採菱葉尖妾採荷葉圓石城愁日暮各自撥歸船

汪廣洋登蔣山望江亭　絕頂出華構有時來一登曾將六朝事閒問百年僧

李東陽蘇臺曲　秋水光於黛新妝愛日斜隔溪深不語孤櫂入菱花　又　草深香徑合花冷響廊空惟有吳宮水春城四面通　又　樓臺春後掩環珮月中行莫上胥門望寒潮昨夜生

黃省曾江南曲

旖旎綠楊樓儂傷秦淮住朝朝見潮生暮暮見潮去

王叔承揚州歌

二十四橋邊當壚誰可憐粧成窺客坐不奈數青錢

周瑛遊東山寺

地窄只容寺山深不見人重門閑白日無處著紅塵

陸弼營苑

西苑無人歸秋色揚州早傷心輦路傍依舊多腐草

邵寶若冰洞

削壁皴斧痕下有洞如屋積鐵不知年時許莓苔綠

丁鏞闔閭城

覇事已云古荒城空草萊可憐城上月曾照越人來

蘇寒村書逍遥臺

古寺關河隔荒城水國分長風起天際吹亂石梁雲

房天驷攝峰頂

霞棲不肯飛路仄欲爭鳥置身臨絕頂衆山忽已小

曹時中雷嘴

夜雨桃花漲春風楊柳灣數船燈火亂知是打魚還

陳仁錫金山

江風吹短夢忽墮天邊影何處老龍吟覺來簑笠冷

談自新枯木堂

枯木堂中樹雪冰花正飛此中自開落曾不待春歸

潘一桂龍潭道中

疊嶂深藏日連峰共隱天小舟如鳫許歷歷下江天

七言絕句

（唐）李白望天門山 天門中斷楚江開碧水東流至此廻兩岸青山相對出孤帆一片日邊來

入黟吟 問余何事棲碧山笑而不答心自閒桃花流水杳然去別有天地非人間

黃鶴樓送孟浩然之廣陵 故人西辭黃鶴樓烟花三月下揚州孤帆遠影碧空盡惟見長江天際流

宣城見杜鵑花 蜀國曾聞子規鳥宣城還見杜鵑花一叫一回腸一斷三春三月憶三巴

桃花潭贈汪倫 李白乘舟將欲行忽聞岸上踏歌聲桃花潭水深千尺不及汪倫送我情

與謝艮輔遊水西靈巖寺 乘君素舸泛涇西宛似雲門對若溪且從康樂尋山水何必東遊入會稽

登北固 丹陽北固是吳關畫出樓臺雲水間千巖烽火連滄海兩岸旌旗遶碧山

儲光羲華陽洞 華陽洞口片雲飛細雨濛濛欲濕衣玉蕭遍滿仙壇上應是茅家兄

弟
歸

王昌齡芙蓉樓送辛漸 寒雨連江夜入吳平明送客楚山孤洛陽親友如相問一片氷丹陽城南秋海陰丹陽城北楚雲深心在玉壺 又 高樓送客不能醉寂寂寒江明月心

岑參奉送賈侍御史江外 新騎驄馬復承恩使出金陵過海門荆南渭北難相見莫惜衫襟著淚痕

儲君曹席上送殷寅克右相判官赴淮南 清淮無底綠江深宿處津亭楓樹林駟馬欲辭丞相府一尊須盡故人心

獨孤及垂花塢 紫蔓清條覆酒壺落花時與春風俱歸來自負花前醉笑向游魚問樂無

劉長卿瓜洲驛重送梁郎中赴吉州 渺渺雲山去幾重依依獨

聽廣陵鍾明朝借問南來客五馬雙旌何處逢

皇甫冉北固山　悵望南徐登北固迢迢西塞限東關落日臨川問音信寒潮惟帶夕陽還

李嘉祐夜宴南陵留別　雪滿前庭月色閑主人留客未能還預期明日相思處匹馬千山與萬山

張繼題楓橋　月落烏啼霜滿天江村漁火對愁眠姑蘇城外寒山寺夜半鐘聲到客船

顧況崦裏桃花　崦裏桃花逢女冠林間杏葉落仙壇老人方授上清籙夜聽步虛山月寒

義興　家住義興東舍溪溪邊蔓草雨無泥上人一向心入定春鳥年年空自

戴叔倫贈鶴林上人　日日澗邊尋茯苓巖扉常掩鳳山青歸來挂衲高林下自剪芭蕉寫佛經

武元衡渡淮 暮濤凝雪長淮水細雨飛梅五月天行子不須愁夜泊綠楊多處有人烟

劉禹錫春晚遊鶴林寺 野寺尋春花已遲背巖惟有兩三枝明朝携酒猶堪賞爲報春風且莫吹

烏衣巷 朱雀橋邊野草花烏衣巷口夕陽斜舊時王謝堂前燕飛入尋常百姓家

李涉過鶴林寺竹院 終日昏昏醉夢間忽聞春盡强登山偶過竹院逢僧話偷得浮生半日閒

王建揚州尋張籍不見 别後知君在楚城揚州寺裏覓君名西江水潤吳山遠郄打船頭向北行

夜看揚州市 夜市千燈照碧雲高樓紅袖各紛紛如今不似承平日猶自笙歌徹曉聞

送客 江城柳色海門烟欲到茅山始下船知道君家當瀑布菖蒲潭在草堂前

白居易揚梅館　十一月中長至夜三千里外遠行人若爲獨宿揚梅館冷枕單牀一病身

送人歸義興　人見騰騰詩酒客不憂生計似君稀到舍將何作寒食滿船空載樹陰歸

盧仝揚子津　風捲魚龍暗楚關白波沉卻海門山鵬騰鰲倒且快性地坼天開總是閒

張祜讀池州杜員外詩　年少風流杜牧之風流仍作杜秋詩可知不是長門閉也得相如第一詞

鶴林寺　古寺名僧多異時道情虛遺俗情悲千年鶴在市朝變來去舊山人不知

李商隱隋宮　乘興南遊不戒嚴九重誰省諫書函春風舉國裁宮錦半作障泥半作帆

杜牧金陵渡　金陵津渡小山樓一宿行人祇自愁潮落夜江斜月裏兩三星火是瓜州

揚州　落魄江南載酒行楚腰纖細掌中輕十年一覺揚州夢贏得青樓薄倖名

寄揚州

韓綍判官　青山隱隱水迢迢秋盡江南草木凋一十四橋明月夜玉人何處教吹簫

夜泊秦淮　烟籠寒水月籠沙夜泊秦淮近酒家商女不知亡國恨隔江猶唱後庭花

貴池亭　勢北凌歊宋武臺分明百里遠帆開蜀江雪浪西江滿強伴春寒去却來

遊水西寺　李白題詩水西寺古木迴巖樓閣風半醒半醉遊三日紅白花開烟雨中

許渾謝亭送別　勞歌一曲解行舟紅葉青山水急流日暮酒醒人已遠滿天風雨下西樓

紫藤　綠蔓濃陰紫袖低客來留坐小堂西醉中掩塞無人會家住江南罨畫溪

李羣玉金山寺　白波四面照樓臺日夜潮聲遶寺回千葉紅蓮高會處幾曾龍女獻珠來

趙嘏宛陵館冬青樹　碧樹如烟覆晚波清秋欲盡客重過故園亦有如烟樹鴻鴈不來風雨多

茅山道中　溪樹重重水亂流馬嘶殘雨晚程秋門前便是神仙路自斷寒

雲不得流

竇鞏越王臺　傷心欲問前朝事惟見江流水不回日暮東風春草綠鷓鴣飛上越王臺

杜荀鶴揚州　見說西川景物繁維揚景物勝西川青春花柳樹臨水白日綺羅人上船

鄭谷淮浦漁者　白頭波上白頭翁家逐船移淮浦風一尺鱸魚新釣得兒孫吹火荻花中

淮南別故人　揚子江頭楊柳春楊花愁殺渡江人數聲風笛離亭晚君向瀟湘我向秦

張喬九華樓　一夜江潭風雨後九華晴望倚天秋重來此地知何日欲別殷勤更上樓

寄維揚故人　離別河邊綰柳條千山萬水玉人遙月明記得相尋處城鎖東風十五橋

〔宋〕寇準江南曲　烟波渺渺一千里白蘋香散東風起惆悵汀洲日暮時柔情不斷如春水

范仲淹贈茅山道者　有客平生愛白雲無端年老尚紅塵祇應金簡名猶在得見仙巖種玉人

歐陽修頴州西湖　菡萏香清畫舸浮使君那復憶揚州都將二十四橋月換得西湖十頃秋

司馬光松江　吳山黯黯江水清欲雨未雨傷人情扁舟蕩漾泊何處紅蓼白蘋相映生

王安石鍾山晚步　小雨輕風落楝花細絲如雪點平沙槿籬竹屋江郵路時見宜城賣酒家

又　京口瓜洲一水間鍾山祇隔數重山

又　春風又綠江南岸明月何時照我還

曾鞏半山亭　樹杪蒼崖路屈盤半臺亭榭午猶寒平時舉眼看山處到此憑闌直下看

過靈壁張氏園　林地成來多釀酒杏林熟後亦留錢不須置驛迎賓客直到門前繫畫舫

鶴林寺　昔人春盡强登山只肯逢僧半日閒何似一樽乘馬去醉中騎馬月中還

蘇軾慈湖夾阻風

臥看落月橫千丈起看清風得半帆且並水邨欹側過人間何處不巉巖

又

此生歸路愈茫然無數青山水拍天猶有小船來賣餅喜聞墟落在山前

又

我行都是畫中詩真有人家水半扉千頃桑麻在船底空餘石髮挂魚衣

雙楠軒

南軒前頭兩佳木先生撫翫常不足尤愛薰風五月初白銀花開光照屋

鶴見山

人老簪花不自羞花應羞上老人頭醉歸扶路人應笑十里珠簾半上鉤

金山夢中作

江東賈客木棉裘會散金山月滿樓半夜潮來風又急臥吹簫管到揚州

題陳季常所畜朱陳村嫁娶圖

何年顧陸丹青手畫作朱陳嫁娶圖聞道一村惟兩姓不將門戶買崔盧

又

我是朱陳舊使君勸農曾入杏花村而今風物那堪畫縣吏催錢夜打門

秦觀金山

西津江口月初弦水氣昏昏上接天清渚白沙茫不辨只應燈火是漁船

黃庭堅太平州作

歐靚腰支柳一渦小梅催拍大梅歌舞餘片片梨花雨奈此當

塗風月何

米芾金山晚眺 插空樓殿壓滄溟笑語風生伴暑清誰爲撥雲開皎月練飛雪捲看潮生

瑞巖觀清曉 西山月落楚天低不放紅塵點翠微鶴唳一聲松露滴水晶寒濕道人衣

玻璨泉侵月 半山亭下老苔錢鑿破玻璨引碧泉一片玉蟾留不住夜深飛入鏡中天

張耒詠玉乳泉 巖松偃蓋不知年寂寂秋燈寶供前清激一聲傳萬古空山長伴白衣仙

晁補之齊山怪石 山上有山俱巃嵷谷中通谷更呤呀借君節杖穿奇嶮直至西峰小九華

姜夔吴江道中 自譜新詞韻最嬌小紅低唱我吹簫曲終過盡松陵路回首煙波十

曲
橋

孫覿吳門道中　數間茅屋水邊邨楊柳依依綠映
門渡口喚船人獨立一蓑烟雨濕
黃昏

蔡襄金山寺　畫梁詩版暗流塵水石魚龍萬句新
誰識高僧最深意慈航長濟過山人

張志龍宿靈巖　樹杪鐘樓出半層佛牀點鼠弄殘
燈立更石上僧猶定頭滿清霜喚
不應

曾公亮甘露僧舍　枕中雲氣千峯近牀底松聲萬
壑哀要看銀山拍天浪開窗放
入大江來

王同祖京口　晚風來候過淮舟獨上南徐多景樓
落日寒城伴荒草江南人指是瓜洲

劉子翬景陽鐘　景陽鐘動曉寒清度柳穿花隱隱
聲三十六宮梳洗罷却吹殘燭待

天明

岳飛題齊山翠微亭

經年塵土滿征衣贏得尋芳上翠微好水好山觀未足馬蹄催送月明歸

周必大登翠微亭

天遣江山助牧之詩才猶及杜樊川是筠見向來稍喜唐風集今悟樊川是父師

陳東與士游金山翌日分袂

早别金山恰聽鐘離帆分破一江風瓜洲渡口波聲遠後又京口瓜洲一水間秋風重約到夜相思明月中金山江山自爲離人好不爲離人數住還

范成大登天平山頂

翠屏無路强攀緣我與枯藤各半仙不敢高聲天闕近人間漠漠但寒煙

范汭板橋　板橋斷後無復春蒲荒柳禿波粼粼依稀一片昔時月來照鴛鴦不照人

朱熹舟泊山溪　鬱鬱層巒夾岸青春溪流水去無聲烟波一棹知何處鶗鴂兩山相對鳴

陳國器石湖歸途　人與西風結釣來芙蓉花氣撲吟杯曲塘好處都行遍帶得一身秋色回

陳序題鍾山八功德水菴壁　寒騎瘦馬度山腰目斷青溪第一橋盡是帝王陵與墓野風花草暝蕭蕭

仲姝潤州　北固樓前一笛風斷雲飛出建昌宮江南二月多芳草春在濛濛細雨中

文天祥發高沙　曉發高沙卧一航平沙漠漠水茫茫舟人爲指荒烟岸南北今年幾戰場

元趙孟頫浮玉　玉壺流水淸且閒中有浮玉之名山千帆過盡暮天碧惟見白雲時往還

薩都剌寄鶴林翁　北窻終日對竹坐老却叅軍不入城秋徑山風冬落葉隔林疑是馬蹄聲

登姑蘇臺　閶門楊柳自春風水殿幽花泣露紅飛絮年年滿城郭行人不見舘娃宮

京口城南次集　埜薺花開春欲盡山櫻子落雨初晴酒醒騎馬踏花去門外綠陰無數生

宿金山　山中酒熟蟹螯肥正是東林月上時痛飲不知過夜半滿山風露下松枝驚魚時出浪花雪短鬢涼吹水面風

過邵伯舟中　遠客行船秋色裏誰家吹笛月明中淸氣撲人湖面水幽聲到耳樹頭風

又

界首驛　人家蠶老櫻桃熟恰是淮南四月中平湖過雨天開鏡落日放船人打魚野老柳陰沽黍酒行人馬上得家書

石墨山　雲根老墨吐烟霧月窟秋毫翳翠峰半夜銀河傾硯水碧天寫出九芙蓉

倪瓚杜牧之水榭　水榭平居我所思看山不足倚闌時寫將黃葉溪頭路政比風流外史詩

張監荊溪圖　乾陵橋北王樞府高樹連雲第一家欲向新圖問何處客窗風雨對梨花

郝經眞州放鴈寄書　霜露風高恣所如歸期回首是春初上林天子援弓繳窮海孤臣有帛書

郭畀宿焦山上方　揚子江頭風浪平焦山寺裏晚鐘鳴爐烟已斷燈花落喚起山僧看月明

陳巖碧桃巖　溪上桃花山下舟六朝遺事寄東流春風無限關情處猿鶴依然識舊遊

汪珍陵陽歌　陵陽城頭落日黃陵陽城下水茫茫樓中少婦吹蘆管時有北人思故鄉

宋旡金陵懷古　宮鞭賣盡雨崩墻苜蓿秋紅滿夕陽玉樹後庭花不見北人租地種

茅山遊三茅華陽諸洞　書滿瑯函閉不開雲窗霧閣香鎖青苔門前白鹿將麑過定是避秦人引來

虞集金山　雲連山樹樹連村數筆元暉水墨痕吟苦不知身入畫更添白鳥破烟昏

許謙夜過黃泥渡　夜深風息水安流白鴈黃蘆滿眼秋行李蕭蕭官棹穩臥看明月過眞州

范椁別揚州　孤蓬如磨遶汀沙葉滿平湖藕未花回首竹西亭漸遠一江烟雨酒旗斜

吳師道揚州　畫鼓清簫估客舟朱竿翠幔酒家樓城西高屋如鱗起依舊淮南第一州

黃溍憶濈山　移州夜泊華亭縣忽聽吳歌思渺然最憶濈山湖北寺白雲堆裏看青天

夏拜不花玻瓈泉　欲過淮流此待期玻瓈亭下漫題詩歸程却值東風煖正見𪊲紅半吐時

顧德輝佳鳳陽次虎丘 柳條折盡尚東風杼軸人家戶戶空秪有虎丘山色好不堪又在客愁中

李治瀟湘夜雨 遠寺孤舟蹟渺茫雨聲一夜滿瀟湘黃陵渡口風波暗多少征人說故鄉

高克恭過京口 北來客子不知鴻幾個西飛幾個東多少登臨舊臺觀闌干閒在夕陽中

王立中儀眞館中雜題 狂花野蔓滿疏籬恨殺絲瓜結子稀獨步無言解蛛網放他蝴蝶一雙飛

盧摯茅山 馬上微風散薄陰玉笙吹客過花林山中宰相杏何許日暮碧峰雞犬音

薛蘭英姑蘇 館娃宮中麋鹿遊西施去汎五湖舟香魂玉骨歸何處不及眞娘葬虎丘

又　翡翠雙飛不待呼鴛鴦并宿幾曾孤
生憎寶帶橋頭水半入吳江半太湖

〈明〉劉基鍾山　白鴈蕭蕭柿葉紅野花開盡六王宮
空餘一道秦淮水着意西流竟向東

過蘇州　姑蘇臺下垂楊柳曾爲張王護禁城
今日淡烟芳草裏暮蟬猶作管絃聲

袁凱遊天平山　官河春水綠悠悠水上人家盡畫
樓買取吳娃三日酒放船直到百
花洲

淮西夜坐　蕭蕭風雨滿關河酒盡西樓聽鴈過
莫怪行人白頭盡異鄉秋色不勝多

高啓舟次丹陽驛　沽酒來尋水驛門鄰船燈火語
黃昏今朝始覺離鄉遠身在丹
陽郭外村

雨中登天界西閣　青山樓閣楚江東身在蒼
茫晚色中故國自憐遙望
見不關春樹雨溟濛

吳宮　芙蓉水殿[illegible]廊東白苧秋來不耐
風教得君王長夜醉月明歌舞在
舟中

楊基天平山中　細雨茸茸濕楝花南風樹樹熟枇
杷徐行不記山深淺一路鶯啼送

到家

陶安蓮花洲　絶似蓮花水面浮綠雲香濕立沙鷗何時摘取蓮花葉篤作中流太乙舟

汪廣洋毗陵道中　凍合官橋雪作沙落幾楓葉見梅花短籬破屋臨流水狼籍毗陵賣酒家

宋濂老營湖　楊家臺下老營湖極目平川草木枯拾得箭頭三寸鐵猶然腥氣血糊塗

邵亨貞蒸溪初夏　雨後林深竹笋肥渡頭風急柳花飛柴門不掩綠陰靜人在閒窗試苧衣　又　綠陰桑柘滿高原白水蒹葭接遠村江上人家無俗事輕舟載網過柴門

王賓蔡經家　方平不見再來遊惟說麻姑去海洲人世桑田今已見蔡經家在寺西頭

梧桐園　七月交秋未變秋輕輕一葉下枝頭君王不在當時悟直到凋殘後始愁

錢宰秦淮送別　綠酒斟來且莫斟酒闌歌罷去驂驂別懷恰似秦淮水流到長江綠

更深

林鴻題吳江垂虹橋　雲帆秋晚過垂虹落日鯨波動遠風欲借仙家遼海鶴月明吹笛水晶宮

林敏江南意　露侵紅粉鏡臺斑眉黛含愁處處遠山長在深閨那識路秋來夢遶秣陵關

孫蕡過揚州　江上垂楊覆白蘋斜陽啼鳥斷吟魂朱樓翠箔今何在一帶寒城鎖暮雲

黃淮遊錫麓飲第二泉　每聽耐軒談錫麓杖藜今日喜攀緣攜將鴈宕先春茗來試山中第二泉

夏鏃廣陵　九曲池亭龍氣消誰家水調共蘭橈眼前亾國無多恨江水東邊是六朝

王鏊鶴林寺　鶴林自是前朝寺落日荒郊有一僧安得道人殷七七杜鵑花似舊時能

丹陽　曾訪南徐孟子灣七峰高處恣躋攀何當再約孫明復徧覽長江兩岸山

吳與弼十里長山 羣岡聯絡抱銅陵何代流傳十里名隔岸翠屏相應好片帆歸詠正秋清

程敏政菊江 陶家莊子未全荒籬下西風一徑霜紅紫相看零落盡叢花只作舊時黃

邵寶惠山雜歌 踏踏見郎從老翁惠山寺裏看新鐘問道新鐘幾時撞九秋霜落樹頭紅 又 聽松庵裏雙古松松下石牀蒼蘚封洗却蘚痕看石刻志書傳是米南宮 又 漪瀾堂下水長流暮暮朝朝客未休縱有茶經無陸羽空教煎白老僧頭 又 南祠忠定北文襄千古青山兩辦香莫問前朝松栢樹祇今何處有甘棠

李東陽京口 月明初滿妙高臺江上潮頭半夜來恨不海門三日住北風吹雨看崔嵬

蔡羽題鷄鳴山房 山浮寒碧水浮花石壁蒼蒼竹樹斜愛爾玉京秋色好白雲頭上看人家

李夢陽江上逢鄭南濵 楊子灣頭紅蓼秋水邊樓閣樹邊舟一日長風破萬里爲君三醉過瓜州

何景明送鞏丞之金壇 鞏丞若問金壇宰爲見風流御史才到日琴堂定無事松簷竹檻對江開

袁袠金陵歌 夾岸垂楊起畫樓秦淮烟浪接天流朝朝桂檝來江口夜夜蘭燈集渡頭

徐階游茅山 劍履曾看侍玉皇謫居猶得傍華陽春深洞口無他事一枕閒雲午夢長

薛應旂泛梁青溪 一曲再曲青溪水千朶萬朶桃村雲村翁鳥槳入溪去欵乃一聲穿鷺羣

吳國倫隋堤柳 千里金堤遶汴流龍舟幾日又揚州春深楊柳花如雪不管隋家宮裏愁

王世貞京口 金陵望中山抹煙鐵甕城頭浪拍天居人盡說風波惡江口何時不放船

宗臣謫仙樓 憶君乘月下金陵何處雲山不夜登一曲瀟湘秋萬里至今疑在白雲層

又 楚水秋風薜荔高千帆明月大江濤蛾眉亭下芙蓉色猶似當年宮錦袍

又 采石磯頭坐白雲歸來瑤草亂紛紛夜深吹笛江亭上明月窺人恐是君

楊繼盛焦山期會荊川子 楊子懷人渡楊子椒山無意合焦山地靈人傑天然巧瞬息神游萬古間

黃姬水送汪太學遊江都 千里王孫歸未能風雲意氣每超陵年來裘馬遨遊處不是金陵卽廣陵

沈懋學魚龍洞 青天綠水湛芙蓉溪轉千巖瀉玉淙怪石倒懸寒滴翠坐看晴日起魚龍

鄒元標東流　茆屋春山水一灣垂垂楊柳坐堪攀夫操漁艇妻牽網又見鄰家驅犢還

沈鍊題孝子泉　山川寂寂水濺濺苔蘚常封孝子泉四十年前無限恨夕陽影裏咽啼鵑

屠隆奉題孺孝釣雪　江妃羅襪步珊珊才子貂裘夜不寒手撚梅花詩已就暗香幾月滿漁竿

焦竑甘露寺　溶溶漾漾白鷗飛綠野春深好染衣南去北來人自老夕陽常送釣船歸

高攀龍焦山　片石嵯峨倚碧空振衣吾欲御長風海波晴起千山動一樹扶桑萬樹紅

過東林廢院　滿目蒿萊三徑荒秋蛩吟處舊升堂清流未絕傾葵藿一飯君恩不可忘

曹學佺過錫山　梁溪城外錫山前小店垂楊慣繫船好是故人情不淺往來隨意汲寒泉

梅鼎祚西溪積雪 溪流春穀淨纖塵玉樹森森欲照春阜蓋好從西去問雪中高臥豈無人

馬世奇秦淮曲 淮水潮來不起波江天芳樹暮烟多幾花落盡空秋色到處西風惜芙荷

周立勳采石懷古 江花寂寂照行舟牛渚風生萬古秋滿眼浮雲君莫問遊人自上謫仙樓

呂夢齡過采石 蒲柳自憐秋後色風濤偏撼病中身青天把酒那堪問寄語江波醉裏人

泊燕子磯 月魄清秋涼燕子潮聲入夜鬧蘆花臨流幾下英雄泪惆悵非關只憶家

戴重自雞籠歸石臼 雞籠山北孤雲客石臼湖東舊水家到處結巢同燕子逐

年種樹
是桃花

張奇雷塘夕照郭外西郊古帝基殘陽紅拂酒家旗行人坐久難爲別芳草雷塘日暮時

江南通志卷之第六十三終

江南通志卷之第六十四

藝文

疏

漢賈誼諫立淮南諸子疏

竊恐陛下接王淮南諸子曾不與如臣者熟計之也淮南王之悖逆無道天下孰不知其辠陛下幸而赦遷之自疾而死天下孰以王死之不當今奉尊罪人之子適足以負謗於天下耳此人少壯豈能忘其父哉白公勝所爲父報仇者大父與伯父叔父也白公爲亂非欲取國代主也發忿快志剡手以衝仇人之匈固爲俱靡而已淮南雖小黥布嘗用之矣漢存特幸耳夫擅仇人足以危漢之資於策不便雖割而爲四四子一心也予之衆積之財此非有子胥白公報於廣都之中即疑有專諸荊軻起於兩柱之間所謂假賊兵爲虎翼者也願陛下少留計

晉陸雲諫吳王起觀疏

郎中令臣雲言前啓西園第宅宜遵先帝節儉之制不宜使至豐麗被命優隆言歸謙素臣奉以欣憙而聞屋宇之制既自崇侈竊聞當復起觀六間既非前令之旨且臣亦竊用不安臣聞詩云昊天有成命二后受之成王不敢康今四祖創基興垂成命哲王繼體世祖恭儉殿下承之固宜祗奉不寧而自昔造第過度民歎其勞瘁士譏其過尤謗言未弭而又加以崇侈此誠不可不惜先帝背世曾未十年而儉德之亡於今其首此又所以慷慨酸心而不敢不盡狂夫之諫者也按晉魏以來諸奢靡第室滋廣未有如國今日之甚者也古人之戒猶云無爲福始況今猶崇豐侈作爲禍先此又臣所以寤寐憂歎忘寢與食者也殿下誕應運期首建大國固將憲章令典貽範萬世始基之制不可不慎今設爲豐奢以示將來子孫象之又何以能國且先帝勤家如彼其素殿下承之若此其泰進傷奉國之典退虧隆家之業用之當身損盛德之譽垂之後嗣非興邦之制一舉而失四得此古人之所以長太息者也且第宅之過朝野所譏而監

司結舌莫敢明言者實以殿下國之肶親朝所欽重故隱司過之鋒結執憲之繩耳後世直臣必將信威明法考制度禮愚以此觀有必勢之理苟此物不可終誠不如不爲使其無毀也今空設過制之物而終爲直士之資臣又未見其可也惟殿下思愚臣之言特命有司必省此舉舉手懽還伏用流汗

何充薦虞喜疏 臣聞二八舉而四門穆十亂用而天下安巖猷克闡有自來矣方今

聖德欽明思恢遐烈旌輿整駕候賢而動伏見前賢良虞喜天挺眞素高尚邈世束修立德皓首不倦加以旁綜廣深博聞强識鑽堅研微有弗及之勤處靜味道無風塵之志高枕柴門怡然自足宜使蒲輪紆衡以旌殊操一則

翼贊大化二則敦勵薄俗

宋王隨請令商人入錢通淮南鹽疏畧 臣隨伏思淮南鹽初甚善自通泰楚運至眞州自眞州運至江浙荆湖綱吏舟卒侵盜販鬻雜以砂土殆不可食吏卒坐

鞭笞配徙而莫能止兼運河淺涸漕輓不行遠州村民頓乏鹽食而淮南所積一千五百萬石無屋以貯則露積苫覆歲以省耗亭戶輸官應得本錢或無以給貧困爲盜賊權聽通商三五年使商人入錢京師置折博務於揚州使輸錢及粟帛計直予鹽鹽一石約受錢二千則一千五百石可得緡錢三千萬以資國用一利也江湖遠近皆食白鹽二利也歲罷漕運糜費風水覆溺三利也昔漕鹽舟可移以漕米四利也商人入錢可取以償停戶五利也贍國濟民無出於此

歐陽修論救賑江淮饑民劄子 臣伏見近出內庫金帛賜陝西以救饑民風聞江淮以南今春大旱至有井泉枯竭牛畜病死雞犬不存之處九農失業民庶嗷嗷然未聞朝廷有所存恤陛下至仁至聖愛民愛物之心無所不至但患遠方疾苦未達天聽苟有所聞必須留意下民疾苦臣職當言且江淮之間去年干倫蹂踐之後人戶不安生業倫賊殄滅瘡痍未蘇而繼以飛蝗自秋至春三時亢旱今東作已動而雨澤未霑此月不雨則終年無望加以近年以來

省司屢令南方歛率錢貫而轉運使等多方刻剥以貢羨餘江淮之民上被天災下苦賊盜内應省司之重歛外遭運使之誅求比於他方被苦尤甚今若不加存䘏將來繼以凶荒則饑民之與疲怨者相呼而起其患不比王倫等偶然狂叛之賊也臣以爲民怨已久民疲可哀因其甚困究速加惠不惟消弭盜賊之患兼可以悦其疲怨之心伏望

聖慈特遣一二使臣分詣江淮名山祈禱雨澤仍下轉運幷州縣各令具逐處亢旱次第奏聞及一面多方擘畫賑濟窮民無至失時以生後患

范仲淹議弛鹽禁疏畧　鹽稅之入但分減商賈之利耳行於商賈未甚有害也國用未減歲入不可闕既不取之於山澤及商賈須取之於農與其害農孰若取之於商賈爲今計莫若先省國用國用有餘當先寛賦役然後及商賈弛禁非所先也

蘇軾乞免追理揚州積欠疏畧　方今民荷寛政無他疾苦但爲積欠所壓臣檢察本州積欠一曰敗闕塲務二曰元祐二年大赦已前欠負蠶鹽和買青苗錢物三曰買

撲塲務少欠課利估納抵産入官四曰元祐元年登極赦書見欠丁口鹽錢及博絹米和預買絹等五曰欠市易錢六曰諸色欠負並乞依元祐赦住催理內人戶拖欠兩稅非災傷倚閣者亦分二年作四科送納未足而遇災傷者亦許住理六月

錢之望條三邊戰守事宜疏畧

揚州有三城三塘楚有大小清河淮東恃此謂扼敵來處足矣敵設乘虛自昭信盱眙抵淮陰不一日薄揚州不二日由滁真通泰亦經至江上彼兩路何獨不然陛下可無令韓琦范仲淹者通一路險易熟議之乎且卒饑財匱兵少今日之大患也然而卒欲飽則財愈乏矣財欲無乏則減兵且不暇其何以增耶若兵自耕民自戰沿江諸軍各擇地分內閒田種之而民兵外弩手用一法給器械較精惰畧計可十五萬與屯田大兵相參此三路之郛郭也昔韓世忠在鎮江張浚在建康淮東西便爲屯分大儀天長昭關柘皐敵來則戰豈有定所三路助之所向克捷近諸郡修城築堡遣兵更戍犬牙占認尺寸之外秦越自分如

是則誰肯出力會戰於要害之地耶臣觀諸軍氣習今昔頓殊昔欲戰不欲守今言守不言戰馴致疲懦十年之外雖守不能矣陛下幸詔諸將復紹興屯名使如世忠浚輩苦戰立勳庶幾無令消磨坐視相盡

汪綱兩淮備預疏畧

淮池自昔號財賦淵藪西有鐵冶東富稽稻足以自給淮右多山澤左多水足以自固誠能合兩淮爲一家兵財通融聲勢合一雖不假江浙之力可也祖宗盛時邊郡所儲足支十年慶曆間中山一鎮尚百八十萬石今宜上法先朝令商旅入粟近塞而算請錢貨於京師入粟拜爵守之以信則輸者必多邊儲不患不豐州郡禁兵本非供役乃就糧外郡耳今不爲戰鬬用乃使之供力役緩急戍守專倚大軍指日待更不諳風土豈若土兵生長邊地墳墓室家人自爲守耶當精擇伉壯廣其尺籍悉隸御前軍額分壁劵結以助州郡衣糧之供又率如山陽武鋒軍制則邊面不必抽江上之戍江上不必出禁衛之師生養休番勞費俱息

元余闕論兩淮利害狀疏 奉聖旨楊存中等採訪到淮南西路事宜欲廢盧州幷管下四縣以附舒州徙和州于東關幷收和州州爲歷陽縣而合肥歷陽二縣幷升軍額仍各差兵將屯戍臣竊謂朝廷欲併省移易州縣之意令侍從臺諫看詳大要不過有三一曰據形勢要害以禦寇二曰酌道理遠近以便民三曰減官吏浮費以足用今據存中等所申欲廢廬一郡四縣之地以附益舒州則是舍形勢而就僻陋如備禦何欲舉廬一郡四縣之民而供輸帥府則是舍近便而趨險遠如綏撫何今兩淮經兵火之後城郭室廬焚燬戶口牛畜散亡見雖招集猶未復業帥司欲行措置莊若捕風無所用力今遽移郡置堡剏建官府豈無騷動謂之省費得乎卽此三者無一可行然參酌事宜權衡輕重緩急先後當有次第今所甚急莫若以戍兵爲首屯田次之修堡以控要害又次之葢州郡無兵則不可爲守百姓無兵則不敢安業如廬之合肥和之濡須皆昔人控扼孔道魏明帝嘗云先帝東置合肥南守襄陽西固祁山敵來輒破于三城之下葢地有所必爭也

而孫權築濡須塢魏累攻不克守將如甘寧等常能以寡制衆葢形勢之地攻守百倍豈有昔人得之可以成功而今日有之反棄不問非艮策也伏望朝廷特于沿江量遣將校及兵一二萬人早爲經畫分戍二州使壘壁相望足爲沿淮一帶聲勢以絶窺伺然後廣開屯田使兵民雜耕仍脩築東西關之險以備固守其餘就募弓箭手之屬以大施行無不可者況開濡須巢湖之水上接店埠下抵江口可通漕運則二州之戍兵與就食沿江初無少異而舒卷之間成效相遠欲乞朝廷參酌施行

宋文瓚論守江戍將疏畧 江陰通泰爲江之門戶而鎮江眞州次之國初設萬戶府以鎮其地今戍將非人致賊艦往來無常集慶花山賊凡三十六人官軍萬數不能進討反爲所敗後竟假手鹽徒雖能成功豈不貽笑遠近宜亟選智勇以圖後功不然則東南五省財賦恐非我國
家有矣

〈明〉王恕復修揚州水利疏畧

竊惟揚州一帶河道南臨大江北抵長淮別無源泉止藉高郵邵伯等湖所積雨水接濟而河身比之湖面頗高每遇乾旱湖水消耗則河水輒至淺澁不可行舟若將河身比湖面濬深三尺則雖乾旱亦不阻行前項河道自南至北四百五十餘里中間除深闊外其淺窄可挑濬去處尚有二百餘里約用九萬餘工每人日給口糧二升該用糧米一十萬八千餘石及看得高郵湖自杭家嘴至張家溝南北三十餘里俱係甎砌隄岸每遇西風大作波濤洶湧損壞船隻漂溺錢糧人命不可勝紀況前項隄岸之外地勢頗低再濬三尺闊一十二丈起土以爲外隄就將內隄原有減水牐三座改作通水橋洞接引湖水於內行舟仍於外隄造淺水牐三座以節水利雖遇風濤可無前患若興此役約用一萬三千餘工可完每人日給口糧二升該用糧米一萬五千六百餘石合用築隄樁木五萬四千餘根草二十二萬餘束造減水牐并改造通水橋洞約用甎石樁木等料并工價銀二百餘兩又看得揚州灣頭鎮迤東河道內通通

泰等四州縣二千戶所富安等二十四鹽塲其間有魚鹽柴草之利在前河道疏通之時二千戶所運糧船隻俱在本所修艌客引商鹽裝至儀眞每引船錢不過用銀四五分揚州柴草每束止賣銅錢二三文近年以來河道淤淺不曾挑撈加以天寒雨少河水乾斷舟楫不通魚鹽柴米等項俱用旱車裝載二所運糧船隻不得回還本所牛車脚價逈貴柴米價高以致客商失陷本錢運民難以遣日前項河道自灣頭起至通州白蒲止三百四十餘里俱用挑闊八丈深三尺約用八萬五千六百餘工可完每人日給口糧二升該用糧米十萬二千七百九十餘石再看得雷公上下塘句陳塘陳公塘俱係漢唐以來古蹟各有放水閘水牐座年久坍塌遺址見存近年以來止是打築土壩關水隨修隨塌不能蓄積水利若每塘修造板牐一座減水牐二座潦則減水不至衝決塘岸旱則放水得以接濟運河以上四塘共造放水板牐四座減水牐八座除舊有甎石外約用甎石椿木等料價值並匠作工價銀二千餘兩雜工止用各塘見在人夫不必勞民動衆臣雖嘗詢之於衆咸以謂

若將此三件河道依前整理庶幾舟楫疏通永無淺阻風濤之患而爲往來軍民無窮之利

朱瑄請立州治疏

臣惟事有便於民者不嫌於創改政有益於治者不憚於更張如太倉設州誠於軍民便利有六如崑山管轄唐茜涇等處常熟管轄直唐雙鳳塗松等處嘉定管轄劉家港等處各離縣遠若千里到太倉各近若千里若將附近鄉都分割則納糧當差不致遠涉一也太鎭二衛本備倭寇而設近年官軍俸糧俱往別縣關支猶爲不便萬一寇發城閉何恃以守若立州則糧積充足有備無患二也衛所內外軍民雜處大率軍多刁横欺淩民戶興訟委官不得約會致監禁日久若立州則民有宗主不致受欺軍知畏懼不敢縱惡設有獄詞可以旦夕聽成三也附近人民每將貨物入城變易有等光棍用彊攙買尋鬧搶奪以致鄉民别處市集路遠費多若立州庶免前弊四也崇明離蘓州甚遠其民到府必經太倉而守禦千戶所又屬鎭海衛轄若立州統領崇明則遠近相制五也衛學軍生例有歲貢三縣民生附近衛學肄業既無廩貲又無歲貢致

科第以下白首窮經遂絕生路若立州軍民生徒廪貢得視別學勸掖後進六也以臣愚見灼知有益用敢備陳伏乞睿鑒施行

徐貫治水奏

竊惟東南地勢低下水患自古有之永樂初元水復漲溢太宗文皇帝命戶部尚書夏原吉大加疏治方得止息逮今九十餘年各處港浦仍復湮塞爲患滋甚仰惟皇上軫念地方令臣等會同修浚蓋將拯墊溺之民於衽席之上化魚鱉之區爲稻粱之域臣等敢不罄竭駑鈍以圖仰副聖意用是夙夜不遑寧處相度施工竊見嘉湖常鎮水之上流蘇松水之下流上流不浚無以開其源下流不浚無以導其歸於是督同委官民人等將蘇州府吳江長橋一帶茭蘆之地疏浚濬闊導引太湖之水散入澱山陽城昆城等湖又開吳松江并大石趙屯等浦洩澱山湖水由吳松江以達于海開白茆港并白魚洪鮎魚口等處洩昆城湖水以注于江又開七浦鹽鐵等塘洩陽城湖水以達于海下流疏通不復壅塞開湖州之婁涇洩天目諸山之水自西南入于太湖開

常州之百瀆洩荆溪之水自西北入于太湖又開各斗門以洩運河之水由江陰以入江上流疏通不復湮滯自弘治七年十一月十七日興工八年二月十五日工畢幸今天氣晴和人無疫癘凡百衆庶爭先效勞即今水患消弭人無墊溺之憂田有豐稔之望列郡士民莫不慶忭是非臣等之能事皆皇上盛德大福廣被東南之所致也今將修築過港瀆畫圖貼説謹具奏聞

王完奏免雪梨疏　按屬宣城縣每歲貢梨四十斤進太廟薦新又用四千五百斤解赴禮部轉進內府分賜各衙門食用此以下奉上非泰也茅嘗考之會典止開南京供薦未有進北京之文臣聞前梨其色味固與諸梨同也士民矯揉其色名之曰雪梨實欲賈虛譽以罔市利聖祖定鼎金陵每歲僅擬梨四十斤宣城近在畿服任負可至雖多取不爲虐則寡取之我聖祖愛民之仁葢欲節其力而不盡也於時如直隸河間并山東等處亦有脆白等梨香美甲於天下而不以紀貢者地遠民勞無益而有損故也厥後遷都冀北於河間等處最近亦猶宣城之於金陵何舍近

圖遠尚爾取辦於宣城之雪梨乎況此梨者每一十斤計可一簍一簍之費雖百錢未了也雇船七隻支銀一百二十六兩官一員部支給盤纏三十兩園戶四名盤纏百倍於官較其梨價纔十分之一耳果何益哉幸而抵京則經該內官生事需索少不如意動輒指摘解領之夫往往逮繫瘦死於獄無所抵告吁以一梨之微偶因獲薦庭實而其流禍至於如此君門萬里其誰赴愬之哉臣思此梨專爲薦新而設寧神之道莫大於得四表之歡心今以一貢而宣民疲於奔命勞民傷財積爲怨府伏望皇上遠祖三代愼德之道近守祖宗仁義之法毅然賜罷永爲蠲除以培我國家仁壽之脈於萬億斯年豈非一盛德事哉正德辛巳年奉旨南京太廟照舊辦解其進貢到京既過時朽敗以後不必
進禮部

王鏊謝存問疏

奏爲謝恩事伏蒙聖恩特降敕諭遣行人柯維熊存問并示優眷者
臣久伏草莽忽聞詔使臨門有若自天而降光生巖壑歡溢里閭莊誦璽書誨諭諄悉憫臣以直道

難容嘉臣以勞勩自效臣之寸衷特荷九重之知
雖殞百身何能爲萬一之報乎隨欲赴闕陳謝而
衰病侵尋恐顛越於道路乃敢具疏以聞臣本樗
材遭際聖朝亦嘗承乏內閣預聞國論適值逆璫
盜政播弄威福臣力既不能沮抑性又不善詭隨
不得已乞身而退處於野十有三年無復當時之
望矣恭遇陛下龍飛九五庶政一新海隅蒼生欣
欣相告復覩太平之治而草莽之臣又不意獲沾
優老之典臣不自揆嘗著講學親政二篇志欲效
野人食芹之獻而無由今幸天恩下逮何敢復自
疑外而以出位爲嫌哉竊念古之聖君賢相共成
至治之隆者蓋起上下之交而近世之交其道有
二一曰講學一曰親政陛下踐祚以來時御經筵
聖學勤矣臣愚猶過憂工夫或間斷而不洽所望
清燕之間廣廈細旃之上時名文學侍從從容講
論凡古帝王爲政之大經大法日陳於前萬幾之
暇惟是觀書觀書之暇靜以養心則自自內外無
非進學之地殷高宗所以爲學遜志務時敏道積
於厥躬者此也陛下昧爽視朝聖政勤矣臣愚猶
過憂堂陛太懸絕而不親所望視朝之暇時御便

殿公卿大臣侍從臺諫逐日輪對從容咨詢生民苦疾政事得失使得日陳於前總攬乾綱不治微細接見忠賢不隔疏遠則自朝至暮無非修政之時周宣王所以早朝宴罷卒成中興之名者此也講學則聖心日明親政則聖政日修君臣上下周旋於一堂之上又安有間隔之患哉二帝三王之治可復見於今日矣聞古人雖在畎畝義不忘君故敢輒效其愚誠不自知其言之可用與否其義則臣子事君盡心之道也惟陛下少留乙夜之覽如其可采而行之則臣雖塡溝壑無復恨矣其講學親政二篇

附奏以聞

張企程題開周家橋武家墩等處疏 臣本謭劣荷蒙皇上委以勘河之役臣銜冒炎暑陛辭兼程業於六月二十日抵泗州會齊總河楊總漕褚及巡按崔巡鹽吳巡漕唐諸臣親履泗地果見洪波汩流一望汪洋視泗州城郭若水上浮盂而盂內之水又滿廬室漂蕩民人筏居舊時桑田化爲滄海慘澹蕭條臣等相顧錯愕不勝其恫瘝察其故皆言前此何故

不爲泗患自隆慶末年高寶淮揚告急當事者習目前之見晝拯救之畧淸口既淤而又築高堰以遏之堤張福以東之意不過障全淮之水與黃角勝而不虞其勢之不敵也迨後甃石加築壅塞逾堅舉凡七十二溪之水匯於淮泗者僅留數丈一口出之出者什一停者什九加以黃河河身日高流日壅淮日溢不得出而瀦蓄日益以浸歲復一歲週迴數百里浩蕩若海安得不倒流旁溢爲泗患乎故今疏淮以安泗者有謂淸口當闢有謂周家橋武家墩當開有謂高堰當決有謂高良澗施家溝當濬論疏黃以導淮者有謂腰鋪可仍有謂老黃河故道可復有謂鮑王二口可因有謂黃家壩笁港口可尋臣甫到河上足跡未遍不敢掇拾煩言惟是憫泗民之昏墊日與諸臣商度退復名集上庶博訪輿論除淸口沙見行挑闢高良澗地勢窄下僅可建壩滾水外目前所急者惟有周家橋武家墩兩處爲可圖耳蓋淮水之漲雖由高堰之築顧築堰工程浩巨未可輕議遽廢約二十年來屏捍高寶淮揚其功亦不可泯者查得周家橋北至高堰五十里見有支河下接草子湖若并良

兆三十餘里大如開濬一由金家灣入芒稻河注之江一由子嬰溝入廣洋湖達之海則淮水上流半有宣洩矣武家墩南去高堰十五里過鄭永濟河引水由窰灣閘出口直達涇河從射陽入海則淮水下流半有歸宿矣臣嘗熟爲籌之以開周家橋武家墩爲急救第一議但處置得宜下流有歸斷斷不爲地方害也臣又有說焉勘議者臣所賴集思廣益者又地方諸臣責也倘分彼此更圖參商乞勅下該部轉行大小共事諸臣同心計畫協力經營毋恤一已之嫌怨巧爲推諉毋畏一方之阻撓互相觀望毋以職掌不我攝秦越異視毋謂利害不身親模稜塞責毋面從背違毋始勤終怠有一於此豈直負臣且負皇上臣職司糾彈何惜自簡隨其後第非天語切責則諸臣猶得藉口以支吾也伏望嚴諭諸臣先將周家橋等亟圖開濬而後徐定導淮治黃之策則國脈以固而聖懷以紓社稷幸甚

臣愚幸甚

陳睿謨白糧解役疏 竊惟國家財賦大半取給江南江南力役重大莫如糧解

漕糧白糧兩解皆公儲也皆公役也然漕糧係軍運軍係伍丁白糧係民運民運則照地畝僉差名曰大戶夫惟以大戶充糧解其賠累有莫可言者矣東南諸省如湖廣江西等府俱止有漕糧無白糧即南直浙江惟蘇松常嘉湖五府獨有白糧臣每見里中糧役收領正米外更有各項名色官有管轄遂因其管轄而遍索之事有款項隨照其款項而各科之運船未出江口而使費已耗其大半矣用是不避怨嫌臚列四款一曰糧官陋規當裁官常肅而糧解之節省無量矣一曰胥役冗費當革需索少而糧解之輸納易辦矣一曰沿途阻壅當卹此又疏通糧務之一關鍵也一曰包攬積蠹宜懲此又區處解役之一權宜也

汪敬請折運疏

臣聞國家之賦民也取之於其地之所有不責以其地之所無即責之以所有而猶酌地之遠近以爲等故則壤成賦著之禹貢而百里納總二百里納銍三百里納秸四百里粟五百里米其不概取而無別如此此堯舜之治所以如天而百世稱君道之隆也恭惟太

祖高皇帝以至仁育天下富有四海當時定賦惟蘇常爲重其餘若徽州寧國則不皆然在徽州則地磽土瘠一畝所入不敷六斗而又米粒粗糙米色紅雜幸而歲豐所入可飽半年餘皆取於浙江江西等處率二鍾而致一石太祖龍飛之時親履其地見其土瘠若此民苦若此故於粟米常賦以十分爲率三分本色存留府縣七分折收解京而又下蠲租之詔首太平次徽州次寧國七歲之間詔爲三下民雖艱食而幸免流離此太祖所以奠鴻基而裕畿輔也列聖相承守爲祖制邇以邊圉多事京儲告急六軍有脫巾之呼責徽州所納折米改作正米每年差府縣管糧官部領糧長運米至臨清京通二倉上納夫徽非米鄉也民間之食尚仰四方京倉之儲豈能他貸故自改米而後部糧之官不及終任往往以罷軟見黜而小民一當糧長身亡家破聯延扳累并及親隣甚至有賠敗難前始而逃亡繼而自斃昔人所謂十家而九者臣竊謂其十家而十也夫徽非謂不當納米也實不能納也非有米不納也實無米可納也臣以不才蒙恩任使日在臨清拮据朝夕見他郡之苦納

者每爲之惻然平斛減量俾受朝廷一分之賜及至收徽之交納見部官之疲勞糧長之狼狽輒爲之屏食垂淚嘆小民欲勉而無從用是輒敢冒死與小民陳之伏乞敕下該部詳議將徽州近所改本色糧米豁爲折色改作輕賫每石定銀若干歲解戶部雖不得盡如國初折絹布之輕而亦不至如今日供本色之重其於國計民生實兩便焉

霍韜淮鹽利弊疏　切謂立法須公而溥行法須嚴而密然又有善適通變之權乃可久而無弊唐劉晏只用淮鹽遂濟國用臣今姑議淮鹽利弊即天下可推也國初以兩淮鹵地授民煎鹽歲收課鹽有差亦猶授民以田而收其賦也惟鹽課條例云凡各竈丁除正額鹽外將煎到餘鹽夾帶出場及私鹽貨賣者絞然則耕民納賦租外將餘粟貨賣者絞可乎此法良有深意而後人失之矣淮鹽原額歲辦三十五萬引有奇後改辦小引七十萬有奇然兩淮鹽課除正額外猶產餘鹽三百萬引有奇今正額已不得多取餘鹽復不得私賣即三百萬餘鹽安所消遣乎兩淮行鹽

地方南盡湖廣西抵河南東盡東海地方數千里人民億萬家所仰食鹽只七十萬引饔餐安所取足乎是無怪乎私鹽橫溢而鹽價湧貴也國初竈丁辦鹽每引四百斤給工本鈔二貫五百文葢洪武年間鈔一貫值錢千文故竈丁得實利而冒禁賣私鹽可絞死也今鈔一貫不易粟二斗禁絕竈丁勿賣私鹽是逼之饑以死也此後來法行之弊非初年之失也正統二年令曰貧難竈丁除正額鹽照舊收納其餘鹽收貯本場每二百斤官給米一石若是而仍賣私鹽即絞死可也但當時令雖出而米實無措故官司徒挾此令以征取餘鹽實不能必行此令以給民米麥且貧弱竈丁朝有餘鹽夕望米麥米麥不得則先從富室稱貸然後加倍償鹽者有矣貧民賣私鹽人即捕獲富室賣私鹽官亦容隱故貧竈餘鹽必積富室乃得私賣富室豪民挾海負險多招貧民廣占鹵地煎鹽私賣富敵王侯葢法愈嚴則利愈大頑民見利而不見法於是荒棄農畝專販私鹽挾兵負弩官司不敢訶問近年恃衆往往爲劫此隙不弭必貽大患不止阻壞鹽法而已然旣不能講求古法以處置餘

鹽復不能變通鈔法以補給工本則貧民何所仰
賴而不爲變故鹽禁愈嚴盜賊愈多此之由也此
鹽場竈戸之利弊也洪武年間召商中鹽每引納
銀八分官之徵至薄商之獲至厚鹽價平賤民亦
受賜永樂年間每鹽一引輸邊粟二斗五升商稅
雖加邊糧仰足民亦受賜自永樂以後歲定七十
二萬引復定七分常股三分存積夫曰常股者猶
常行也商人先納邊糧乃給引目守塲候支常年
鹽也有守候數十年老死而不得支者令兄弟妻
子代支之令可考也曰存積者積鹽存塲遇邊糧
急缺乃倍價開中越次放支之鹽也此居貨罔利
非王法正體成化以後准納折色每鹽一引准納
銀三錢五分或四錢二分又令云客商若無見鹽
許本塲買補夫曰本塲買補卽開餘鹽私賣之禁
矣故姦商借官引以影私鹽然商人竈戸兩得贏
利州縣民士亦食賤鹽惟私鹽愈行則官鹽愈壅
而法遂大壞令兩浙鹽課許納折色之令可考也
弘治正德年間或權姦奏討或勳戚恩賜皆給引
目自買餘鹽故法雖大壞而鹽亦平賤復有各自
開中未盡鹽名曰零鹽秤掣餘鹽堆積在所名曰

所鹽皆權要報中借影私鹽以壅正額故正德以前鹽價雖平而正課日損自御史秦鉞奏革所留秤掣餘鹽每二百斤作一小引稅銀一兩則取之過重自御史戴金奏減鹽價每鹽一引納銀八錢庶幾適中今之議者復論鹽包過大皆不知本末之見也夫正鹽湧貴則私鹽盛行私鹽愈行則正鹽愈滯亦其所也此商人中納之利弊也今欲復洪武之法不可得矣欲區區修補則又無策臣常竊曰治鹽利猶治河患也治鹽利不究弊源惟末流之防猶治河患不從雍冀孟津懷衛引爲陂堰鑿爲溝渠以廣其利分其勢乃從徐沛下流浚其淤土厚其堤防則愈浚愈淤愈築愈潰亦勢也故今欲興淮鹽之利須令淮安漕運及三邊提督都御史講求其法而責以底績務令鹽課邊儲互相關通均爲休戚兩都御史共秉一心如左右手然後足以集事而應績至於遴人得失委托專暫成效虛實尤宜責之吏部期之數年鹽利不興邊儲不實邊民不多邊地不闢則兩都御史及銓部諸臣誅罰連坐然後任人者不苟任於人者不敢怠玩而政有實效此兩淮利弊也舉兩淮則天下可

知也

周用理河疏臣惟古今稱聖人之治水者必曰大禹禹治水之功莫大於河自告厥成功至周定王五年河徙砱礫中間自龍門至於碣石入海不爲中國害者蓋一千七百年然禹之治水莫備於禹貢則皆紀其成功也而禹之自言則日予決九川距四海濬畎澮距川至孔子稱禹又曰盡力乎溝洫然則歷千七百年而河不爲中國害者實大禹盡力溝洫之賜故自禹至殷盤庚而稱五遷厥邦以避河圮溝洫蓋小壞矣猶未徙也至周定王時而河徙則溝洫加壞矣猶未決也至秦廢井田開阡陌溝洫掃地矣秦祚不延及漢而河決酸棗決瓠子決則甚矣歷漢而唐而宋元河徙河決不可勝紀今年治河費若干萬明年治河費若干萬大畧塞之而已矣溝洫之政無聞焉自今黄河言之每歲冬春之間自西北演迤而來固亦未見大害逮乎夏秋霖潦時至吐洩不及震盪衝激於斯爲甚考之前代傳記黄河徙決於夏者十之六七秋則十之四五冬月蓋無幾焉此其証

也夫以數千里之黃河挾五六月之霖潦建瓴而下乃僅以河南開封府蘭陽縣以南之渦河與直隸徐州沛縣百數里之間拘而委之於淮其不至於橫流潰決者實徼萬一之幸也夫今之黃河古之黃河也其自今陝西西寧至山西河津所謂積石龍門今涇渭灃汭漆沮汾沁及伊洛瀍澗諸名川之水與納每歲五六月之霖潦古與今亦無少異也何獨大禹則能使之安於東北之故道歷千百年而不變而後世曾不能保之於數十年之久其繇於阡陌之壞溝洫之不修者較然甚明仰惟陛下臨御以來愛養元元無所不至則於今日肇修溝洫之政以繼神禹地平天成之功臣愚實有望焉且黃河所一有徙決之變者無他特以未入于海之時霖潦無所容之也溝洫之爲用說者一言以蔽之則曰備旱潦而已其用以備旱潦一言以舉之則曰容水而已故自溝洫至於海其爲容水一也夫天下之水莫大於河天下有溝洫天下皆容水之地黃河何所不容天下皆修溝洫天下皆治水之人黃河何所不治水無不治則荒田何所不墾一舉而興天下之大利平天下之大患以

是為政又何不可臣竊見河南府州縣密邇黄河地方歴年親被衝決之患民間田地決裂破壞不成壠畝耕者不得種種者不得收徒費丁力無補饑餓加以額辦稅料催科如故中土之民困於河患實不聊生至於運河以東山東濟南東昌兖州三府州縣地方雖有汶沂洸泗等河然與民間田地支節脈絡不相貫通每年泰山徂徠諸山水發之時浸為巨浸潰決城郭漂沒廬舍耕種失業亦與河南河患相同或不幸而值旱暵又並無自來修繕陂塘渠堰蓄水以待雨澤遂致齊魯之間一望赤地此皆溝洫不修之故也若使溝洫既修則豈惟山東河南見在凋瘵之民得以生活前日四遠流移之民孰不願復業墾田以圖飽煖昔也招之不來今也麾之不去民利安得不興臣惟善求時者在乎得其大綱善復古者不必拘於陳迹臣之所謂修溝洫者非謂自畝遂溝洫一一如古之所謂祇是各因水勢地勢之相因隨其縱横曲直但令自高而下自小而大自近而遠盈科而進不為震驚委之於海而已矣臣又惟念遠謀不可以倖致美功不容以雜施溝洫之政歴千百年彫迹

湮沒竟莫舉行究其所繇夫豈無故孔子曰無欲速無見小利古今事功半塗而廢者率繇於此臣愚以爲欲修溝洫之政雖曰不拘陳迹然時異勢殊變而通之不能無所事事今畧舉其大綱若正疆里以稽工程若集人力以助夫役若蠲荒糧以復流移若專委任以責成功若持定論以察羣議其諸條目未敢覼縷議定之後循其次第毋以欲速而輒更張毋因小利而生沮撓及今黄河雨暘時若又適遭遇詔令開墾荒田至再至三機會可乘之時始於河南山東次及直隷遠年近日黄河徙決地方自日而月自月而歲自州縣達之司府自腹裡達之邊方在下有臣工相與協力在上賴

聖明俯賜斡旋如無成效臣甘伏欺罔之罪臣蚤夜營思以爲治河裕民之計無出於此是以不揣迂謬昧

死上聞

錢嶫奏免通州種馬疏畧

查得洪武年間取勘地土派養馬匹揚州府所屬州縣養馬處所每兒馬一匹額編田二百畆騍馬一匹額編田三百畆免納税糧爲養馬之費通

州海門勘係三面瀕江一面邊海中復係運鹽河通十場不宜養馬故無派俵馬亦無免徵田糧永樂年間六安州災傷赴告撫按奏處彼時撫按不知通州海門雖係江北其去江南才隔一江去江陰崇明太倉常熟等處不過百里其去揚州府反有四百餘里實非養馬地方不比之念乃以江北一例視之遂令本州縣每兒馬一匹僉一十丁騍馬一匹僉十五丁暫替領養聽候解俵永樂六年海門縣耆民張暹奏蒙依准除豁其時本州耆民白鏞亦具赴奏不意中途病故遂致失悞貽患至今臣生長其地實目見之計養馬八百五十匹緣地瀕水鹹草土不服雖稱種馬並不產駒瘦損倒死十嘗八九一經買補之期動至傾家賣子買自他鄉不數月間瘦死賠買又復如前及至起解赴京備用馬匹百無一選每年部司文移不過行令徵價前往北方產馬去處收買解俵費用不貲艱苦萬狀是通州民獨受養馬之害朝廷未嘗獲通州一馬之用也況本州近年以來水潦相仍田地坍沒去歲海潮泛溢沉沒萬計其幸存者又以無家往往入江爲盜至屢厪聖衷矣又照本州種馬八

百五十疋府給由帖內開每馬一日草料銀三分共草料銀九千一百八十七兩其倒死者一年常百餘匹雖死亡買補價數不等每年只以百匹每匹只以銀十二兩計之該銀一千二百餘兩二項共銀一萬三百八十七兩外每年坐派徵解備用馬價銀三千二百二十四兩合前三項總一萬三千五百餘兩惟三千二百二十四兩爲朝廷實用彼一萬三百餘兩空耗於無用之地若省以歸民將足三四年解京之數與其竭膏血於無用孰若廣德惠於窮民哉又查得徐邳豐沛等州縣亦派有地養馬亦因地方災傷告申巡撫奏蒙除豁准將種馬變賣與備用折色銀兩遞年徵解民賴以蘇本州馬匹原非額設又無餘地卽今災傷盜賊何能復堪也耶昔年節該本州判官喬琪史立模等具奏各蒙命下部司未見議處亦以六安州申奏替養已久難以復歸又恐他處比例耳但照通州差役繁難江海潮爲患數倍於前而馬不額設與江南相同他處自難比例伏覩嘉靖六年二月十三日詔書內開應天府所屬論丁養馬近因備解駒小每年止解備用馬價所養種馬或有倒失

仍復責令買補民亦不堪著兵部通行議處以蘇民困欽此欽遵今通州地方與應天府接壤且更南下鹹濕過之伏乞我皇上矜念窮隱一視同仁或照海門縣先年奏准事例一體除豁或照徐豐等處事例每年通徵折色銀兩交納如不得已其備用馬匹仍照舊將應養馬匹人戶赴北方產馬去處收買解俵本色不缺其折色銀兩亦照舊解納不缺止將種馬免養畧倣徐豐等處事例種馬倒失者免其追補見在者變價解部則國家未嘗少一馬欠一錢而海濱困窮脫不時賠買之苦受無窮蘇息之恩矣伏乞敕

下兵部亟爲議處奏奪

凌東都籲天急救疏畧 通州僻處海濱與金沙西亭等六場地壤相接界限

分明一切竈蕩供煎鹽課例不起差如力買民田則與民間一體當差無缺嘉靖十八年風潮淹入鹽場巡鹽題准嘉靖二十年以前所買民糧共一千四十石俱作祖田免其差徭派民替當二十年以後買者不爲例吾儕小人只得依從此民間初刼也延至萬曆九年竈戸復行混告巡鹽批准自

嘉靖二十年以後竈買民田轉賣竈者共五百二十石亦作祖田免其差徭派民替當吾儕小人又只得依從此民間中刼也至十一二年竈戶混告已慣又欲將竈戶中下糧一千六百石盡行蠲免雖奉批允而民不堪命矣實難依從此民間一大刼也臣目不知書但記得聖賢言語小杖則受大杖則走今大杖在身剝膚刲骨非展轉溝壑以死惟有逃亡散之四方而已幸生太平全盛之朝鑿飲耕食辦草納糧若身家本分差徭便賣男鬻女亦應完納何敢推諉至替人當差偏累疾痛心實不甘近本州奉例丈田除竈蕩軍屯不丈量外緊州實該田一萬三千頃內竈戶該實田三千九百餘頃此據各竈自報之數也本州奉例均糧除竈蕩軍屯不起科外每科糧一石一斗四升內竈戶該糧四千五百餘石此據竈冊實徵之數也本州清查軍竈民籍坍江之遺糧與無田之浮糧共該四千餘石均通灑入緊州見田之內內竈戶坍糧八百餘石浮糧併賣出者七百餘石此照鄰縣諸場之事例也豈豪竈故違明制倡衆阻撓既開報實在之田數却不納實在之稅糧妄稱坍糧不當

派民民糧不當攤竈煽惑輿詞希圖將見買實田抵補坍江之數承認虛糧規避差徭是將誰欺夫竈混民田爲祖田是欲享無差之數差不在竈則在民矣竈捺虛糧爲實在是欲掌無糧之田糧不在甲則在乙矣爲此衆心共憤屢赴上司哀告節經巡撫巡按巡鹽衙門屢次批道勘議或批府運會議屢次委分司查覆或委首領踏勘但竈間殷實之家比屋而是歛銀打點動輒千金如九牛之拔一毛也恃富倚强鼓噪截打數遭毒手救死扶傷如羣虎之搏乳羊也上通下徹捺案不行州出告示視如故紙節年拖欠京邊馬價等項錢糧至六千餘兩淹禁累死民人不下二二十命夫替竈當差既包賠不前與竈告理又災禍立至是以不得不奔赴闕庭控訴萬分哀苦之情也九重天高臣不敢以細瑣升合錙銖之數上瀆宸聽但論今日之爭端起於竈買民田而已既曰買民田不知買用者富耶鬻田者富耶竈買田不肯當差貧民鬻田不應當差第移其差於有田未鬻者之家今年認糧一千明年包賠五百竝見竈日以富民日以貧卽稍有田之家不久將盡折而入于竈而州

民逃亡將無噍類矣替人當差心已不甘至以貧人替富當差尤不能甘諺曰貧富均人心平伏乞皇上軫念窮民偏累勅下戶部從公議覆轉行撫按鹽等衙門亟行改正不惟一方生靈之性命得少甦醒而歷年祖宗之版籍亦不致混亂矣

海瑞開吳淞江疏 禹貢稱三江既入震澤底定三吳水利當濬之使入于海從古而然也婁江東江係入海小道惟吳淞江盡洩太湖之水由黃浦入海年來水道臣曠職不修以致潮泥日積通道塡淤雖日水勢就下而無下可就矣時久潦震蕩太湖因之奔湧四溢淹浥禾畝如嘉靖四十年今隆慶三年是也而小爲淹沒漂浥之患亦時有之是吳淞江一水國計所需民生攸賴修之舉之不可一日緩也臣於舊歲十二月巡歷上海縣親行相視按行故道量得淤塞當濬地長該一萬四千三百三十七丈二尺原江面闊三十丈今議開十五丈計該用工銀七萬六千一百二兩二錢九分今以水荒缺收饑民動以千百告求賑濟臣已計將節年導河夫銀臣本衙門贓罰

銀兩各倉儲米穀并溧陽縣鄉官太僕寺少卿史際義出賑濟穀二萬石率此告濟饑民按工給與銀穀于今正月初三日興工挑濬委松江府同知黃成樂督率上海縣知縣張嶌嘉定縣知縣部一本分理興工之中兼行賑濟千萬饑民稍安戢矣但工程浩大銀兩不敷饑饉頻仍變故叵測官儲民積計至二月間盡矣江南四面皆荒湖廣江西有收成府縣又執行閉糴無從取米伏望皇上軫念民饑當恤吳淞江水道國計所關勅下該部酌議量留蘇松常三府漕糧二十萬石准照前吉銀數改折凡應天等十一府州縣庫貯不拘各院道諸臣項下無礙贓罰銀兩聽臣調用浙江杭嘉湖三府與蘇松常三府共此太湖之水吳淞江開則六府均蒙其利塞則六府同受其害其庫藏銀亦如應天等處一例取用彼處居民亦聽上工就食吳淞借饑民之力而故道可通民借銀米之需而荒歉有濟一舉兩利地方幸甚

曹琥請革芽茶疏　臣聞天之生物本以養人未聞以其所養人者以人也歷觀古

昔帝王忍嗜慾節貢獻或罷或御絡戒丁寧蓋不欲以一人之奉而困天下之民以養人之物而貽人之患此所以澤及生民法垂後世而王道成矣臣查得本府額貢芽茶歲不過二十斤邇年以來額貢之外有寧王府之貢有鎮守太監之貢是二貢者有芽茶之徵有細茶之徵始於方春迄於首夏官校臨門急如星火農夫蠶婦各失其業奔走山谷以應誅求者相對而泣因怨而怒殆有不可勝言者如鎮守之貢歲辦千有餘斤不知實貢朝廷者幾何今歲太監黎安行取回京未及徵派而百姓相賀於道則往歲之爲民病從可知已臣不容不爲陛下悉數之方春之時正值耕蠶而男婦廢業無以卒歲此其爲害一也二麥未登民艱於食旦旦而促之民不聊生此其爲害二也及歸之官又揀擇去取十不中一遂使射利之家先期採集坐索高價此其爲害三也亦或採取過時括市殆盡取無所應計無所出則又科歛財物買求官校百計營求此其爲害四也官校乘機私買貨賣遂使朝夕鹽米之小民相戒而不敢入市此其爲害五也凡此五不韙者皆切民之深患致禍之本

源今若不言後當有悔臣今竊祿署府目覩民患苟有所慮不敢不陳伏望陛下擴天地生物之心憫閭閻窮苦之狀特降綸音罷此貢獻使方春之時農蠶不至於失期草木得全其生意民物欣欣頌聲斯作實一方萬

萬年無疆之福也

雷縯祚敬陳四端疏

臣聞否泰相循主於天聖人以天自處或從困而致亨或反亂而為治君則倚於法家拂士以德修政臣則急於責難陳善以禮格心要皆一念之恐懼修省以義立命而人勝天如殷高宗克修厥政周宣王側身修行其次衞文公有生聚教訓之功燕昭王有七十餘城之功越句踐有臥薪嘗膽卒沼吳宮之志然高宗以祖己為相宣王則南仲吉甫方叔名虎張仲相為內外郎樂毅種蠡諸人亦各有國爾忘家公爾忘私之藎念從未有養士幾三百年而泄泄沓沓貪濁成風如今日諸臣之甚者今欲相與急圖補救挽否之泰撥亂反治則無如收人心正風俗定是非課實效四端而已臣請得而暢言之自邊境發難首議加派遼餉者熊廷弼也剛

役加派練餉七百萬又加派剿餉三百萬者楊嗣昌也加遼餉之計臣今不必論若加勦加練則待問附會嗣昌也内外交訌土地日荒賦歛愈重以二千餘萬額外誅求責之拋荒逃亡之孑遺勢必不能取盈徒貧小民煩擾至於加派練米更爲無藝名買倭解賠累堪憐閭閻寔有刻不聊生之大患何怪其不聚爲土賊相率而迎闖降獻以避此敲朴追呼乎且今邊鎮之兵未見多於祖宗之時祖宗時之餉未常見其憂不足加遼加練加勦之後仍不免於譁掠不曰壓欠則曰兵饑此二千餘萬額外之餉消歸何所豈盡外解不前册亦中飽虚冒耳孔子曰百姓足君孰與不足春秋傳曰國以民爲本民以食爲天故三年之耕必餘一年之食今上自朝廷下至閭閻俱有三空四盡饔餐不給之慮而司兵司餉庫差糧儲家成金穴若肯徹底清冒便可獨免派加臣愚願求皇上立頒聖諭盡免練餉仍將畿南江北湖廣山東節被兵燹之處比照河南十一年以後起運錢糧盡行豁免三年其餘堅壁守城之處及陝西四川河北江南十五年以前亦與豁免貪墨稍息則民生可安臣

所謂收人心者此也禮義廉恥國之四維吉士賢臣王之楨幹雖十室之邑必有忠信皇上薪槱棫樸作君作師安其濟濟在廷人人皐夔而稷契矣乃有不盡然者何也蓋天下父兄子弟自離祿就傳俱以舉人進士相期共所以期望舉人進士者又數比比某家大宅良田某家堆金貫朽以爲鼓勸其於性命經術毫不究心間有自號名流者不過結納馳騖以爲沽譽之端一脫藍衫便營高厚然則盡天下縉紳皆成植黨皆公肥家潤身之華安得有忘身盡節爲陛下股肱心膂之寄也豈臣今人不相及乎亦習染已深理學不明之故也臣愚願求皇上典起講學崇獎貞廉以京都爲之倡清察講學舊基詔令有司立時修葺以及郡邑舊壇許令重建選名林下恬退直節尊宿老臣使之登壇論質表率觀型或時延見文華開導啟沃將見文教宏開縉紳皆有詩書之氣道誼既正廉厲時聞忠孝之言小廉化於大法而趨捷附權營躁貪淫或可息矣臣所謂正風俗者此也朝廷賞罰恆取衷於諫官論列必博採乎輿論故曰言及乘輿天子改容事關廊廟宰相待罪立殿陛之前與

天子爭是非者諫官也昔陸贄爲諫議章凡數百餘上皆經術世務流傳不朽陽城爲諫議七年不言一擧而裂裴延齡之麻或語或默要當其可未有珥筆冠豸之班而脂韋囁嚅附影吠聲如今日者諫自論列或聽牽鼻或受指揮一事而倏因倏革一人而此薦彼彈涇渭不分用舍罔適是非之不定天下萬世安取信史乎臣愚願求皇上勅下部院公忠大臣甄别十年以内見任在籍科道考其生平覈其立朝疏奏先事者則爲虛公雷同者卽係剿襲務使輿論允符萬世仰清明之聖斷臣所謂定是非者此也燕麥不可以爲糧土羮不可以療饑葢言虛也虛之一字中於今日士大夫之膏肓所不肯虛者惟此驕忌一念耳臣聞古昔賢臣有勞心於竹頭木屑者有罰五十以上親決者今則未然也皇上以實事責諸臣諸臣以虛名應皇上實效之不課兵農禮樂安望就緒乎夫天下原無不可爲之事也實實練兵兵自然强實實清餉餉自然足實實察吏吏自然畏實實安民民自然懷今之所謂練兵者不過放砲吶喊如搬戲而已今之所謂清餉者不過造册報部如故事而已

察吏者能杜情面賄賂私交囑託乎安民者能革火耗名買冗役大戶諸弊政乎臣所謂課實效者此也臣本外吏才淺學疎蒙恩陞見值大奸旣去知爲天心轉泰之機故忘其卑賤率陳撥亂反治之四端惟祈皇

上俯採飭行

袁洪愈薦王敬臣疏

孔子謂子夏曰女爲君子儒無爲小人儒所謂君子儒者乃眞也何也求諸己而不求諸人也尚行而不尚言務實而不務虛也若求諸人而不求諸己而言過於行名勝其實則爲小人儒矣小人則僞而已矣崇儒而不得其眞是敎天下以僞而已矣臣見長洲縣歲貢生王敬臣自少聞詩禮之訓稍長習

聖賢之學讀書必體之身心躬行必先乎孝弟親嚼飯以養其祖母罄妻裝以嫁其女弟族人貧乏者分室以居之計飱以給之不自知其家之不足也聞人受業者教之以思誠之學教之以立身之道惟恐人之不爲善也事親之禮巨細曲盡而無替於始終檢身之功夙夜匪懈而尤嚴於慎獨[illegible]貫五經而講究不倦悉有衆善而容貌若愚和易

而不流直諒而不亢紹伊洛之正派實聖世之真儒如敬臣者寧使之終困於流庶同腐於草木哉乞勑下行查如果臣言不謬或特行名見之禮或專授翰林之職必能敷陳道義贊襄謀猷所益於聖治匪淺也此臣特以所灼見者言之耳天下之爲眞儒者或不止此此舉一人而諸臣皆知所舉矣

王錫爵問安勸諷疏

臣昨蒙天恩存問不勝感激已於前三日望闕拜表恭謝遣孫齎上旣而京師忽有報至以皇上玉體偶於二月中微感風痰眠食少損臣又不勝憂疑旋而罷礦稅出繫囚起廢官報至則臣又不勝驚喜北向稽首而祝曰此萬年天子消禳保福第一義也旣果聞傳諭之後聖體一汗而愈此時料已告慶郊廟臨見羣臣眞普天大美大快之事而臣愚夙叨寄勿渥被恩私敢獨於萬衆謳歌之中無一言道喜哉竊聞之賤臣庶女義烈可以激風霜志士勇夫精誠可以貫金石豈有上天篤生之子而一念之轉移呼吸不與上天之和氣相符四海共戴之君而萬年之福祿壽考不與四海之頌聲相應者乎臣固以天人感應之理測之而知皇躬勿藥

有喜必不待蓍龜而決也芻蕘之愚別無一得可獻竊謂前鑒非遠昔何以氛祲迭奏變亂頻仍今何以人謠大同天心祇豫皇上至神至明可觸類而推自礦稅諸使雲擾遍海內而逆徒公傳僞檄駕以爲名皇上不聞之乎聞之則雖羣逆梟斬萬萬艮不足償國體之傷孰與今日雷轟電掃萬魔迸散之爲榮又前此朝堂之上大臣灑涕而憂小臣矢口而爭甚者爲狂爲激幾如罵詈皇上不聞之乎聞之則雖一切留中不理而不能消聖懷之鬱孰與今日上悟下熙四門洞開之爲暢臣固以人和測天和又以聖體占聖德而知皇上之必無反汗也第海濱遐遠里俗囂訛信宿以來流言數起有謂聖諭已傳旋即改悔者有徧揭匿名榜於城西門鼓煽搖惑者臣竊以𨶒度之礦稅不罷則已罷則明吉一下各衙門已即刻發行外鄉遠郡已即時傳到豈有可再收回之理乎人情方其久苦無聊中心孤氣衰尚能強忍及至快意當前美歆在口而旋又奪已哺之食旣還之命豈有不譁然鼎沸之理此得失利害昭然甚明豈聖明容有不知而愚民無端妄言祇自作口業耳抑有愚慮之

朝廷便民之政必爲羣小人所甚不便而百計阻撓之至於礦稅尤其榮身肥家所不忍一朝舍去者彼必外托於孝順進奉之名而陰行其諂諛逆迎之説或曰此大利也或曰此成命也至於上而干和召災則或曰聖躬小疾已愈不煩懺悔也下而擾民激變則或曰有司自能剿撫無足深慮也凡爲此説者皇上倘不忍難割之愛誤而一入其中則所損不小臣今且不暇遠憂試徵近事當玉體違豫時診視調理必問太醫不問目前孝順進奉之人也檢方製劑必取諸藥庫不取諸四方燒採抽辦之物也皇上試以此痛定思痛足知此身日用飲食之外俱爲長物雖積金如山載寶滿車而緩急不得其一匕一筯之用譬之灰塵過眼了無重輕糞土沾身方當澡滌豈可更爲之心煩於鳩斂體倦於經營抗天怒以競錐刀彙人愁以充囊橐乎臣聞天心仁愛人君必近示之小災而遠伏其大警社稷宗廟之身不可嘗試匹夫匹婦之賤或能勝予故願皇上乘此天休方至之機聖斷畋張之日盡屏諂佞猛決狐疑曠然與天下更始則臣見聖心日簡而無事朝堂日靜而無譁玉板

鏤鴻明之德神實薦萬斯之年豈不休哉豈不盛哉蓬蒿遠臣避嫌引分已十年不敢言及朝事茲猥蒙念舊之恩屬耳維新之政不勝感喜交極間進一言願皇上陰採臣忠無發臣疏以俯全臣愚不出位之分狗馬一念之誠臣愚幸甚

蔡懋德治平大道疏

竊惟皇上文明神武眞堯舜不世出之主也臨御以來尊祖制除擅竊表忠直癉逆奸獎廉黜貪惡虛崇實復枚卜名對之盛典隆策武欽選之新規徽猷何可勝舉以至財用兵刑軍火器械一切機務何一不經睿慮周詳而數年以來未臻治平之化臣孤遠小吏狗馬有心嘗夙夜憂思而不得其故然幸際昌言不諱之朝敢不一抒迂見以備聖明採擇臣思今天下變亂日深戡定亟需經濟而經濟不本聖賢之大道見小欲速終非撥亂反治之眞才即如大學一書臣等童而習之壯行罔效致儒者有迂疏無用之譏而聖經不能與富強之術爭勝若此者豈但得罪皇上實且得罪宣尼然聖祖敎澤弘儒海內人心不死獨提大綱立轉風運惟我

皇上爲能以臣之愚竊信大學聖經首重明德吾孔子直接堯舜禹湯文武之心傳提挈萬世治平天下之本領其學爲大學其道爲大道斷非小才小智小信小忠之可幾從來大君舍此無以平治天下大臣舍此無以致君堯舜此并臣迂愚臆說也欽惟太祖肇造身在行間嘗問儒士范祖幹等治道何先曰不出大學一書太祖曰吾自起兵來號令賞罰一有不平何以服衆武定禍亂文治太平悉此道也又諭禮部侍郎曾魯曰大學平治天下之本豈可舍此而他求哉嗣後命學士宋濂等進講大學傳十章與相諸論而眞德秀大學衍義且大書西廡以資省覽列聖承休日與輔臣楊士奇解經楊榮王直楊一淸等講析大學經傳參稽時務發明心得世宗聽講大學衍義而賦翊學詩神宗閱大學衍義而親裁序文刊布天下使家喻戶曉用臻治平聖祖芳規炳如星日夫唐虞以明德開天迄於三代皆在上昌明大學故一德同風生民乂安自小雅失而四方擾治道分而聖經作漢唐宋雖知尊尚明聰參半故治亂相尋迨我太祖專崇孔學手定乾坤聖聖相承歷奏安攘則大

學一經功効較著皇上具天縱之聰明拯生民如饑渴願萬幾之暇少節章光勿親細務精研此書以明德建皇極俾臣民象指共遵蕩平何難大明內聖外王之學捷收揆文奮武之烈而天下之小才小智小信小忠譬如爝火豈能日月爭光也哉

法祖疏　臣邊徼末吏不敢越位妄言每念聖主焦勞勉期少效葵藿近接邸抄恭誦局災三見皇上青衣減膳省求風過之睿諭不勝惶懼伏思皇上臨御以來聰明首出親覽萬幾教誡臣工露霆並運今災變復爾頻仍庶明猶未勵翼致令至尊獨憂凡為臣子何所逃罪今皇上不督罪諸臣而反求已過聖衷淵微固與堯競舜業萬古媲徽而臣猶有不容已者敢引伸聖意少佐高深易曰風雷益君子以見善則遷有過則改言改過之大勇如風如雷之震迅也論語曰君子之過也如日月之食過也人皆見之更也人皆仰之言改過之大德如日如月之光明也惟我高帝御極九年求言詔云邇來五星紊度日月相刑靜居日省厥咎在乎人君尋思至此惶惶無措手足惟詔告臣

民許言朕過又諭山東布政吳印詔天變於上朕心惶惶詔令既行布滿天下中外寂然無有言者獨卿敷露肝膽備陳國事雖的否中半豈不盡已之謂忠哉所言忠者即時施行其餘未至者權且勿論夫高帝再造乾坤眞堯舜復出寧有過舉過災而懼猶詔臣民言過忠者即時施行豈非風雷之大勇日月之大明萬古爲烈正以好聞已過而益昭聖德乎逖稽成湯桑林之禱六事自責曰政不節與民失職與宮室崇與女謁盛與苞苴行與讒夫昌與言未已大雨方數千里書稱湯智勇天錫改過不吝夫湯又古再造乾坤之眞堯舜也而六事自責改過不吝告之天下垂之史冊萬古頌德至今不衰又風雷大勇日月大明之彰明較著者也今我皇上宵旰憂勤日求才而眞才未出日恤民而民困未瘳日理財而財用愈詘日治兵而兵威未壯固諸臣負皇上非皇上負諸臣然上天垂戒多難殷憂中豈無因皇上則既齋居省過矣必恭嘿深思實有過以致天變之疊警必乾斷立奮實用何改圖以契天心之仁愛又必不但深宮自省而法高帝之詔告臣民許言朕過以宣達下

倩爲格天之實事又必不但懸鐸求言而法高帝之言忠忠者即時施行未至者權且勿論以容納戇直爲回天之要圖葢過不改始謂之過過而能改則過復於無過過而直謂之聖德且帝王之過與卿士衆庶不同湯曰萬方有罪罪在朕躬武王曰百姓有過在予一人故過與天下共見更與天下共仰即共見之過亦微聖德也今夫一代之才原足供一代之用天下之財原是養天下之人中原赤子原樂爲良民不樂爲盜賊國家兵力原足平禍亂只要得其人得其道在皇上一念轉旋間譬若陰翳寒結風雷一作而萬物俱蘇日月偶蝕明體一復而世界俱朗精誠下濟呼吸上通遠邁成湯近述太祖如是而天心不感格助順氣運不挽回淸寧者臣未之前聞即今夏皇上籲天罪已亟釋槩囚千七百餘人而甘霖應期大霈此尤皇上所親驗而無待臣言者也若臣無戡亂之能而謬效責難之義即加譴斥以爲溺職妄言者戒

蕭彥覆議長策以安地方疏

臣等待罪戶科接准直隷巡按乞豁揚州

府通州海門縣坍江田糧一疏奉旨下部臣惟國家議事貴在利民人臣謀國期於經久董仲舒有言琴瑟不調必解而更張之故當其調也而更張之非也當其不調也而不更張之亦非也海門之狀果如按臣所奏倘亦有可更張者乎按該縣編里一百二十今存者什一額田一千五百餘頃今存者數頃其戶口不當鉅邑之一村其地畝不當巨室之半產即使坍江田地如議豁免而一切必不可少之經制責之寥寥無幾之土孑孑待盡之民何以堪之而況江海之坍歲無紀極及今不一變通而僅以豁免爲恩支吾目前譬之揚湯止沸豈不暫息不如抽薪之愈也望梅止渴豈不暫潤不如饋漿之愈也第議併縣則通州之民必以累已爲嫌議遷縣則江都泰州之民必以割地爲辭而臣切謂不然通州懼累坍江之糧豁而併之則在通州可無累也況江都泰州海門雖有分境自朝廷視之總屬王土王民裒而益之何辭之有故併縣上策也割有餘以補不足中策也舍此二者而第如今日之議恐不待一二年坍豁之奏又至卒之無地無民其何能邑當此海宇昇平之日可

令一方受病委之不理乎臣等又敢坐視而不以通變之說聞於上乎伏乞勅部詳議務求長久之良策以奠江海之疲民地方幸甚

金光辰請免津糧疏

國家量土定賦歲有常經後雖稍示變通要於舊章無改蓋任力而輸雖愚氓亦知終事若重以額外之加無名之攪大寇臨門橫事蔽撲不將盡民而驅之賊乎如臣鄉滁和向無米豆名買派自十四年之津運夫他處獨以災荒而減所本有滁和獨以災荒而增所本無無療累實甚去年小民盛大朝等叩閽蒙恩准以麥抵萬口歡戴厥後計臣李待問奏准全椒減免而滁和如故奉旨滁陽今歲暫解本色以後照舊免其名買不許再行溷派仰見聖心已洞悉其溷派非應派矣然此猶前日情景耳近賊陷廬之後緊與滁鄰咫尺之地皆賊方口講于掫之禦乃以椒邑減免之零數欲灑派滁來是非徒不減又益之也不幾失邀免之德意乎況和州屢經蹂躪含山新遭失事粒米如珠生命阽危實非他處可比祈勅部免其本色仍舊輸銀或另行

酌議此非茅爲一方之民亟實爲保障陪京計臨抑臣更有請者六合接壤全椒中通一河有滁州一道不知起自何年擬立橋稅歲益加苛即扁舟擔物必取盈焉江口巡檢亦私設桅封稽驗稅票彼此攫利夫關務各有專差此項輸之何所曾不奉旨恐天下如此厲禁病民者不少也至馬價之增部議專爲一本色馬值太昂倍金以購耳若折色自當循舊而一槩增之三餉並徵尚屢如傷軫視此又在餉銀外矣民脂幾何能當層剝駿骨雖高料不重於民命恐年來新額削民者更不止馬價一事也伏望敕部一并察議宜罷者罷宜釐者釐還舊賦以保殘喘則衆志成城潢池永靖矣

黄希憲改運白糧疏

切白糧爲上供急需遞年僉點糧解春辦兌納相沿久矣邇因民窮財盡百弊叢生半爲包棍侵漁半爲不役指索以及剝淺守凍赴京交納等費動以千計一承此役鮮不家破人亡遂至靡歲不遲無邑不欠院道府縣降罰頻仍咨檄提催絡繹踵至官民並受其困公家正額究無完結之期若不亟爲變計不幾淪胥以亡乎近奉聖諭漁與須凡可寬恤吾

民者無不周悉臣撫此財賦重地目擊苦役顛連敢復隱忍膠柱不求爲恤民裕國之長策乎近行蘇松道會同常鎮道通盤打筭徹底講求思甦民裕國之策莫善於均徵米而官運之官運則民無雇倩之費一便也官無僉役之難二便也錢糧既自官支吏胥無從抽扣三便也在船皆官役船戶無敢凌虐四便也催儹皆官事沿途無敢拋擲五便也況米屬均徵則苦樂之形不立巧拙之情自化糧不必詭寄飛灑差不必就易避難民心以厚民風以淳六便也然其中有當議者五焉凡自糧正耗春辦夫船等米一槩筭入平米之內派之此派糧之公可行也原編耗米之外另編加二以補沿途之消損以平米一石計之不過合勺而已此加耗之輕可行也民間辦糧盡數交倉無此漕彼白之分縣官就完米中擇其乾潔者交協部官動支春辦交割總部完辦蚤則啓行先可免漕艘阻壓之患此徵辦之速可行也運船向係民雇官運則必用官船計每船管船頭柁水手各安家衣[illegible]等項以及買辦包索遇淺起剝遇溜添篙等項[illegible]每船用米五十石用銀三百二十五兩以原編[illegible]

船則役米計之除支外米尚有餘以原編夫船則役銀計之除儘支外銀尚不足以有餘之米當不足之銀臨時調劑是經費不煩增設矣至於管押起交侵盜漂失每船各有責成遇有虧欠立勒賠補懸大法以繩其後蓋旣不可以復問糧里則人未有不愛惜性命者是責成不患無人矣玆據蘇常兩道臚列具詳臣亦無容更益而臣緯恤杞憂尚有不能已於言者語曰一法立一弊生外而衙蠹包棍內而部胥積歇引戶每視糧解爲奇貨今改爲官解未免拂其狼心必至多方阻撓或包棍潛入京師串通積役仍肆把持或引戶交搆外奸僞造訛言動搖耳目有一於此皆足害成乞勑五城御史及緝事衙門凡遇此等卽置重典庶蠹賊一清而美利可久伏願皇上軫此孑遺毅然乾斷勑部立覆舉行異日書之史冊曰崇禎十六年江南苦役得甦復覩太平景象將皇上如天好生之德與穹壤俱無極矣

陳士京寧國府改食鹽疏寧郡六邑洪武初計口授鹽派有引額嘉靖時

額引鹽五百七十斤部冊明載至萬曆間竟無粒鹽到埠止有批引投銷即官府時加徵督而商亦不至以寧間萬山之中離江五百餘里夏月水溢僅有宣城北路一線通舟其餘五縣皆山溪迢遠肩摩步擔至秋冬乾涸即此一線亦不能達夫路既阻遠計其斤數不足爲搬運之費詎可望商人至耶則寧郡所派之額適以資其別賣而額引之課亦非商之爲寧輸矣鹽既不至小民不得不於浙省近地私販濟用而捕緝株連良民又皆爲聖明之罪人是寧課祗入私販而寧民徒陷法網伏思高淳溧水去江少遠皆蒙特恩准行食鹽寧國猶在高溧之南去江逾遠獨不蒙皇上一軫念乎伏乞垂憐無鹽之苦究商人不至之故念小民私販之因勅下戶部詳議照高溧事例准行食鹽即不然查復祖制俾得裨補路費酌增引數別立寧鹽令嶺西土三商兼運到埠則六邑生靈萬萬世感戴皇仁而寧郡鹽法永永無弊矣且增引則增課官鹽通則私鹽絕而向之食私者今皆無不課之鹽歲可得數萬金稍佐軍需是上有以裕國家之用下可以濟百姓之苦也

江南通志卷之第六十五

藝文

疏

皇清馬國柱運丁舊冊堪稽疏爲運丁舊冊堪稽僉勾積弊宜剔仰祈

聖明俯賜採擇事臣聞凡事更張即起借端之弊前人有例何難按籍而求如明朝用黃快船以裝貢物設運船以輓漕糧事雖並重然黃快船丁係編審小甲糧船運戶係食糧祖軍人實分途先是兩丁皆以正身應役備受監局厰衛之騙害有寃無告嗣據南北兵部堂屬詳議疊疏奏請定爲免役編銀之法快丁每歲納銀一萬五千兩黃丁每歲納銀二千三百兩歛解南兵部以爲繕船募役之資此萬曆十四四十六等年兵部題准刻有船政新書可據兩丁遵此而行非一日矣至於運軍承祖戶運差凡有事故止於運差軍餘内撥補不得將黃快船編丁掣出領運此萬曆二十一年兵部題

准至崇禎四年南兵部尚書傅振商與漕運總督李待問又將萬曆八年及四十六年老冊與運軍祖冊運餘底冊逐月支糧冊徹底清查審定運軍一萬八千六百六十名有見運旗甲有食糧運餘有漂出竄丁有空閑備補其間祖宗姓名子孫人數刻有運冊新考可據運軍遵此而行亦非一日矣乃值我 朝創造紛然舊弊叢生奸甲既思竄戶而息肩貪弁反借勾查而居奇臣前閱總督漕臣沈文奎題疏及部臣覆議慎重精詳深恐殷實運軍竄戶逃差致悞

國家漕務雖然臣謂此輩有敢竄之心無能竄之法何也兩書在案運自運丁自丁固截然不容混也臣思我

皇上念念爲民事事除害一切省直錢糧盡照萬曆年間編派以絕額外濫加之弊則船政滙冊亦萬曆年間臺省兵部幾經參駁而後成書使淸查照此淸查則載冊祖軍誰敢指鹿爲馬僉運照此僉運則納銀船丁自難以羊代牛斬斷無數葛藤省盡許多騙詐矣臣謹繕疏奏 聞伏乞

皇上勅部詳議仍將原書發臣捐俸重刊頒布使軍

丁世守成規永戴
皇仁可也仰祈
聖明俯賜
採擇

馬鳴珮請留良將疏

爲請留良將鎮危邑仰祈
睿鑒俞允以重封疆事竊照逆寇流突海江惟崇明一邑乃蘇松門戶江海屏蔽非良將不能控馭前因原任總兵王燝玩寇疎防臣亟指參奉
旨解任行臣選一良將代之臣與蘇松撫臣漢兵提督就江南各營將中公選惟寧國營副將都督僉事梁化鳳智勇兼備堪以委署隨行該將星赴崇明於八月初四日與王燝交代任事八月初七日臣閱邸報梁化鳳推陞寧波副將臣查此將如去別無堪署之官隨經咨明兵部寬其限期緩赴新任自化鳳署事之後正狡寇增船增賊勢愈猖獗之時賴化鳳防禦嚴密數月以來崇明恃以安堵八月二十四日賊犯崇明高橋洪化鳳統率官兵堵勦殺賊一千七百三十五名已經奏報奉
旨紀錄在案此又戰功之最著者今恢復平洋沙奪

賊久踞巢穴臣見另疏上
聞是化鳳之勞績已深智勇俱見防崇數月兵民交
頌其賢誠將協中之不多得者況崇沙海上情形
化鳳既已慣習而賊屢經挫創化鳳威名久著賊
營雄聲已奪賊氣且崇明縣平洋沙孤懸海外舟
山一帆可達今舟山已爲賊有則崇邑實係危疆
必得化鳳來鎮始可奠安斯土今若另易一將即
使才謀如鳳而賊不知智勇如鳳而賊不畏恐崇
沙亦難保其宴安也伏乞
皇上俞臣所請俯將梁化鳳改補蘇州總兵駐劄崇
明其已推蘇州總兵張承恩尚未到任祈即
勅部另缺補授則崇邑倚化鳳爲保障可無意外之
虞矣查化鳳久任副將已列府銜擬補總兵似非
躐等如舍化鳳而另用别將欲崇邑之安堵無事
臣則不敢任之臣爲危疆擇人與撫按提督諸臣
公議僉同故敢激切上
請剏此顚危險地之員缺人俱視爲畏途臣等爲封
疆起見毫無徇私市恩於其間也恭候
皇上睿鑒勅部
速議施行

麻勒吉請移水師疏爲請移布水師以捍巖疆均分兵力以實內地事竊以江南通省兵力惟京口聚兵最多但兩路之兵無汛防之責臣以爲瓜鎮以下江靖以上爲京口就近之江汛應令其巡防將左路總兵官原額弁兵船隻令該鎮以其半自隨移駐江陰以其半移駐靖江并孟河江汛總歸管轄以右路總兵官原額弁兵船隻令該鎮自隨其半移駐瓜洲留其半於鎮江并泰興鎮江江汛總歸管轄仍爲將軍羽翼誠有裨實用原舊江靖以上瓜鎮以下之汛兵俱可裁撤移防內地今歲旱蝗炎酷異常鳳廬之間被災尤甚若得邀

俞允兩鎮移駐之命即將江靖各營所裁弁兵分置鳳泗并他處需防之地另疏　報明如此則江海重地兵力未分災傷內地武備得厚矣臣謹密題伏乞

皇上速賜勅部議覆施行

海濱民困疏爲海濱民困已極亟請

睿鑒少開生路事該臣看得蘇松等處錢糧繁重淮揚等處歲歲災荒百姓失其樂業濱海之民其苦更倍自海禁森嚴凡徒步取魚者槩行禁止小民無以爲生茲臣遍閱各處情形波浪如山必非徒步可涉其隨潮近岸之魚蝦似可聽民採取則傍海居民稍有生路崇明對渡船少人稠每致覆溺臣查划船原無定額今應於太倉州設立十隻崇明縣添設十隻用竹竿布幅行使軍民可免覆溺所全生靈實多是在

皇上如天之仁特賜

俞允者也臣謹會同提督臣梁化鳳密疏籲請伏乞

皇上睿鑒施行

報明江寧流移疏

爲報明江寧省城流移飢民甚衆仰體

皇仁勸輸賑粥以恤災黎事竊惟江南地方災荒荐蒙

皇上屢次蠲賑飢黎得以保全淮揚各屬見蒙

俞允捐輸事例捐到銀兩陸續發賑鳳陽各屬先蒙

皇恩大賑安慶府屬先經　題准倉穀發賑廬州府　題屬查有存貯捐耕米石撫臣靳輔見在會疏

請淮江寧省城兩年災傷雖未合蠲免之例而收穫實寡人稠米貴多不聊生既無存貯款項又不敢以淮揚捐輸之銀分濟於不成災地方臣目擊飢民情形隨與司道府官酌議設廠賑粥勉力捐輸并敦勸紳士商民共襄善事分設三廠自十二月初旬煮粥開賑凡捐到銀米登記印簿臣與司道府官不時到廠驗視每廠飢民日有二三萬人每日用米二三百石不等約至四月中旬始可停止凡尚義捐助者臣多方獎勉自可源源接賑至如府屬六合等縣滁屬來安鎮屬丹陽寧屬宣城太平見在設廠賑粥池州廣德俱報煮粥給賑臣均行獎勉發示勸諭捐輸至鳳屬鳳臨天定四縣被災尤甚雖當大賑之後臣仍與道府官多方捐措煮粥期使災黎咸獲存濟伏念

皇上軫恤民瘼

睿懷殷切為臣子者推廣

皇仁隨宜設賑自是職分當然本不敢煩瀆

宸聽但官紳士民尚義樂施其捐助數少者臣自酌

行獎勵倘有捐輸及額者若不獲邀

恩典則無以示鼓勸容臣賑畢之日查明　題敘合

先　題明伏乞
皇上睿鑒施行

裁冗員節經費疏爲酌議可裁之冗員節省有用之經費事該臣看得江寧等十六衛原設守備十六員千總三十二員管理屯丁黃快丁錢糧經總漕帥題請酌量裁併將屯賦歸於就近州縣徵解部議十六衛屯糧俱設守千徵收已久且各州縣俱有應徵民賦正項錢糧繁多此屯糧應否歸併州縣徵收請
勅臣與江寧撫臣妥確議覆欽此欽遵臣即移行查議今准江寧巡撫馬咨會并據各司道會議詳覆前來查江寧等衛所屯田黃快丁散在各州縣地方離省窵遠經管守千各官四遠催徵完納不前致遺
國課今若　歸各州縣就近徵比頑丁不致恃遠拖欠則糧賦易於完納且衛所本折錢糧不過二十萬散歸各州縣徵收每邑所增無幾又并入地丁考成不煩另案參罰誠爲簡便況江西各衛屯糧歸併之後軍民俱各稱便僉運亦無窒碍已有成效則江寧等衛丁田錢糧似應於康熙十二年爲

始照例歸併州縣徵收至管屯各官內千總一十二員均應裁去其掌印守備十六員若一槩議裁恐運官無所統轄事務易至紛淆今應量留守備四員改爲四衛分轄運千几支領錢糧查造冊結開報賢否一以守備印文爲憑更屬允當其餘守備十二員應裁去以省糜費但當歸併之初一應新舊錢糧并田畝人丁坐落住址必須逐一清釐查造庶免日後淆混除見在督令司道並各衞詳晰造冊外所有查議歸併緣由臣謹會同江寧巡撫馬祐具

題恭候

勑部議覆施行

馬祐署總督海坍逼近城垣疏

爲海坍逼近城垣亟圖修防之法以固疆圉事該臣看得海門縣濱臨江海田地坍没居民逃亡前督臣麻勒吉從長酌議屢經駁批布政司議妥詳奪今據布政使慕天顏詳覆該縣原額田一百四十七頃九十一畝奉行清丈坍江田一百二頃七十七畝零經前撫臣韓世琦於請除丈坍等事案內題請經前督臣親勘具

題部覆

永額在案清丈之後又坍江田五頃五十九畝零止存田三十九頃五十四畝零人丁九千二百四十七丁除逃亡外止存丁二千二百有奇司府州縣各官咸稱坍逼臨城目前危險情形無術抵禦裁縣併州刻不容緩自當如其所議相應據實疏請

皇上睿鑒海邑田地坍江民戸逃徙恭候

敕部議覆歸併至逃故見在人丁田地另勘實造冊送部察核惟學校原以培植人才未可俱廢比照福建裁衞留學似亦可從並聽部議謹題請

旨

阿席熙修理邊城疏

爲邊海城垣傾頹亟請修築以固危疆事該臣看得江南沿海一帶城垣俱關防禦要地年久傾頹修理誠不可緩内查金山寶山二城雖經前督臣麻勒吉題請照甘肅蓋造營房之例捐輸建造至今各屬捐解寥寥以致不能興工今准江南提督臣楊捷移會邊海城垣共有九座年久傾頹修葺不容[illegible]緩臣請照通州修城事例捐輸修葺事例稍輕[illegible]

方官紳士庶尚易爲力庶可有濟急工事竣即行停止仰懇
皇上勅部議覆允臣所請庶修城錢糧不致匱乏而嚴疆得有攸賴除冊送工部查核外臣謹會同撫臣馬祜提督臣楊捷合詞密題伏乞
皇上睿鑒勅部議覆施行臣未敢擅便謹題請
旨

江南郵遞疏

爲江南郵遞仍併一道總理以專責成以免歧悞事竊惟江南驛務向來止設一道經管緣康熙十三年吳耿變叛一切邊報軍情緊急章奏絡繹不絶臣是以請照藩臬之例添設安徽驛道一員分司其事今則漸次平靖且安徽驛道兼管池太道事又有地方之責不若將上下兩江郵遞仍歸一道總理庶責任專而應付師行不致推諉矣臣謹會題伏乞
皇上睿鑒
勅部議覆施行

徐國相署總督覆江南郵遞疏

爲江南郵遞仍併一道總理以專責

成以免歧悞事該臣看得部覆池太二府事務應歸何道兼轄仍令該督撫定議具題到日再行註冊行據安徽布政使龔佳育按察使王國泰會詳查江安督糧道叅議張永茂雖專理漕糧事務殷繁然駐劄江寧相距池太稍近應歸該道兼轄則地方亦得就便彈壓矣臣謹會

題請

旨

于成龍恭謝頒賜

御書清慎勤疏為恭謝

天恩事康熙二十一年七月初九日接內閣中書索

紀齋捧

皇上頒賜御書清慎勤三字到臣臣隨率同在省司道文武各官出郊叩迎至臣公署恭設香案望

闕叩頭祇受訖即選材製額遴工鐫刻另涓吉日安於臣衙門公堂前楹昭示永久外恭惟我

皇上法天行健

協帝用中

秉勵精圖治之懷

大紹統垂裳之業曰智曰仁曰勇

聖修既度越於百王惟清惟慎惟勤臣道宜申嚴夫

庶職爰秉

萬幾之餘暇

特書三字之官箴稽訓詞從古以迄今但空存於前

冊若

須賜自内而及外則獨見於

盛朝

天章擬雲漢之昭回

睿製比河圖之朗煥永垂奕禩廸率羣工臣猥以疎

庸過膺

隆渥捧觀

宸翰如聆咨儆於

殿廷循省素餐倍凜

威顏之臨照敢不夙夜氷淵勵諸司而同志濯磨衾

影勉江甸以咸遵日惟在目時切寸心臣謹具疏

叩

謝伏乞

皇上睿鑒施行臣不勝激切感戴之至

帥顏保開復雲臺疏 為籲復雲臺上助漕運下存孑遺事據淮揚道副使黃桂呈詳到臣該臣看得淮安府所屬海州生員江之菘等呈稱雲臺一山上建三官祀廟砥柱江河獸翊運道緣順治十八年槩入遷撤海邊各口嚴釘樁木浮葦溷草遏樁存滯沙淤河淺尾閭不洩以致桃源諸堤屢潰民遭水厄淮揚九載水災治河莫善於復雲臺而清海口等情臣隨批行各官酌議復經移咨督撫河提諸臣會商前來但此山實與州城甚近比別島遠在海中者不同其山週圍共計三百餘里物産民聚向稱豐腴稠密且雲臺山係屏障海口為黃淮之尾閭自從廢為禁地以來壅沙日積黃淮漫決以致淮揚水患頻仍而運道民生俱有堪虞今應否開復雲臺山為內地統候部議臣謹合詞密

題

朱國柱分駐藩司疏 為吳省之錢糧日見煩難藩司之職掌急當更易協理不如分任拘常不如變通謹再為請

命以專責成以全

國賦事竊照天下之錢穀半出于江南今日之江南更難于他省而江南之繁重倍見于臣屬奏銷考成

功令森嚴本折存解條項紛紜一切之

上供須臾難緩各省之協餉日夕頻催江寧等十四府徐州等四州凡催徵報解總歸諸藩司矣漕操二撫臣與鳳陽撫臣及臣撫衙門凡批駁查核並責諸藩司矣上江按臣下江按臣凡考察完欠亦問諸藩司矣而以藩長一官備求肆應極一人之精力任通省之催科拮据不遑實難周到所以參罰屢至而

國賦終虧也雖藩司設立左右二使而錢糧出入專以左藩爲政右藩僅屬旁參每行一事必待協商而後決決中間不無遲滯即有成議以速行矣則所行止此一事耳未若各行其事各任其成愈見直捷而易簡則奏效爲較多也臣前疏已悉言之欲以左藩仍駐省會專理安慶廬鳳淮揚徽寧池太等九府徐州等四州以右藩移駐常州專理臣屬江寧蘇松常鎮五府設官分職原爲軍

國之大計不得不早爲請

命耳接准戶部咨開左右二布政司同城管理成例
已久不便分地管轄相應照舊遵行等因具題奉
旨依議欽此欽遵抄出到部移咨到臣臣以爲成例
二字固率由舊章之意不爲改絃若因時濟變之
方又難膠柱甚矣左右二布政司不可不急爲議
分也如謂天下藩司竝無分轄則江南之煩劇非
比別省如謂從來藩司亦無分任則目前之江南
非同往昔臣請喻言之江南錢糧紛如亂絲總司
頭緒如理亂絲與其兩人交摘一縷則日清一縷
耳何如兩人各摘一縷則日清兩縷不更便乎此
其彰明較著者也臣今爲江南計擬將安慶廬鳳
淮揚徽寧池太等九府徐州等四州所屬雖多而
賦役少減專責之左藩仍令駐劄省會可以居中
徵解臣屬江寧蘇松常鎮等五府所屬雖少而賦
役較重專責之右藩令其移駐蘇州可以就近督
催若右藩一官臣前言駐常而今言駐蘇者非敢
自爲異同也誠以駐蘇與臣同城如
上用與軍需事在緊急必煩查解者臣催藩司可以
一呼而至所謂臂指之靈也况錢糧重大防護宜
嚴若蘇城有臣標官兵而藩司倉庫亦可恃爲[illegible]

舉此又臣之欲圖萬全耳至于書門與皂快布藩原自有人固不煩另編經費兼以新移之衙舍蘇郡查有閒署亦不煩創造興工所議添者止司印顆我

皇上必不靳此而貽東南半壁財賦難完之憂也臣因職掌起見再疏披陳伏乞

睿裁勑部議

覆施行

馬祜開濬劉河吳淞江疏

為議疏劉河吳淞淤道亟濟災患饑民以修水利以重

國賦事康熙十年二月十九日據江蘇布政司布政使慕天顏呈詳前事等因到臣據此該臣看得蘇屬劉河口松屬吳淞江乃江南蘇松常浙江杭嘉湖六府諸水合流瀦於太湖由此二口分導入海盡洩湖水之咽喉也疏則六府同其利塞則六府同其害歷代以來凡遇淤滯俱特遣大臣駐劄吳中專修水利動支正項錢糧撥充疏濬經費臣稽考成書明朝嘉隆年間吳淞江道復淤太湖四溢淹沒田廬水患頻仍民生困苦將有巡撫海瑞條

奏疏治因役大費繁請留漕米二十萬石又動江
浙六府無礙官銀俱充工費令各處被災饑民上
工就食修復水利兼行賑濟水災寧息事功告成
刊載典章班班可按其迄於今已及百年潮泥日
壅故道全淤
本朝鼎建二十餘載官斯土者憚于工程浩大財費
無資視爲末務因循不舉孰謂上年夏月霪雨連
旬湖水汎濫禾苗悉淹民居胥溺積水三月不消
農功廢棄人户流亡總由劉河吳淞入海之口淤
塞致水勢湧聚無從走洩之故也臣念
國課民生關係重大欽遵
勅書內開江南水利久壅宜酌量疏濬隄防煌煌
天語敢不悉心講求隨檄司道府州縣各官延集士
民博採輿論又准總督臣麻勒吉浙撫臣范承謨
咨商疏濬劉河吳淞故道誠爲今日第一急務臣
俱併行藩司委官丈勘淤塞諸道茲據公議詳覆
應開劉河淤道二十九里共長五千二百二十丈
河面濶濶不等總計人夫三十九萬八千四百一
十二工建閘三座每座工費千金以備旱澇蓄洩
約共需費四萬兩應開吳淞江東至新涇口皆成

平埡應開四千三百五十一丈自新涇口迤西至赤雁浦黃渡共應濬七千五百餘丈并修復舊址壩閘約共需費十萬兩據司議援引明臣海瑞開濬故事請留康熙九年分江浙兩省漕折銀兩用充公費臣再四思維當此異常水災之後村落饑民逃荒乞食日以萬計哀號求賑在在皆然臣與屬官勉力捐俸分發煮粥不過苟延旦夕實切救死不暇萬難僉派民夫舉此大工若欲徒責地方各官設處捐助亦終成畫餅勢不得不請動正項以濟目前急務仰懇
皇上俯念此江浙六郡為
國家財賦重地將蘇松常三府康熙九年分漕折銀九萬兩浙省杭嘉湖三府漕折銀五萬兩
恩准留充疏濬河工經費俾各處災荒饑民就近上工趁食是修復水利之中兼行救饑之事一舉而兩利之矣但恐部臣不允議留漕折則難為無米之炊必致貽悞地方惟有再議將估計工費一十四萬兩均派蘇松常杭嘉湖六府屬去年被災州縣分年按畝輸解抵還漕折不致重罹水患此出臣萬不得已之議倘蒙

皇上軫恤災傷孑遺仍
賜動支正項地方幸甚民生幸甚謹抄錄明朝巡撫
海瑞條奏留用漕折動支江浙兩省無礙官銀治
水原疏恭呈
睿鑒一併
勅部將臣二議確酌定奪臣伏思上年江浙被災州
縣臣與督臣及浙省督撫激切連章爲民請
命議折漕白議蠲正賦荷蒙
皇恩照例蠲免計兩省災田應免銀米已虧
國課數十餘萬而重災田地顆粒無收漕白二糧例
不議免災民責男鬻女破產賠糧者又不知其幾
倘部臣拘例恤費則不能亟治淤塞江道河口轉
瞬霉雨時候不幸再遭水潦必又議蠲錢糧不惟
災免分數倍此工費抑且
國賦日損人戶日亡將蹈淮揚水患之續勢所必至
然後再議經營則費愈多而民愈苦矣臣身在地
方目擊利害隨單騎親往劉河勘視形勢據沿河
父老居民呼籲迫切僉云及今不蚤爲疏治必致
農桑盡廢臣不敢坐誤自貽溺職之咎又念乘此
農隙時不可失暫那庫銀一萬兩責成蘇州府太

刑同知于階太倉州署印本府通判吳江偉崑山縣知縣董正位嘉定縣知縣趙昕專董其事召募饑民就便上工趁食據報已於本年二月二十六日興工築壩分段挑濬劉河矣其吳淞江淤道當候部覆次第舉行用過工程經費細數統俟事竣造册達部外臣謹會同督臣麻勒吉浙撫臣范承謨合詞具　題伏乞

睿鑒施行

條議豆草價值疏

爲欽奉

恩詔事康熙十四年十二月十四日

恩詔一欵內開督撫係封疆大吏地方利弊聞見必眞凡關係籌餉節用裨益兵民事宜如有確見著據實條奏果屬可行著有成效即從優擢用欽此

欽遵竊惟邇年以來各省用兵上厪

九重宵旰之憂凡在臣子自應殫恩竭慮以佐治平此乃職分當然非可言功況臣才識淺陋實無奇策指陳伏念我

皇上恤兵愛民久洽於人心當此軍旅繁興屢損

尚方之供而益厚賞於戰士惟開鼓勸之例而不加

賦於小民則治安根本之計
朝堂已有成謨矣惟是歲入有常籌餉方亟臣竊觀
古之善理財者亦惟於轉移樽節之間加意而已
但一應捐輸裁省事宜及白糧鹽課等項節經會
議業已詳盡臣勉竭愚見與藩司守道等官諮詢
商酌就所屬地方情形度其有利無弊可以施行
者省一分即益一分之餉謹列數端恭候
皇上採擇一議旗營豆草之價查江南駐防及提鎮
官兵馬匹豆草每年動帑採買如康熙元年至七
年價貴之時豆每石自一兩一錢三分至一兩四
五錢不等草每束自一分二釐五毫至一分五六
釐不等自康熙八年以後報銷價值漸減如康熙
十二三年豆每石自九錢三分至一兩二分九釐
止草每束自九釐七毫五絲至一分二釐九毫八
絲止將一年之數通盤合算豆每石約銀一兩草
每束約銀一分一釐俱經再三駁核因按月支放
不能盡待價賤之時且爲數浩繁又不能零星斗
束收買豆必遠處採辦草必先時積貯一應舟車
盤剝人工挑運總在價值之内若再欲減省則官
吏不能賠補恐致累民臣歷年體訪盡善之法不

如折價與兵丁自買則公私均爲有益在一兵月所需有限可以隨時自擇賤價零買頓買皆[illegible]便易無煩盤剝挑運之費如議折價即稍爲減省無不樂從除各省用兵地方必須本色放給無庸另議外其不用兵地方即就江蘇布政司所管京口松江崇明各將軍提督標下豆草每豆一石折銀九錢草每束折銀一分計一年可省銀一萬五千兩是誠節用之大者駐防日久兵民相習凡日用之需原自互相交易亦無慮兵丁自買或有紛擾也一議採買變通之法查每年青藍布疋於蘇松常三府辦運至京因官布長闊丈尺與民間通用者不同逐疋採驗合式故價亦稍貴運解水脚之費又不可省臣思布疋原備賞賜之用似不必限定一式　京師百貨會集將來若就近採買可以立得比之遠道運解所費必省至江南各標營兵米邇年因淮揚等處災歉缺額兼以移駐官兵比前加增以致歲有不敷兵糈難缺節年採買之數歷歷可考臣以爲不敷之米原可預計似應蚤爲酌議通融撥給則可無採買糜費之慮若於漕糧內照數存留在京通倉少數萬之米不爲缺乏

亦可省行月諸費以佐軍需誠爲至便一議暫廣捐納之例查新例進士捐銀五百兩者以內閣中書錄用但舊例考授中書原有由舉人貢監者似可稍廣其途凡舉人貢監分別酌定加納銀數亦准以中書錄用其先經捐納知縣者亦照進士已選知縣未領憑之例准其加納又新例廩生捐銀三百兩准作歲貢每府州縣廩生數止三四十名恐其間有力捐納者少應將增附生亦許其捐納分別加增銀數一體准作歲貢若此二例允行則江南各郡捐納者必多推之各省諒亦相同亦籌餉之一策也至於一切裨益兵民之事

朝廷章程具在臣惟率勵所屬益加謹凜實心任事以裨地方伏乞

皇上睿鑒施行

請造營汛巡船疏 爲酌議沿河小路設立巡船以弭盜患以安商民事該臣看得

臣屬蘇松常等府地方濱臨湖蕩素稱澤國爲盜賊淵藪竊發靡常昔年松江提標與蘇州營各設有小快船四十隻平望無錫常州鎮江等處營亦各設有快船一二十隻不等分汛巡防嗣今

寔此因地制宜誠靖盜安民至計也自康熙七年間部差郎中卜書庫到蘇查覈沿江沿海各營可以出海之船將此等內地小快船槩議裁擱收入陸地朽壞無用邇來盜賊乘船出沒水鄉河路刦掠時聞汛防官兵苦無船隻坐視賊逸不能尾追以致盜案日繁參罰踵至節據營弁詳請復設巡船臣正在檄行司道酌議適淮提督臣楊捷咨議官塘河路十里安設一船節節布置撥兵巡防俾各汛有船則易於堵截追擒實修復舊制要策臣又通行各司道府按程計里酌設去後茲據冊報蘇松常鎮四府屬各官塘河路及濱河要汛共應設快船三百二十五隻除上青兩縣已報修船二十隻外止應造船三百五隻每船核實需用工料銀二十兩二錢二分零通共該銀六千一百六十八兩六錢零其所需錢糧臣查蘇州府每年編徵水陸各營船械銀二千八百兩遞年題

報收貯府庫原以備修造營船甲械之用相應於內動支打造事竣報銷日後遇有船隻損壞若照近奉部行三年始一小修五年始一大修恐致易於朽廢應照馬快船定例次年小修每船給銀三兩

再次年大修每船給銀六兩五年舋造必歲加整葺庶堅固經久而不致沉朽無用矣惟是此項船隻臣等本因舊日汛防制度酌議成造目今滇閩逆賊告變軍興旁午四方商賈不通民間生計蕭索游手無賴奸徒處處挺而走險且自春徂夏霪雨連綿晝夜不息臣屬蘇松等府地方低窪田地一望皆成巨浸茫無畔岸二麥既已腐爛今值插蒔之際田畝水深淹沒秧不能栽農夫束手無策臣雖見在檄飭有司勸諭竭力厚救與其播種惟恐飢荒之衆流入匪類相聚爲盜近又據宜興縣營申報浙省湖州府之長興縣土寇竊發警逼縣境又據平望營呈報浙省土寇被剿竄逋飄突鄰境亟須駕船搜檎紛紛請發快船刻不容緩復准浙江撫臣田逢吉咨報湖賊嘯聚勢甚猖狂請發官兵會剿非船斷難追擊蘇松常三府皆與浙界接壤各有巨澤大川素多伏莽兼之河港錯雜四通八達汛防官兵見無船隻巡剿遂致盜賊出沒無忌至若有船營汛惟止太湖吳淞江陰等營設沙唬船數隻止可於太湖長江海口之間乘行使其在內港湖蕩必須輕利小艇始可飛棹

襲此等巨艦一入內地便不能施展臣等從今日地方多事起見敢不熟籌消弭防禦之策此議傾營汛快船萬萬難緩非敢虛糜朝廷金錢也倘部臣惜費拘執又恐貽悞匪細用是激切詳陳伏乞皇上俯念江南財賦奧區謀在事先乃爲無患敕下該部准臣動支本欵船械銀兩分發各營勒限打造完固俾官兵得以乘駕追勦則盜賊知有整備不致橫肆流毒瀕地方隱憂可杜民生得獲安枕矣除將應設船隻及需用料價數目造冊送部查核外臣謹會同總督臣阿席熙提督臣楊捷合詞容題伏乞睿鑒敕部速賜議覆施行

募天顔縴夫供應疏 爲縴夫供應繁苦請

旨酌量雇折恤民力以召天和事臣惟供應大兵縴夫一項凡遇一夫差每有用至七八千人以及成萬者除驛站額夫之外例應雇備於民間而窮民之受雇者恒以兵馬經臨之時聲勢雜沓人方閉

戶藏身執肯自赴當官領錢執此苦役在地方官不得已著令里甲按圖募出而雇夫錢糧僅照每站每夫一錢之數給之卽多至千名以外者亦止給每夫三錢如官兵過往文到卽行預備守候數日不敢擅離以數千人之聚何能拘管勢必封閉於公所以便兵臨供應則此坐待之飯食官給不敷里甲必又自相津貼甚有守至半月之久饑寒在所不免用夫愈多雇覓愈難此兵未臨而備夫之苦如此也迨大兵旣到則按船散夫原不問其所載之兵是何名姓開行之後沿途鞭撻趕程或有悍兵及刁惡船戶勒索銀錢搜剝衣糧中道放脫者亦有受笞不堪凍餓暍病致斃者臣嘗遣員肩牌督押而行以禁戢其淩虐然兵船卽啣尾前進延袤亦數十里一二差員豈能先後週顧及過畢而知其處夫死究難詰其因何累傷何船何兵之所暴害矣此兵旣過而當夫之苦如是也今又新奉部文向來每夫雇價三錢者均改爲一錢益難于昔矣臣於自陳不職疏內業已首罪於

皇上之前臣今再四籌維此等嗟怨之民豈不上干

天和而設法以期毋悞師行兼恤民力莫若權其[illegible]

急分別折雇庶可兩全如行船之用水手原因船
之大小雇水手之多寡在民間貨載並無縴夫而
船亦自遄行乃兵船無夫不行者以水手不敷之
故也在船原有之水手一聞官封先各星散惟留
船主一身官給水脚比民間較少是以水手寥寥
力單難以運動今臣酌議除緊急軍機呼吸難緩
者仍應縴夫外如凱旋回京及各處調遣歸標等
項官兵先期行文經過換船地方將官舫及雇到
民船應給水脚照例給足令船頭船戶雇足應用
之水手而遇站照本船大小例該縴夫若干之數
每名一錢按數折給此一錢之銀在縴夫守候往
返盤纏多日糊其口而不足在船戶以船爲家添
得此數資日用而有餘且船戶知有每站折夫之
銀自必雇足本船水手而駕舟扯縴俱已有人自
無遲悞軍行船戶水手均樂於從事也此法臣於
初令錢塘時詳明督撫行之無悞有案可稽統於
直省一例循照實足安民但非奉
天語申飭恐兵主不遵難以畫一若夫出征大兵船
隻迅速照常募夫應付在地方官加意周恤爲督
撫之責無辭在領兵官體念民勞仍祈

皇上嚴飭戒諭統候部議定例遵行者也至於前項貼夫折價先儘驛站額夫名數扣算餘則循例報銷並無冒破緣係縴夫困苦有關民生臣敢因地震求言激切條陳伏乞
皇上鑒允
施行

設廠賑饑疏 爲饑民望賑甚迫亟請

皇恩開濟事竊念臣屬地方今歲夏秋赤旱遍地禾苗枯萎兼以蝗蝻踵至在在失收真屬從來未有之奇荒報災共有四十州縣其餘雖有未報災傷及勘不成災者僅十餘處而亦皆薄收俱非豐稔臣業將被災情形及委官勘實災田分數先後會疏入告荷蒙
皇上特遣部員來南察勘民情既已
上達災黎可望更生見候部議將錢糧分別蠲折指日均沾
浩蕩惟是目今災地窮民饑苦已極望賑迫切實有刻難緩待者農夫終歲勤動惟與秋成得以資食乃今秋困於胼胝疲勞萬狀當初旱之時無不卹

望雨澤之繼至男婦老稚悉力桔槔尤賴麥熟所收以餬其口迨旱既太甚溝港斷塞農本已罄枵腹徒嗟而業主又復稍給饘粥再爲挖渠引流多方車救孰意滴雨不施泉源亦竭力田之耕民固已束手骨立而有田之業戶亦皆室懸壘空矣共顧焦禾惟相飲泣是以交冬以來乏食者更苦寒威將樹皮石屑充腸豈能久活臣聞見所及處處同然早夜圖維亟思賑救臣先酌議告糴於江楚滿望買米一到即爲貧民療饑不謂楚地亦遇災傷無從購買接閱楚撫臣咨覆臣幾荒迷痛哭莫知適從差往江西採辦官員亦據回稱價貴艱得尚未運到見今本地米值日昂且無多買之處如上年江南被旱今春洊饑四方尚有客販而至臣於彼時鼓勵官紳士庶共相捐濟屆正月初旬設廠賑粥旋蒙

皇上俯允督臣會

請動帑買米給散普救災黎又得河臣之留漕鹽臣之勸商狠鎮臣之分力協捐民遂得以有生不至流離今則災後重災委實田中顆粒無獲外來商賈杳然故致窮簷絕粒最早茲

欽差部員歷勘以下江之民比上江之民稍可存活不在即賑之內但臣屬江蘇等府州縣與上江鳳廬地方迥不相侔蓋鳳廬地廣人稀即稔熟之年原覺村墟蕭索一遇災而荒涼更甚若江蘇常鎮等屬寸地片壤皆係賦重之產村落相聯人民稠密雖貧家室空如洗而外觀仍似蕃庶臣從今春親賑之後曾遍歷郊野目擊疾苦情形今日如此眞饑不即拯救竊恐老弱空塡溝壑壯健疾貧思逞不僅棄土逃亡也臣受撫綏重任敢不鰓鰓過慮乎惟我

皇上饑溺斯民特允督臣會題展開事例廣行分賑正遺黎再生之日然而賑濟之法宜籌至當若欲每人給米來春饑民愈多領者如蟻拒之不能一經挨戶稽查反滋胥濫而外方乞食之人不與焉況人支斗粟不數日而食盡仍復餓傷更難為繼且領米於城或分給於市鎮遠近不等匍匐為艱莫若就災地近區多設粥廠在道里適均之處煮粥散食使饑民遠不過十里便其扶老攜幼則稍可自全者決不蒙恥食粥而溷濫之弊一清所賑之民甚溥至公至廣而又節省者也再查臣屬

幅幀遼闊如淮徐去臣所駐蘇城最遠河漕臣靳以勘工時常往來熟悉其人民困苦真情臣現在咨商河臣就近區畫分任賑濟仍請
皇上勅下該督速行酌議勘賑外如江寧一屬應聽督臣查賑揚州一屬仍藉鹽臣分濟惟蘇常鎮所屬長洲吳縣常熟武進無錫江陰宜興丹徒丹陽金壇臣已先為勸捐米石發往各邑飭令在城鄉各設廠五六處公舉好義紳士誠實耆民理董其事於臘月十五日為始煮粥開賑而江屬之六合句容二邑揚屬之江都為該屬諸邑中被災尤甚者臣亦先買米酌發咨會督鹽二臣矣以上應賑各屬煮粥所需柴米雖臣與司府等官極力設法但有司無力可捐紳民值災難助現措之米不過供賑數日將來饑民衆多務須源源接濟賑至麥熟始行停止仰懇
皇上准將見展捐輸事例銀兩動支買米報銷則江南數百萬饑黎得慶復生不致輕去其鄉委塡溝壑而來歲田畝耕耨有人仍復可收樂利矣除買米設廠賑過災民數目容俟造冊送部查核外臣謹會同總督臣阿席熙合詞縷晰披陳仰請

皇上睿鑒勅部速
賜議覆施行

各屬饑荒疏爲備陳災民饑苦眞情仰祈

睿鑒事該臣看得江南爲財賦奧區全賴雨暘時若庶民生樂業賦稅有賴不意康熙十七年春商羊肆虐二麥無收入夏旱魃爲災西成失望此時臣躬率司道等官齋戒祈禱奈天和難挽以致闔屬被災而淮揚徐各屬低處冲決河水未消高處又遭亢旱焦枯粒米不登臣於上年查將被災極重州縣行藩司委官確勘題
請蠲恤蒙
恩照例蠲免其被旱田地畧有薄收不至九十分垂災者臣念切
國用浩繁緊不敢輕
請免賦止在多方勸諭小民勉力輸將乃入冬以來凡屬旱荒之區人民遂至絶食饑號載道臣隨親行察訪如江屬之句容溧陽高淳六合江浦常屬之武進江陰鎮屬之丹徒丹陽淮揚之邳州江都徐屬之蕭縣等處災黎困餓更慘蘇屬雖止吳縣

山區爲重災而其餘郡縣亦俱菜色嗟嗟甚有累日不得一飧而淹斃者有典鬻無資闔門餓死者有剝食草根樹皮而哀號道路者有以石屑充腸而噎膈致病者更有饑寒難忍投告無門輕生自縊者種種慘苦情形不可名狀臣爲之食不下咽業同司道各官竭力倡捐一面買米散給及煮粥設賑一面移咨督鹽諸臣並勸諭僚屬紳者共襄協助至臣所駐蘇城地方目擊鳩鵠殘黎哀號滿野臣每一出見窮黎與流丐之男婦環轅呼泣請救臣率藩司暨同城各官共捐米石及借動倉糧於今二十八九等日臣親領各官散給每人米一斗計有老幼男女三萬餘名口糧給過米三千餘石臣與諸司設法倡勸捐補雖臣前後捐過銀米分發江蘇常鎮淮徐等屬鹽臣之捐賑揚屬督臣之捐賑江屬及江北地方河臣之捐賑淮徐在在設廠救濟可延饑民旦夕之命但今穀價騰湧倍見顛連捐輸銀米有限饑民待賑無窮臣終夜思維救荒無策見在督臣會同議請廣開恤災事例另疏上陳臣思此等流離饑饉之孑遺皆屬耕鑿供輸之赤子若不溥加撫恤源源接濟以待麥熟

將來播種何人賦稅何出且小民救死不贍又何力完納錢糧敲扑徒煩筋骨愈竭臣是以酌將重災州縣旱荒田地應徵康熙十八年分條銀竟緩至六月開比俾令麥熟之後閭閻可以資生則鼓舞徵輸國賦可得充裕仍限於歲終勉勵全完不過寬此數月之比較在考成原不後期正供原不少損而民困稍甦於目前卽寓撫字於催科之急着也至於見撥兵協等餉臣與藩司悉心籌畫務期將新舊各項貯庫銀兩及各屬熟徵錢糧通融轉運無悞軍需惟是旣措見餉勢必懸帑倘內部撥協別餉過多實難一時解濟仰懇

皇上勅部於今上半年內緩撥江南錢糧協解別省至下半年仍行酌撥亦無遲悞矣臣謹會同督臣阿席熙帶管漕務河臣靳輔鹽臣郝浴合詞備敘

上陳伏乞

睿鑒施行

請豁蘇松版荒疏 爲坍荒賠累無追亟請

皇恩豁免甦民困以名天和事臣惟地震之變

皇上躬行修省

將應行應革事宜條奏臣思最重者首在恤民而恤民之最苦最急者莫若豁免江南坍荒田地錢糧一事臣查蘇松常坍荒田地向來屢經勘駁實有三千餘項合算其本折錢糧亦不滿十萬而因此貽累反致欠多民情之隱苦實實不可勝言蓋坍者久成白水無土可問荒者磽瘠不毛無法可耕公占則係地入公家民已失業此種情形前撫臣及臣任藩司時入覲條奏歷歷繪陳久蒙

皇上洞鑒止因兵興以來軍務倥偬前撫臣無暇親勘故議暫停俟事平之日議覆因循至今臣撫任三載正值軍需告急方在生節之時何敢再瀆

宸嚴是以日切焦思而對此包賠之窮民赧顏無以自解臣故於自陳不職疏內首列此端爲臣罪也然思我

皇上愛民惟恐一夫不獲恭逢下詔求言之日臣再不言臣罪益深矣又念此坍荒錢糧如果可徵賠臣又何敢卽言奈何有糧無田有戶無人歷年地丁條折原無完納委係紙上虛數不豁亦無完豁之可免累耳惟漕糧一項徒累里甲里甲因此包賠逃亡株連不知凡幾官役因此漕欠那移墊買

每致難清完猶不完也三吳賦重額繁保無頑梗拖欠然每歲考成計民間零星尾欠積累而有數萬或災患不時民力困竭逋逃者又數萬總以四百餘萬之額徵而論亦不可謂之頑矣此有戶有田之欠數仍可於年限續完惟坍荒所欠萬萬無從責賠臣前於備陳舊欠無徵等事一疏題蒙

特恩蠲停者即此坍荒在內也今查前勘坍荒數內如長洲縣田地新經丈清陞補無缺不議外其太倉常熟崑山嘉定華亭婁縣上海青浦宜興九州縣確有坍荒未豁臣請

皇上大沛恩綸特准開豁容臣再加覆勘細數造冊報部從康熙十七年起扣免於民毋容纖毫捏冒此係永遠甦困培我

國家萬年之樂利非比一時之蠲停將見渙汗一頒民之歌舞雷動於三吳豈不可坐致休祥也哉伏乞

皇上鑒允

施行

請賑高鹽饑民疏

爲恭請酌賑極災饑民以廣

皇仁事據江蘇布政司布政使丁思孔呈詳前事等情到臣據此該臣看得救災設賑原屬不得已之請我

皇上視民如傷惟恐一夫不獲凡有上

聞必蒙

俞允全活之衆既頌

仁恩浩蕩而臣等撫此殘黎謂既賑之後可幸享有豐年上慰

九重宵旰下慶四野含哺乃不意江南連年水旱民愈窮而災愈甚是皆臣等撫綏無術莫能召感休祥以致小民困阨所以每一請蠲每一請賑惟有跼蹐悚惶竊慮

天恩之難再臣罪之益深耳如今春賑饑動帑數十萬雖現在開例收補而尚未捐足夏秋水渰地方又多饑黎絕食倘可設法全濟曷敢上瀆

宸衷惟是臣細加察訪現在被災各屬人民實有嚴冬無完衣蔽體者亦有累日而炊烟常斷者又有廬壞而乞食飄零者疫歿而父子待斃者蓋因旱荒之後繼以洪水積苦至今謀生無路官役催呼在門老幼哀號在室江南江北處處有之臣於此

時又能食下咽卧貼薦乎念
國用之殷繁不弟不能生節更且屢祈蠲賑臣心何
忍故自入冬以來臣查極災極苦之處多方捐措
稍稍賑恤使之苟延不致凍餓絕命若至來春麥
熟尚遙饑饉愈迫不得不再籲
皇恩沛澤但就江以南而論蘇常鎮等屬向係繁華
之區今城市外貌尚自可觀而窮鄉村僻之民饑
寒交切實堪悲閔前憲臣勘報之災皆係水沉顆
粒無收田地餘即一望有稻者迨刈穫多成空粃
此等情形臣已備陳於前疏但江南人民衆多一
邑之男婦幾有數十萬食口既繁收米實少辦漕
且萬分艱難安能計及溫飽然問民之疾苦而周
郵之臣職分當然臣與司道有司日夕商榷聞水
鄉貧農拾取魚蝦尚可博換升合以自存又聞春
興濬白茆孟河亦可招徠赴工以食力其真正無
告之惸獨孤寡則臣等竭力鼓勸以期全活不敢
槩請正帑矣惟江以北地方十餘年昏墊方起之
瘡痍復遭今歲沉滂未有若高郵一州城鄉俱浸
之最慘及興鹽二邑部伯一鄉之盡災者此憲臣
親勘時以重災入告今高郵舉足皆災地滿目皆

饑民必須廣行施賑庶得生全而興化鹽城全渰待賑更切又實應泰州江都三屬雖不比高興鹽之全災而窮感亦甚皆爲憲臣所目擊臣時時體訪確情行據藩司具詳前來查高郵興化鹽城寶應泰州五州縣及江都之邵伯鄉饑民遍地旦夕莫保臣當分委廉能官員於康熙二十年正月初十日開賑起至麥熟止或按戶大小分別散給銀米或設廠附近煮粥令其赴食務期因時制宜隨地就便不令失所但此賑項名戶數目尚難定而措捐萬無應濟伏望

皇上准臣先動正項核實賑畢報銷統俟捐輸例銀還項活此數十萬命皆爲

朝廷耕鑿之赤子所全實多況江北人民不比江南之多請賑此六邑饑民約計其數不過如江南二大縣之衆動帑亦屬有限諒蒙

恩允臣刻刻以節用爲心又不敢虛冒分毫也臣謹會同督臣阿席熙河漕臣靳輔合詞具 題伏乞

睿鑒敕部議覆施行

請蠲緩疏爲備陳舊欠無徵之積因謹請酌蠲分緩之

特恩以培邦本於萬年事竊惟三吳賦稅天下之軍需仰給焉實爲國家根本之地而小民耕鑿供輸必藉多方撫綏以遂其生休其力民力不窮則輸將源源可繼邦本固而國用饒理勢之必然者也臣叨

簡命撫治江南口夕兢兢圖所以報

恩効職惟在足餉綏民邇年用兵以來徵輸臣屬錢糧解支大兵協餉省餉以及供應軍工等項司庫之所出京倉之所入每歲本折不下六七百萬較之別省數倍焉夫此貢賦之民皆我

皇上愛養之赤子也轉輸不匱飼餗無虧以佐我

皇上蕩平之績亦可謂急公好義之良民矣乃因水旱洊臻閭閻之困苦日甚蘇松常三屬坍荒故絕之缺額無可徵求以致民屯地丁每年仍有餘欠今康熙十八年錢糧開徵伊始十七年奏考見在核造完欠外其康熙十年十一年十二年十四年每年考成年限未完銀米止有十二三萬不等康熙十三年奉

恩蠲半未完銀米五萬有奇康熙十五年則有未完銀米二十萬康熙十六年未完銀米三十餘萬追

數年積欠臣豈不欲徹底督徵全完以充帑實然
以考成十分而論遠年者欠不滿二三四釐近年
者欠亦止八九釐實處於萬萬難完之局不得不
以目前艱苦民情籌維永遠 國計歷陳我
君父之前遡查臣前任江蘇布政使康熙九年冬抵
任之初清察元年至八年錢糧毋年 奏銷民欠
四五六十萬不等而那混缺額又共二百餘萬臣
痛心疾首謂江南財賦重地如此逋抗侵那軍國
何賴首革耗蠹次勸墾耕夙弊漸除欵日歸正是
以康熙十年以後考成未完皆不及一分之數而
康熙十四五年以迄於今將存留項下錢糧裁扣
增入 奏考者百餘萬向之 奏銷少此裁扣自
餘萬而尚欠五六十萬今頓加此數而僅欠二三
十萬轉相比並則起運原額已完足而有餘矣且
此存留往日原聽本地支銷驛站俸工雖不可缺
然而徵於官復散于民民間仍有此金錢轉運也
或欠於民而詘於官亦不計考成民力猶得寬舒
也今則盡歸充餉絲毫不容緩欠民安得不窮今
計追呼於民者十年至十八年新舊錢糧九年并
徵凡州縣比較大率十日一限舊欠拘比之里甲

即新徵赴限之糧戶也假使每日輸比一年則十日中止一日空閒而九日應比矣鄉城躑躅接踵衙署公堂將何日寧家力農乎假使一日而并比數年則先因某年之欠而敲朴之復因某年之欠而枷責之淋漓血肉尚有完膚乎民安得不困況積欠之數非係版荒坍缺即屬死絕逃亡在有司以正額難虧不得不責成於見在之里甲而里甲本名應輸尚難拮据何堪包賠貽累馴至筋力未盡之民並思逃避於是牽連親族者有之拋棄熟產者有之究竟荒絕之積逋終無完補而又加之以饑饉民安得不重困臣仰體

皇上如傷之仁時時爲有司告誡既不使疾苦遺黎益致荒逃又不敢以定期考成自爲寬假惟是上年旱荒流移載道臣目擊心傷於今年正二月間措捐賑恤冀得瘡痍稍起不意各屬告饑之文踵至哀慘之聲不輟臣每一出鳩鵠男婦攜老挈幼環車號呼而就粥廠者日多一日荷蒙

皇恩俞請動帑 命臣等親行督賑臣閱道府冊報饑民戶口一邑多至十數萬恐有冒濫臣於是微服單騎躬往鄉村蔀屋惟見柴門盡掩烟戶寂然

僵臥之人餓不能起乞食道路者皆尪羸骨立奄奄欲斃幾非人形詢之而答不成語祇聞嗚咽悲啼臣不禁淚汗如雨也臨厰散米之際有人持斗粟力不勝者有旣得領賑感而生泣者臣反復宣布

皇仁以去臣之隨行員役無不潸潸涕零矣夫蘇松常鎭城市之間外貌觀之肩摩轂擊猶稱繁庶是皆逐末之輩聚集謀生致見紛靡其實輸賦小民萬分凋瘵農桑村落一望蕭條臣有封疆民社之責使在下之痌瘝不以上聞是負斯民實負我

皇上而欺天矣臣伏念我

皇上御極以來將康熙九年以前民欠錢糧三奉

詔免一奉蠲停康熙十三年蘇松常鎭淮揚六郡錢糧

上諭特行蠲半我

皇上軫念江南百姓優渥非常今此遠年積逋倘可催徵取足豈待數載之久而尚不完或有法以按求臣又何憚而不督責乃經徵之官已數更催科之術已窮盡紙上虛名委係有糧無田有戶無人里甲徒受鞭笞毫無裨於公帑臣敢請

皇上俯允所奏將康熙十年十一年十二年民屯地丁并漕項未完銀米槩賜蠲豁此三年民欠不滿四十萬在朝廷不過蠲此無徵之虛數而窮黎已得共徵免比之恩育其利益有不可勝言者至康熙十三十四十五十六年民屯地丁民欠錢糧仍不能并徵完足蓋一年并徵則累重民雖有些微上納自揣難免刑杖百計貧免愈滋耗費實屬無益若分年帶徵則累輕小民既無日月促比之苦完一分即補正供一分深爲有益臣敢再請

皇上俯允所奏將此四年民欠緩於康熙十九年起分爲四年帶徵務期全足如再不完催徵各官從重處分民力寬而感激鼓舞官力專而嚴厲清釐矣臣總不爲目前民生希圖市恩實爲萬年邦本培育起見目今巨逆既誅湖南掃淨滇黔粵蜀指日蕩平正宜養此財源供輸軍國於永久無疆也如蒙

皇上鑒臣無欺特頒

恩綸分別蠲免帶徵俾江南萬姓仰瞻 堯天舜日之仁欣聲雷動咏歌

聖德於億萬年其樂利豈尠淺哉奉

旨江南財賦繁多舊欠無徵錢糧如再行追比恐累小民其十年十一十二年錢糧俱著蠲免其十三十四十五十六年錢糧俱著以十九年起分年帶徵以舒民力著該撫通行曉諭務令均沾實惠以副朕休養斯民至意該部知道

余國柱恭謝

御賜清慎勤三字疏爲恭謝

天恩事康熙二十一年八月初六日接到内閣中書索紀齋捧

皇上頒賜御書清慎勤三字到臣臣隨率同在蘇司道文武各官出郊叩迎至臣公署恭設香案望

闕叩頭祗受訖一面選材製額遴工鐫刻高置公堂前楹昭示永久外恭惟我

皇上法

天垂文

體聖立訓

江南通志 藝文 卷之第六十五

書

危微精一傳十六字以執中
正直蕩平錫億萬人之皇極昨者載清反側式奠
乾坤干羽兩階巳格苗頑之俗梯航萬里遠歸日表之
邦羈金馬於南嵎界窮章亥之所步詞寶鷄於西
甸地彌禹契之所書蓋巳星宿呈祥山川效瑞
功遠逾於虞夏
德迴邁於軒姚矣乃於櫜弓輯矢之年又念吏治
民生之弊
恤小民之幹止選極工寮
飭庶尹之公廉責先大吏故每當岳牧之舉必簡
出於
宸衷且更於
陛見之初屢申戒以
面諭尚慮羣臣之怠玩特灑
奎翰以遙頒環海乂安咸頒同軌同文同倫之慶
溫綸誥誡爰勉維清維慎維勤之懷爰於幾務之餘
篆以飛動之畫
大章璀璨屈盤河漢之形容
玉緯焜煌照耀星辰之色象分之九牧齎以專官使

埶著於堂簷各懸之爲榜署

帝鑒有赫儼共質於鬼神屋漏難欺益嚴儆於夙夜凡我臣子仰答

君親敢不厲以恪恭深其祗畏矢之白日必內撫衾影之慚實此素絲無外竭涓埃之報臣材慚樗散學媿顓愚以梧掖之小臣荷

風宸之特眷乃甫膺

殊寵拔自衆人之中旋畀雄疆任以江左之重每憂覆餗彌懼虛膺竊思清者必精白乃心至於慎勤則寅恭厥志此固根性之有素亦祗臣分之宜然若令稍涉於狥名卽爲外飾但使僅怯於畏法亦屬矯情蓋嗜欲蔽其神明則臨事每傷於商忽貨利紛其智慮則昏氣卽成於疏慵分之雖有三名操之實唯一貫苟能旌此素心不復縈於外誘貪泉歃水果無改白璧之操錯節應機又豈少鉛刀之用此實微臣自矢之悃敢爲大庭共勗之箴嗣是仰

睿訓於雲霄寅贈寶畫對

天威於咫尺矢此寸心惟有竭蹶駑駘時時凜三言之戒申嚴屬吏在在勵百爾之忠臣謹具疏奏

謝伏乞
睿鑒施行

欽賜昇平詩謝恩疏 為恭謝

天恩事康熙二十二年正月十四日據提塘官李世
昌奉到
欽賜御製敘昇平嘉宴詩一冊到臣臣隨恭設香案
望
闕叩頭謝
恩祗受訖恭惟我
皇上
止戈為武
立極右文本泰道交孚之時值昇平奏凱之會爰
咨臣尹於就日瞻雲之下竝矢詠歌於醉心飽德
之餘
首唱自天咳唾皆成珠玉衆音繁會里謳盡叶笙鏞
體製用栢梁之遺盛事軼卿雲之什兼之
宸翰
親灑弁章
典誥疇咨義聿昭於誨迪
訓詞深厚情共竭於贊襄予於臣肅奉

簡書方違
輦轂欲陪車塵尚戀
金莖猥荷
特名之榮得預
禁庭之宴翔鷺已辭於太液更叨恩波啼鶯行遠平
上林重瞻春色且自遙馳江表空深望
闕之懷豈期
聖念眷存復
賜芝泥之冊
龍章鳳彩目曜瑤箋
玉振金聲聽希廣樂捧持私幸拜舞增華使在
殿陛之班亦復驚承
惠渥況屬封疆之吏由茲益見
寵光憶同喜宴於羣工恰惟斯月回覲
天顏於咫尺便隔經年犬馬微忱葵藿如結臣謹奉
爲世寶愼守
奎章不羨唐家僅攜飛白之字奚論宋室徒侈寶繪
之文當益凜切於
溫綸庶幾對揚於
嘉命臣無任忭舞感激之至相應具疏奏

謝伏乞
睿鑒施行

京口兵米留漕疏

爲亟請照舊留漕以濟軍需事該臣看得凡事有利於國者必求無害於民有利於民者尤期有益於國如京口兵米歲需一十三萬餘石向係截留江南漕糧至京口康熙三年疏留江漕十萬其餘不足以京口就近漕米補支至十九年始有採買之議此亦不過權宜之計未嘗慮及其便益與否也然後採買之不便有四截留之便亦有四臣請得而悉陳之蓋江南澤國產米有限每歲漕白去其大半就近採買部中每石定價八錢亦不爲少然江南米價騰貴日多八錢其最平時也倘遇騰貴之日官捐則必科派民出則必加徵強買則抑民價其不便者一萬一水旱洊災無米可購勢必遠涉江楚長江風濤固不能免意外之虞卽使倖保無事而船價盤剝使費多端公帑無可動之項官民無可賠之力其不便者二且米價高下原無定時如價值少低自應總買無論司庫錢糧不能一時給發卽使設法購貯在外原無倉厫而江南卑濕之地積之既

久米多朽爛責賠則無人可問折耗則無項可補其不便者三購買之米糠稻溷雜勢所必有非此漕米乾圓潔淨按月支放復加篩颺自不免于虧折官給之價原有一定支少之額何以取足其不便者四若截留本省漕米原屬民閒應完之項任其米價騰貴不得顆粒短少地方就近按月解送可以朝呼夕應小民樂於轉輸兵稍不至後時此其便者一京口應放之米每月僅萬餘石漕原徵收於州縣即可散貯於州縣晒颺則民任其力虧折則民足其數而米無朽爛之患官鮮折耗之累此其便者二漕米起運旗丁有行糧漕贈之費共計四萬餘兩今既截留以本地之米養本地之兵不必動內帑十餘萬兩之購買又可歲省行月漕贈四萬餘兩以充兵餉此則於便之中而又有益於國者三再查康熙三年截留江漕原因比時江船未足故爲移遠就近之法而江漕至鎭每在三四月之後官兵計口授食不能等待故止留江漕十萬又留本地漕米三萬餘石以爲接濟之用兩省截留事及牽溷且江漕行至中途行月水脚仍不能免不如直留本地之米之爲直捷此其至

便者四我

皇上軫念民生無事不在

睿懷之中今採買有種種之不便截留有種種之便

臣目睹此情不敢不據以入

告至十九年採買原因各省漕折及截留各省誠恐

京倉不敷故暫行採買頃者四海昇平各省漕糧

起運本色

天庾殷實况自順治十六年京口官兵駐防即留本省漕米支給幾經部臣斟酌今亦不過遵循舊例而

國計民生兩有所裨誠不可不急復也臣經移商督漕二臣復據藩司具詳前來理合循例會同江南江西總督于成龍總漕臣邵甘合詞具　題伏乞

睿鑒勅部議覆貼黃難盡仰祈

皇上俯賜全覽施行奉

旨這京口兵米著照該撫所題截留漕糧

酌留道臣疏

爲鎮江爲水陸之衝監司有彈壓之責謹陳道臣職任之重輕仰祈

睿裁俯酌去留事康熙二十一年十月二十四日准吏部咨到臣共裁道二十六員臣屬江鎮道亦經

裁去仰見
皇上俯念海宇昇平
國家安寧官方民生總宜休息監司一官乃承流宣
化之職責任尤重得其人則庶事綜理吏治澄清
不得其人則地方未見撫馭之益政令反多紛紜
之擾所以寧簡毋繁寧兼攝毋泛設也頋自康熙
六年裁汰之後旋經督撫以地方緊要先後題
復輒蒙
允行當時部議非不周詳特以今昔之事勢不同郡
國之情形各異督撫身履其地親在局中所見既
詳所言亦確故
廟謨不難爲轉圜之聽也至康熙十三年在在用兵
處處需餉或轉輸之藉能員或要汎之賴彈壓或
驛務之重專官此時因事而爲變通故不得不破
例而允復設又復道有二十七員邇者薄海底定
四郊無壘槩行裁汰不待再計惟是就此裁汰之
中推論酌復之由固有因時制宜可於事平之日
議裁者亦有事在一時計在久遠一設而必不可
裁者臣屬江鎮道即必不可裁者是也葢江蘇四
郡名稱浙西事最繁劇地勢當江湖滙澤之委流

財賦爲九州貢稅之重區所設道臣二員江鎮道臣駐鎮江蘇松道臣駐蘇州蘇松南接嘉湖東瞰大海中環震澤陽澱諸湖溪潦頻作水旱不時兼以吳越交界盜賊出沒奸宄潛藏一切巡視海城海塘疏通水利皆資道臣料理其職最爲緊要而江鎮西承大江數千里之勢綰吳楚之咽喉而扼其衝吳楚數十郡糧艘皆繇此以入瓜洲一閘仕宦商旅南北往來亦止此一途兼以金焦對峙爲海上門戶其外大洋淼然目今海氛未靖

朝廷特設駐防旗兵兵民雜處去來絡繹以故盜案逃人視他處更數十倍其職尤最爲緊要今蘇松道員以原係舊制已在不裁之列而江鎮乃以復設裁去得無謂鎮江已設重兵似可不須監司然鎮守將士腹心干城祗可爲

朝廷建威銷萌之計地方之事原非其責況滿漢同城調劑彈壓必有所屬若欲責之郡縣無論地卑勢冗不能責效且府縣職在親民一應錢穀催科形名聽斷苟非才力兼優尚且日不暇給可能望其控制形勝之機宜統馭兵民之方畧乎是江鎮道之必不可裁較若眉列矣然部議既定業奉

俞旨臣等安敢輕瀆
宸聽但監司去留亦地方重務情難緘默再三咨商斟酌輕重與其裁江鎮毋寧裁蘇松以兩道相提而論以重重則蘇松重而江鎮爲尤重以輕則蘇松雖不得爲輕而江鎮尤不可輕至職掌事務以常州一郡分隸江鎮道其蘇松二郡比江安糧道帶管池太道事之例令蘇糧道帶管庶江鎮既得彈壓之官蘇松差可無廢事之慮此於萬不可裁之中委曲權宜之著所謂省事不如省官也倘蒙
皇上軫念三吳財賦之重糧道恐難兼顧之任仍循舊制在
睿慮自有待裁又非臣等所敢籲請者矣臣謹會同總督臣于成龍合詞具　題伏乞
勑部議覆施行隨經部覆奉
旨著照該撫等所題准留江鎮道將蘇松道裁併管理

張朝珍請豁免包賦疏爲湖地萬難成田窮民包賦可憫謹據實繪圖上
聞仰請
睿鑒勑部豁免以全孑遺事臣惟任土作貢古今通

義因民利國王政所先時或勤墾荒蕪必使民先有其地而後可以辦納
國賦未有以部作田勒民包課者也如臣所屬太平府當塗縣忠惠圩即舊之丹陽湖也歷來額輸魚課銀三百一十四兩七錢零刋載全書解充兵餉順治十二年蘆政衛貞加徵蘆課銀一百七兩一錢零順治十五年衛貞又任巡按令民築埂周圍丈量作田三萬一千餘畝高淳縣認墾四千餘畝當塗縣認墾二萬七千餘畝二年起科辦納漕糧具題覆准在戶部止據按臣所報咨催辦漕在工部又有旣納蘆課何以忽又歸漕之咨使承斯役者實出兩難至康熙元年當起科之期戶部屢咨嚴催高淳業已刋報由單當塗豈能獨異臣亦惟有嚴督刋入由單按畝起徵無奈湖民紛紛控告及池太道劉三章知府胡季瀛知縣葛元福節次呈詳大畧言丹陽湖三面受水地勢最窪夏秋水漲浩瀚瀰漫冬春水涸一片爛泥止生茭草原納草塲魚課屬之工部項下前被衛按院爲蘆課時加徵蘆課已是一地兩稅及巡歷當塗勒令署縣宋時化督民築埂圈田上納漕糧數二千七十

兩有奇然水發波衝旋築旋圮究成水國窮民何能包賠非塡溝壑則死他鄉上負朝廷生育下累有司考成等語臣未敢輕信復令該道移查高淳納糧事例去後隨據回詳准江寧道行據江寧府詳陳丹陽湖出水納水之源歷代勞民之弊迄無成功則湖之不可爲田固已彰明較著矣順治十六年衛按院題請開田收名忠惠部覆照例陞科藩司遵催刊入由單然一日汪洋既無可耕之田焉可責成輸稅此楊京茂有稅命兩懸之控也伏乞轉詳撫院咨部定奪庶兩邑百姓無追呼賠補之累永戴生成實非淺鮮等語臣始知高淳亦未圈築成田也然戶部咨催嚴迅臣督令當邑於康熙二年刊入由單乃帶徵元年額課竭力追呼終莫能應要知無地之賦而欲有司違心敲朴難乎其爲民父母矣迨臣巡歷太郡有鄉民數百連名狀共八十五張環署號呼慘不忍聞臣諭以親往踏勘果眞當爲爾民請命衆始稍稍散去郡事既竣臣率同府縣各官舟行八十里至丹陽湖周圍熟視左右皆湖乃舒泉桐水吳漕水三湖匯合之處地勢窪下水漲之時必成巨浸閱新築堤埂

大約高一丈七八尺詢之土民云大水發時猶從埂面漫過況埂尚未築成乎圩中間有蘆草然非炊爨之蘆自然而生乃織蓆之蘆亦需人工插種其所生茭草止可糞田再則藉水捕魚而已由此觀之則前此湖民控告與道府縣歷經呈詳爲不誣也其高淳地界望之勢雖稍高然亦防水冲溢徒費人力至今未曾耕種尚爲一片荒蕪此江寧府前詳又鑿鑿可據也夫因地取利因地利之盈縮以取賦此聖王不易之政故田地山塲各有等則奈何以汪洋澤國强民築埂以成田怒濤冲激旋築旋頽卽不惜民命然一振低窪之圩有何裨衛可以稼穡乎在衛按佟一時喜功之念在宋令希三年延緩之圖今徵期已及催追維嚴高淳飲痛包賠歲不過二百餘金當邑元二兩年共四五千金捕魚織蓆之輩養生不贍而欲一時並徵非斃於箠楚之下則有掉臂而往今臣目擊最真尚復緘默不言使 朝廷虛受加課之名而小民實切剝膚之患則作俑者衛貞而隱忍以成之者臣也且臣濫膺
簡命撫綏民間疾苦而民之疾苦莫大於此謹據實

繪圖上呈
御覽乞
敕該部即為議豁旱蘇民困或以漢滿蘆差見在江南今其覆勘照舊歸蘆庶窮民無離散之苦有司免考成之累地方幸甚官民幸甚

靳輔補救墾荒疏

為謹陳補救敝壞墾荒實效事臣惟用賢理治必須因才器使人地相宜然後可以望其成效況此墾荒之舉係救敝要務尤賴得人凡府州縣地方大小不同事務繁簡亦異其事簡之地以廉潔慎勤之吏治之而已足若夫事繁之地必得明敏練達之才而又有潔已愛民之實者委任而責成之庶地方之敝壞不難振理
國計民瘼方為有益也臣自蒞任以來稟遵
皇上察吏安民之面諭每於屬員之中細心體訪已將貪劣衰邁之輩次第入告矣其才守兼優賢能之員亦輕循例舉揚祗因限於額數不敢多舉實有司中可薦者不止二人也其各官或有一長足錄者或才平而守可嘉者或政事平常而無貪劣

實蹟者臣或加鼓舞或加申飭莫不因事戒諭使
知奮勉蓋以明敏之才原不易得若盡人求備則
不可勝劾且頂補之新員賢與不肖又難逆料而
更換一官不惟土俗民情一時不能周悉即其交
代之際錢糧之騰涸政務之躭延必致不免稽查
駁結實無已矣臣是以曲爲採訪苟非貪劣庸邁
甚不堪者不即輕從自簡也然欲救民生之困起
地方之弊與
國家之利則此等平常之人實難勝任臣前因臨靈
二縣包荒一案查知當日典屯道廳及州縣等官
往往抑勒開墾捏報成熟只圖一己之考成紀敘
不顧民生疾苦以致小民受包賠錢糧之累愈多
逃竄田土愈荒流害無窮今若
允行給本墾荒之事臣與督臣時加稽查嚴行禁飭
可以釐剔前項情弊但人之才識本屬生成若用
之於不能勝任之地雖勉强責成終無益也查臣
屬安廬鳳三府俱有荒地除安屬荒田數少民困
亦與廬鳳稍次且臣身駐其地經理尚易不敢經
議外其廬鳳二屬之極弊積荒必得選擇能員責
成料理方可望其成效臣請於各屬府廳州縣之

中察其才堪理劇者或對缺更調或以應陞之缺
請補臣與督臣酌妥特疏保舉調至廬鳳二府務
使兩地得宜各稱其職俟其果有實蹟照例題請
議敘若不能撫恤或有揑報開墾等弊亦照例嚴
加參處則大小各官皆知勸懲矣再查陞補官員
吏部有一定不易之例臣何敢妄議更張但目擊
地方情形躊躇熟計念非墾荒不能救積久之敝
壞非納銀不能行懇荒之實事非擇吏不能收墾
荒之實效臣為
國計民生起見不得不冒昧題請伏乞
皇上睿鑒俯允從權暫行俟荒土墾闢大有起色之
日仍循定例遵行庶地方之敝壞得以拯救而荒
土之開墾可
望實效矣

請分年帶徵疏

為鳳廬二屬連歲罹災民不堪命特請分年帶徵以紓困苦以廣
皇仁事竊惟去秋旱蝗之災無如江北為甚江北各
屬被災之慘又無如鳳廬二府為尤甚也向經前
撫臣張朝珍節據各屬申詳當將情形繪疏入告
在案嗣緣臣銜

命赴任道經鳳屬目擊慘傷又經臣特請賑恤復荷
浩蕩皇仁准動正賦銀肆萬兩分撥賑濟臣去冬奉
旨踏勘臨靈二縣包荒親見災黎鳩形鵠面扶攜載
道擁臣哀訴連年旱澇情狀臣隨加撫慰并飭令
地方各官設法捐輸各就本地建廠施賑而流離
望風歸來自冬徂春災民藉此活命始得盡力農
田今節據鳳廬二府各州縣詳稱奇災之後小民
謀生無計其本年
國賦萬難一例輸將紛紛申詳分年帶徵暫寛民力
前來臣伏讀
上諭諭戶部江南省連年水旱相仍災傷甚重與別
省不同若將舊欠錢糧一併追徵民生愈致困苦
朕心不忍其該省以前未完錢糧察實係拖欠在
民者著暫行停徵俟民力稍蘇之時再行具奏請
旨爾部即遵諭行特諭欽此仰見
皇上如天之仁從前積欠既蒙軫恤停徵容臣查明
另題外今鳳廬二屬極災極困其本年額徵賦
稅徒令敲吸實難完納臣極知事關錢糧度支維
艱豈敢輕議但稔知民艱又安敢隱默不爲
上請仰祈

皇上睿鑒敕部俯將二屬上年被災各州縣衛所內除豁堪輸納之州縣不敢一槩請緩外其餘如鳳屬壽泗鳳臨懷五定虹霍天靈十一州縣廬屬六合舒廬四州縣并鳳陽府左右中前後懷長壽泗洪廬六十三衛所本年賦稅今歲酌徵五分儘其支給本地兵餉以及河漕驛站等項倘支解不敷仍於別府州屬撥足補苴其餘五分酌於康熙十二十三兩年帶徵一通融間在

國課並無虧缺而災

民實有依賴矣

徐國相恭謝

御賜清愼勤三字疏爲恭謝

天恩事康熙二十一年七月二十一日接內閣中書

臣索紀頒給

皇上御書清愼勤三字到臣臣隨郊迎至署恭設香

案望

闕叩頭謝

恩率同所屬文武各官祇遵并選材製額遴工鐫刻

擇日懸諸公堂外恭惟我
皇上
睿哲生知
聰明天縱烝黎樂利咸孚
聖德之光昭四海昇平共仰
神功之巍煥顧以
體道之暇不忘
揮翰之勤已安而愈求其安已治而益圖其治爰
摹八法用
警羣工大哉
王言自是澄源之本休矣
天語何異無逸之篇誠百世之典謨洵萬年之墨寶
臣質本蒙昧材實庸愚喜
宸翰之自天愧撫躬於無地敢不精白自矢上報
知遇之隆恩惕勵爲懷少効涓埃之微悃將見臣工
交勉躋至治於雍熙率土欣瞻仰
天威於咫尺謹具疏恭
謝伏乞
睿鑒施行臣不勝
激切感戴之至

請裁冗員節經費疏爲酌議可裁之冗員節省有用之經費事康熙十五年八月十四日准戸部咨江南淸吏司案呈奉本部送戸科抄出該本部覆安撫靳輔題前事等因康熙十五年六月初六日題本月二十四日奉
旨該部核議具奏欽此欽遵於本月二十五日抄出到部該臣等查得安徽巡撫靳疏稱歸併臣屬定天滁來四州縣省衛內有實荒田地五百六十頃四十六畝零逃絶人丁一千二百七十二丁嚴加査勘實係荒蕪逃絶無從起解又查歸併定天和三州縣江淮右衛拋荒屯折一項先因荒田糧米改爲折色迨後止將荒米題豁而改折之銀仍未刪除實係虛徵歷年由衛在部可考當此軍興需餉何敢輕議豁除但此實係荒缺無徵若必責令州縣催徵不特終無補於實用抑且經徵各官豈能永遠墊補必致派民包賠將使富者累貧貧者漸逃年復一年愈荒愈逃與其存紙上之虛名以致荒逃日甚何如予以豁免再收招徠開墾之實效所有定天滁來和五州縣荒缺無徵米豆銀兩應請豁免庶賠累除而哀鴻集猶可另行招墾以

收後效等因造冊取結幷當日漏造各官援
赦具題前來查歸併定天和三州縣江淮右衛拋荒
屯折一項既據該撫疏稱實係重徵於歷年由单
內開註等語查歷年由单內原註有重徵字樣其
重徵銀三百二十七兩四錢零應准刪豁免至
從前因荒改折未經刪除各官本應查議但事在
屢赦以前相應免其查議至於定天滁來四州
縣歸併省衛丁田該撫雖稱實係因荒丁逃等語
但各衛丁出既有荒逃則從前在衛徵收之時因
何不行題明及歸併州縣始請蠲豁今值需餉之
際應追徵以佐軍需相應請
勑該撫仍照舊徵收可也康熙十五年七月十六日
題本月十八日奉
旨依議欽此欽遵抄部送司案呈到部移咨到前撫
臣准此隨經檄行藩司道府詳覆前來該臣看得
省衛屯田俱在江北其介於山岡夾壟者傍無蓄
洩之資磽确不堪一遇災傷率皆攜妻負子而逃
既可躲避追呼又得趁食糊口此江北窮黎之故
智經徵官弁受其遺累者比比皆是也查省衛歸
併臣屬定天滁來四州縣內有實荒田地五百六

十項四十六畝零逃絕人丁一千二百七十三丁
經臣前任藩司時屢據州縣申詳軍丁呼籲地荒
人逃追賠無出情辭哀迫惟恐涉於虛揑責成府
正鄰州履畝踏勘挨戶稽查實係荒絕無徵取有
不致扶同甘罪印結方行轉詳又經前撫臣靳輔
專委江安糧道章欽文躬親覆勘相符始敢據實
上聞請豁茲准部臣議覆以各衛丁田既有荒逃從
前在衛徵收之時因何不行題明及歸併州縣始
請蠲豁今值需餉之際仍令照舊徵收等因臣叨
皇上殊恩拔授巡撫重任自當力圖裕賦少助涓埃
何敢再請蠲豁隨行通飭嚴追叠據司詳激切臣
覆細加察核此項荒缺丁田在衛徵收之時未經
題明請蠲者總緣歷年銀米無論荒熟一槩通欠
守千各官被革被降席不暇暖救過弗遑雖有行
查之檄不能以時詳覆因循貽悞遂至於今除康
熙九年以前錢糧已奉蠲停外其康熙十年十一
年交代冊內未完銀糧盈千累百見歸州縣帶徵
凡有田可問有人可徵者俱據陸續催完惟此荒
缺之數實實無可追求歷經道府州縣各官查勘
再四具有甘罪印結委無纖毫疑義若不蠲除則

屢年之欠官不能賠必致派民包納將使富者累
貧貧者逃竄年復一年愈荒愈欠不可收拾有關
國計民生誠非淺鮮也況今籌餉期於有濟等事案
內凡官民隱漏田地一畝以至百畝以上者有降
革治罪之條清查及額者官有即陞加級之敘臣
蒞撫任諄飭藩闔道府督屬嚴查三月之間即據
報有軍民首陞田地五千餘頃見在會疏另題此
外續查續報尚不乏人如過限不舉查出照例定
罪此隱熟作荒者固應清究而包荒累民者亦所
當除庶稱情理允洽而人心克服矣所有定天滁
來四州縣歸併省衛荒欠無徵米二千八百九十
一石七斗零豆一千三百四十四石七斗零銀六
百四十三兩四錢零均應請
睿慈俯鑒准將新糧舊欠一併照數蠲免庶積累既
除則哀鴻漸集又可另行勸墾以收實效誠所謂
蠲賦實所以裕賦其於
國計民生咸有裨益者也既據該司覆勘明確具經
詳報前來除揭送部科查核外臣謹具
題伏乞
勑部議覆施行

題禁誣叛疏

爲徽池之鄰寇已靖播遷之黎庶漸歸請

旨嚴禁誣叛以杜許害以禁流遺事竊惟臣屬徽池二府接壤江右浮梁德興樂平等縣當康熙十三年饒逆突犯一時徽郡六邑并池屬建德一邑相繼殘破而徽屬賊踞日久小民受害尤烈既竄避深山潛居村落者皆被賊徧肆搜尋擄糧索餉貴財洗刧殆盡且捉人擔負即便覊隨賊營厥後大兵恢剿率多挾帶奔逃念彼時逆氛狂逞幾無天日小民救死不暇見賊人行兇橫索無不惟命是聽何敢與賊抗衡其迫脅相從之輩總皆平日良民即有一時被煽附從者後既逃歸亦非甘心從逆可比業蒙

皇上屢沛恩綸凡屬脅從槩於寬免在案但刁惡棍徒或挾舊釁或圖婪詐將旋歸故土之民或指曾通賊助餉或稱係叛逆逃歸或奸里總保稱其投歸不行報官拿囮挾詐剝膏吸髓不遂所欲即便架告有司雖質審之下情節自明然一經提訊即有撫限拖累以驚魂甫定之民何堪又被拘逮復遭敲朴臣身在地方稔知此等弊害惟有仰體

皇上浩蕩殊恩檄行該道府縣申飭嚴禁并出示曉
諭不許擾詐在案今浮樂等邑雖伏莽草竊未靖
而逆首業已投誠所有從前遷避及陷身賊地之
民見今多方曉勸招徠撫恤漸次來歸又徽民俗
尚逐末多係經營四方今全閩粵東皆已歸正而
江右寇陷地方俱經恢復湖南見在剿撫兼施漸
次平定向之貿易各地被賊阻隔者今必思歸故
土此等旣非甘心從賊俱應聽其來歸安心復業
自不容借端告害且小民不諳律例者多而到官
又畏拖累安能一一報明惟是地方有司一見叛
逆二字入詞誣聳遂便不敢擔當不敢輕置但巳
歸者若行拘累則未歸者自狐疑不前民生何日
得聚賦稅安望輸將雖貪官蠹役妄行詐害者發
覺自有參拿而無辜先巳受其荼毒矣臣前閱邸
抄見刑部覆江南道御史臣和鹽鼎條奏內開請
勅陝西浙江福建三省督撫如有棍徒將被陷來歸
之民借端生事及不肖有司乘隙中飽衙蠹作奸
需索者各該督撫察訪得實題參從重治罪等因
奉有依議之
旨仰見

皇上洞燭民瘼不靳頓施雨露特乞
皇上俯念臣屬徽民因亂播遷及變阻四方者多今
地方平定道路開通正小民漸次來歸之日准貽
陝浙等省一例
勑禁除投歸以後如遇有奸宄叵測潛匿各地方者
另行察訪清除外凡被陷來歸之民均聽其各安
故土毋許棍徒揑稱叛逆借端告害及不肖有司
濫與准理串合棍蠹拘訊擾詐如有不遵臣察訪
得實即便特疏糾參聽部從重議罪庶流遺之民
得以盡歸復業至江西湖廣等處凡有恢復地方
似應一例施恩嚴杜告害則凡被擄脅從之人民
自必聞風向化感慕歸來將
國賦有資而民生克以永安矣臣職任撫綏應禁應
行敢不實心仰體
睿懷而乃上瀆
宸聰祇以叛逆二字最易藉口誣陷非奉
天語申嚴則流離之民終難免累臣從民生疾苦起
見不敢不行上請伏乞
皇上睿鑒勑部議覆
行臣遵奉施行

請甦郵困疏

爲衝驛繁苦已極緩差似宜變通請

勑部酌議以稍甦郵困事竊惟驛遞之繁苦未有甚於今日而臣屬安廬鳳三府之拮据難支實有數倍於往年者臣查自前撫臣靳輔條議減差節費之後驛站錢糧已裁十分之四雖各督撫提鎮等尋常章奏已歸驛遞傳進但安廬鳳三府爲江北要衝向止江西廣東差使經由今廣東開復進剿廣西一切章奏俱併江西而來又安親王暨偏沅巡撫出師長沙湖南之差亦併江西袁州而來向之由西路馳驛者今俱併于中路矣其安塘員役之飛遞軍情各處兵主之差官報捷與夫部發兵餉弓箭砲馬等項大差上年至今絡繹如織不可勝數前者原議減差而始裁錢糧今錢糧已裁十分之四而大差繁多反數倍於上年其應付之苦與拮据露肘之狀有莫可名言者矣今者荷蒙

皇上如天之仁洞悉差使繁多驛遞困苦奉差員役橫索騷擾馳斃驛馬屢奉

嚴旨飭禁則凡過往差員如遇有不遵

功令節外生事者臣自當查明指參惟是節次押送

御馬前往江西長沙廣東等處差員并撥什庫及
跟隨人役等應付驛馬動輒數十餘匹查內部發
馬每起即有八旗雖間日發一旗勢必擁擠以致
前差甫過後差復又踵至絡繹不絕萬分難支臣
節據各府縣呈訴困苦情形不禁憂心如焚寢食
俱廢臣叨沐
皇上殊恩簡任巡撫當此軍興孔亟大兵分途進剿
需餉甚殷凡地方有可生財節費者正當竭力籌
畫仰佐萬一即本年四川間因各省驛站廢弛奉
旨差委太僕寺正卿今陞學士臣溫代挨查臣屬各
驛時目覩差繁馬少不足騎乘會臣定議不添給
錢糧每驛添馬二十匹令各屬紛紛呈報照數買
補而驛遞差繁支應不敷臣又何敢復有他議乎
惟思各處剿賊係關軍機自當不時飛馳其送餉
送砲等項原屬急需差員必須馳驛至於送馬一
節則係緩差每日行走不過一站而止即當住歇
誠與緊差有間若不稍爲變通恐各驛支應不繼
將來必至有倒斃之慮矣仰祈
皇上俯念驛站困苦已極一應送馬員役非係緊差
敕部酌議停給勘牌令其自帶長行騾馬止給沿途

草料則驛困稍甦不致倒站有悞緊差矣臣身在地方深知驛遞萬分艱苦焉敢緘默不言是以特疏

上請貼黄難盡伏乞

皇上睿鑒全覽施行

請賜改折疏

爲災後又遭蝗旱漕米萬難輸將仰懇

皇仁特允改折蠲耗并請倉糧麥粟代交以活民命事竊惟去秋亢旱臣屬地方在在罹災而罹災特重者又以鳳滁二屬爲最荷蒙

皇上洪慈允蠲正賦復准借動倉糧正項命臣多方賑恤災黎始得苟延殘喘盡力農田然災傷之後十室九空必得今歲秋成豐稔庶幾積困稍甦乃自季夏以來又復兩月不雨阡畝如焚兼之蝗蝻肆害野無遺草民不堪命其鳳廬安滁和等府州縣衛被災慘苦情形業經臣繪疏入告見在勘取分數冊結另題 請蠲外今據安徽布政司布政使龔拄奇會同江安督糧道副使章欽文詳請改折緣由到臣據此該臣看得漕糧額供

天庾以充官俸軍糈雖遇災不准蠲免而改折向有定例蓋稻穀出于田畝必須西成豐稔始得有米

完漕也臣屬地方素稱荒瘠不意上年罹災之後今歲鳳廬安滁和等處亢暘不雨禾苗盡枯兼以蝗蝻雲集西成絕望據各州縣衛申報災傷情形業已具疏入告而各屬士民又以糧米產於田畝今遍地罹災漕米採買無出紛紛赴臣衙門匍匐呼號不一而足幷據各府州縣官申詳民間日食不週漕米委係無從辦納情詞甚爲迫切臣經批行藩司會同糧道確查今據該司道會同酌議請循照康熙十年之例將漕糧正米改折徵銀鑄鎔耗贈幷鳳倉存留米石以麥粟代解通融支結前來臣查上年被災鳳廬安三屬漕糧經臣 題請改折部覆以江浙二省以折五千四萬餘石恐京城不敷支用未經准行臣念

天庾重務不敢再爲瀆請隨一面嚴督道府有司設法催辦曉諭民間措銀前赴外郡採買交兌幷經題明寬限兩箇月始得陸續買兌完竣其間措處之苦搬運之艱小民已力竭髓枯然一年偶遇之災尚可勉力拮据今歲災後逢災不特本處田禾枯槁無收鄰郡亦同被旱荒米價日昂商賈不至採買無從其慘苦情形比之上年更甚見今災民

嗷嗷餬口莫措若將漕糧仍徵本色即使日事敲
追此輩計窮力竭徒然迫之逃亡終於
國儲無益遡查漕糧遇災改折歷有成例如康熙九
年蘇松嘉湖水災前任江寧撫臣馬祐浙江撫臣
范承謨題 准改折漕糧而臣屬康熙十年鳳廬
安三府旱荒亦經前撫臣靳輔題 允漕糧改折
徵銀倉糧以麥粟代解況今歲鳳廬安滁和各府
州當上年災祲之後較比康熙九年之蘇松嘉湖
十年之鳳廬安初被一年荒災者其慘苦實相倍
蓰若慮改折京倉不敷查上年總河臣靳輔題留
漕糧二十萬石以濟河工夫食仍於十八年改折
米內照數補徵本色是今年兌運之米較上年額
數又增二十萬石矣既增二十萬而止減七萬似
無不敷之處即此請折之七萬餘石來年秋成豐
稔亦可於十九年改折數內補徵遞年通融原不
虧起運京倉之額臣身任地方目擊民艱不得不
仰懇
睿慈俯鑒鳳廬等屬連歲罹災民不堪命本色漕米
實實無出將鳳屬壽宿潁亳懷定五虹蒙霍盱天
盡潁上太和十五州縣廬屬六合舒廬巢英霍七

州縣安屬懷桐潛太宿望六縣康熙十九年起運十八年分漕糧准照康熙十年之例正米盡數改折其給軍耗贈濕潤等米并贈銀槩於蠲免内有英山一縣漕米向係全書額編銀兩買兑竟將原銀起解隨漕行月一併改折至鳳屬之泗鳳臨三州州縣并滁全來和含五州縣原無漕米所有額解倉糧漕項并有漕各州縣倉糧俱請以麥粟代解則一轉移間不惟正供并無虧損而災黎得免遠方購買盤剝之費且小民少辦此數萬之漕糈在米價不致湧貴即可寬餘力以購買日食其於地方民生利賴非淺矣再照折漕價值見今部定粳米每石九錢粟米每石七錢據司道會議咸稱因災改折原以恤民議價必須少抑庶有益於民詳請酌損但値需餉之際臣不敢議減應仍照見今折漕之價折徵者也除應折漕糧并行月各細數俟部覆至日另造清冊報部查核外臣謹會同總督臣阿席熙帶管漕務總河臣靳輔合詞具題

伏乞

勑部議覆行臣

遵奉施行

安置軍流疏爲敬陳安置軍流應按律分別重輕以迓

天和事竊惟刑罰者乃治天下之大權必輕重得宜庶幾臣民易於遵守近經部臣條議以軍流人犯俱係奸惡之徒如照律遣發配所則腹內民稠無可墾之地難以養生查寧古塔烏喇地方田地寬肥可墾鳥獸魚鰤草木繁盛請將充軍並免死擬流人犯安插於寧古塔照常擬流人犯安插於烏喇此等人犯雖遇熱審亦不准減等仍行發遣免責我

皇上深念罪囚遠徙之困苦將充軍免死流罪人犯改定於烏喇將照常流犯改定於奉天地方此誠商王解網之深仁姬文如傷之隱惻無以過矣然臣猶有請者查律內發遣軍流人犯原按情罪之輕重量地定發如軍則有附近衛所與邊衛邊遠邊外極邊烟瘴等項之分流則有二千里二千五百里三千里與邊遠邊外爲民等項之別條例開載若發邊外充軍無極邊字樣者不過二千里程限不過一二月今將各直省一切軍流人犯不分情罪輕重道里遠近盡改發於烏喇奉天計烏

喇奉天之程途去京師已遠若距閩粵等省不啻萬里之遥以極南而發於極北其間風土各異寒燠頓殊彼獄底窮囚一旦遣發就道既無贏餘之資難免凍餒之苦如或扶老携幼疾病顛連恐致殞斃於中途又安望其開墾存活夫平常軍流人犯本無可死之法即免死減等流犯亦必情可矜原特開一面之網本期額外生全而終不免于一死且牽連妻子轉徙溝壑臣有以知

皇上如天好生之仁必有所不忍也况我

皇上御極以來首復熱審之典不特軍流以下槩准減等即重囚有可矜疑亦許督撫奏

請定奪今今歲又因亢旱特奉

上諭恐內外問刑衙門有無知而罹法網小過而陷重辟遴選賢能司官分往各直省會同巡撫臬司詳審矜恤普天率土無不額手呼頌感戴

皇仁今乃熱審未竣恤差未回而部臣復有軍流改發烏喇奉天之議復不准其熱審減等不幾與前此差遣恤刑蘇理冤獄之

上諭有所未侔且於敬慎刑獄感召休和之理亦有未當若以奉天烏喇地方土廣人稀宜遷民以克

實似宜分別輕重或請將律內所犯情罪重大應問發邊遠邊外爲民邊遠極邊烟瘴充軍者酌量調發奉天烏喇安置其於平常軍流罪犯仍按定律配發內地庶幾道里適均情罪允當而地方亦可漸次克實將見刑罰中而

天心順未必非弭變之道也如果臣言不謬伏乞

睿鑒採擇

施行

積穀救荒疏

爲積穀爲救荒之要務官民有懼累之隱情仰祈

勑部未免撥解以鼓勵捐輸事竊惟水旱災傷乃盛世所不免惟在救濟有方預備有素則小民雖遇荒歉不致顛沛流離邇年以來江南等省災沴洊臻民生困苦屢廑

睿懷發帑賑恤近經

廷臣會議通行各省整理常平倉每歲秋收之時勸諭官紳士民捐輸米穀其在鄉村鎮店內令百姓自立社倉義倉勸諭收貯等因奉有

俞旨欽遵移咨到臣仰見我

皇上軫恤民生預籌備荒至計臣隨經轉行司道并

有司各官實力舉行勸諭官紳士民捐輸收貯積
俟年終將捐積數目照例造冊彙報外惟是臣屬
常平倉穀石自康熙七年撥解淮揚充賑之後舊
積既虛新捐無幾又緣鳳廬等府連年荒旱支川
無存臣奉
命行賑凡經過地方面問官紳士庶積穀乃救荒要
著何以平日不思預備以致凶年饑饉無以自濟
咸稱積穀原備本地凶荒前奉撥協外郡不惟本
地未獲實濟而搬運繁難腳費不貲反受賠累之
苦所以人皆畏縮捐貯寥寥等語臣隨諭前因淮
揚異災不過一時權宜將來不復撥解勸令量力
捐輸以備本地支用然在地方有此懼累隱情非
奉
天語申飭永遵恐蚩蚩之民猶有疑懼不前仰祈
皇上勅部嗣後常平積穀准留本地州縣備賑義倉
社倉捐穀各留本村鎮備賑永免撥解外屬恭候
命下之日臣大書榜示遍行曉諭將見鼓舞樂輸歲
增月集於以備凶荒而濟民艱利賴永永無既矣
臣謹具題伏乞
睿鑒施行

惡捕藉盜誣良疏

爲惡捕藉盜誣良拷掠姦淫仰請

天語申飭以杜擾害以安民生事據安徽按察司詳該臣看得捕役誣良最爲民害是以捉拿盜賊必先送官審理不許私刑取供况無辜良民豈容非刑弔拷挾貲逼姦乃不意竟有愍不畏法如江西饒州府屬縣惡捕朱美等者查美等執饒州府軍廳及鄱陽浮梁兩縣批牌緝拿逸盜鄭美公白天和仰汪天和汪茂甫等並未開有鄭美公汪天洪汪細小并歙縣人氏也况從來隔省緝盜必由地方官掛號添差協拿乃美等止憑吳新之指引不赴歙縣掛號於十九年十月初五日深夜突至謝家園擅拿鄭美公之兄鄭觀志及妻方氏幼子喜毛又拿汪天洪之出繼叔殷華并鄰人章細黑章氏違例私拷罄掠衣貲用繩弔方氏手指以冷水澆淋逼令指扳村中財主并扳章氏嗔其不從連弔二次又將鄭觀志殷華等弔打細肘勒要銀兩甲長鄭天朋赴縣經過亦以鐵尺打傷并株累江氏之義母吳氏繼父查炳然等最可異者章氏本一良婦與汪天和並非親故指稱窩盜抄掠家貲

逼其認贓刑拷三次繩斷二次更以鐵尺嚇打㗑
逼逼輪姦似此異慘奇冤真天日爲之昏矣茲據掞
察司審訊朱美等歷歷供吐自認不諱光天化日
之下豈容惡捕横行肆害良民除批行該司俟咨
提查爲先到日一併確審招擬另疏具　題其周
春壽汪茂甫押解江西聽彼省歸結黄真　睢章氏
等先行審釋外惟是隔省提人地方有司不行查
明的名住址又不詳請督撫咨提往往溷給批牌
徑行勾攝以致惡捕地棍任意作奸移甲指乙蔓
引株連或指某郎某之字號或指某郎某之乳名
妄拿刑打逼認盜贓盜窩擇殷而食不饜不休每
至無辜傾家殞命大爲民害相應仰請
大語申飭并
勅部定議嗣後隔省關提人犯必須確查年貌籍貫
的實姓名住址詳請本省督撫移咨提解不許隔
省有司擅給批牌溷行拘提轉展扳害庶無辜不
致誣累而良民得安衽席矣臣謹會同江南總督
臣阿席熙江西巡撫安世鼎合詞具　題伏乞
勅部議覆
施行

特叅勢豪勒詐疏

為特叅勢豪勒詐并陳婺邑惡俗仰祈

勑部褫革嚴禁以昭法紀以恤窮黎事據安徽按察使王國泰詳稱婺邑貢生余爌買佃作僕緣由到臣據此該臣看得婺源縣候選訓導余爌叨列明經不自愛鼎有僧人余三女與爌同族將如意寺香火地三盞并種地之俞佃等一同立契投獻與爌而爌遂勒俞佃等為僕强令服役因佃不從輒行毒打逼其重價贖身先寫欠約二十五兩尚未饜足復索見銀一兩五錢耕牛一條作銀四兩以致俞佃情急控府臣據府詳隨批司道研審實情去後茲據詳稱余爌等假契勒贖索取銀牛情事鑿鑿且見有屢次託胡尚賓筆札可據似此豪强肆横勒詐小民法難寬貸但余爌係考授訓導所當具疏 題叅請

旨革去職銜按律究擬者也至臣更有請者佃戶原係窮民種田供租與投身服役不同如有餘力自應聽其開墾以裕

國課若以承種之佃戶盡為宦門之奴僕無論小民脂膏盡歸富室即見在輸賦之地土必致拋荒案

查順治十七年正月間部覆江寧巡按衛貞元條議疏稱鳳潁大家將佃戶稱爲莊奴不容他適請行嚴禁等語查佃戶不過窮民與奴僕不同豈可欺壓不容他適恐不獨鳳潁爲然似應如議仍請
敕各撫按嚴行禁革如有紳衿大戶欺壓佃戶霸其妻子者即行指名參處等因題奉
俞旨欽遵在案今法久廢弛人心易玩竊恐勒佃戶爲奴者不止徽屬婺源一邑相應仰請
天語通飭嗣後業主買賣田地應聽佃戶自便不許隨田轉賣勒令服役庶窮民得以安生而
國賦不致虧絀矣臣謹會同總督臣阿席熙合詞具
題伏乞
敕部議覆
施行

謹籌賑濟疏

爲臣屬疊罹重災民生困苦已極謹籌賑濟之策仰祈
睿慈俯允以救遺黎以培邦本事竊照鳳廬滁三屬地本荒疲民無蓋藏即歲時豐稔除完正供而外餬口不贍是以康熙十年一遇災傷即顛連萬狀隨蒙

皇恩賑救瘡痍方有起色又緣路當孔道自康熙十三年軍興以來過往兵馬供億浩繁皆猝辦於一時或急購於鄰境雖悉照時價抵完應納正項而竭蹶不遑未免疲於奔命然因我
皇上愛養有素無不感戴
聖恩輸將恐後故歷年以來正賦照額全完軍需應時獲濟是此鳳廬等屬之民本皆急公敬上之良民也迨去歲慘罹旱災秋成絕望當
皇上命臣親行賑濟所經之地村落蕭條鳩形菜色扶老攜幼匍匐哀號臣宣布
皇仁婉言撫慰靡不感而垂泣額手頌呼其滁州一屬經督臣會 題動支倉米及積穀等項分賑而廬屬六合等州縣亦經臣倡率官紳捐輸賑恤俾數十萬垂斃遺黎獲慶再生各安農業何意今夏仍遭亢旱禾苗盡稿繼以蝗蝻叢生恣行蠶食節據各屬詳報咸稱災上加災流亡立見等情紛紛呼籲臣業經彙疏 題報在案今又據鳳廬道副使孫蘭壽春營副將黃燕贊各詳報八里栗地方有民婦李氏家積穀麥百石被飢民三十餘人索借不遂竟行扒搶又梅成寺僧人照倫被飢民擁

入寺內扒搶稻穀又民人張起雲等駝運稻四十五石行至長塘地方被飢民數十餘人截搶一空又民人徐三盛等趕驢駝稻八石行至韓老人岡被飢民二十餘人截搶又淮北商人卞瑞興僱驢運米三十八石行至南岳廟地方被飢民五十餘人搶去又民人李二趕驢駝大麥兩袋行至蓮花寺地方被飢民短截搶去據該地方官并汎弁紛紛具報總因荒旱太甚飢民絕食因而聚衆走險見在嚴查拏究一面設法禁戢督率弁兵四路巡查以靖地方等情臣披閱之餘憂心如炙隨檄該道將嚴拏爲首之人按法究懲以遏亂萌仍出示曉諭災民各安本分靜候賑恤毋得妄爲致干

國法反覆告誡一面嚴飭營將并府縣各官加意禁戢毋許飢民聚衆肆逞擾害地方外但此蚩蚩聚搶之民即向日急公敬上納糧輸賦之民也祇緣災沴餘喘十室九空兒啼妻號半菽莫飽臣遍訪民間今歲所獲麰麥除變易牛種之外已無餘剩惟是秋成有望以資餬口今則盡成焦土無可謀生無知之輩安肯坐以待斃遂不顧理法肆行攘奪且偷旦夕之命非皆愍不畏法者也夫時方仲

秋而民生已是難保將來隆冬歲暮飢寒交迫更不知作何景狀臣每一念及疾首痛心視此嗷嗷之衆實有旦夕難待伏念民爲邦本本固邦寧仰惟我

皇上飢溺爲懷視民如傷惟恐一夫不獲臣荷蒙

知遇隆恩畀以封疆重寄撫綏懷保是臣之職今目覩民生疾苦若不急圖拯救代爲請命是大負我

皇上如天好生之仁臣中夜躊躇欲救災黎之阽危則賑濟實爲要著但値餉用浩繁旣不敢遽請正帑又無常平積穀可動勢必仍議捐輸臣今春賑濟鳳陽疏請照依烏沙船工事例部覆以賑濟飢民江南原有捐輸之例又督臣於地方災荒實甚案內酌定捐輸米穀之例部覆以若在江南又開事例則有大兵省分捐納者少兩疏俱未准行臣查賑濟舊例止可行於往昔而未能行於今日如見行捐輸例內廩生納銀八十兩增生納銀一百兩附生納銀一百二十兩青衣納銀一百五十兩俊秀納銀二百兩俱准作監生至查前督臣麻勒吉謹陳微臣經過淮揚等事賑濟例內生員捐銀二百兩或米四百石俊秀捐銀三百兩或米六百

不者始准送監讀書彼此相較輕重懸殊人情孰肯舍輕就重故今春行賑借動倉糧併司庫銀兩再四勸捐並無一人輸納是徒存事例之名而無捐納之實况今用兵省分事例俱已停止僅有廣西等處尚在捐納臣查事例款項之多無如烏沙船工爲最前經開納年餘而各省用兵地方事例捐輸未聞缺少葢地方遠近不同人各隨其便易斷不因益此而損彼也或者謂從前開例皆因軍餉孔亟一時權宜今已通行停止不便再開臣思民者　國之本餉之源也際此仳傛萬苦咸有旦夕不支之勢苟不設法拯救則將來田荒賦缺軍餉何賴是今日之切於救民者正切於籌餉也仰懇

皇上俯念鳳廬滁諸屬疊罹重災與平常荒歉不同特沛

洪慈允臣所請將烏沙船工各例暫留江南捐納分賑庶億萬生靈藉以全活而今冬來春復事耕鑿實於　國計有裨且無知愚氓既有賑糧可資生路不致爲非更於地方有賴矣再照饑民待賑必須米穀始得立救枵腹今遍地罹災米價騰貴將

來冬春之際必致日增卽從外省豐處採辦而鳳廬滁三屬皆不通舟楫其間轉輸耗費所用不貲比之產處市價自必倍昂抑且遠運維艱不能速濟其捐輸人員有情願交納米穀者似當聽從其便確估時價按石計銀總照定例銀數算交就便收貯各府州縣倉俟臣查明饑民多寡酌量發賑惟是開例捐輸必聽士民陸續赴納不能一時畢集而饑民嗷嗷難以久待容臣俟

命下之日一面勸諭捐輸一面通查各屬實在饑民數目不拘何項餘存米麥銀兩先行動支臣與督臣率同司道等官分頭親往賑給務使災黎盡沾實惠所動銀米卽將捐輸補還俟補足之日事例旋行停止不過一轉移間原與正項無虧而災民大有裨益且今春借動之正項亦可一併補還不致久懸 國帑誠一舉兩得之道也臣從

國計民生起見用敢激切籲陳貼黃難盡伏乞

皇上睿鑒俯賜全覽

勑部議覆行臣遵奉施行

請寬陞科疏

爲請寬陞科之限期以收開墾之實效事竊惟足國必先於足民而足民

必本乎力田未有田野不闢而能富
國裕民者也矧值軍興未息餉用浩繁則墾荒之法
允當汲汲講求以佐司農之仰屋臣查各直省之
中惟江南浙西數府素少荒田而江北山東河南
等處荒田未墾者甚多即如臣屬鳳廬安滁和五
府州屬尚有積荒民屯田地九萬四千三百九十
四頃三十一畝零合直省而計之不可勝計在小
民豈不知無主荒田墾熟即爲已業而年來報墾
無幾其故何歟民以開墾荒田所需人力工本靡
不數倍於耕種熟田而所獲花利又不能如熟田
之豐盈統計數年之所收不能償初墾年之工
本又安有餘息以輸賦稅故必寬以起科年限養
其餘力使獲息足償工本然後責令陞科庶幾墾
者樂於從事今例內墾荒田地定限三年起科即
歲歲成熟猶不能補償所費工本倘其間再遇水
旱災傷益不能支持而年限已屆追呼踵至不惟
生息全無反有剜肉醫瘡之困是以已墾者不獲
遂其樂利之休未墾者咸有畏縮不前之念而荒
田終不能盡闢也臣查三年後陞科之限雖屬舊
例續於康熙十一年間經部覆前督臣麻勒吉地

方之凋殘已極等事一疏准於六年後陞科又康
熙十二年欽奉
上諭再加寬限通計十年方行起科仰我
皇上軫念小民竭蹶開墾恐催科期迫或致失所之
至意普天之民無不歡欣鼓舞咸思務本盡力畝
畝於是康熙十二十三十四年分臣屬安廬鳳三
屬荒田開墾至三千餘頃臣屬如此他省可知皆
蒙
皇上寬限起科培養民力之實效也嗣於康熙十五
年正月內部覆臺臣焦榮條奏將康熙十二年以
前開墾荒地於十五年起科十三年以後開墾田
地仍照前定例於三年後起科固爲籌餉起見然
陞科之年分旣迫而報墾者遂復寥寥如臣屬康
熙十五年分止墾地五百六十九頃三十四畝零
十六年分止墾地三百七十三頃七十四畝零在
官非不加意督墾以冀紀敘也在民非不樂於開
墾以收花利也總因措處工本物力艱難旣慮三
年之內豐歉難齊復恐三年之後催科緊迫故逡
巡畏懼不敢認墾耳是三年陞科之議雖爲一特
籌餉之權宜而不能爲裕

國足民之長策自宜量爲寬限庶可鼓勸人心查十年起科乃蒙我皇上格外之仁臣亦不敢率請過寬嗣後開墾田地合無仰懇睿慈勅部酌復六年後起科之例則追呼既緩自必人人樂趨將見野無曠土國課日增寬民力以裕兵餉端有攸賴矣伏乞睿鑒施行

御史張集請免蘆洲丈量疏 爲漕田與蘆洲有別請

勅部行免丈量以除民害事臣惟蘆洲坍漲五年一次丈量部文開載惟在沿江産蘆處所未嘗議及內地無蘆之處將完漕田畝一並丈量也長江大澤之中起漲蘆洲大者數十里小者數百頃故蘆誌開載有親詣各洲字樣非指傍田新漲多者一畝半畝少者一分二分亦謂之洲塲也止因昔年清丈通行各府州縣一時惕於功令江南地方經承胥役喜於有事將漕田徵漲搜求捏報從此五年丈量遂爲此輩無窮之利藪地方不拔之病根其實於

國家無纖毫之益在百姓受萬千之累請得而陳之江南蘇松等處田疇繡錯間有傍河田地東坍則西漲東漲則西坍爲數相等以漲補坍漕糧不至缺額今若指新漲爲蘆洲則漲者歸蘆蘆課輕而賠者有限坍者歸漕漕賦重而蕪者已多民反因以藉口課米必能足額其弊一江南素稱澤國幹河之外全賴支河以通灌溉邇來開濬失時或成淤漲今漲田一報蘆洲勢不能復爲開掘一經亢旱水道不通阡陌膏腴皆成焦土其弊二且目下以漕田而賠蘆課異日圖奸詐害則又指爲冒認蘆洲挾詐小民動稱隱漏其弊三總之五年丈量但可行於有蘆洲之處不可行於漕田漲坍之處伏乞

勑部行江南通省如安徽撫屬安慶池州太平廬州四府和州一州地濱大江以及沿江地方各有蘆洲處所宜遵例清丈外其餘府州縣凡屬内地不產蘆處應照徽寧等府事例一體停止不必五年丈量以滋煩擾則

國賦歲入無虧而民生不致苦累矣奉

旨該部議奏　部覆應行該督撫將果否丈及漕田

有無累民之處確查具題到日再議可也奉、

旨這本內事情不必行察爾部即議結具奏 部覆查蘆洲田地例係五年一丈相應行文該督撫將安慶等府凡係產蘆處所仍照例丈量外如有完漕田畝丈量搜求揑報累及小民等弊并該督撫指名題參可也奉

旨依議

江南通志藝文

卷之第六十五

移文

皇清余國柱禁假命移文

爲嚴禁假命圖詐以戢刁風以安民生事照得詞訟之重大莫如命案而命案之中莫如假詐害人爲最甚人命若真律有應抵之條情罪允協即可結案一涉虛假百弊叢生被告者無辜蒙冤原無應得之罪具告者計圖拖累亦無必殺之心其初一詞到官不肖有司樂於有事遍行申報差拘四出虎役先施其鯨吞推勘非情貪贖難饜其狠壑求不得而剝膚及趾何堪爛額焦頭之形求之得而吸髓吮膏必致傾家蕩產之害三吳風俗澆漓人心猾詐刁訟駕禍尤其慣熟乃撫屬各官不論命案真假凡有呈告即爲通詳上下俱批提審大小盡可拘拿此例不知起于何年此行不知所爲何事以致蠢爾愚氓拚命報復無賴奸宄借事生風或輕生而舍身害人或病死而妄稱因氣或赤子疾夭而嫁言打殺或日前口角而妄控毆斃或曾經互鬬越久身亡竟與立殺之詞或變起蕭墻自經溝瀆捏稱威逼之訴猶曰雖無其理已有其事

卽日并無其事尚有其人最可恨者撳波無由借道旁之暴露而泣認苦主圖詐有心乘河流之臭腐而冒詐屍親平空栽害擇殷飛噬狀詞未經庭訊家貲先盡洗抄更有亡命地棍惡辣訟師扛帮唆哄包攬勒騙而官司反假其凌虐之權若輩得張其寅緣之術無論素封積蓄之家不自保其朝夕卽温飽稍可之輩亦時畏其株連假命害人削竹難罄言之實可痛心聞之眞堪豎髮光天化日之時豈得容此上下交征之習合亟通行申飭嗣後凡有告發人命狀詞須塡報何兇器因何爭端何人下手何人見証打于何地死于何所逐一開寫明白方行准理印官單騎減從親赴檢驗果與告詞脗合卽拘兇犯究審明確申報該府詳司報院定擬招詳如以自盡病死各項揑作謀故虛情一經審誣卽當反坐不必通詳亦不得以眞正人命竟置不問使民含寃莫訴其有以人命控告本院衙門者亦必閱其情詞似眞止批州縣確審具詳申報斷不轉批别衙門以滋煩擾再人命以傷痕爲憑必須印官親行檢驗不得轉委佐貳捕役以致仵作經承檢驗不愼含糊報傷碍難審結徒

多拖累如敢違例不遵卽行參處本院言出法隨勿視具文該司仍刊示遍行曉諭并通飭所屬州縣各官一體遵
奉慎之毋忽

嚴禁打降移文

爲嚴禁打降以除民害事照得打降之爲害地方惟三吳有其事遂有其名詢其根由始于游手無賴各霸一方城鎮鄉村無處不有藉拳棍爲生涯視善良如几肉指其黨則有天罡百龍十三太保百子尖刀之不一其名詰其惡則有喪命傾家拆離姦占放火搬青之不一其害每當春月則醵金演劇借報賽之名而苛斂民財稍不遂慾羣行兇毆或値隆冬則駕鷹逐犬以捉獾爲事而掘損墳墓若與理論反遭荼毒期遇燈節則迎賽龍燈借端生事時届端陽則搭駕龍舟鼓棹爭勝或因婦女再醮攔截酷詐或乘構結詞訟包攬扛幫倚靠勢豪爲城社結連衙蠹爲腹心彼旣恃有護身之符尚何畏乎三尺之法更有無知鄉愚見人買地造墳輒以妨碍風水生計阻撓而營葬之家復慮勢孤力單設局抵敵因而彼此糾集打降爲防護若輩復呼朋類以快意白晝列械勢逾寇盜倖而漏網則酒食錢財任其貪壑一遇事

發則獸奔鳥散卸禍他人種種惡端難以悉數有司徇情不究小民畏勢吞聲若不立法查緝此害將何底止除本都院時加察訪拿究外合行飭禁有司各宜仰體本都院爲民除害至意即將打降一項比之盜逃之案力行保甲之法每圖責成圖長一名不時稽察如有前項打降立即舉報該地方官申解本都院軍前聽候懲處每月月終各圖出具不敢扶同容隱察出甘罪結狀一紙止須輪差一人赴縣投遞不必逐圖齊到致滋擾累該州縣于季終彙報本都院稽查圖長人等不得借端生事乘機需索或畏勢不報放縱巨憝挾仇妄首誣陷平人如有此等情弊察出倍加治罪該州縣亦不許差人取結借名紙張苛歛圖長以致轉相私派少有風聞官則飛參差即杖斃至於捕官身緝捕之責時常點查保甲再加親行密訪毋得差役擾害本官亦無得借生事端有干

功令各宜凜慎毋忽

申嚴畧販移文

爲申嚴畧販之禁以救人心以全人倫事照得人倫之親莫大于父子夫妻而人倫之變莫慘于生離遠別本院下車以來首以維持風化爲念頃

示通飭不止一言一事而吳下第一惡俗惟略販子女為最慘皆由射利奸徒窺伺貧人有子女知其餬口無資百般哄誘挨身作保或稱官宦討取媵妾或假富豪收為兒女始以重價巧餌立成文券繼而攫金瓜分半入奸囊而為父母者止圖目前之財禮稍得資生不顧自己之骨肉頓爾分離更有衣食不周貧身無業之輩又被奸棍說騙或將本身夫婦自賣遠方永棄鄉井不知流落何所或竟活拆已妻鬻與水販任其南北甚至墮落烟花在本夫父母遭此分散離異之苦而牙保媒人反得坐獲金錢之利亦有遠方奸商領借他人資本在于撫屬地方貿易輕視貨財闞賭花費收買人口回鄉託言逋欠客本準折所得因而以賤賣貴轉相遠販種種惡端難以枚舉

王章國法視若弁髦天理良心竟至滅絕查現行略販例內凡誘取典賣或為妻妾等事犯不分良人奴婢已賣未賣但誘取為首者立絞為從者杖一百流三千里被誘之人係和同者俱照為從治罪

煌煌

功令久經刊布乃狡猾甘重典而如飴愚民墮溪穽

而罔顧該管有司身在地方視爲細事膜不相關全無禁戢溺職孰甚合亟通行嚴飭爲此牌仰該司官吏照牌事理嗣後如有前項奸媒惡棍以及容留畧販收養瘦馬之徒嚴行驅逐出境如有潛蹟境內仍前肆惡責成鄰里保甲赴該管官據實舉報拿解本院親審得實輕則立斃杖下重則按例定擬正法以快人心以除民害如鄰甲知情不舉察出連坐治罪至若貧窮小民不惜夫妻兒女之情遠賣他鄉有司各官多方曉諭使其聞言悔悟倘終冥頑不靈忍心拋棄一併照例重處使其有所懲戒該地方官奉行不力即以罷軟無爲糾參革職法在必行斷不寬假文到先具遵依繳查

徐國相嚴禁隔屬擅拏人犯移文 爲嚴禁隔屬擅拏人犯以杜詐害以安民生事照得民間詞訟止許向該管有司據實申理原不容越詞控訴如有隔省眞正人犯必憑督撫咨會然後轉行查解所以杜奸民之負嵎越誑拖害良善也乃近來各處黨棍尚一遍訪殷懦之家輒架絕大題目或指通逆賊或囑扳[illegible]赦或指受僞劄或指窩逃盜串通積蠹隔屬詐[illegible]

一面關拿如火一面說人說合慾壑滿盈不難片言消弭婪溪未遂終須縲絏他鄉又有無賴奸惡挾怨指罔或誣以人命干連或揑稱霸占妻子甚有惡僕誣告家主卑幼揑控尊長亦有遠年債尾誣作鹽課告追者不詳該省督撫遠爾隔省差提關檄交投不出不已以隣境人民貧豪棍魚肉小則失業破產大則喪身異地種種拖害不可枚舉差此窮黎奚堪強食除出示曉諭外合再檄行嚴禁爲此仰司道府州官吏嗣後隔屬提拿人犯必憑彼省督撫部院等衙門移會本院或咨總督部院查明批解者方許發往如前項豪強棍蠹隔屬誆告或各衙門徑行提拿或外省奸棍勾連本屬貪劣蠹棍並不詳院批奪擅行私自發解者或被害之人鳴控或經本院訪聞除提經承重究外定將發解官員以溺職擾民參處決不姑貸仍轉行各屬一體嚴禁多書告示轉飭屬縣張掛一體遵諭并將飭禁緣由具遵依回報勢違

革除里排移文

爲革除里排以甦民困事案照州縣徵輸錢糧設立里長排年催比雖屬向來因循陋例然花戶淳頑不一若止責成里長排年催

交應比則奸豪痛癢無關恃頑抗納而里排代受朴責變鬻墊賠滚爲苦累且經承差役得以乘機索詐科派雜費如刊刻由單置造紅簿赤曆奏銷冊籍修理城垣察院等項無一不取給於里排更有令見年里排站櫃包收火耗傾解錢糧添賠解費種種積弊難以罄數膺斯役者鮮不破產傾家甚至逃亾遠避故小民視里役爲畏途而衿蠹勢豪復爲包攬充當如包當一次議貼銀一二百兩不等及此輩代當里役則包納錢糧多勒火耗甚有侵蝕正銀仍累本戶重完是有此包當之人又增小民一分之累本部院洞悉其弊業於上年閏三月内出示通行各屬凡徵比錢糧曉諭花戶自行投納其頑抗不完者拘拿本人追比不得於里排名下取齊等因在案不意各屬奉行不力復據青陽縣以花戶逢限不完請於各甲設立戶頭催糧緣由前來是於里排之外又立戶頭名色更爲苦累本部院隨批藩司確議永行禁革去後嗣據藩司詳覆本部院業經批令通行飭革并出示曉諭里民一體知照外誠恐州縣蠹胥以不遂已私捏稱不便或陽奉陰違或巧易名色亦不可定合

再通飭爲此仰府州官吏照牌事理即便轉行所屬各州縣一體遵照仍出示曉諭里民人等知悉嗣後里排二役永遠革除至徵比錢糧務于頭年將刊定由單塡列本戶丁田數目科算實徵銀米各數遍給花戶諭令自封投櫃該州縣官逐日親自拆封將日收銀數登塡比簿核算完欠已完者給串寧家未完者示期聽比如有逾限不完臨比不到者差拘本人比追不得仍令里排催交應比如有紳衿衙役抗納拖欠即行據實詳報以憑

題參究擬敢有陽奉陰違及巧易名色仍踵陋弊或被里民呈控或經本部院訪聞定將該府州縣一併嚴參經承立拿處死不貸文到先取具各遵依報查毋違

禁革里排移文碑

爲里排困民勒石永禁事照得里役之設原屬明季陋規設立里長編爲十甲而一甲之中又立排年一人輪年充當催辦似乎任輕役小而奸豪恃頑抗納每累塾賠于是經承有費差役有費科派襍項有費以及站櫃看倉解餉兌漕種種賠費大半入官胥之槖而小民傾家破産甚且流離死徙矣更有劣衿蠹棍包攬代充議貼銀一二百兩

不等此輩竟爾中飽且包納錢糧多勒耗費不肖官吏倚爲腹心指一派十通同分肥故鄉愚視里役爲畏途而衿蠧以里役爲生涯也夫充當里長之累不過一里一人猶係一家哭而衿蠧包當魚肉花戶則係一路哭矣年深歲久長此安窮前已通行禁革并須限串之法令花戶自封投櫃完即給串歸農如有抗欠始行摘比一應錢糧并漕南米豆悉令官徵官解永禁里排催交領解之弊至於花戶田地遇有買賣推收於投稅印契之時即令經承查冊登註立爲過割以便按戶徵輸但此法利于民而不利于貪墨之官吏利于急公之良民而不利于包攬之棍蠧爲此再行嚴示刻石立碑永永禁止此後如有奸蠧撥官陽奉陰違或巧立里老糧長催頭單頭等名色仍踵陋習者本官即行嚴參胥役立拿處死斷不姑貸須至碑者

申明取士移文

爲申明取士之典與釐詐之弊以重文學事照得

朝廷設科制士取進文武諸生儲之學宮原期培養人材以爲異日得人之用居教職者自宜訓迪諸生各嫻禮義多方陶鎔變化氣質使之人品日[illegible]

學業日進足爲異日臨民之選干城之寄方爲無負厥任乃訪聞今日之爲教官者惟知營私射利未聞教育人才凡遇諸生有丁憂起復補廩補增以及年節生辰無不恣加索取又如新進諸生送學讀書當學道發案時即探訪諸生之殷實列爲超戶上中下四等各若干名曰贄儀及入學之後按名按數差喚催交稍不如意即以申請斥革百般俘詈誅求居青氊之席而惟白鏹是求玷名溺職莫此爲甚合行通飭爲此仰府州官吏照牌事理即便轉行府州縣各學嚴飭教官嗣後務須作養士子訓教惟嚴其一切巧取陋規悉行屏絕從前任用門斗盡行革除痛加洗心滌慮改悔前非以期爲　國育材毋仍恣情索取倘再執迷不悟任役苛求該府州即廉訪貪劣事蹟密行揭報以憑參處門役奸徒立拿枷斃該府州不得狥情庇飾併干嚴參仍一面通取各學遵依并具切實甘結申送存案均毋違玩取戾未便慎切慎切

永革詮佐拖累移文

爲永革詮佐之拖累以安民業事照得審擬命盜重案惟以傷供贓合贓証相符即可定斷成獄原無庸牽連

事外之人遠解苦累本部院屢經嚴行申飭不啻至再至三詎意各屬相習成風牢不可破每鬨招案之中常有地方保甲鄉約住居遠隔數里之外本不知情而地方官責令具報概行拘攝解審此皆衙門積蠹慫慂不肖有司借稱不行勸解救護希圖詐騙以致無干之人慮恐廢時妨農甘心諱強爲竊攔檢求息自今以後凡居民被刦止須事主與切近左右兩鄰三人在於州縣官處問明被刦情形卽將蹤跡防職名開報不必復解司府審訊如係竊賊遵照前飭報單聽失主據實呈報卽爲緝賊追贓不必先取口供致滋擾累倘有州縣威囑諱匿情弊許事主赴各上司告理如已經獲有眞盜止傳事主認贓定擬卽行省釋亦不得再拘兩鄰質訊其地方保甲與鄉約人等一槪不許株擾如此則事主地鄰既無解審之累亦無諱盜之事矣至于鬭毆人命尤以檢驗傷痕爲定一經告發印官卽時躬親赴驗止須屍親兇手及當場見毆切證質訊其與地鄰保甲鄉約更爲無涉何以一任下屬朦溷解審甚至藉稱證佐未到任意躭延往返駁勘經年累月不審不詳使小民永無伸

寃雪枉之日深屬不合合再嚴行申飭爲此仰司道官吏查照來文事理卽便移文各道府州縣嗣後凡奉行一切命盜重案止拘原被與切証對審不得牽連地鄰鄉保人等遠解拖累如有不肖官吏仍前抗玩借端吹求蔓引希圖擾詐者該司道一面嚴提經承解輳宪處仍將該管官職名叙入招內詳報以憑查核重則題參處分輕則申飭記過倘該司道泄泄從事定行一併參處決不姑貸文到仍具遵依報查

曉諭息訟移文

爲曉諭事照得本部院職任撫綏首在安民而安民之方莫如息訟夫刁健之徒搆結訟師每以微靑細過架揑謊詞希圖拖害而不肖官胥罔察情詞眞僞濫准差拘恣行婪詐商民鮮不遭其荼毒廢業傾家最可憐者寒冬臘月雨雪載途無辜証佐或匍匐通衢或伺候公庭以致饑寒交迫身命莫保本部院深悉其弊業經禁飭在案玆當歲際隆冬應行停訟以甦民困除經出示曉諭外合亟嚴行禁飭爲此仰司道府州縣官吏照牌事理卽便轉飭各府州縣除
欽部案件叛逆人命强盜炤舊提審外其餘戶婚田

土債務爭毆細事自十二月初一日起一槩不許提審俟來年正月後方許拘訊敢有濫准呈稟提一犯証者該司即行據實揭報如道府州通同徇庇立即一併詳𠫭玩法經差提解重處仍取具各遵依彙報查考毋違

嚴禁檢驗溺縊假命移文

爲嚴禁檢驗溺縊假命以杜擾害事照得刑部則例內開縊死赴水身死許總甲等當日據實帶同屍親呈報地方官別無他故者照律免檢即批令殮埋若並無他故該地方官不即行完結遷延時日及總甲與屍親當日不即行據實呈報妄行指勒並衙役驗屍之人有恐嚇行詐等項情弊受勒被詐之人控告或科道糾𠫭者將地方官交與該部議總甲人等俱枷號四十日責四十板若受財計所受之財從重治罪如有他故聽死者之祖父母父母親屬于是日具告該地方官即于是日檢驗將屍收殮審理若自縊赴水身死是實妄捏虛詞控告者亦枷號四十日責四十板等因煌煌 新例自當恪遵乃近聞撫屬有等不肖有司以假命爲奇貨視真冤若罔聞凡民間舉報人命無論真假槩批撿驗任彼死者

暴露守候藉故稽查以待請託然後批結其眞命即應驗報者則又匿不報聞便於操縱自由玩
功令而抑民冤莫此爲甚除密訪查參外合亟嚴飭爲此仰司官吏照牌事理即便轉飭撫屬各府州縣嗣後凡遇地方呈報人命如係自縊赴水身死照律免檢即批殮葬若總甲屍親妄揑虛詞控告或藉命抄搶以及人役措勒嚇詐等弊即照例枷責如有他故屍親具告鳴冤查係眞命該地方官即於是日相驗明白具文通詳以憑批審究擬依限詳結若將眞正人命隱匿不報別經發覺定即嚴參究處倘不肖官司將例應免檢命案措勒稽延不即批令殮葬者即行據實揭報以憑參處蠹棍立拿杖斃倘該司府狥情庇縱查出一併嚴參決不姑貸俾冤理枉該司職掌攸關愼勿泄視自干咎戾未便仍即大書告示遍發各府州縣抄錄張掛城鄉市鎮通行曉諭一面將遵行緣由報查并取具各府州縣
遵依彚繳毋違

慕天顏徵收條約

一行截票截票之法每戸額徵計作十分按月一分一月又立

二限按戶算明照式填造俾糧戶依限納銀入櫃照數截票其截去者歸農未截者摘比良頑自分此憲檄須行告誡諄切法至善也奈州縣各逞己見或不查截票而仍比甲催者或二截而仍摘全數或未截而漏摘頑戶者或將截票收掌於糧書措勒完戶者或票雖截而簿未登混淆完欠者或不按應截之月限分數而任意差拿者或併花戶不截欠數總歸里長甲催名下獨累現年者其弊種種不一甚至陽奉陰違擅立滚單火票等項名色濫差厲民酷刑疊摘蠹書賣卯狠皁索費便已完之良民不獲寧家殊可痛恨今本司遵憲發截票格式着令該州縣守令造成用印令司櫃吏書隨糧戶完銀之時即登明流水對戶截給遵限完者竟自寧家如至一月不截者即官親查票根存留未截之戶按名差拘着令完截斷不許預行差押亦不許另立比簿并不許留前截後如欠戶已完銀截票即免帶比若仍延抗方加責儆或有急公良民能并完一年額賦或并納幾月幾限者即將本戶之票照數截發量行獎勵以鼓舞輸將之衆總之票存則欠票去則完竟查票根而比簿可

不敢也務期有司殫力實行不墮奸胥術中則國課民生從此兩益矣 一稽完欠截票之法既行專查花戶之截與不截以一分完欠有何不清而仍紛紛混摘耶蓋因截法畫一糧書無作弊之費皂快無索錢之門不便于已欲亂成規妄稱若照按月分限良戶雖輸而頑戶不前難應急餉于是印官受其煽惑遂不照分數而摘一拏矣及比較之時止責甲催又不計完欠之多寡一槩重加刑罰而比簿登數混淆并無實完實欠之數故糧戶謂少完亦責多完亦責且受責不分輕重何必急公頑者自任其完而良者亦化爲頑矣今專重截票其存留未截之數一目瞭然不許用比簿不許比甲催于月中弔驗將未截頑戶摘比如前月欠戶于次月比較既除完戶之名止將欠戶稽比計通縣之戶已少十之八九矣卽極疲極頑之邑亦少十之六七矣若照通縣里排比較已省力大半且一月內上旬中旬下旬三限比較不截完戶身受三限之責尚有不完者乎但差催不截之戶必須帶戶赴比又在印官恪一遵行然後良頑允服至于流水號簿每見州縣數十里彙爲一冊其號至千

萬之外難于稽核蠹書移圖換甲改戶易數滋弊實甚本司昔宰錢塘立歸里流水之法每圖一本至今稱便行令所屬州縣一體置立逐里挨號登記不得仍將通區都圖完數總入流水一簿以杜牽溷

一禁秤封凡設櫃收銀糧戶自封投櫃永禁秤封令行亦不啻再三矣孰意州縣雖革櫃吏秤收名色又改立銀鋪估色爲名每遇糧戶完銀勒赴鋪家經手秤銀入封鈐用私記甚至不論多寡必責傾成一錠銀匠火烙方許投櫃于是縣市之積奸開張列肆擅握大等銀色恣意估折加耗甚于吏收如此錮弊皆由官吏巧剝民膏先給圖記授意輕重間有贈不如式啓封時併喚銀鋪薄懲該鋪遂指出糧戶姓名立拏重處小民聞風效命封封重勒戶戶私加是陽革秤封實則重耗也今本司照部頒法馬一樣較準官等行州縣每里給發一把聽糧戶將官等秤準入封不許銀匠火烙銀鋪估色執等封銀嗣後如有重勒害民及櫃吏需索票錢者許被害糧戶首告鋪匠櫃役一并重究但州縣又以銀色青黴及封內正數反虧爲請者豈人之無良一至此乎此皆印官開勒耗之

漸也應飭令州縣凡折封果有一二銀色低潮正數稍輕者不得動其原銀列名開數出示曉諭聽糧戶補納不得差票拘拿倘敢虛開捏欠許即投告提取原封與糧戶對認錠件訊實嚴究其銀色紋足妍論錠件准與收納不必每封傾成一錠致茲耗費　一絕差擾差役之爲害本司前經列示而州縣獨於糧里之中爲尤甚如圖差區皂經催分管等名色各有不同總一役而異其名也因上行革去此等差名遂易一稱呼人併其舊此革盤踞衙門承襲項首糧戶甲催供其魚肉秋收夏熟飽其鯨吞一認役必開派使用數端一開倉必妄取公費幾兩而包收侵吹必累重徵赴限應差又索東道此坐圖之差擾也而承票拘拿之虎役更有甚焉摘一戶名先索見面錢臨比時完者亦云代候比較勒索酒錢若未完者則害不可名狀矣帶比受杖則有手輕錢照料錢正身營脫則有買囑錢代杖錢身經痛苦復要知會該房一票未銷再發籤差催皂層見疊出而摘欠一兩用費至二兩正賦究竟未納蚩蚩愚氓何以自誤若此然必因撫字無方濫差所致今飭將州縣圖差區皂經

催分管諸役名色實實革去斷不許留一積蠹下
理中先取印官甘結役有告發以縱庇論而未撤
票之頭戶不得不差拘毎里量差一役比完即銷
如本月限銀三票俱不截者次月初旬即行拘比
如止二票不截者姑俟中旬拘比一票不截者下
旬拘比臨時激勸庶幾差拘之中又省差矣倘差
役橫肆索詐計贓治罪惟勸良民早輸
國課免剝啄之到門省漏巵之吹索矣

龔佳育各屬罹災移文

為各屬連歲罹災民生困
苦實甚謹請暫行停徵以
拯殘黎事竊照鳳滁二屬去歲慘被水旱奇災老
幼流亡載道煢煢孑遺嚙草根樹皮以延殘喘其
顛連困苦之狀真有鄭圖所難繪者荷蒙憲臺題
蠲正項錢糧迨今春青黃不接之際恐窮黎糊口
無資致有轉填溝壑之虞又動正項銀米親臨賑
濟始能延至麥秋雖二麥俱已登場奈去年亢旱
之餘播種既少所穫無多惟冀秋禾載穫國課
賴以征輸孑遺藉以贍命無奈驕陽肆虐自五月
已後雨澤全無繼以蝗蝻雲集禾秧豆莢俱被蝗
食節據廬屬之六合舒霍四州縣鳳屬之壽泗蒙

臨懷蒙霍盱天靈穎亳等十二州縣滁州并所屬全來二縣暨和州併廬滁二衛紛紛詳報前來本司俱經轉報各部院見蒙批委踏勘惟是各屬本年額徵正賦銀米際此疊罹重災之後小民謀生無策救死不贍欲其照額依限輸將是重困斯民究於
國課無補今滁州來安六安合肥四州縣見奉撫憲本部院給示停徵在案仰見憲臺軫念民瘼至意所有被災廬屬之舒霍二縣鳳屬之壽泗等十二州縣滁屬全椒縣暨和州并廬滁二衛本年額徵丁地銀兩及南屯米豆似應仰邀憲恩一體暫行停徵俟各屬勘定被災分數到司之日彙詳具題之後再分別被災之輕重或應破格
題蠲或應分年帶徵或應照實徵數目飭令開徵統俟另詳請示至於宿穎定五虹太六州縣有無被災見在行查另報外再照鳳屬之泗臨等州縣十八年錢糧見於特請大修歸仁堤等事案內奉
文停徵見候按田派夫在案今該州縣又被災傷應作何減免合併呈明請憲批示遵行

金鎮獎善懲惡移文

為飭行獎善懲惡之法以化俗維風事照得人心弗古良

由善惡互淆吏治不聯端在勸懲罔當通者淳風
久邈薄俗滋漓吏鮮龔黃民非鄒魯囂凌成習刻
薄居心以致姦宄詐僞敗倫傷化之事靡惡不爲
問有閉戸嘉修居鄉好善之士翻鄙爲迂腐皁相
訕笑地方有司近以賢能稱者不過催科見長聽
斷爲能未聞興讓興仁於旌里式閭之勸除奸除
暴有赭衣赭室之懲無怪乎爲善日少而爲惡日
繁也本司職在明刑義本弼教欲先德禮道齊之
化必嚴善惡彰癉之權向者欽製
上諭十六則頒示中外又定例薦舉官員無力行教
化者不准至惡棍等犯嚴立重典罪同不赦煌煌
功令炳若日星豈可視爲具文置諸高閣今亟舉行
仰府遵照牌内事理通行所屬大張曉諭督率地
方耆老講　論宣鐸訓迪子弟共興教化其境内
有眞正孝悌忠信樂善不倦博採輿論行乎州里
者即將姓名開報備列行蹟取具族里隣佑切實
甘結呈送以憑核查敦請奬勵至豪宦劣衿蠹胥
梟棍過惡多端怙非不改之輩亦即密開確實款
蹟具報以憑拿究仍參本司仍不時體訪懲勸必
行以考俗之醇澆爲課吏之殿最勿得毀譽失眞

有干嚴譴

勸崇敦睦移文

爲勸崇敦睦之義以正倫常以端風化事照得教化必始乎明倫風俗端貴於興讓道德齊禮孝弟爲先天顯之親莫逾兄弟自宜友恭雍睦式好無尤豈江左俗尚澆漓罔顧名義往往昆弟之間析產爭財嫌生毫末多因愛移枕席婦言是聽遂致日尋干戈家釁罔息怨不忘乎轢釜毒有甚于彎弓加以不肖親朋無知臧獲搆鬬媒孽讒隙滋生鑽棍訟師從中唆弄坐收其利邇來不獨市井鄙愚罔識禮義即縉紳家之子弟亦每見忘其一本視爲仇讐推梨讓棗此風未聞煑豆分荊於心何忍本司每遇告期紛紛投訐閲其情罪若不勝誅要不過家庭小嫌輒妄加惕弒大惡干名犯分手足傷殘世道人心良可悼歎本司德教淺薄未能感以閑閭之化詎肯導其鬩牆之爭除梟不准理外合行諭禁爲此示仰闔屬軍民人等知悉嗣後凡同胞兄弟各宜念同氣之親友于相愛即有分析財產未均及慢上欺幼等情止許告訴族長至親從公調處如有聽信旁人搆訟出詞告訐者一次不准二次再賣即提原告并主唆代書之人一併從重

懲治本司維持風教法在必行勉自三思毋負諄諄勸戒至意

觀風移文

爲觀風事照得三吳人文爲盛地應斗躔八郡才彥尤多家擅風雅自言公列四科之目而朱子紹千聖之傳道綂聿歸儒林攸萃矧以枚家父子首推西京作賦之雄逆夫陸氏弟兄備妙南國摛文之藻江山殊勝墨沈與硯園並存臺榭頻移筆騁共選樓不改以是腹藏經笥盡貯九丘毫吐詞葩咸成五色堪誇吐鳳爭羨雕龍況在

本朝掄十四科之元魁比肩接踵不啻賢人占五百里之星聚合璧聯奎斯文在茲前代所罕本司有慚讀律尚慕論文鄉督郵少暇已畧探滄海之珠今覩鄴雖紛詎忘搜縣圃之玉且賓興不遠好頁賀秋戰于來年即主鑒罔精或毋詡冬烘于此日特借糊名之摸索聊觀拔幟之揣摩并僅帖括獨優可決鵠袍首選果能詩賦兼美尤爲鰲禁先聲端望琳琅快慰饑渴爲此仰府官吏即便遵照考試并轉行所屬選擇寬潔公所傳集該學生員將計發題目面加考試不得任其領卷在外致滋抄售有負本司求才至意如有貢監諸生願試者一

體考錄限文到三日內試完將卷編號固封造冊申送該府彙呈以憑親閱等第發落本司未入寶宮預結珊瑚之綱行收瑤帙特貯琅玥之林豈徒集翠爲珍當擬殺青以待我方刮目爾勿遐心企
切　企
切

嚴禁誣首叛逆移文

爲嚴禁誣首叛逆照得江左素稱內地即有瀕海數郡去大洋頗遠目今滇孽立奏蕩平閩氛亦告帖息四隣無烽火之警萬井安耕鑿之生即或連歲洊荒盜竊未能盡弭不過乘墉伏莽未聞斬木揭竿當此清平　盛世斷無不軌之徒竄伺草澤邇來惡棍刁民多懷睚眦之忿妄肆清螫之兇羅織善良誣首叛逆毫無影響幻作風波揑稱散札通書駕船造械軍師元帥等名目牽告動至數十人小隙微嫌一網打盡有司身在地方何難面訊原首之人究驗確實憑據親詣彼地提集里甲鄰佑查詢有無聚黨置械叛形虛實立見乃聽其片紙虛辭竟不審實一面通詳隨即密票差拏封門撲捉全家送禁闔室被抄不問真情濫加刑夾更有不肖官吏居爲奇貨株連親黨勒詐百端及至解審駁讞水落石出原首坐誣而無辜之民

斃命於箠楚之下囹圄之中者不知其幾矣如上年之左文德目今靖江縣之陳明等皆揑詞首叛烏有子虛拖累多人淚可痛恨揆若輩奸民止圖一時聳准不知反坐之條本欲害人適以自害迨罹法網追悔無及若地方官於初首時即親勘確實果係虛誣止坐原首一人之罪何至株害多家牽斃多命此風不遏民困奚蘇合亟嚴飭爲此仰該廳府州即照牌事理轉行所屬嗣後凡有出首叛逆立拘原首到案查審確實証據隨親詣該地傳集里甲鄰佑供明果有叛形方許拿禁通詳如係誣告止罪坐原首不許妄拿平民擅加刑禁及縱役封門抄家索詐等弊敢有不遵本司訪實定照故勘枉坐新例揭參胥役立拿處死文到大書告示各處張掛曉諭以誣首反坐擬斬之律俾奸民自知畏法良善永得安生取具遵依報查毋得玩忽干咎

請嚴立竊盜勸懲

移文爲請嚴立竊盜勸懲之法化奸頑以安良善事竊照盜賊爲生民之患害攸同而竊劫則律法之輕重懸絕自非贓至滿貫犯至三次及拒捕傷人之外罪無重辟即刺字發落而兩臂易干

藏隱非其鄉里親戚無從得知若輩鼠偷技熟怙惡不悛改易姓名流背鄉井無賴之聲氣易通匪類之夥黨交集飛簷走壁神鬼莫知而撬鎖提門昏夜不覺故民間之防賊難於防盜而被竊多於被劫且爲竊日久必至爲盜每有糾約多人暗進明出雖無盜械實同劫形失主惟恐受其拖累甘心報竊有司尤樂免於參罰誰意諱强雖院司之駁詰再三而府縣之審供不改在上寬好生之仁何忍深文而必置諸重典乃惡徒趨死如鶩倖邀漏網而益逞其兇心以是竊犯彌熾民害滋蔓若不立化誨之術使其洗心必不能啓悔悟之萌保其革面本司以爲人雖至兇至頑天良斷無盡泯毎有刑罰之法不畏而羞惡之念尚存果能生其恥心無難化爲善類應請嗣後凡竊盜事犯除重罪依律科斷外其自笞罪以上令該地方官於發落之日帶至申明亭講約公所若無申明亭帶至城隍廟傳集百姓宣明犯由發落示衆訖即與該犯至親隣族具保領回給與本犯遷善牌一面一在申明亭公所通立長牌一面一在該犯住居門首監立木榜一面俱書該犯姓名年貌犯由在上

責令該犯每逢朔望自賫遷善牌赴該州縣當堂點名查考查點半年之後果能安心改業本分營生不交匪類昏夜行走者許免其賫牌查點再限六個月果能悔過遷善取有隣族公呈到官准其撤去門首木榜除去公所長牌姓名盡與洗滌復爲良民如無隣族具保及一年之内再犯不改即行逐出境外不許地方容留違者隣族一體治罪如此實力舉行則彰癉既明咸樂自新而競勸匪直有漸必解迷復以終凶不獨穿窬之患可消而萑苻之黨亦戢矣仰祈憲臺鑒賜通飭永遵毋事虛文務收實効地方幸甚民生幸甚除詳總督部院江撫都院外爲此備由理合開具書册呈乞照詳施行奉總督部院于批人孰無良大約遊手頑梗之輩相習爲非竊物到手便飲賭花費一經消乏之輒商謀行盜彼知竊罪無致死之條刺膊非衆目之地因之廉耻盡喪毫無顧忌良善受害無休官吏執法亦窘據詳設立勸懲之法實出不得已之苦心若地方官肯實意奉行未必不可補救萬一也仰即通飭所屬遵行奉江撫都院余批如詳通飭

申嚴畧賣移文

爲申嚴畧

賣之禁事照得江左第一惡俗莫過畧賣子女奸媒積棍串作生涯往往借撫養之名目稱爲兒爲女設拐騙之局不顧作婢作奴巧言若簧甜言如蜜輕拆至親之骨肉浪費過客之金錢坑人詐人孽無不作嚮來蘇揚二郡爲甚邇年會城效尤此風日熾男媒女妁肆行無忌非領東家看女即引西家相親搽脂抹粉預教倚門之粧畧脚裝頭高索換珠之價尤可恨者蠱其父母投賣旗下愚民貪多金以救窮奸徒希仗勢而行詐不思一經賣出便屬他人萬里千鄉任其所適錢財入手媒棍瓜分頃刻花費無存而天倫至戚永無見面之期豈知故土婚配雖聘禮減少尚得父女團聚之爲快耶苟有人心寧不追悔乃若輩欣欣得計美衣甘食夥類益繁詐騙滋横甚至假認親戚冒寫婚書暗誘逋逃慣作窩主誤紅顔以作妾墮青樓而爲娼者不知其幾至若貧窮之家夫妻孩幼淪爲厮養臧獲以致背井離鄉又其餘事此等龜鴇之行蛇蝎之心滅絶倫理爲害地方若不痛行剪除何以移風易俗查

新例畧賣爲首者立絞爲從者杖流

功令如此森嚴豈容省會之地任其不法公行本應立拏始寬已往爲此示仰省城内外軍民人等知悉嗣後一應奸徒無論男女務俱洗心改業如敢有仍前哄誘畧賣人家子女者甲地隣佑立行公呈禀報以憑拏審照

新例治罪每坊總甲仍每月出具並無容留媒保畧賣子女甘結投縣按季彙呈查考如有隱縱即以知情併究法在必行毋干重典慎之慎之

朱雯請禁用刑慘酷以廣憲仁詳文卑職奉委攝篆溧陽惟有

仰體憲心夙夜冰兢已行之事極意遵奉未行之事悉心釐剔署事旬日偶訊程揆一控李如文跌死人命朱艮甫首周豫隆偷牛二事取二犯質訊虛實間兩人皆不能走立因訊未經審訊之犯如何如此形狀及驗兩脛皆碎皂役供係兩衙夾傷因取夾棍驗視皆係檀木爲之長不滿二尺下用鐵釘中無寬隙甚爲驚慘竊思刑具載在律條其數有六笞杖鎖枷鈕鐐亦視罪之輕重而用之務使各得其平至於夾棍杠子一項於法最爲重大萬不得已而用之原非常刑惟真正强盜人命大

衆口咸証而本犯游移究訊相符而本犯抵賴不得不用此法亦以是威之非以是殺之也若以前項夾棍加以杠子便是極刑甚至一夾再夾倘非眞正凶犯難受重刑必至滿口承招呻吟譫語皆非由中之言據此定案非惟陰隲所關抑且有傷天道况極刑之後倘有不眞則一日受刑終身難愈受夾之人每至陰雨必痛楚異常更可憐也况衙門有大小承問有正佐惟執法衙門刑應從重以示民不易犯如道府而下即宜遞輕至於州縣爲親民之官寓催科於撫字銷刑威於德化此等夾棍似不當輕用今職仰體憲臺如天之德巳將溧陽前項檀木夾棍當堂劈碎火焚易以杉木竹釘照律尺寸製成二副以備不時之用但一邑如此他邑可知至於州縣佐貳首領即奉堂批亦不得輕用夾棍憲天爲兩江福主伏乞大沛鴻仁通飭兩省州縣衙門不許用檀木鐵釘短夾棍如有人命强盜重情止許用杉木竹釘夾棍一應州縣佐貳首領即奉批行一槩不許擅用夾棍以戕賊民命則兩江數千里生靈皆保

獲於片言之下造福眞無疆也

丁思孔蘆田免丈移文

照得丈量蘆洲田地百姓甚受擾累奉

旨腹內蘆田不必清丈今奉部覆行令將濱江腹地分晰開造者緣濱江時有坍漲必須清丈增除如腹地地並無坍漲是無庸查造至於濱海濱湖傍河之處原未議及今該屬止須查明所轄蘆田如俱坐落腹裏並無濱江即於總文內回覆便可完結其有濱江腹地間錯或槩係濱江亦止須按照清丈原冊分晰開報恐有不肖官役借端滋擾情弊除出示曉諭外合亟嚴飭為此仰府官吏查照來文即將該屬蘆田速遵

部行如俱坐落腹地止須總文內聲明免其造報其有槩係濱江或濱江腹地間錯者逐一查照清丈原冊據實分晰開造限文到即日馳送以憑轉詳具題如有借稱濱湖海濱傍河名色一槩混查藉端擾累本司一經訪聞印官立行揭參經承飛拿杖斃決不姑貸各宜愼之

巡鹽御史詹晳定界巡緝移文

康熙二十二年五月准總督江

南江西部院于手本移覆本院會議松屬各場定界緝私緣由蒞因松江督知府以雲間地瀕場竈民苦私鹽之累通詳勒石監牌以定巡緝之界此該府念切痌瘝地方官應修之職但定界之遠近尚須酌古準今深加調劑庶幾商民盡安本院於去冬臨松之際躬率該府閱歷黄浦將各場出浦地形繪爲一圖查附近袁浦場者則有下横涇地方離場十五里今應于涇口立碑附近青村場者則有青村港地方離場十五里港上存有舊碑今應移出三里于青村港西小荒墩立碑附近下沙頭場者則有新場鎮地方離商人收鹽官廒實有二十四里緣此鎮原有舊碑今應仍立原處附近下沙二三場者正西至王永橋北庄鎮地方西至北沙陀廟地方北至趙家行地方今于此三處立碑附近浦東場者則有六里菴地方此處界連嘉興府横浦等場最爲私鹽出没要路今應于六里菴立碑又李家廊西南角港口立碑再如下沙三場雖不産鹽而東北即近嘉定縣界恐將一二場之私鹽假道三場透越界外今應于川沙亦立一碑此數處者至官鹽倉廒近者十五里遠者二十

餘里不等若至竈户煎鹽處所則有四五十里之遥按鹺規所載止曰離場十五里乃今稍有參差總之本院師其古制酌以時宜再四商確方始定論相應移明以便行令該府廳遵界立碑自今以後凡捕兵人役止許界外巡緝不許擅入界內騷擾作奸庶引課兩全商民交利不獨有裨鹺政抑亦地方久安矣

附松江知府魯超原詳為巡鹽不明規例地方擾害無窮申請嚴禁以安民生事切照鹺規開載捕役不許擅入場團許離場三十里外巡緝蓋為地近場竈民業煎燒鹽乃本處土產引票不行聽從民便無庸巡緝故也又查律文開載凡貧難軍民將私鹽肩挑背負易米度日者不必禁捕蓋場竈地方私鹽買賣為數無多若行禁捕無益鹽政徒致擾民故也况今巡鹽之人即是販鹽之人若使假借官牌出入場團勢必恣行夾帶此尤不可不為禁絶也今松郡濵海黄浦以東黄浦以南如張堰葉謝亭林南橋蕭塘周浦等鎮與浦東袁浦下沙青村各場相去甚近即遠者亦不過三十里乃巡船絡繹捕役縱橫凡遇小民手提食鹽輒便搶奪捉拿指之為私私刑炙詐而

此輩反將私鹽沿門攤賣高擡倍價刻期索取秋成之際攤賣尤多或有稍稍溫飽之家拋鹽陷詐謂之生蛋不遂其欲即揑報文武衙門項刻破家里甲隣佑蔓延拖累相率逃徙村落爲墟巡鹽適以責鹽便民反致害民竊思剔弊除奸之法莫若申明舊制離場三十里之內不許捕役巡鹽倘有興販船鹽在場買運則有場官覺察經由口子則有汛兵盤詰各衙門所設巡船應在黃浦中往來巡邏如有私鹽出浦擒獲解官究問買鹽係何場竈經由是何口子場官汛官一併連坐則私販自絕而小民得以安業矣但松屬有等無賴貧商勾連捕役招集鹽徒以巡鹽詐害爲生涯從此生業無聊必將肆其簧舌糾集商衆投遞公呈反云弛禁誤課阻撓善政仰祈憲臺移會兩浙鹽院分界

立石俾得

永遠遵行